第十册

齊明帝建武元年甲戌起
梁武帝中大通四年壬子止

資治通鑑

卷一百三十九
至一百五十五

中華書局

資治通鑑卷第一百三十九

端明殿學士兼翰林侍讀學士朝散大夫右諫議大夫充集賢殿修撰提舉西京嵩山崇福宮上柱國河内郡開國侯食邑一千八百户食實封六百户賜紫金魚袋臣 司馬光 奉敕編集

後學天台 胡三省 音註

齊紀五 閼逢閹茂（甲戌），一年。

高宗明皇帝上 諱鸞，字景栖，小字玄度，高帝兄始安貞王道生之子。

建武元年（甲戌、四九四）是年十月始改元建武。

1 春，正月，丁未，改元隆昌；此鬱林王改元也。大赦。

2 雍州刺史晉安王子懋，雍，於用翻。以主幼時艱，密爲自全之計，令作部造仗；諸州各有作部，主造器仗。征南大將軍陳顯達屯襄陽，去年秋，武帝以魏將入寇，遣顯達鎮樊城。子懋欲脅取以爲將。將，卽亮翻；下同。顯達密啓西昌侯鸞，鸞徵顯達爲車騎大將軍；騎，奇寄翻。徙子懋爲江州刺史，仍令留部曲助鎮襄陽，單將白直、俠轂自隨。諸王有白直，有夾轂隊。俠，讀曰夾。顯達過襄陽，過，音戈。子懋謂曰：「朝廷令身單身而返，身是天王，豈可過爾輕率！子懋自稱天王，蓋謂是天家諸王也。今猶欲將二三千人自隨，公意何如？」顯達曰：「殿下若不留部曲，乃是大違敕旨，其事不輕；且此間人亦難可收用。」此間人，謂襄陽人也。子懋默然。顯達因辭出，卽發去。子懋計未立，乃之尋陽。

3西昌侯鸞將謀廢立，引前鎮西諮議參軍蕭衍與同謀。隨王子隆初以鎮西將軍鎮荆州，引衍爲諮議參軍。荆州刺史、隨王子隆，性溫和，有文才；鸞欲徵之，恐其不從。衍曰：「隨王雖有美名，其實庸劣。既無智謀之士，爪牙唯仗司馬垣歷生、武陵太守卞白龍耳。二人唯利是從，若啗以顯職，無有不來；隨王止須折簡耳。」鸞從之。徵歷生爲太子左衞率，白龍爲游擊將軍；啗，徒濫翻。折，之舌翻。帥，所律翻。二人並至。續召子隆爲侍中、撫軍將軍。此時西昌侯已有殺諸王之心矣。蕭衍由是以籌略見用。豫州刺史崔慧景，高、武舊將，將，卽亮翻。鸞疑之，以蕭衍爲寧朔將軍，戍壽陽。慧景懼，白服出迎；白服，若得罪而白衣領職者。衍撫安之。

4辛亥，鬱林王祀南郊；戊午，拜崇安陵。鬱林王卽位，追尊父文惠太子曰文帝，陵曰崇安，廟號世宗。據竟陵王子良傳，陵在夾石。

5癸亥，魏主南巡；戊辰，過比干墓，水經註：河內朝歌縣南有牧野，有比干冢，前有石銘題隸云：「殷大夫比干之墓」，不知誰所誌也。祭以太牢，魏主自爲祝文曰：「烏呼介士，胡不我臣！」

6帝寵幸中書舍人綦毋珍之、朱隆之、直閤將軍曹道剛、周奉叔、宦者徐龍駒等。帝謂鬱林王。珍之所論薦，事無不允；允，信也，肯也。內外要職，皆先論價，旬月之間，家累千金；擅取官物及役作，不俟詔旨。有司至相語云：語，牛倨翻。「寧拒至尊敕，不可違舍人命。」帝以龍駒爲後閤舍人，後閤，禁中後閤也。南史曰：龍駒日夜在六宮房內。常居含章殿，著黃綸帽，被貂裘，著，陟略翻。被，皮義翻。南面向案，代帝畫敕；左右侍直，與帝不異。

帝自山陵之後，卽與左右微服遊走市里，好於世宗崇安陵隧中擲塗、賭跳，好，呼到翻。文惠太子廟號世宗。塗，泥也。以塗泥相擲爲樂也。跳，躍也。賭跳者，以跳躍高出者爲勝。跳，他弔翻。作諸鄙戲，極意賞賜左右，動至百數十萬。每見錢，曰：「我昔思汝十【章：十二行本「十」作「一」；乙十一行本同；孔本同；熊校同。】枚不得，今日得用汝未？」世祖聚錢上庫五億萬，齋庫亦出三億萬，上庫所儲以備軍國之用。齋庫以供齋內所須，人主之好用。出者，出三億萬數之外也。金銀布帛不可勝計；勝，音升。鬱林王卽位未朞歲，所用垂盡。入主衣庫，令何后及寵姬以諸寶器相投擊破碎之，用爲笑樂。樂，音洛。蒸於世祖幸姬霍氏，更其姓曰徐。更，工衡翻。李延壽史以霍爲文帝幸姬，則「世祖」當作「世宗」。朝事大小，皆決於西昌侯鸞。朝，直遙翻；下同。鸞數諫爭，數，所角翻。爭，讀曰諍。帝多不從；心忌鸞，欲除之。以尚書右僕射鄱陽王鏘爲世祖所厚，「世祖」恐亦當作「世宗」。私謂鏘曰：「公聞鸞於法身如何？」鬱林王，小字法身。鏘素和謹，對曰：「臣鸞於宗戚最長，且受寄先帝；臣等皆年少，長，知兩翻。少，詩照翻。朝廷所賴，唯鸞一人，願陛下無以爲慮。」帝退，謂徐龍駒曰：「我欲與公共計取鸞，公既不同，我不能獨辦，且復小聽。」復，扶又翻；下無復同。言且又小時聽鸞專政也。

衞尉蕭諶，世祖之族子也，蕭子顯齊書曰：諶於太祖爲絕服族子。諶，氏壬翻。自世祖在郢州，諶已爲腹心。宋元徽末，世祖在郢州，欲知都下消息，太祖遣諶就世祖宣傳謀計，留爲腹心。及卽位，常典宿衞，機密之事，無不預聞。征南諮議蕭坦之，諶之族人也，嘗爲東宮直閤，爲世宗所知。蕭子顯齊書曰：坦之以懃直爲世祖所知。既爲東宮直閤，則從世宗爲是，東宮亦有直閤將軍。帝以二人祖父舊人，甚親信之。諶每請急出宿，帝通夕不寐，諶還乃安。坦之得出入後宮，帝褻狎宴遊，坦之皆在側。帝醉後，常裸袒，裸，郎果翻。坦之輒扶持諫諭。西昌侯鸞欲有所諫，帝在後宮不出，唯遣諶、坦之徑進，乃得聞達。

何后亦淫泆，泆，音逸。泆，淫放也。私於帝左右楊珉，與同寢處如伉儷；處，昌呂翻；下處之同。杜預曰：伉，敵也；儷，耦也。伉，苦浪翻。儷，力計翻。又與帝相愛狎，故帝恣之。迎后親戚入宮，以耀靈殿處之。齋閤通夜洞開，外內淆雜，無復分別。別，彼列翻。西昌侯鸞遣坦之入奏誅珉，何后流涕覆面覆，敷又翻。曰：「楊郎好年少，無罪，何可枉殺！」少，詩照翻。坦之附耳語帝曰：語，牛倨翻；下每語同。「外間並云楊珉與皇后有情，事彰遐邇，不可不誅。」帝不得已許之；俄敕原之，已行刑矣。鸞又啓誅徐龍駒，帝亦不能違，而心忌鸞益甚。蕭諶、蕭坦之見帝狂縱日甚，無復悛改，悛，丑緣翻。恐禍及己；乃更回意附鸞，勸其廢立，陰爲鸞耳目，帝不之覺也。

周奉叔恃勇挾勢，陵轢公卿。轢，郎狄翻。常翼單刀二十口自隨，翼者，分列左右若兩翼然也。出入禁闥，門衛不敢訶。訶，虎何翻。每語人曰：「周郎刀不識君！」鸞忌之，使蕭諶、蕭坦之說帝出奉叔爲外援，說，輸芮翻；下鸞說、此說同。己巳，以奉叔爲青州刺史，蕭子顯曰：宋泰始中，淮北沒虜，徙青州治鬱洲，齊建元四年，徙治朐山，後復舊。曹道剛爲中軍司馬。奉叔就帝求千戶侯；許之。鸞以爲不可，封曲江縣男，食三百戶。奉叔大怒，於衆中攘刀厲色；鸞說諭之，乃受。說，輸芮翻；下同。奉叔辭畢，將之鎮，部伍已出。鸞與蕭諶稱敕，召奉叔於省中，毆殺之，省中，尚書省中也。毆，烏口翻。啓云：「奉叔慢朝廷。」帝不獲已，可其奏。

溧陽令錢唐杜文謙，嘗爲南郡王侍讀，溧陽縣，自漢以來屬丹陽郡，其地在建康東南。帝初封南郡王。溧，音栗。前此說綦毋珍之曰：「天下事可知，灰盡粉滅，匪朝伊夕；不早爲計，吾徒無類矣。」珍之曰：「計將安出？」文謙曰：「先帝舊人，多見擯斥，今召而使之，誰不慷慨！近聞王洪範王洪範即轉言日月相者也。與宿衛將萬靈會等共語，皆攘袂搥牀；將，即亮翻。搥，傳追翻。君其密報周奉叔，使萬靈會等殺蕭諶，則宮內之兵皆我用也。蕭諶時以衛軍司馬兼衛尉卿，掌宿衛兵。卽勒兵入尚書，斬蕭令，尚書省在雲龍門內。兩都伯力耳。都伯，行刑者也，今謂之劊子。今舉大事亦死，不舉事亦死；二死等耳，死社稷可乎！若遲疑不斷，復少日，錄君稱敕賜死，復，扶又翻。少，詩沼翻。少日，言無多日也。鸞錄尚書事，故稱爲錄君。父母爲殉，謂皆將從坐而死也。在眼中矣。」珍之不能用。及鸞殺奉叔，并收珍之、文謙，殺之。

7 乙亥，魏主如洛陽西宮。中書侍郎韓顯宗上書陳四事：其一，以爲：「竊聞輿駕今夏不巡三齊，當幸中山。往冬輿駕停鄴，當農隙之時，猶比屋供奉，不勝勞費。比，毗必翻，又毗至翻。勝，音升。況今蠶麥方急，將何以堪命！且六軍涉暑，恐生癘疫。臣願早還北京，以省諸州供張之苦，北京，謂平城。張，竹亮翻。成洛都營繕之役。」其二，以爲：「洛陽宮殿故基，皆魏明帝所造，前世已譏其奢。今茲營繕，宜加裁損。又，頃來北都富室，競以第舍相尚；北都，亦謂平城。魏既遷洛，以平城爲北都。宜因遷徙，爲之制度。及端廣衢路，通利溝渠。」其三，以爲：「陛下之還洛陽，輕將從騎。從，才用翻。王者於闈闥之內宮中門曰闈。韓詩：門屏間曰闥。猶施警蹕，況涉履山河而不加三思乎！」三，息暫翻。其四，以爲：「陛下耳聽法音，法音，謂雅樂也。目翫墳典，謂三墳、五典。書序：伏羲神農黄帝之書，謂之三墳，言大道也。少昊、顓頊、高辛、唐、虞之書，謂之五典，言常道也。孔子序書，斷自唐、虞，三墳、五典，後世不復見其全，此特大概言之。口對百辟，心虞萬機，景昃而食，虞，度也。景昃，日昃也，日景過中則昃。昃，音側。夜分而寢；加以孝思之至，隨時而深；謂文明太后之殂已久，而帝孝思不忘也。文章之業，日成篇卷；雖叡明所用，未足爲煩，然非所以嗇神養性，嗇，愛也。保無疆之祚也。伏願陛下垂拱司契而天下治矣。」老子曰：有德司契。

司，主也。契，要也。治，直吏翻。帝頗納之。顯宗，麒麟之子也。韓麒麟見一百三十五卷武帝永明元年。

顯宗又上言，以爲：「州郡貢察，徒有秀、孝之名而無秀、孝之實；貢察者，謂察舉秀才、孝廉而貢之於朝。朝廷但檢其門望，不復彈坐。復，扶又翻。彈坐者，彈劾其違而坐之以罪。如此，則可令別貢門望以敍士人，何假冒秀、孝之名也！夫門望者，乃其父祖之遺烈，亦何益於皇家！益於時者，賢才而已。苟有其才，雖屠釣奴虜，聖王不恥以爲臣；太公屠牛於朝歌，釣於渭濱。又紂時箕子爲奴，周文王、武王皆禮而用之。苟非其才，雖三后之胤，墜於皁隸矣。左傳：申無宇曰：「人有十等：士臣皁，皁臣輿，輿臣隸。」釋曰：皁，直馬者。隸，附屬者。三后，謂夏、商、周之王也。議者或云，『今世等無奇才，不若取士於門，』此亦失矣。豈可以世無周、邵，遂廢宰相邪！但當校其寸長銖重者先敍之，言其人比之衆人稍有一寸之長、一銖之重，則先敍用之。則賢才無遺矣。

又，刑罰之要，在於明當，當，丁浪翻。不在於重。苟不失有罪，雖捶撻之薄，人莫敢犯；若容可僥幸，雖參夷之嚴，不足懲禁。參夷，謂夷三族也。捶，止橤翻。僥，堅堯翻。今內外之官，欲邀當時之名，爭以深刻爲無私，迭相敦厲，敦，迫也。厲，嚴以勉之。遂成風俗。陛下居九重之內，視人如赤子；百司分萬務之任，遇下如仇讎。是則堯、舜止一人，而桀、紂以千百；和氣不至，蓋由於此。謂宜敕示百僚，以惠元元之命。

又，昔周居洛邑，猶存宗周；周成王宅洛，以豐爲宗周，存故都也。漢遷東都，京兆置尹。後漢都雒陽，置河南尹；而長安仍置京兆尹，亦存故都也。察【章：十二行本「察」作「案」；乙十一行本同；孔本同；張校同；退齋校同。】春秋之義，有宗廟曰都，無曰邑。況代京，宗廟山陵所託，王業所基，其爲神鄉福地，實亦遠矣，今便同之郡國，臣竊不安。謂宜建畿置尹，一如故事，魏初都平城，分畫甸畿置司州，於平城置代尹。崇本重舊，光示萬葉。

又，古者四民異居，欲其業專志定也。管仲相齊，使士、農、工、商各羣萃而州處。其言曰：四民者，勿使雜處，雜處則其言哤，其事易。昔聖王之處士也，使就閒燕；處工就官府；處商就市井；處農就田野。長而安焉，不見異物而遷焉。太祖道武皇帝創基撥亂，日不暇給，然猶分別士庶，不令雜居，工伎屠沽，各有攸處；別，彼列翻。伎，渠綺翻。處，昌呂翻；下同處同。但不設科禁，久而混殽。今聞洛邑居民之制，專以官位相從，不分族類。夫官位無常，朝榮夕悴，悴，秦醉翻。則是衣冠、皁隸不日同處矣。借使一里之內，或調習歌舞，或構【章：十二行本「構」作「講」；乙十一行本同；孔本同；熊校同。】肄詩書，肄，羊至翻。縱羣兒隨其所之，則必不棄歌舞而從詩書矣。然則使工伎之家習士人風禮，百年難成；士人之子效工伎容態，一朝而就。是以仲尼稱里仁之美，孟母勤三徙之訓。論語：孔子曰：里仁爲美；擇不處仁，焉得知！列女傳曰：孟軻母，其舍近墓。孟子少嬉遊，爲墓間之事。孟母曰：「此非吾所以處子也。」乃去，舍市旁，其嬉戲乃賈人衒賣之事。又曰：「此非吾所以處子也。」復徙舍學宮之旁，其嬉戲乃設俎豆，揖遜進退。孟母曰：「此眞可以居吾子矣。」遂居焉。此乃風俗之原，不可不察。

朝廷每選人士，校其一婚一宦以爲升降，何其密也！至於度地居民，則清濁連甍，何其略也！度，徒洛翻。甍，謨耕翻，屋棟，所以承瓦。今因遷徙之初，皆是空地，分別工伎，在於一言，有何可疑而闕盛美！

又，南人昔有淮北之地，自比中華，僑置郡縣。如豫州界止於汝陽，而僑置譙、梁、陳、潁等郡縣，又於青州界僑置冀州諸郡縣是也。僑，渠驕翻。自歸附聖化，仍而不改，名實交錯，文書難辨。宜依地理舊名，一皆釐革，小者幷合，大者分置，及中州郡縣，昔以戶少併省。魏初得河南，止置四鎭，郡縣多所併省。少，詩沼翻。今民口既多，亦可復舊。

又，君人者以天下爲家，不可有所私。倉庫之儲，以供軍國之用，自非有功德者不可加賜。在朝諸貴，受祿不輕；比來賜賚，動以千計。朝，直遙翻。比，毗至翻。若分以賜鰥寡孤獨之民，所濟實多；今直以與親近之臣，殆非周急不繼富之謂也。」論語，孔子曰：君子周急不繼富。

帝覽奏，甚善之。

8 二月，乙丑，魏主如河陰，規方澤。規度其地，以立方澤。

9 辛卯，帝祀明堂。

10 司徒參軍劉斅等聘于魏。斅，胡教翻。

11 丙申，魏徙河南王幹爲趙郡王，潁川王雍爲高陽王。將以河南潁川爲畿甸，故二王徙封。

之三月也。

12壬寅，魏主北巡；癸卯，濟河；三月壬申，至平城。考異曰：魏帝紀作閏月。按魏閏二月，齊曆使羣臣更論遷都利害，各言其志。燕州刺史穆羆曰：魏營洛，以洛爲司州，改平城之司州爲恆州，分恆州東部置燕州，治昌平。「今四方未定，未宜遷都。且征伐無馬，將何以克？」帝曰：「廐牧在代，何患無馬！今代在恆山之北，九州之外，非帝王之都也。」恆，戶登翻。尚書于果曰：「臣非以代地爲勝伊、洛之美也。但自先帝以來，久居於此，百姓安之；一旦南遷，衆情不樂。」樂，音洛。平陽公丕曰：「遷都大事，當訊之卜筮。」帝曰：「昔周、召聖賢，乃能卜宅。書洛誥曰：召公既相宅，周公往營成周。傅來告卜曰：「我卜河朔黎水，我又卜澗水東、瀍水西，惟洛食。我又卜瀍水東，亦惟洛食。」今無其人，卜之何益！且『卜以決疑，不疑何卜！』左傳載鬭廉之言。黃帝卜而龜焦，天老曰『吉』，黃帝從之。杜預曰：龜焦，兆不成也。字書釋灼龜不兆爲焦。然則至人之知未然，審於龜矣。王者以四海爲家，或南或北，何常之有！朕之遠祖，世居北荒。平文皇帝始都東木根山。拓跋鬱律謚平文皇帝。晉明帝大寧二年，通鑑書「惠帝賀傉徙居東木根山」。昭成皇帝更營盛樂，拓跋什翼犍謚昭成皇帝。通鑑：晉成帝咸康元年，烈帝翳槐城盛樂。次年，昭成嗣國，咸康七年，築盛樂新城。更，工衡翻。道武皇帝遷于平城。晉安帝隆安二年，道武帝遷都平城。朕幸屬勝殘之運，論語，孔子曰：善人爲邦百年，亦可以勝殘去殺矣。朱元晦曰：勝殘，謂化善人不爲惡也。屬，之欲翻，會也。勝，音升。而獨【章：十二行本作「何爲獨」三字；乙十一行本同；孔本同。】不得遷乎！」羣臣不敢復言。復，扶又翻。

羆，壽之孫；穆壽事魏太武帝。果，烈之弟也。癸酉，魏主臨朝堂，部分遷留。分，扶問翻。

13夏，四月，庚辰，魏罷西郊祭天。考異曰：魏帝紀、禮志、北史紀，皆云三月庚辰。按長曆，三月丙午朔，無庚辰。魏閏二月，齊閏四月；魏三月乙亥朔，齊曆之四月也，故置於此。

14辛巳，武陵昭王曄卒。

15戊子，竟陵文宣王子良以憂卒。帝常憂子良爲變，聞其卒，甚喜。鬱林但虞子良爲變，而不知鸞、諶之謀已成矣。

臣光曰：孔子稱「鄙夫不可與事君，未得之，患得之；既得之，患失之。苟患失之，無所不至。」見論語。王融乘危徼幸，徼，堅堯翻。謀易嗣君。子良當時賢王，雖素以忠慎自居，不免憂死。迹其所以然，正由融速求富貴而已。輕躁之士，烏可近哉！躁，則到翻。近，其靳翻。

16己亥，魏罷五月五日、七月七日饗祖考。魏端午、七夕之饗，猶寒食之饗，皆夷禮也。

17魏録尚書事廣陵王羽奏：「令文：每歲終，州鎮列屬官治狀，及再考，則行黜陟。治，直吏翻。去十五年京官盡經考爲三等，去十五年，猶云昨太和十五年也。今已三載。臣輒準外考，以定京官治行。」欲以考州鎮屬官之法考京官。載，子亥翻。行，下孟翻。魏主曰：「考績事重，應關朕聽，不可輕發；且俟至秋。」史言魏孝文明於君人之體，不使權在臣下。

18 閏月，丁卯，鎭軍將軍鸞卽本號，開府儀同三司。本號，鎭軍將軍也。

19 戊辰，以新安王昭文爲揚州刺史。

20 五月，甲戌朔，日有食之。考異曰：齊魏書帝紀皆無此食。今據齊書志、南史紀。

21 六月，己巳，魏遣兼員外散騎常侍盧昶、兼員外散騎侍郎王清石來聘。昶，度世之子也。盧度世避崔浩之禍，其後自出，魏太武寵任之。散，悉亶翻。騎，奇寄翻。昶，丑兩翻。清石世仕江南，魏主謂清石曰：「卿勿以南人自嫌。彼有知識，欲見則見，欲言則言。凡使人以和爲貴，勿迭相矜夸，見於辭色，使，疏吏翻；下同。見，賢遍翻。失將命之體也。」將，奉也。奉命而行，謂之將命。

22 秋，七月，乙亥，魏以宋王劉昶爲使持節、都督吳·越·楚諸軍事、大將軍，鎭彭城。江南皆春秋時吳、越、楚三國之地。魏主親餞之。以王肅爲昶府長史。昶至鎭，不能撫接義故，宋蒼梧王初，昶鎭彭城，棄鎭奔魏，故義故在焉。卒無成功。卒，子恤翻。

23 壬午，魏安定靖王休卒。自卒至殯，魏主三臨其第，葬之如尉元之禮，尉，紆勿翻。送之出郊，慟哭而返。

24 壬戌，魏主北巡。

25 西昌侯鸞既誅徐龍駒、周奉叔，而尼媼外入者，頗傳異語。媼，烏皓翻。異語，謂外人籍籍口語，言鸞等相與有異謀也。中書令何胤，以后之從叔，從，才用翻。爲帝所親，使直殿省。帝與胤謀誅鸞，令胤受事；胤不敢當，依違諫說，帝意復止。乃謀出鸞於西州，中敕用事，不復關咨於鸞。復，扶又翻。

是時，蕭諶、蕭坦之握兵權，左僕射王晏總尚書事。諶密召諸王典籤，約語之，不許諸王外接人物。約語者，約束而語之。語，牛倨翻。諶親要日久，衆皆憚而從之。

鸞以其謀告王晏，晏聞之，響應；又告丹楊尹徐孝嗣，孝嗣亦從之。驃騎錄事南陽樂豫謂孝嗣曰：「外傳籍籍，似有伊、周之事。君蒙武帝殊常之恩，荷託付之重，徐孝嗣爲王儉所薦，武帝擢而用之，遺詔託以尚書衆事。驃，匹妙翻。騎，奇寄翻。荷，下可翻。恐不得同人此舉。人笑褚公，至今齒冷。」謂褚淵也。笑則啓齒，故云齒冷。孝嗣心然之而不能從。

帝謂蕭坦之曰：「人言鎭軍與王晏、蕭諶欲共廢我，鸞時領鎭軍將軍，故稱之。似非虛傳。卿所聞云何？」坦之曰：「天下寧當有此，誰樂無事廢天子邪！樂，音洛。朝貴不容造此論，當是諸尼姥言耳，豈可信耶！朝，直遙翻。姥，莫補翻；女老稱。官若無事除此三【章：十二行本「三」作「二」；乙十一行本同。】人，誰敢自保！」直閤將軍曹道剛疑外間有異，密有處分，謀未能發。言曹道剛密有圖鸞等之謀而未能發。處，昌呂翻。分，扶問翻。

時始興內史蕭季敞、南陽太守蕭穎基皆內遷，諶欲待二人至，藉其勢力以舉事。以二人方自外郡歸，各有兵力自送，爲可藉也。鸞慮事變，以告坦之，坦之馳謂諶曰：「廢天子，古來大事。

比聞曹道剛、朱隆之等轉已猜疑，比，毗至翻。衞尉明日若不就事，無所復及。復，扶又翻。弟有百歲母，豈能坐聽禍敗，正應作餘計耳！」諶惶遽從之。

壬辰，鸞使蕭諶先入宮，遇曹道剛及中書舍人朱隆之，皆殺之。直後徐僧亮盛怒，直後，亦宿衞之官，侍衞於乘輿之後者也。大言於衆曰：「吾等荷恩，荷，下可翻。今日應死報！」又殺之。鸞引兵自尚書入雲龍門，戎服加朱衣於上，比入門，三失履。懼而失其常度也。比，必寐翻，及也。王晏、徐孝嗣、蕭坦之、陳顯達、王廣之、沈文季皆隨其後。帝在壽昌殿，壽昌殿，武帝所起，宴居常居之。聞外有變，猶密爲手敕呼蕭諶，又使閉內殿諸房閤。俄而諶引兵入壽昌閤，帝走趨徐姬房，拔劍自刺，不入，趨，七喻翻。刺，七亦翻。以帛纏頸，輿接出延德殿。諶初入殿，宿衞將士皆操弓楯欲拒戰。操，千高翻。楯，食尹翻。諶謂之曰：「所取自有人，卿等不須動！」宿衞素隸服於諶，皆信之；及見帝出，各欲自奮，帝竟無一言。行至西弄，弒之。此延德殿之西弄也。丁度集韻曰：弄，廈也，屏也。亦作「㢅」。帝死時年二十二。輿尸出殯徐龍駒宅，葬以王禮。徐姬及諸嬖倖皆伏誅。鸞既執帝，欲作太后令；徐孝嗣於袖中出而進之，鸞大悅。癸巳，以太后令追廢帝爲鬱林王，又廢何后爲王妃，迎立新安王昭文。

吏部尚書謝瀹方與客圍棋，左右聞有變，驚走報瀹。瀹每下子，子，棋子也。輒云「其當有意」，竟局，乃還齋臥，竟不問外事。謝瀹爲此，兄朏之教也。大匠卿虞悰竊歎曰：「王、徐遂縛袴廢天子，天下豈有此理邪！」大匠卿，卽漢將作大匠之官。蕭子顯曰：掌宗廟土木。悰，徂宗翻。悰，嘯父之孫也。虞嘯父，虞潭之子，事晉孝武帝。父，音甫。朝臣被召入宮。朝，直遥翻。被，皮義翻。國子祭酒江斆至雲龍門，託藥發，吐車中而去。吐，土故翻，嘔也。西昌侯鸞欲引中散大夫孫謙爲腹心，散，悉亶翻。使兼衞尉給甲仗百人。謙不欲與之同，輒散甲士；鸞亦不之罪也。史言謝瀹、江斆以名義自將，僅能如此而已；特立不懼，孫謙庶幾焉。

丁酉，新安王卽皇帝位，時年十五。王諱昭文，字季尚，文惠太子第二子也。以西昌侯鸞爲驃騎大將軍、錄尚書事、揚州刺史、宣城郡公。大赦，改元延興。

26 辛丑，魏主至朔州。魏收地形志：雲州，舊置朔州。又有朔州，本漢五原郡，魏爲懷朔鎭，孝昌中始改爲朔州。今此朔州，當置於雲中之盛樂。時置朔州於定襄故城，領盛樂、廣牧二郡。宋白曰：孝文遷洛之後，於今朔州北三百八十里定襄故城置朔州，後亂，廢。

27 八月，甲辰，以司空王敬則爲太尉，鄱陽王鏘爲司徒，車騎大將軍陳顯達爲司空，鏘，千羊翻。騎，奇寄翻。尚書左僕射王晏爲尚書令。

28 魏主至陰山。

29 以始安王遥光爲南郡太守，不之官。遥光，鸞之兄子也。鸞兄鳳生遥光、遥欣；遥光嗣始安王爵。鸞有異志，遥光贊成之，凡大誅賞，無不預謀。戊申，以中書郞蕭遥欣爲兗州刺史。

遙欣，遙光之弟也。鸞欲樹置親黨，故用之。

30 癸丑，魏主如懷朔鎮；己未，如武川鎮；辛酉，如撫宜鎮；甲子，如柔玄鎮；此六鎮自西徂東之次第也。水經註：懷朔鎮城在漢光祿城東北。考其地當在漢五原稒陽塞外。杜佑曰：在馬邑郡北三百餘里。武川鎮城在白道中溪水上。白道在陰山之北，又北出大漠。柔玄鎮在于延水東。于延水出塞外柔玄鎮西長川城南小山，東南流，逕漢代郡且如縣故城南，則魏柔玄鎮城在漢且如縣西北塞外也。且，音子閭翻。撫冥鎮城，未考其地。若以前說六鎮自五原抵濡源分置於三千里中，則撫冥當在武川、柔玄之間，相距各五百里；據前高閭之說，則相距各一百七十許里耳。按北史，「宜」當作「冥」。乙丑，南還；辛未，至平城。

31 九月，壬申朔，魏詔曰：「三載考績，三考黜陟；唐、虞之制，三考黜陟。三考九年也。載，子亥翻。可黜者不足爲遲，可進者大成賒緩。朕今三載一考，卽行黜陟，欲令愚滯無妨於賢者，才能不擁於下位。各令當曹考其優劣爲三等，其上下二等仍分爲三。上等、下等各又分爲三等。六品已下，尚書重問；重，直用翻。五品已上，朕將親與公卿論其善惡，上上者遷之，下下者黜之，中者守其本任。」

魏主之北巡也，留任城王澄銓簡舊臣。自公侯已下，有官者以萬數，澄品其優劣能否爲三等，人無怨者。史言任城王澄之平明。

壬午，魏主臨朝堂，黜陟百官，朝，直遙翻。謂諸尚書曰：「尚書，樞機之任，非徒總庶務，行文書而已；朕之得失，盡在於此。卿等居官，年垂再期，未嘗獻可替否，進一賢退一不肖，此最罪之大者。」又謂錄尚書事廣陵王羽曰：「汝爲朕弟，居機衡之右，無勤恪之聲，有阿黨之迹，今黜汝錄尚書、廷尉，但爲特進、太子太保。」又謂尚書令陸叡曰：「叔翻到省之初，甚有善稱；比來偏頗懈怠，廣陵王羽，字叔翻。稱，昌孕翻。比，毗至翻。頗，滂禾翻，亦偏也。懈，居隘翻。由卿不能相導以義。雖無大責，宜有小罰；今奪卿祿一期。」又謂左僕射拓跋贊曰：「叔翻受黜，卿應大辟；辟，毗亦翻。但以咎歸一人，不復重責；今解卿少師，削祿一期。」又謂左丞公孫良、右丞乞伏義受曰：「卿罪亦應大辟；可以白衣守本官，冠服祿卹魏官，本祿之外，別有恤親之祿。盡從削奪。若三年有成，還復本任；無成，永歸南畝。」又謂尚書任城王澄曰：「叔神志驕傲，可解少保。」澄於魏主，叔也。又謂長兼尚書于果曰：「卿不勤職事，數辭以疾，數，所角翻。可解長兼，削祿一朞。」其餘守尚書尉羽、盧淵等，並以不職，或解任，或黜官，或奪祿，皆面數其過而行之。尉，紆勿翻。數，所具翻。唐、虞，三載考績，三考黜陟幽明。其黜陟行於九年之後，非賒緩也。俗淳事簡，在位者各思盡其職，不爲姦欺；就有不稱者，一考而未黜，冀其能自盡也；其不能盡者，才力有所不逮耳。再考不稱而猶未黜，謂才有短長，臨事有過誤；前考已稱其職而今考不稱者，必過誤也；前考不稱而今考能稱其職者，能自勉也。三考皆不稱，則其人信不可用矣，於是乎黜之，此唐、虞忠厚之至也。周官：計羣吏之治，旬終則令正日成，月終則令正月要，歲終則令正歲會，三歲則大計羣吏之治而誅賞之。是蓋無日而不考覈，而誅賞則行於三年大計之時。蓋俗益薄，人益媮，而行九年之黜陟則爲賒緩。觀魏孝文之考績，不過慕古而務名，非能行考績之實也。淵，昶之兄也。昶，丑兩翻。

帝又謂陸叡曰：「北人每言『北俗質魯，何由知書！』朕聞之，深用憮然！憮，罔甫翻。憮然者，悵然失意之貌。今知書者甚衆，豈皆聖人！顧學與不學耳。朕脩百官，興禮樂，其志固欲移風易俗。朕爲天子，何必居中原！正欲卿等子孫漸染美俗，漸，子廉翻。聞見廣博；若永居恆北，恆，戶登翻。復值不好文之主，復，扶又翻。好，呼到翻。不免面牆耳。」書曰：不學，牆面。言猶正牆面而立，無所睹見也。對曰：「誠如聖言。金日磾不入仕漢朝，何能七世知名。」金日磾事見七十一卷漢武帝後元元年。七世知名，謂七世內侍也。磾，丁奚翻。朝，直遙翻。帝甚悅。

32 鬱林王之廢也，鄱陽王鏘初不知謀。及宣城公鸞權勢益重，中外皆知其蓄不臣之志。鏘每詣鸞，鸞常屣履至車後迎之；言急於出迎，不暇躡履至跟也。語及家國，言淚俱發，鏘以此信之。宮臺之內皆屬意於鏘，宮、臺猶言宮省也。屬，之欲翻。勸鏘入宮發兵輔政。制局監謝粲說鏘及隨王子隆曰：「二王但乘油壁車入宮，李延壽恩倖傳曰：武官有制局監、外監，皆領器仗兵役。油壁車者，加靑油衣於車壁也。王儉議曰：今衣書車十二乘，古副車之象也，榆轂輪，簟子壁，綠油衣。說，輸芮翻；下之說、說子、因說同。出天子置朝堂，夾輔號令；朝，直遙翻。粲等閉城門、上仗，誰敢不同！上，時掌翻；下直上、西上同。東城人正共縛送蕭令耳。」東城，謂東府城也。按蕭子顯齊書：世祖遺詔以鸞爲侍中、尙書令；此時已進錄尙書事，粲曰蕭令，蓋以舊官稱之。子隆欲定計。鏘以上臺兵力既悉度東府，海陵王既卽位，鸞出鎮東府，上臺兵力悉割以自隨。度，過也。且慮事不捷，意甚猶豫。馬隊主劉巨，世祖時舊人，詣鏘請間，叩頭勸鏘立事。鏘命駕將入，復還內，復，扶又翻。與母陸太妃別，日暮不成行。典籤知其謀，告之。癸酉，鸞遣兵二千人圍鏘第，殺鏘，遂殺子隆及謝粲等。於時太祖諸子，子隆最壯大，有才能，「太祖」當作「世祖」。故鸞尤忌之。

江州刺史晉安王子懋聞鄱陽、隨王死，欲起兵，謂防閤吳郡陸超之曰：「事成則宗廟獲安，不成猶爲義鬼。」諸王置防閤，以勇略之士爲之，以防衛齋閤。杜佑通典：唐制：親王府並給防閤、庶僕、白直，下至州縣亦有白直。防閤丹陽董僧慧曰：「此州雖小，宋孝武常用之。謂宋孝武帝自江州起兵誅元凶劭也。若舉兵向闕以請鬱林之罪，誰能禦之！」子懋母阮氏在建康，密遣書迎之，阮氏報其同母兄于瑤之爲計。瑤之馳告宣城公鸞；乙亥，假鸞黃鉞，內外纂嚴，考異曰：齊帝紀作「乙未」。按是月壬申朔，而上有癸未，下有乙酉、丁亥，蓋癸未當作「癸酉」，乙未當作「乙亥」耳。遣中護軍王玄邈討子懋，又遣軍主裴叔業與于瑤之先襲尋陽，聲云爲郢府司馬。子懋知之，遣三百人守湓城。叔業泝流直上，上，時掌翻。至夜，回襲湓城，城局參軍樂賁開門納之。諸州刺史各有城局參軍，掌脩浚備禦。子懋聞之，帥府州兵力據城自守。子懋部曲多雍州人，皆勇躍願奮。子懋自雍州徙爲江州，故部曲多雍州人。「勇」，當作「踴」。帥，讀曰率。雍，於用翻。叔業畏之，遣于瑤之說子懋曰：「今還都必無過憂，正當作散官，不失富貴也。」說，輸芮翻。散，悉但翻。子懋既不出兵攻叔業，衆情稍沮。中兵參軍于琳之，瑤之兄也，說子懋重賂叔業，可以免禍。子懋使琳之往，琳之因說叔業取子懋。叔業遣軍主徐玄慶將四百人隨琳之入州城，僚佐皆奔散。沮，在呂翻。說，輸芮翻。將，即亮翻。琳之從二百人，拔白刃入齋，子懋罵曰：「小人！何忍行此！」琳之以袖鄣面，使人殺之。王玄邈執董僧慧，將殺之，僧慧曰：「晉安舉義兵，僕實預其謀，得爲主人死，不恨矣！願至大斂畢，退就鼎鑊。」爲，于僞翻。斂，力贍翻；下殯斂同。鑊，戶郭翻。玄邈義之，具以白鸞，免死配東冶。子懋子昭基，九歲，以方二寸絹爲書，參其消息，并遺錢五百，遺，于季翻。行金得達，僧慧視之曰：「郎君書也！」悲慟而卒。卒，子恤翻。于琳之勸陸超之逃亡。超之曰：「人皆有死，此不足懼！吾若逃亡，非唯孤晉安之眷，亦恐田橫客笑人！」田橫客事見十一卷漢高帝五年。超之守死，故以此言愧琳之。玄邈等欲因以還都，超之端坐俟命。超之門生謂殺超之當得賞，密自後斬之，頭墜而身不僵。僵，居良翻。玄邈厚加殯斂。門生亦助舉棺，棺墜，壓其首，折頸而死。史言董僧慧、陸超之之義烈。折，而設翻。

鸞遣平西將軍王廣之襲南兗州刺史安陸王子敬。廣之至歐陽，歐陽，今眞州閘即其地也。遣部將濟陰陳伯之先驅。將，即亮翻。濟，子禮翻。伯之因城開，獨入，斬子敬。

鸞又遣徐玄慶西上害諸王。上，時掌翻。臨海王昭秀爲荆州刺史，西中郎長史何昌寓行州事。玄慶至江陵，欲以便宜從事。昌寓曰：「僕受朝廷意寄，意寄，謂屬意寄託之。翼輔外藩。殿下未有愆失，君以一介之使來，何容卽以相付邪！使，疏吏翻。若朝廷必須殿下，當自啓聞，更聽後旨。」昭秀由是得還建康。考異曰：南史：「明帝使裴叔業齎旨詔昌寓，令以便宜從事。昌寓拒之曰：『臨海王未有失，寧得從君單詔邪？即時自有啓聞，須反更議。』叔業曰：『若爾，便是拒詔；拒詔，軍法行事耳！』答曰：『能見殺者君也，能拒詔者僕也！』叔業不敢逼而退。昭秀由此得還都。」今從齊書。昌寓，尚之之弟子也。何昌寓於此有周昌之節矣。

鸞以吳興太守孔琇之行郢州事，欲使之殺晉熙王銶。琇，音秀。銶，音求。琇之辭不許，遂不食而死。琇之，靖之孫也。孔靖見一百二十三卷晉安帝元興二年。

裴叔業自尋陽仍進向湘州，欲殺湘州刺史南平王銳，防閤周伯玉大言於衆曰：「此非天子意。今斬叔業，舉兵匡社稷，誰敢不從！」銳典籤叱左右斬之。乙酉，殺銳；又殺郢州刺史晉熙王銶，南豫州刺史宜都王鏗。

丁亥，以廬陵王子卿爲司徒，桂陽王鑠爲中軍將軍、開府儀同三司。

冬，十月，丁酉，解嚴。尋陽已定，諸藩王已死，故解嚴。

33 以宣城公鸞爲太傅、領大將軍、揚州牧、都督中外諸軍事，加殊禮，進爵爲王。

宣城王謀繼大統，多引朝廷名士與參籌策。侍中謝朏心不願，乃求出爲吳興太守。至郡，致酒數斛，遺其弟吏部尚書瀹，朏，敷尾翻。遺，于季翻。爲書曰：「可力飲此，勿豫人事！」

臣光曰：臣聞「衣人之衣者懷人之憂，食人之食者死人之事。」史記載淮陰侯答蒯徹之言。衣人之衣，於既翻。二謝兄弟，比肩貴近，安享榮祿，危不預知；爲臣如此，可謂忠乎！世多有如此而得名者。

34 宣城王雖專國政，人情猶未服。王胛上有赤誌，胛，古洽翻。肩背之間爲胛。驃騎諮議參軍考城江祏勸王出以示人。祏，音石。考城，前漢之甾縣也，屬梁國；後漢章帝改曰考城，屬陳留郡；晉惠帝分屬濟陽郡。蕭子顯齊志，南徐州南濟陽郡有考城縣，皆晉氏因郡人南渡而僑置也。王以示晉壽太守王洪範曰：「人言此是日月相，卿幸勿泄！」洪範曰：「公日月在軀，如何可隱，當轉言之！」王洪範，禁衛舊臣，鸞以此覘之，其言如此，鸞益無所忌矣。相，息亮翻。王母，祏之姑也。

35 戊戌，殺桂陽王鑠、衡陽王鈞、江夏王鋒、建安王子真、巴陵王子倫。

鑠與鄱陽王鏘齊名；鏘好文章，鑠好名理，好，呼到翻。時人稱爲鄱、桂。鏘死，鑠不自安，至東府見宣城王，還，謂左右曰：「向錄公見接慇勤，鸞以太傅錄尚書事；太傅上公，故稱錄公。流連不能已，流連不能相捨之意。而面有慙色，此必欲殺我。」是夕，遇害。

宣城王每殺諸王，常夜遣兵圍其第，斬關踰垣，呼譟而入，家貲皆封籍之。江夏王鋒，有才行，行，下孟翻。宣城王嘗與之言：「遙光才力可委。」鋒曰：「遙光之於殿下，猶殿下之於高皇；衛宗廟，安社稷，實有攸寄。」東昏侯之世，遙光卒如鋒言。宣城王失色。及殺諸王，鋒遣宣城王書，誚責之；遣，于季翻。誚，才笑翻。宣城王深憚之，不敢於第收鋒，使兼祠官於太廟，祠官，使行祭事。夜，遣兵廟中收之。鋒出，登車，兵人欲上車，上，時掌翻。鋒有力，手擊數人皆仆地，然後死。

宣城王遣典籤柯令孫殺建安王子眞，姓譜：柯，姓也，吳公子柯廬之後。子眞走入牀下，令孫手牽出之，叩頭乞爲奴，不許而死。

又遣中書舍人茹法亮殺巴陵王子倫。茹，音如。子倫性英果，時爲南蘭陵太守，鎭琅邪，城有守兵。晉置南琅邪郡於江乘蒲洲上，齊徙治白下，北臨江滸，故有守兵。宣城王恐不肯就死，以問典籤華伯茂，華，戶化翻。伯茂曰：「公若以兵取之，恐不可卽辦。若委伯茂，一夫力耳。」乃手自執鴆逼之，子倫正衣冠，出受詔，謂法亮曰：「先朝昔滅劉氏，見一百三十五卷高祖建元元年。朝，直遙翻。今日之事，理數固然。君是身家舊人，茹法亮事世祖，權寄甚重。今銜此使，當由事不獲已。使，疏吏翻。此酒非勸酬之爵。」因仰之而死，時年十六。法亮及左右皆流涕。

初，諸王出鎭，皆置典籤，主帥一方之事，悉以委之。帥，所類翻；下同。時入奏事，一歲數返，時主輒與之間語，間，讀曰閑。訪以州事，刺史美惡專繫其口，自刺史以下莫不折節奉之，恆慮弗及。恆，戶登翻。於是威行州部，州部，謂一州之部內也。大爲姦利。武陵王曄爲江州，性烈直，不可干；典籤趙渥之謂人曰：「今出都易刺史！」及見世祖，盛毀之；曄遂免還。

南海王子罕戍琅邪，欲暫游東堂，典籤姜秀不許。子罕還，泣謂母曰：「兒欲移五步亦不得，與囚何異！」邵陵王子貞嘗求熊白，本草圖經曰：熊形類大豕，而性輕健，好攀緣上高木，見人則顛倒自投而下。冬多入穴而藏蟄，始春而出。其脂謂之熊白，十一月取之，須其背上者。陸佃埤雅曰：熊當心有白脂如玉，味甚美，俗呼熊白。廚人答典籤不在，不敢與。

永明中，巴東王子響殺劉寅等，事見一百三十八卷永明八年。世祖聞之，謂羣臣曰：「子響遂反！」戴僧靜大言曰：「諸王都自應反，豈唯巴東！」上問其故，對曰：「天王無罪，而一時被囚，被，皮義翻。取一挺藕、一杯漿，皆諮籤帥；籤帥不在，則竟日忍渴。諸州唯聞有籤帥，不聞有刺史。何得不反！」

竟陵王子良嘗問衆曰：「士大夫何意諂籤帥？」參軍范雲曰：「諂長史以下皆無益，諂籤帥立有倍本之價。謂所持以諂籤帥，而其所得倍其所持之本也。不諂謂何！」子良有愧色。

及宣城王誅諸王，皆令典籤殺之，竟無一人能抗拒者。孔珪聞之，流涕曰：「齊之衡陽、江夏最有意，言有意於翼輔帝室。而復害之；復，扶又翻；下勿復同。若不立籤帥，故當不至於此。」此上歷敍典籤之弊。宣城王亦深知典籤之弊，乃詔：「自今諸州有急事，當密以奏聞，勿復遣典籤入都。」自是典籤之任浸輕矣。

蕭子顯論曰：帝王之子，生長富厚，長，知兩翻。朝出閨闈，暮司方岳，防驕翦逸，積代常典。故輔以上佐，簡自帝心；勞舊左右，用爲主帥，飲食起居，動應聞啓；處地雖重，處，昌呂翻。行己莫由。威不在身，恩未下及，一朝艱難總至，望其釋位扶危，何可得矣！左傳：諸侯釋位以間王室。杜預註曰：間，猶與也。去其位與治王之政事。斯宋氏之餘風，至齊室而尤弊也。諸王置典籤始於宋，故云然。

36 癸卯，以寧朔將軍蕭遙欣爲豫州刺史，黄門郎蕭遙昌爲郢州刺史，輔國將軍蕭誕爲司州刺史。遙昌，遙欣之弟；誕，諶之兄也。史言宣城王用其親黨分據方面。諶，氏壬翻。

37 甲辰，魏以太尉東陽王丕爲太傅、錄尚書事，留守平城。守，手又翻。戊申，魏主親告太廟，使高陽王雍、于烈奉遷神主于洛陽；辛亥，發平城。

38 海陵王在位，起居飲食，皆諮宣城王而後行。嘗思食蒸魚菜，太官令荅無錄公命，竟不與。辛亥，皇太后令曰：「嗣主沖幼，庶政多昧；且早嬰尪疾，嬰，纏也。尪，烏黄翻，弱也。杜預曰：瘠疾也。弗克負荷。荷，下可翻，又如字。太傅宣城王，胤體宣皇，鍾慈太祖，蕭承之追謚宣皇帝，太祖之父而鸞之祖也。太祖又素愛鸞，故云然。宜入承寶命。帝可降封海陵王，吾當歸老別館。」蕭子顯齊書，自此以上著於海陵王紀。且以宣城王爲太祖第三子。蕭子顯齊書，此語著於明帝紀。癸亥，高宗卽皇帝位，大赦，改元。此時方改元建武。以太尉王敬則爲大司馬，司空陳顯達爲太尉，尚書令王晏加驃騎大將軍，驃，匹妙翻。騎，奇寄翻。左僕射徐孝嗣加中軍大將軍，中領軍蕭諶爲領軍將軍。

度支尚書虞悰稱疾不陪位。悰，徂宗翻。帝以悰舊人，欲引參佐命，使王晏齎廢立事示悰。悰曰：「主上聖明，公卿戮力，寧假朽老以贊惟新乎！詩曰：其命維新。不敢聞命！」因慟哭。史言虞悰柔而能正，過謝瀹兄弟遠甚。朝議欲糾之，朝，直遙翻。徐孝嗣曰：「此亦古之遺直。」乃止。

帝與羣臣宴會，詔功臣上酒。王晏等興席，上，時掌翻。興，起也。謝瀹獨不起，曰：「陛下受命，應天順人；王晏妄叨天功以爲己力！」帝大笑，解之。座罷，晏呼瀹共載還令省。【章：十二行本「省」下有「欲相撫悅」四字；乙十一行本同；孔本同；退齋校同。】令省，謂尚書令所舍也。瀹正色曰：「卿巢窟在何處！」晏甚憚之。

39 丁卯，詔：「藩牧守宰，或有薦獻，事非任土，謂非如禹貢任土作貢也。悉加禁斷。」斷，音短。

40 己巳，魏主如信都。庚午，詔曰：「比聞緣邊之蠻，多竊掠南土，比，毗至翻。使父子乖離，室家分絕。朕方蕩壹區宇，子育萬姓，若苟如此，南人豈知朝德哉！謂江南之人將不知魏朝之德也。朝，直遙翻。可詔荆、郢、東荆三州，禁勒蠻民，勿有侵暴。」魏初置荆州於上洛，太和中，徙治穰城。置郢州於眞陽。眞陽，漢汝南郡之愼陽縣也。置東荆州於沘陽。

41 十一月，癸酉，以始安王遙光爲揚州刺史。

42 丁丑，魏主如鄴。

43 庚辰，立皇子寶義爲晉安王，寶玄爲江夏王，夏，戶雅翻。寶源爲廬陵王，寶寅爲建安王，寶融爲隨郡王，寶攸爲南平王。

44 甲申，詔曰：「邑宰祿薄，雖任土恆貢，自今悉斷。」觀此，則江左之政，縣邑不由郡州亦得入貢天臺矣。

45 乙酉，追尊始安貞王爲景皇，妃爲懿后。

46 丙戌，以聞喜公遙欣爲荆州刺史，豐城公遙昌爲豫州刺史。時上長子晉安王寶義有癈疾，痼疾不可復用爲癈疾。長，知兩翻。諸子皆弱小，故以遙光居中，居中，謂爲揚州刺史。遙欣鎮撫上流。

47 戊子，立皇子寶卷爲太子。卷，讀曰捲。

48 魏主至洛陽，欲澄清流品，以尚書崔亮兼吏部郎。亮，道固之兄孫也。宋泰始初，崔道固降魏。

49 魏主敕後軍將軍宇文福行牧地。福表石濟以西，河內以東，距河凡十里。行，下孟翻。牧地，縱則石濟以西，河內以東，橫則距河十里。按杜佑通典，衛州汲縣古牧野之地。則其地宜畜牧，有自來矣。魏主自代徙雜畜置其地，使福掌之；畜無耗失，畜，許救翻。以爲司衞監。

初，世祖平統萬及秦、涼，宋文帝元嘉四年，魏平統萬。八年，赫連定滅秦；定尋西奔，爲吐谷渾所禽，秦地皆入于魏。十六年，魏平涼州。以河西水草豐美，用爲牧地，畜甚蕃息，蕃，讀如繁。馬至二百餘萬匹，橐駝半之，牛羊無數。及高祖置牧場於河陽，常畜戎馬十萬匹，河陽牧場，卽宇文福所規牧地。畜，許六翻。每歲自河西徙牧幷州，稍復南徙，復，扶又翻。欲其漸習水土，不至死傷，而河西之牧愈更蕃滋。及正光以後，皆爲寇盜所掠，無孑遺矣。梁武帝普通元年，魏改元正光。史歷言魏之馬政。

50 永明中，御史中丞沈淵表，百官年七十，皆令致仕，用古者七十而致事之說。並窮困私門。庚子，詔依舊銓敘。上輔政所誅諸王，皆復屬籍，封其子爲侯。

51 上詐稱海陵恭王有疾，數遣御師瞻視，數，所角翻。御師，醫師也，以其供御，故謂之御師。至于隋世，尚藥局有侍御醫，又有醫師。因而殞之，葬禮並依漢東海恭王故事。漢東海王彊以天下讓，葬用殊禮。

52 魏郢州刺史韋珍，韋珍先以樂陵鎮將與東荆州刺史桓誕同鎮泚陽，尋爲郢州刺史。在州有聲績，魏主賜以駿馬、穀帛。珍集境內孤貧者，悉散與之，謂之曰：「天子以我能綏撫卿等，故賜以穀帛，吾何敢獨有之！」

53 魏主以上廢海陵王自立，謀大舉入寇。會邊將言，雍州刺史下邳曹虎遣使請降於魏，將，卽亮翻。雍，於用翻。使，疏吏翻。降，戶江翻。十一【章：十二行本「一」作「二」；張校同。】月，辛丑朔，魏遣行征南將軍薛眞度督四將向襄陽，大將軍劉昶、平南將軍王肅向義陽，徐州刺史拓跋衍向鍾離，平南將軍廣平劉藻向南鄭。眞度，安都從祖弟也。從，才用翻。以尚書僕射【章：十二行本無「僕射」二字；乙十一行本同；孔本同。】盧淵爲安南將軍，督襄陽前鋒諸軍。淵辭以不習軍旅，不許。淵曰：「但恐曹虎爲周魴耳。」周魴事見七十一卷，魏明帝太和二年。魴，符方翻。

54 魏主欲變易舊風，壬寅，詔禁士民胡服。國人多不悅。國人者，與魏同起於北荒之子孫也。通直散騎常侍劉芳，纘之族弟也，劉纘臣於齊而屢使於魏，與芳皆彭城人，蓋同出於楚元王之後。與給事黃門侍郎太原郭祚，皆以文學爲帝所親禮，多引與講論及密議政事；大臣貴戚皆以爲疏己，怏怏有不平之色。怏，許兩翻。帝使給事黃門侍郎陸凱私諭之曰：「至尊但欲廣知古事，詢訪前世法式耳，終不親彼而相疏也。」衆意乃稍解。凱，馛之子也。陸馛見一百三十三卷宋明帝泰始七年。馛，蒲撥翻。

55 魏主欲自將入寇。癸卯，中外戒嚴。戊申，詔代民遷洛者復租賦三年。復，方目翻。相州刺史高閭相，息亮翻。上表稱：「洛陽草創，曹虎既不遣質任，必無誠心，質，音致。無宜輕舉。」魏主不從。

久之，虎使竟不再來，使，疏吏翻。魏主引公卿問行留之計，公卿或以爲宜止，或以爲宜行。帝曰：「衆人紛紜，莫知所從。必欲盡行留之勢，宜有客主，共相起發。任城、鎭南爲留議，「鎭南」爲「鎭軍」。任，音壬。朕爲行論，諸公坐聽得失，長者從之。」衆皆曰：「諸。」鎭軍

【章：十二行本「軍」作「南」；乙十一行本同；孔本同。】將軍李沖曰：「臣等正以遷都草創，人思少安；少，詩沼翻。爲內應者未得審諦，諦，音帝，亦審也。不宜輕動。」帝曰：「彼降款虛實，誠未可知。降，中江翻。若其虛也，朕巡撫淮甸，訪民疾苦，使彼知君德之所在，有北向之心；若其實也，今不以時應接，則失乘時之機，孤歸義之誠，敗朕大略矣。」孤，負也。敗，補邁翻。任城王澄曰：「虎無質任，又使不再來，其詐可知也。今代都新遷之民，皆有戀本之心。扶老攜幼，始就洛邑，居無一椽之室，椽，重緣翻。食無甔石之儲。應劭曰：齊人名小甖爲甔，甔受二石。甔，音都濫翻。又冬月垂盡，東作將起，乃『百堵皆興』、『俶載南畝』之時，百堵皆興，謂新遷之人當作室也。俶載南畝，謂入春當東作也。二語皆詩語。俶，昌六翻，始也。而驅之使擐甲執兵，泣當白刃，殆非歌舞之師也。武王伐紂，前歌後舞。擐，音宦。且諸軍已進，非無應接。若降款有實，待既平樊、沔，然後鑾輿順動，亦何晚之有！今率然輕舉，率然，輕易之意。上下疲勞；若空行空返，恐挫損天威，更成賊氣，非策之得者也。」司空穆亮以爲宜行，公卿皆同之。澄謂亮曰：「公輩在外之時，見張旗授甲，皆有憂色，平居論議，不願南征；何得對上卽爲此語！面背不同，事涉欺佞，豈大臣之義、國士之體乎！萬一傾危，皆公輩所爲也。」沖曰：「任城王可謂忠於社稷。」帝曰：「任城以從朕者爲佞，不從朕者豈必皆忠！夫小忠者、大忠之賊，無乃似諸！」澄曰：「臣愚闇，雖涉小忠，要是竭誠謀國；不知大忠者竟何所據！」帝不從。

辛亥，發洛陽，以北海王詳爲尚書僕射，統留臺事；李沖兼僕射，同守洛陽。給事黃門侍郎崔休爲左丞，趙郡王幹都督中外諸軍事，始平王勰將宗子軍宿衞左右。將，卽亮翻。休，逞之玄孫也。魏道武伐中山，崔逞降之。戊辰，魏主至懸瓠。己巳，詔壽陽、鍾離、馬頭之師所掠男女皆放還南。曹虎果不降。降，戶江翻。

魏主命盧淵攻南陽。淵以軍中乏糧，請先攻赭陽以取葉倉，魏主許之。赭陽卽漢、晉之堵陽縣；堵，亦音者；至宋時，猶屬南陽郡。至蕭子顯齊書，赭陽、葉二縣皆不見於志，下言「北襄城太守成公期拒魏」，則北襄城郡置於赭陽明矣。葉，式涉翻。乃與征南大將軍城陽王鸞、安南將軍李佐、荆州刺史韋珍共攻赭陽。考異曰：齊書作「盧陽烏、韋靈智」。按陽烏，淵小字；靈智，珍字也。鸞，長壽之子；城陽王長壽，見一百三十二卷宋蒼梧王元徽三年。佐，寶之子也。宋文帝元嘉二十一年，李寶入朝于魏。北襄城太守成公期閉城拒守。薛眞度軍於沙堨，堨，烏葛翻。堨，壅也。聚沙以壅水，故以爲地名。南陽太守房伯玉、新野太守劉思忌拒之。晉武帝太康中，分南陽置義陽郡，惠帝又分義陽、南陽置新野郡。

56 先是，魏主遣中書監高閭治古樂；先，悉薦翻。治，直之翻。會閭出爲相州刺史，是歲，表薦著作郎韓顯宗、大樂祭酒公孫崇參知鍾律，帝從之。大樂祭酒，蓋太和中初置是官。

聶崇岐標點王崇武覆校

資治通鑑卷第一百四十

端明殿學士兼翰林侍讀學士朝散大夫右諫議大夫充集賢殿修撰提舉西京嵩山崇福宮上柱國河內郡開國侯食邑一千八百戶食實封六百戶賜紫金魚袋臣司馬光　奉敕編集
後學天台胡三省　音註

齊紀六

起旃蒙大淵獻（乙亥），盡柔兆困敦（丙子），凡二年。

高宗明皇帝中

建武二年（乙亥、四九五）

1春，正月，壬申，遣鎮南將軍王廣之督司州、右衞將軍蕭坦之督徐州、尚書右僕射沈文季督豫州諸軍以拒魏。

癸酉，魏詔：「淮北之人不得侵掠，犯者以大辟論。」淮北時已屬魏，故詔不得侵掠其人。辟，毗亦翻。乙未，拓跋衍攻鍾離，徐州刺史蕭惠休乘城拒守，間出襲擊魏兵，破之。惠休，惠明之弟也。間，古莧翻。蕭惠明見一百三十三卷宋蒼梧王元徽二年。劉昶、王肅攻義陽，昶，知兩翻。司州刺史蕭誕拒之。肅屢破誕兵，招降萬餘人。降，戶江翻。魏以肅爲豫州刺史。劉昶性褊躁，御軍嚴暴，編，補典翻。躁，則到翻。人莫敢言。法曹行參軍北平陽固苦諫；昶怒，欲斬之，使當攻道。攻道，攻城之道，矢石之所集也。固志意閒雅，臨敵勇決，昶始奇之。

丁酉，中外纂嚴。以太尉陳顯達爲使持節、都督西北討諸軍事，往來新亭、白下以張聲勢。使，疏吏翻；下同。

己亥，魏主濟淮；二月，至壽陽，衆號三十萬，鐵騎彌望。彌望，猶言極望也。孔穎達曰：人目所望三十里，而天地合於三十里外，不復見之，是爲極望。騎，奇寄翻。甲辰，魏主登八公山，賦詩。道遇甚雨，命去蓋；去，羌呂翻。見軍士病者，親撫慰之。

魏主遣使呼城中人，豐城公遙昌使崔【章：十二行本「崔」上有「參軍」二字；乙十一行本同；孔本同。】慶遠出應之。慶遠問師故，左傳：齊桓公以諸侯之師伐楚，楚子使與師言曰：「不虞君之涉吾地也，何故？」魏主曰：「固當有故！卿欲我斥言之乎，斥，指也；直言以指人之罪過，無所回避，謂之斥。欲我含垢依違乎？」慶遠曰：「未承來命，無所含垢。」左傳曰：國君含垢。杜預註曰：含垢，忍垢恥。魏主曰：「齊主何故廢立？」慶遠曰：「廢昏立明，古今非一，未審何疑？」魏主曰：「武帝子孫，今皆安在？」慶遠曰：「七王同惡，已伏管、蔡之誅；子隆、子懋、子敬、子眞、子倫并鬱林、海陵爲七王。其餘二十餘王，或內列清要，或外典方牧。」魏主曰：「卿主若不忘忠義，何以不立近親，如周公之輔成王，而自取之乎？」慶遠曰：「成王有亞聖之德，故周公得而相之。相，息亮翻。今近親皆非成王之比，故不可立。且霍光亦捨武帝近親而立宣帝，唯其賢也。」魏主曰：「霍光何以不自立？」慶遠曰：「非其類也。主上正可比宣帝，安得比霍光！若爾，武王伐紂，不立微子而輔之，亦爲苟貪天下乎？」史言崔慶遠之機辯。魏主大笑曰：「朕來問罪。如卿之言，便可釋然。」慶遠曰：「『見可而進，知難而退，』左傳載晉大夫隨武子之言。聖人之師也。」魏主曰：「卿欲吾和親，爲不欲乎？」慶遠曰：「和親則二國交歡，生民蒙福；否則二國交惡，生民塗炭。和親與否，裁自聖衷。」魏主賜慶遠酒殽、衣服而遣之。

戊申，魏主循淮而東，過壽陽不攻，引兵東下。民皆安堵，租運屬路。屬，之欲翻。此謂淮北之民耳。丙辰，至鍾離。自壽陽至鍾離三百三十餘里。

上遣左衛將軍崔慧景、寧朔將軍裴叔業救鍾離。劉昶、王肅衆號二十萬，塹柵三重，塹，七豔翻。重，直龍翻。幷力攻義陽，城中負楯而立。攻城甚急，矢石交至，故負楯而立以自蔽。楯，食尹翻。王廣之引兵救義陽，去城百餘里，畏魏強，不敢進。城中益急，黃門侍郎蕭衍請先進，廣之分麾下精兵配之。衍間道夜發，間，古莧翻。與太子右率蕭誄等率，所律翻。右率，太子右衛率也。誄，魯水翻。徑上賢首山，水經註：溮水南出大潰山北，逕賢首山西，又北出，東南屈，逕義陽縣郡城南。上，時掌翻。去魏軍數里。魏人出不意，未測多少，不敢逼。少，詩沼翻。黎明，城中望見援軍至，蕭誕遣長史王伯瑜出攻魏柵，因風縱火，衍等衆軍自外擊之，魏不能支，解圍去。己未，誕等追擊，破之。誄，諶之弟也。

先是，上以義陽危急，先，悉薦翻。詔都督青、冀二州諸軍事張沖出軍攻魏以分其兵勢。沖遣軍主桑係祖攻魏建陵、驛馬、厚丘三城，又遣軍主杜僧護攻魏虎阬、馮時、郋丘三城，皆拔之。青、冀二州刺史王洪範遣軍主崔延襲魏紀城，據之。宋泰始初，青、冀二州入于魏，乃置青、冀二州刺史，治朐山。杜佑曰：宋明帝立青、冀二州，寄治贛榆；齊青州治朐山；冀州理漣口，今臨淮郡漣水縣。魏收志：郯郡有建陵縣，漢古縣也。宋白曰：厚丘故城，在海州沭陽縣北四十五里。又，東彭城郡龍沮縣有郋丘城。郋丘亦漢縣，本屬琅邪郡。賢曰：郋丘，即左傳之祝丘，故城在今沂州臨沂縣東南。紀城，春秋之紀鄣故城也。杜預曰：東海贛榆縣東北有故紀城。

魏主欲南臨江水，辛酉，發鍾離。司徒長樂元懿公馮誕病，不能從，樂，音洛。從，才用翻。魏主與之泣訣，行五十里，聞誕卒。時崔慧景等軍去魏主營不過百里，魏主輕將數千人夜還鍾離，將，即亮翻。拊尸而哭，達旦，聲淚不絕。壬戌，敕諸軍罷臨江之行，葬誕依晉齊獻王故事。齊獻王攸葬事，見八十一卷晉武帝太康四年。誕與帝同年，幼同硯席，尚帝妹樂安長公主。長，知兩翻。雖無學術，而資性淳篤，故特有寵。丁卯，魏主遣使臨江，數上罪惡。使，疏吏翻。數，所具翻。

魏久攻鍾離不克，士卒多死。三月，戊寅，魏主如邵陽，築城於洲上，邵陽洲在鍾離城北淮水中。柵斷水路，夾築二城。既築城於洲上，又於淮水南北兩岸夾築二城，樹柵水中，以斷援兵之路。斷，丁管翻；下先斷、邀斷、欲斷同。蕭坦之遣軍主裴叔業攻二城，拔之。魏主欲築城置戍於淮南，以撫新附之民，賜相州刺史高閭璽書，具論其狀。相，息亮翻。璽，斯氏翻。閭上表，以爲：「兵法『十則圍之，五則攻之。』孫子兵法有是言。曏者國家止爲受降之計，謂欲受曹虎降也。降，戶江翻；下同。發兵不多，東西遼闊，難以成功；今又欲置戍淮南，招撫新附。昔世祖以回山倒海之威，步騎數十萬，南臨瓜步，諸郡盡降，而盱眙小城，攻之不克。事見一百二十五卷宋文帝元嘉二十七年。騎，奇寄翻。盱眙，音吁怡。班師之日，兵不戍一城，土不闢一廛。說文曰：廛，一畝半，一家之居地。夫豈無人？以爲大鎮未平，不可守小故也。夫壅水者先塞其原，塞，悉則翻。伐木者先斷其本；本原尚在而攻其末流，終無益也。壽陽、盱眙、淮陰，淮南之本原也；壽陽、盱眙、淮陰皆淮津之要地，齊皆以重兵守之，故云本原。三鎮不克其一，而留守孤城，其不能自全明矣。敵之大鎮逼其外，長淮隔其內；少置兵則不足以自固，少，詩沼翻。多置兵則糧運難通。大軍既還，士心孤怯；夏水盛漲，救援甚難。以新擊舊，以勞禦逸，久於屯戍，魏師已至，齊以生兵攻之，是之謂以新擊舊。魏以孤軍守孤城，勞於備禦；齊師迭出而攻之，士有餘力，是之謂以勞禦逸。若果如此，必爲敵擒，雖忠勇奮發，終何益哉！言將士效死弗去，而城破身沒，雖忠勇奮發而無益於國事。且安土戀本，人之常情。昔彭城之役，既克大鎮，城戍已定，而不服思叛者猶踰數萬。宋明帝泰始二年，魏得彭城，至高帝建元之初，淮北之民猶不樂屬魏，思歸江南，遂有五固之役。角城蕞爾，蕞，徂外翻，小貌。處在淮北，處，昌呂翻。去淮陽十八里。五固之役，攻圍歷時，卒不能克。事見一百三十五卷高帝建元三年。卒，子恤翻。以今準昔，事兼數倍。天時尚熱，「尚」，當作「向」。雨水方降，願陛下踵世祖之成規，旋轅返旆，經營洛邑，蓄力觀釁，釁，許覲翻。布德行化，中國既和，遠人自服矣。」尚書令陸叡上表，以爲：「長江浩蕩，彼之巨防。又南土昏霧，暑氣鬱蒸，師人經夏，必多疾病。而遷鼎草創，武王遷九鼎于洛邑，故引以爲言。庶事甫爾，臺省無論政之館，府寺靡聽治之所，治，直吏翻。百僚居止，事等行路，沈雨炎陽，自成癘疫。沈，與霃同，持林翻。說文：久陰曰沈。炎陽，炎日也。且兵徭並舉，聖王所難。今介冑之士，外攻寇讎，羸弱之夫，內勤土木，運給之費，日損千金。驅罷弊之兵，討堅城之虜，將何以取勝乎！羸，倫爲翻。罷，讀與疲同。陛下去冬之舉，正欲曜武江、漢耳；今自春幾夏，幾，居希翻，近也。理宜釋甲。願早還洛邑，使根本深固，聖懷無內顧之憂，兆民休斤板之役，斤，謂斧斤之役。板，謂板築之役。然後命將出師，將，卽亮翻；下同。何憂不服。」魏主納其言。

崔慧景以魏人城邵陽，患之。張欣泰曰：「彼有去志，所以築城者，外自誇大，懼我躡其後耳。今若說之以兩願罷兵，說，輸芮翻。彼無不聽矣。」慧景從之，使欣泰詣城下語魏人，語，牛倨翻。魏主乃還。

濟淮；餘五將未濟，齊人據渚邀斷津路。斷，丁管翻；下同。魏主募能破中渚兵者以爲直閤將軍，軍主代人奚康生應募，據北史：康生本姓達奚，魏孝文改複姓，於是姓奚。縛筏積柴，因風縱火，燒齊船艦，艦，戶黯翻。依煙直進，飛刀亂斫，中渚兵遂潰。魏主假康生直閤將軍。

魏主使前將軍楊播將步卒三千、騎五百爲殿。將步，卽亮翻。騎，奇寄翻；下同。殿，丁練翻；斷後曰殿。時春水方長，齊兵大至，戰艦塞川。長，知兩翻。艦，戶黯翻。塞，悉則翻。播結陳於南岸以禦之，陳，讀曰陣；下爲陳同。諸軍盡濟。齊兵四集圍播，播爲圓陳以禦之，身自搏戰，所殺甚衆。相拒再宿，軍中食盡，圍兵愈急。魏主在北岸望之，以水盛不能救，既而水稍減，播引精騎三百歷齊艦大呼曰：呼，火故翻。「我今欲渡，能戰者來！」遂擁衆而濟。播，椿之兄也。楊椿見一百三十七卷武帝永明八年。

魏軍既退，邵陽洲上餘兵萬人，求輸馬五百匹，假道以歸。崔慧景欲斷路攻之，張欣泰曰：「歸師勿遏，古人畏之，兵法：歸師勿遏，窮寇勿追。兵在死地，不可輕也。今勝之不足爲武，不勝徒喪前功；喪，息浪翻。不如許之。」慧景從之。蕭坦之還，言於上曰：「邵陽洲有死賊萬人，慧景、欣泰縱而不取。」由是皆不加賞。甲申，解嚴。魏師已退，故解嚴。

初，上聞魏主欲飲馬於江，懼，敕廣陵太守行南兗州事蕭穎胄移居民入城，民驚恐，欲席卷南渡。卷，讀曰捲。穎胄以魏寇尚遠，不卽施行，魏兵竟不至。穎胄，太祖之從子也。蕭穎胄，太祖從弟赤斧之子。從，才用翻。

上遣尚書左【章：十二行本「左」作「右」；乙十一行本同。】僕射沈文季助豐城公遙昌守壽陽。是年春正月，遣沈文季督豫州諸軍。豫州治壽陽。文季入城，止游兵不聽出，洞開城門，嚴加守備。魏兵尋退。

魏之入寇也，盧昶等猶在建康，海陵王即位，魏遣昶來聘，昶至建康而帝已立。齊人恨之，飼以蒸豆。飼，祥吏翻。馬牛待之。昶怖懼，食之，怖，普布翻。淚汗交橫。謁者張思寧辭氣不屈，死於館下。及還，魏主讓昶曰：「人誰不死，何至自同牛馬，屈身辱國！縱不遠慚蘇武，蘇武使匈奴，十九年不屈節。獨不近愧思寧乎！」乃黜爲民。

2 戊子，魏太師京兆武公馮熙卒于平城。

3 乙未，魏主如下邳；夏，四月，庚子，如彭城；辛丑，爲馮熙舉哀。爲，于僞翻。太傅、錄尚書事平陽公丕不樂南遷，樂，音洛。與陸叡表請魏主還臨熙葬。丕、叡時留守平城。帝曰：「開闢以來，安有天子遠奔舅喪者乎！今經始洛邑，經，度之也。始，初也。詩云：經始靈臺。豈宜妄相誘引，陷君不義！令、僕以下，可付法官貶之。」此平城留臺令、僕也。法官，謂御史。誘，音酉。仍詔迎熙及博陵長公主之柩，長，知兩翻。柩，巨救翻。南葬洛陽，禮如晉安平獻王故事。晉安平王孚葬，見七十九卷武帝泰始八年。魏之葬熙，其禮又加於誕。

4 魏主之在鍾離，仇池鎮都大將、梁州刺史拓跋英請以州兵會劉藻擊漢中，去年十一月，魏遣劉藻向南鄭。魏梁州刺史治仇池，齊梁州刺史治南鄭。將，卽亮翻；下同。魏主許之。梁州刺史蕭懿遣部將尹紹祖、梁季羣等將兵二萬，據險，立五栅以拒之。據蕭子顯齊書，時據角弩谷、白馬、沮水立五柵。英曰：「彼帥賤，莫相統壹。帥，所類翻。我選精卒并攻一營，彼必不相救；若克一營，四營皆走矣。」乃引兵急攻一營，拔之，四營俱潰，生擒梁季羣，斬三千餘級，俘七百餘人，乘勝長驅，進逼南鄭。懿又遣其將姜脩擊英，英掩擊，盡獲之。將還，懿別軍繼至；將士皆已疲，不意其至，大懼，欲走。英故緩轡徐行，神色自若，登高望敵，東西指麾，狀若處分，處，昌呂翻。然後整列而前。懿軍疑有伏兵，遷延引退，英追擊，破之，遂圍南鄭。禁將士毋得侵暴，遠近悅附，爭供租運。懿嬰城自守，軍主范絜先將三千餘人在外，還救南鄭，英掩擊，盡獲之。圍城數十日，城中恟懼。將，卽亮翻。恟，許拱翻。錄事參軍新野庾域封題空倉數十，指示將士曰：「此中粟皆滿，足支二年，但努力固守！」衆心乃安。會魏主召兵還，英使老弱先行，自將精兵爲後拒，殿軍後以拒追兵曰後拒。遣使與懿告別。使，疏吏翻。懿以爲詐，英去一日，猶不開門；二日，乃遣將追之。英與士卒下馬交戰，懿兵不敢逼，行四日四夜，懿兵乃返。英入斜谷，會天大雨，士卒截竹貯米，執炬火於馬上炊之。貯，丁呂翻。先是，懿遣人誘說仇池諸氐，使起兵斷英運道及歸路。英勒兵奮擊，且戰且前，矢中英頰，卒全軍還仇池，英乘勝深入，後無繼援，雖僅獲全軍而返，亦已危矣。先，悉薦翻。說，輸芮翻。斷，丁管翻。中，竹仲翻。卒，子恤翻。討叛氐，平之。英，楨之子；南安王楨，見一百三十八卷武帝永明十一年。懿，衍之兄也。

英之攻南鄭也，魏主詔雍、涇、岐三州發兵六千人戍南鄭，魏雍州治長安，領京兆、馮翊、扶風、咸陽、北地等郡。太和中，置涇州，治臨涇城，領安定、隴東、新平、平涼、平原等郡。十一年，置岐州，治雍城鎮，領平秦、武功、武都郡。雍，於用翻。俟克城則遣之。侍中兼左僕射李沖表諫曰：「秦川險阨，地接羌、夷。自西師出後，餉援連續，加氐、胡叛逆，所在奔命，運糧擐甲，迄茲未已。今復豫差戍卒，復，扶又翻。差，初皆翻；下差遣同。懸擬山外，漢中之地在關中南山之南，故曰山外。雖加優復，復，方目翻。恐猶驚駭。脫終攻不克，徒動民情，連胡結夷，事或難測。輒依旨密下刺史，待軍克鄭城，下，戶嫁翻。鄭城，謂南鄭城。然後差遣。如臣愚見，猶謂未足。何者？西道險阨，單徑千里，謂褒斜之道也。今欲深戍絕界之外，孤據羣賊之中，敵攻不可猝援，食盡不可運糧。古人有言，『雖鞭之長，不及馬腹。』左傳晉伯宗之言。南鄭於國，實爲馬腹也。且魏境所掩，九州過八；此指禹貢九州爲言。民人所臣，十分而九；所未民者，唯漢北之與江外耳。漢北，謂柔然；江外，謂齊。言唯此二國未爲魏民。羈之在近，謂以繩羈係其君而致之；在近，言不遠也。豈汲汲於今日也！宜待疆宇既廣，糧食既足，然後置邦樹將，樹，立也。將，帥也。將，即亮翻。爲吞併之舉。今壽陽、鍾離，密邇未拔；赭城、新野，跬步弗降。赭城，即赭陽城也。降，戶江翻。東道既未可以近力守，西藩寧可以遠兵固！李沖蓋謂淮漢之地爲東道，謂南鄭爲西藩。若果欲置者，臣恐終以資敵也。又，建都土中，洛陽爲土中。地接寇壤，方須大收死士，平蕩江會，建康爲江南都會之地，故曰江會。若輕遣單寡，棄令陷沒，恐後舉之日，衆以留守致懼，求其死效，未易可獲。易，以豉翻。推此而論，不戍爲上。」魏主從之。

5 癸丑，魏主如小沛；己未，如瑕丘；庚申，如魯城，魏收地形志：魯郡，魯縣之魯城。親祠孔子；辛酉，拜孔氏四人、顏氏二人官，仍選諸孔宗子一人封崇聖侯，奉孔子祀，命兗州脩孔子墓，大宗之子爲宗子。孔子墓亦在魯縣。更建碑銘。戊辰，魏主如碻磝，命謁者僕射成淹具舟楫，欲自泗入河，泝流還洛，淹諫，以爲：「河流悍猛，非萬乘所宜乘。」泝，蘇故翻。悍，侯旰翻，又下罕翻。萬乘，繩證翻。帝曰：「我以平城無漕運之路，故京邑民貧。今遷都洛陽，欲通四方之運，而民猶憚河流之險；故朕有此行，所以開百姓之心也。」

6 魏城陽王鸞等攻赭陽。諸將不相統壹，圍守百餘日，諸將欲按甲不戰以疲之。李佐獨晝夜攻擊，士卒死者甚衆，帝遣太子右衞率垣歷生救之。諸將以衆寡不敵，欲退，佐獨帥騎二千逆戰而敗。將，卽亮翻。率，所律翻。帥，讀曰率。騎，奇寄翻。盧淵等引去，歷生追擊，大破之。歷生，榮祖之從弟也。垣榮祖著名於宋泰始之間。從，才用翻；下同。南陽太守房伯玉等又敗薛眞度於沙堨。敗，補邁翻。考異曰：齊書魏虜傳，眞度敗在建武元年下。魏帝紀，城陽王鸞以敗軍獲罪，在太和十九年五月；今從之。

鸞等見魏主於瑕丘。見，賢遍翻。魏主責之曰：「卿等沮辱威靈，罪當大辟；沮，在呂翻。辟，毗亦翻。朕以新遷洛邑，特從寬典。」五月，己巳，降封鸞爲定襄縣王，削戶五百；盧淵、李佐、韋珍皆削官爵爲民，佐仍徙瀛州。太和十一年，分定州河間、高陽，冀州章武、浮陽，置瀛州，治趙都軍城。以薛眞度與其從兄安都有開徐方之功，謂以彭城降魏也。從，才用翻。聽存其爵及荆州刺史，餘皆削奪，曰：「進足明功，退足彰罪矣。」

7 魏廣川剛王諧卒。諧，略之子也。魏廣川王略，見一百三十五卷高帝之建元二年。謚法：追補前過曰剛。魏主曰：「古者，大臣之喪有三臨之禮；賈山曰：古者賢君之於臣也，死則往弔哭之，臨其小斂、大斂；已棺，除而爲之服，錫衰、麻絰而三臨其喪。魏、晉以來，王公之喪，哭於東堂。自今諸王之喪，期親三臨；期親，期喪之親。期，讀曰朞。大功再臨；小功、緦麻一臨；大功，九月服；小功，五月服；緦麻，三月服。罷東堂之哭。廣川王於朕，大功也。」廣川王略，顯祖之弟，諧於魏主，從兄弟也，其服大功。將大斂，斂，力贍翻。素服、深衣往哭之。

8 甲戌，魏主如滑臺；丙子，舍于石濟。庚申，【章：十二行本「申」作「辰」；乙十一行本同；孔本同；張校同。】太子出迎於平桃城。魏收志：濟陰郡離狐縣有桃城。水經註曰：滎陽縣有虢亭，俗謂之平眺城。趙郡王幹在洛陽，貪淫不法，御史中尉李彪私戒之，魏置御史中尉以糾察百官，猶御史中丞也。

且曰：「殿下不悛，不敢不以聞。」幹悠然不以爲意。悠，遠也。悠然，夷曠自得之意。悛，七緣翻。彪表彈之。彈，徒丹翻。魏主詔幹與北海王詳俱從太子詣行在。既至，見詳而不見幹，陰使左右察其意色，知無憂悔，言既無憂色，又無悔過之意。乃親數其罪，杖之一百，免官還第。數，所具翻。

癸未，魏主還洛陽，告于太廟。甲申，減冗官之祿以助軍國之用。乙酉，行飲至之禮。左傳：臧僖伯曰：「三年而治兵，入而振旅，歸而飲至，以數軍實。」又曰：「反行，飲至，舍爵、策勳焉。」飲至者，告至于廟而飲酒也。班賞有差。班南伐之賞也。

9 甲午，魏太子冠於廟。記冠義曰：古者重冠，冠故行之於廟；行之於廟者，所以自卑而尊先祖也。鄭樵曰：曹魏冠太子再加，宋一加。余謂魏孝文好古，其必用三加之禮。冠於廟，禮也；曹魏以來不復在廟。冠，古玩翻。魏主欲變北俗，引見羣臣，見，賢遍翻。謂曰：「卿等欲朕遠追商、周，爲欲不及漢、晉邪？」咸陽王禧對曰：「羣臣願陛下度越前王耳。」帝曰：「然則當變風易俗，當因循守故邪？」對曰：「願聖政日新。」帝曰：「爲止於一身，爲欲傳之子孫邪？」對曰：「願傳之百世。」帝曰：「然則必當改作，卿等不得違也。」對曰：「上令下從，其誰敢違！」帝曰：「夫『名不正，言不順，則禮樂不可興。』用論語孔子之言。今欲斷諸北語，一從正音。斷，音短。正音，華言也。其年三十已上，習性已久，容不可猝革。三十已下，見在朝廷之人，見，賢遍翻。語音不聽仍舊；若有故爲，謂故意爲北語，不肯從華言者。當加降黜。各宜深戒！王公卿士以爲然不？」不，讀曰否。對曰：「實如聖旨。」帝曰：「朕嘗與李沖論此，沖曰：『四方之語，竟知誰是；謂四方之人，言語不同，不知當以誰爲是。帝者言之，卽爲正矣。』沖之此言，其罪當死！」因顧沖曰：「卿負社稷，當令御史牽下！」沖免冠頓首謝。又責留守之官曰：守，手又翻。「昨望見婦女猶服夾領小袖，卿等何爲不遵前詔！」皆謝罪。帝曰：「朕言非是，卿等當庭爭。爭，讀曰諍。如何入則順旨，退則不從乎！」六月，己亥，下詔：「不得爲北俗之語於朝廷，違者免所居官。」

10 癸卯，魏主使太子如平城赴太師熙之喪。

11 癸丑，魏詔求遺書，祕閣所無，漢時書府，在外則有太常、太史、博士掌之，內則有延閣、廣內、石渠之藏。後漢則藏之東觀，晉有中外三閣經書。陸機謝表云「身登三閣」，謂爲祕書郎掌中外三閣祕書也，此祕閣之名所由始。有益時用者，加以優賞。

12 魏有司奏：「廣川王妃葬於代都，未審以新尊從舊卑，以舊卑就新尊？」夫尊，婦卑。廣川王諧新卒，故曰新尊；其妃先卒，故曰舊卑。魏主曰：「代人遷洛者，宜悉葬邙山。邙山，在洛城北。邙，謨郎翻。其先有夫死於代者，聽妻還葬；夫死於洛者，不得還代就妻。其餘州之人，自聽從便。」丙辰，詔：「遷洛之民死，葬河南，不得還北。」於是代人遷洛者悉爲河南洛陽人。

13 戊午，魏改用長尺、大斗，其法依漢志爲之。漢律曆志以子穀秬黍中者一黍之廣度之，九十分黃鍾之長，一爲一分，十分爲寸，十寸爲尺。又以子穀秬黍中者千有二百實其龠，十龠爲合，十合爲升，十升爲斗。

14 上之廢鬱林王也，見上卷上年。許蕭諶以揚州；既而除領軍將軍、南徐州刺史。諶恚曰：「見炊飯，推以與人。」諶，氏壬翻。恚，於避翻。見，賢遍翻。推，吐雷翻。諶恃功，頗干預朝政，朝，直遙翻。所欲選用，輒命尚書使爲申論。爲，于僞翻。上聞而忌之，以蕭誕、蕭誄方將兵拒魏，誄，魯水翻。將，即亮翻。隱忍不發。壬戌，上遊華林園，與諶及尚書令王晏等數人宴，盡歡；坐罷，留諶晚出，至華林閤，仗身執還省。仗身，執仗之衞士也。天子禁衞，有齋內仗身，見齊書蕭諶傳。又按杜佑通典曰：唐制：鎭戍之官，給仗身，其人數視鎭戍之上、中、下爲差；京官五品已上亦有仗身職員。上遣左右莫智明數諶曰：「隆昌之際，非卿無有今日。今一門二州，兄弟三封，諶爲南徐州，誕爲司州，所謂二州也。諶封衡陽郡公，誄封西昌侯，誕封安復侯，所謂三封也。數，所具翻。朝廷相報，止可極此。卿恆懷怨望，恆，戶登翻。乃云炊飯已熟，合甑與人邪！今賜卿死！」遂殺之，幷其弟誄；以黃門郎蕭衍爲司州別駕，往執誕，殺之。諶好術數，吳興沈文猷常語之曰：「君相不減高帝。」好，呼到翻。語，牛倨翻。相，息亮翻；相，貌也。諶死，文猷亦伏誅。諶死之日，上又殺西陽王子明、南海王子罕、邵陵王子貞。三王皆武帝子也。

15 乙丑，以右衞將軍蕭坦之爲領軍將軍。

16魏高閭上言：「鄴城密皇后廟穨圮，請更葺治；若謂已配饗太廟，卽宜罷毀。」詔罷之。密皇后，世祖母杜皇后也。后，鄴人。神䴥三年，立廟于鄴。高閭爲相州刺史，相州治鄴，故上言之。圮，部鄙翻，毁也。治，直之翻。

17魏拓跋英之寇漢中也，沮水氐楊馥之爲齊擊武興氐楊集始，破之，按漢志武都郡：沮縣有東狼谷，沮水所出也。水在廣業郡界。唐鳳州同谷縣，魏之廣業郡地也。氐居沮水上，因以爲種落之名。沮，子余翻。爲，于僞翻。秋，七月，辛卯，以馥之爲北秦州刺史、蕭子顯曰：永明郡國志：秦州寄治漢中南鄭，不曰南、北；元嘉計偕亦曰秦州。而荆州刺史嘗督二秦、梁，是則志所載秦州爲南秦，氐爲北秦。然是時秦州所領諸郡，皆僑郡與荒郡也。仇池公。

18八月，乙巳，魏選武勇之士十五萬人爲羽林、虎賁以充宿衞。爲後虎賁、羽林作亂殺張彝父子張本。賁，音奔。

19魏金墉宮成，立國子、太學、四門小學於洛陽。四門學始此。

20魏高祖遊華林園，觀故景陽山，華林園及景陽山皆魏明帝所築。黃門侍郎郭祚曰：「山水者，仁智之所樂，論語：孔子曰：「仁者樂山，智者樂水。」故郭祚引以爲言。樂，魚教翻。宜復脩之。」復，扶又翻。帝曰：「魏明帝以奢失之於前，朕豈可襲之於後乎！」帝好讀書，手不釋卷，在輿、據鞍，不忘講道。善屬文，好，呼到翻；下好賢同。屬，之欲翻。多於馬上口占，既成，不更一字；更，工衡翻。自太和十年以後，詔策皆自爲之。好賢樂善，情如飢渴，所與遊接，常寄以布素之意，樂，音洛。言寄以布衣雅素相與之意。如李沖、李彪、高閭、王肅、郭祚、宋弁、劉芳、崔光、邢巒之徒，皆以文雅見親，貴顯用事；制禮作樂，鬱然可觀，有太平之風焉。史言魏高祖能以文治。

治書侍御史薛聰，辯之曾孫也，薛辯見一百二十四卷宋文帝元嘉二十一年。治，直之翻。彈劾不避強禦，彈，徒丹翻。劾，戶概翻，又戶得翻。帝或欲寬貸者，聰輒爭之。帝每曰：「朕見薛聰，不能不懼，何況諸人也！」自是貴戚斂手。累遷直閤將軍，兼給事黄門侍郎、散騎常侍，散，悉亶翻。騎，奇寄翻。帝外以德器遇之，內以心膂爲寄，親衛禁兵，悉聰管領，故終太和之世，恆帶直閤將軍。羣臣罷朝之後，聰恆陪侍帷幄，言兼晝夜，時政得失，動輒匡諫，事多聽允；而重厚沈密，恆，戶登翻。朝，直遙翻。沈，持林翻。外莫窺其際。帝欲進以名位，輒苦讓不受。帝亦雅相體悉，謂之曰：「卿天爵自高，固非人爵所能榮也。」孟子曰：公卿大夫，此人爵也；仁義忠信，此天爵也。

21 九月，庚午，魏六宮、文武悉遷于洛陽。六宮，后妃、夫人、嬪御也。文武，內外文武百官也。

22 丙戌，魏主如鄴，屢至相州刺史高閭之館，館，謂刺史官舍。相，息亮翻。美其治效，治，直吏翻。賞賜甚厚。閭數請本州，數，所角翻。詔曰：「閭以懸車之年，方求衣錦，漢薛廣漢致仕，懸其安車以示子孫。古人有言，「富貴不歸故鄉，如衣錦夜行。」衣，於既翻。知進忘退，有塵謙德；可降號平北將軍。朝之老成，宜遂情願，徙授幽州刺史，高閭，漁陽雍奴人，幽州統內也。朝，直遙翻。令存勸兩脩，恩法並舉。」從所請以勸善示恩，降號以存法。以高陽王雍爲相州刺史，戒之曰：「作牧亦易亦難：『其身正，不令而行，』所以易；『其身不正，雖令不從，』所以難。」用孔子之言而發難易之論。易，以豉翻。

23 己丑，徙南平王寶攸爲邵陵王，蜀郡王子文爲西陽王，廣漢王子峻爲衡陽王，臨海王昭秀爲巴陵王，永嘉王昭粲爲桂陽王。寶攸，皇子；餘皆高、武子孫。

24 乙未，魏主自鄴還；還洛陽。冬，十月，丙辰，至洛陽。

25 壬戌，魏詔：「諸州精品屬官，考其得失爲三等以聞。」又詔：「徐、兗、光、南青、荆、洛六州，嚴纂戎備，應須赴集。」魏徐州領彭城、南陽平、沛、蘭陵、北濟陰等郡。兗州領泰山、魯、高平、任城、東平、東陽平等郡。光州治掖城，皇興四年分青州置，領東萊、長廣、東牟等郡。南青州，即東徐州，魏主更名，領東安、東莞郡。魏先置荆州於上洛，領上洛、上庸、魏興等郡。太和十一年，改爲洛州，置荆州於穰城，領南陽、順陽、新野、襄城等郡。詔纂戎備，將復南伐也。

26 十一月，丁卯，詔罷世宗東田，毀興光樓。東田見武帝紀。興光樓，蓋亦文惠太子所建。

27 己卯，納太子妃褚氏，大赦。妃，澄之女也。褚澄見一百三十三卷，宋蒼梧王元徽二年。

28 庚午，魏主如委粟山，定圜丘。己卯，帝引諸儒議圜丘禮。祕書令李彪建言：「魯人將有事于上帝，必先有事于泮宮。記禮器之言。鄭玄註曰：泮宮，郊學也。請前一日告廟。」從之。甲申，魏主祀圜丘；大【章：十二行本「大」上有「丙戌」二字；乙十一行本同；孔本同；張校同。】赦。

29 十二月，乙未朔，魏主見羣臣於光極堂，宣下品令，爲大選之始。下，遐稼翻。品令，九品之令也。大選者，謂將大選羣臣也。光祿勳于烈子登引例求遷官，烈上表曰：「方今聖明之朝，理應廉讓，而臣子登引人求進；引人，謂引他人之例也。朝，直遙翻。是臣素無教訓，乞行黜落！」黜落，謂黜官、落職也。魏主曰：「此乃有識之言，不謂烈能辨此！」乃引見登，謂曰：「朕將流化天下，以卿父有謙遜之美、直士之風，故進卿爲太子翊軍校尉。」又加烈散騎常侍，封聊城縣子。校，戶教翻。散，悉亶翻。騎，奇寄翻。

魏主謂羣臣曰：「國家從來有一事可歎：臣下莫肯公言得失是也。夫人君患不能納諫，人臣患不能盡忠。自今朕舉一人，如有不可，卿等直言其失；若有才能而朕所不識，卿等亦當舉之。如是，得人者有賞，不言者有罪，卿等當知之。」以魏孝文之求諫、求才如此，而一時之臣猶未能稱上意，豈非朝廷之議，帝務騁辭氣以加之，故有有懷而不敢盡者！

30 丁酉，詔脩晉帝諸陵，增置守衛。此晉帝諸陵，謂在江南者。

31 甲子，魏主引見羣臣於光極堂，頒賜冠服。賜冠服以易胡服。

32 先是魏人未嘗用錢，先，悉薦翻。魏主始命鑄太和五銖。是歲，鼓鑄粗備，粗，坐五翻。詔公私用之。

33魏以光城蠻帥田益光【嚴：「光」改「宗」。】爲南司州刺史，帥，所類翻。所統守宰，聽其銓置。後更於新蔡立東豫州，以益光爲刺史。據北史，「益光」當作「益宗」。魏以益宗既渡淮北，不可仍爲司州，乃於新蔡立東豫州。又按五代志及水經註，「新蔡」當作「新息」。

34氐王楊炅卒。炅，古迥翻，又古惠翻。

三年（丙子、四九六）

1春，正月，丁卯，以楊炅子崇祖爲沙州刺史，封陰平王。考異曰：齊本紀作「丁酉」。按長曆，是月乙丑朔，無丁酉。下有己巳，當作「丁卯」。

2魏主下詔，以爲：「北人謂土爲拓，后爲跋。魏之先出於黃帝，以土德王，王，于況翻。故爲拓跋氏。夫土者，黃中之色，萬物之元也；宜改姓元氏。諸功臣舊族自代來者，姓或重複，皆改之。」重，直龍翻。於是始改拔拔氏爲長孫氏，達奚氏爲奚氏，乙旃氏爲叔孫氏，丘穆陵氏爲穆氏，步六孤氏爲陸氏，賀賴氏爲賀氏，獨孤氏爲劉氏，賀樓氏爲樓氏，勿忸于氏爲于氏，尉遲氏爲尉氏；其餘所改，不可勝紀。如長孫嵩、奚斤、叔孫建、穆崇、于栗磾之類，史皆因其後改姓，從簡便而書之，非其舊也。其餘北人諸姓，改從後姓，註已略見於前。蓋其所改後姓，有與華人舊姓相犯者也。忸，女九翻，又女六翻。考異曰：魏初功臣，姓皆複重奇僻，孝文太和中，變胡俗，始改之。魏收作魏書，已盡用新姓，不用舊姓。宋書索虜傳、南齊書魏虜傳所稱者，蓋其舊姓名耳。今並從魏書以就簡易。

魏主雅重門族，以范陽盧敏、清河崔宗伯、滎陽鄭羲、太原王瓊四姓，衣冠所推，咸納其女以充後宮。隴西李沖以才識見任，當朝貴重，所結姻㜕，莫非清望；朝，直遥翻。㜕，音連。史記南越傳：呂嘉宗室兄弟及蒼梧秦王有連。漢書音義曰：連，親婚也。史記索隱曰：有連者，皆親姻也。後人因以姻連之「連」其旁加「女」，遂爲「㜕」字。帝亦以其女爲夫人。詔黄門郎、司徒左長史宋弁定諸州士族，多所升降。又詔以：「代人先無姓族，雖功賢之胤，無異寒賤；故宦達者位極公卿，其功、衰之親仍居猥任。功、衰，自小功、大功以上至齊衰也。猥，卑下也。衰，倉回翻。猥，烏賄翻，鄙也。其穆、陸、賀、劉、樓、于、嵇、尉八姓，「嵇」恐當作「奚」。今按魏書官氏志，自有嵇姓，嵇敬之嵇是也。尉，紆勿翻。自太祖已降，勳著當世，位盡王公，灼然可知者，且下司州、吏部，勿充猥官，一同四姓。四姓，盧、崔、鄭、王也。下，户嫁翻。自此以外，應班士流者，尋續別敕。其舊爲部落大人，而皇始已來三世官在給事已上及品登王公者爲姓；若本非大人，而皇始已來三世官在尚書已上及品登王公者亦爲姓。其大人之後而官不顯者爲族；若本非大人而官顯者亦爲族。凡此姓族，皆應審覈，勿容僞冒。覈，户革翻。令司空穆亮、尚書陸琇等詳定，務令平允。」琇，馛之子也。魏孝文受内禪，陸馛傳之，故其子皆通顯。琇，音秀。馛，蒲撥翻。

魏舊制：王國舍人皆應娶八族及清脩之門。王國舍人，舍，謂諸王妃嬪之舍，其人卽妃嬪也。八族，卽前自代來八姓。咸陽王禧娶隸戶爲之，隸戶，謂沒入爲奴隸之戶。帝深責之；因下詔爲六弟聘室：爲，于僞翻。「前者所納，可爲妾媵。媵，以證翻。咸陽王禧，可聘故潁川太守隴西李輔女；河南王幹，可聘故中散大夫代郡穆明樂女；太和十八年，河南王幹已徙封趙郡王，史蓋以舊封書之。散，悉亶翻。廣陵王羽，可聘驃騎諮議參軍滎陽鄭平城女；驃，匹妙翻。騎，奇寄翻。潁川王雍，可聘故中書博士范陽盧神寶女；潁川王雍亦以太和十八年徙封高陽，史以舊封書之。始平王勰，可聘廷尉卿隴西李沖女；勰，音協。北海王詳，可聘吏部郎中滎陽鄭懿女。」魏定氏族，固亦未能盡允清議；至令詔諸王改納室，則大悖於人倫。夫妻者齊也，一與之齊，終身不改。富而易妻，人士猶或羞之，況天子之弟乎！此詔一出，天下何觀！懿，義之子也。宋泰始之初，鄭義從拓跋石平汝、潁。

時趙郡諸李，人物尤多，各盛家風，故世之言高華者，以五姓爲首。盧、崔、鄭、王幷李爲五姓。趙郡諸李，北人謂之趙李；李靈、李順、李孝伯羣從子姪，皆趙李也。

衆議以薛氏爲河東茂族。帝曰：「薛氏，蜀也，豈可入郡姓！」直閤薛宗起執戟在殿下，出次對曰：「臣之先人，漢末仕蜀，二世復歸河東，今六世相襲，非蜀人也。伏以陛下黃帝之胤，受封北土，豈可亦謂之胡邪！今不預郡姓，何以生爲！」乃碎戟於地。帝徐曰：「然則朕甲、卿乙乎？」乃入郡姓，仍曰：「卿非『宗起』，乃『起宗』也！」郡姓者，郡之大姓、著姓也。今百氏郡望，蓋始於此。考異曰：北史薛聰傳：「爲羽林監。帝曾與朝臣論海內姓地人物，戲謂聰曰：『人謂卿諸薛是蜀人。定是蜀人不？』聰對曰：『臣遠祖廣德，世事漢朝，時人呼爲漢臣。九世祖永，隨劉備入蜀，時人呼爲蜀臣。今事陛下，是虜，非蜀也。』帝撫掌笑曰：『卿可自明非蜀，何乃遂復苦朕！』聰因投戟而出。帝曰：『薛監醉耳。』其見知如此。」今從元行沖後魏國典。

帝與羣臣論選調，選，須絹翻。調，徒弔翻。曰：「近世高卑出身，各有常分；分，扶問翻。此果如何？」李沖對曰：「未審上古以來，張官列位，爲膏粱子弟乎，爲致治乎？」爲，于僞翻。治，直吏翻。帝曰：「欲爲治耳。」沖曰：「然則陛下【章：十二行本「下」下有「今日」二字；乙十一行本同；孔本同。】何爲專取門品，不拔才能乎？」帝曰：「苟有過人之才，不患不知。然君子之門，借使無當世之用，要自德行純篤，朕故用之。」沖曰：「傅說、呂望，豈可以門地得之！」謂傅說起於版築，呂望起於屠釣也。行，下孟翻。說，讀曰悅。帝曰：「非常之人，曠世乃有一二耳。」祕書令李彪曰：「陛下若專取門地，不審魯之三卿，孰若四科？」魯三卿，季孫、孟孫、叔孫氏也。孔門四科，德行、言語、政事、文學也。著作佐郎韓顯宗曰：「陛下豈可以貴襲貴，以賤襲賤！」帝曰：「必有高明卓然、出類拔萃者，朕亦不拘此制。」頃之，劉昶入朝。劉昶自彭城入朝。朝，直遙翻。帝謂昶曰：「或言唯能是寄，不必拘門；朕以爲不爾。何者？清濁同流，混齊一等，君子小人，名器無別，別，彼列翻。此殊爲不可。我今八族以上士人，品第有九；九品之外，小人之官復有七等。後之流內銓、流外銓蓋分於此。復，扶又翻。若有其人，可起家爲三公。正恐賢才難得，不可止爲一人渾我典制也。」爲，于僞翻。渾，胡本翻。

臣光曰：選舉之法，先門地而後賢才，先、後，皆去聲。此魏、晉之深弊，而歷代相因，莫之能改也。夫君子、小人，不在於世祿與側微，書序：虞舜側微。孔穎達疏曰：不在朝庭謂之側，其人貧賤謂之微。以今日視之，愚智所同知也；當是之時，雖魏孝文之賢，猶不免斯蔽。故夫明辯是非而不惑於世俗者誠鮮矣。鮮，息淺翻。

3 壬辰，魏徙始平王勰爲彭城王，復定襄縣王鸞爲城陽王。鸞以赭陽之敗降封，今復之。勰，音協。

4 二月，壬寅，魏詔：「羣臣自非金革，聽終三年喪。」

5 丙午，魏詔：「畿內七十已上，暮春赴京師行養老之禮。」三月，丙寅，宴羣臣及國老、庶老於華林園。詔：「國老，黃耇已上，假中散大夫、郡守；耆年已上，假給事中、縣令。庶老，直假郡、縣，各賜鳩杖、衣裳。」熊氏曰：國老，謂卿大夫致仕者。庶老，謂士也。皇氏曰：庶老，兼庶人在官者。毛萇曰：黃，黃髮也；耇，老艾也。陸德明曰：耇，至也，言至老境也。漢儀：仲秋之月，縣道皆按戶比民年：始七十者授以玉杖，餔之糜粥；八十者禮有加。賜玉杖長九尺，端以鳩鳥爲飾。鳩者，不噎之鳥也，欲老人不噎。耇，音苟。「郡縣」之下當有逸字。

6 丁丑，魏詔：「諸州中正各舉其鄉之民望，年五十以上守素衡門者，授以令、長。」毛萇曰：衡門，橫木爲門，言淺陋也。長，知兩翻。

7 壬午，詔：「乘輿有金銀飾校者，皆剔除之。」乘，繩證翻。校，戶教翻。校，欄格也。飾其校，飾其欄格也。又居效翻，義與鉸同，以金飾器謂之鉸。

8 上志慕節儉。太官嘗進裹蒸，上曰：「我食此不盡，可四破之，餘充晚食。」今之裹蒸，以餹和糯米，入香藥、松子、胡桃仁等物，以竹籜裹而蒸之，大纔二指許，不勞四破也。又嘗用皁莢，以餘濼授左右曰：「此可更用。」皁莢，木極高大，莢形如豬牙，去垢膩，洗沐多用之。濼，郎狄翻。更，居孟翻，再也。太官元日上壽，有銀酒鎗，上欲壞之；太平御覽云：鎗，即鐺字。壞，音怪；下同。王晏等咸稱盛德，衞尉蕭穎胄曰：「朝廷盛禮，莫若三元。玉燭寶典曰：正月爲端月，其一日爲上日，亦云三元，謂歲之元、月之元、時之元也。此一器既是舊物，不足爲侈。」上不悅。後預曲宴，銀器滿席。內宴於宮中，謂之曲宴。穎胄曰：「陛下前欲壞酒鎗，恐宜移在此器。」上甚慚。

上躬親細務，綱目亦密；於是郡縣及六署、九府常行職事，莫不啓聞，取決詔敕。按蕭子顯齊志：六署者，尚書左右僕射、左右丞所通署除署、功論、封爵、貶黜、八議、疑讞六案也。九府：太常、光祿勳、衞尉、廷尉、大司農、少府、將作大匠、太僕、大鴻臚九卿府也。文武勳舊，皆不歸選部，選，須絹翻。親戚憑藉，互相通進，人君之務過繁密。南康王侍郎潁川鍾嶸上書言：「古者，明君揆才頒政，量能授職，三公坐而論道，九卿作而成務，嶸，乎萌翻。古者，三公論道，六卿分職。周官考工記：坐而論道，謂之三公；作而行之，謂之士大夫。註云：親受其職，居其官也。天子唯恭己南面而已。」書奏，上不懌，謂太中大夫顧暠曰：「鍾嶸何人，欲斷朕機務！卿識之不？」暠，古老翻。斷，音短。不，讀曰否。對曰：「嶸雖位末名卑，而所言或有可采。且繁碎職事，各有司存；今人主總而親之，是人主愈勞而人臣愈逸，所謂『代庖人宰而爲大匠斲』也。」上不顧而言他。齊明帝以吏事權詐得國，猜防羣下，故親攬機務。王莽之親御燈火，其計慮亦如此耳。爲，于僞翻。

9 夏，四月，甲辰，魏廣州刺史薛法護求降。以蕭子顯齊書考之，廣州不在太和十年分置三十八州之數。魏收地形志：永安中，置廣州，治魯陽。意此時廣州亦當置於魯陽也。降，戶江翻。

10 魏寇司州，櫟城戍主魏僧珉拒破之。櫟城，卽左傳吳伐楚入棘、櫟、麻之櫟。杜預註曰：汝陰新蔡縣東北有櫟亭。

11 五月，丙戌，魏營方澤於河陰。又詔漢、魏、晉諸帝陵，百步內禁樵蘇。此諸陵皆謂在河南者。丁亥，魏主有事於方澤。

12 秋，七月，魏廢皇后馮氏。初，文明太后欲其家貴重，簡馮熙二女入掖庭：其一早卒；其一得幸於魏主，未幾，有疾，還家爲尼。及太后殂，帝立熙少女爲皇后。幾，居豈翻。少，詩照翻。既而其姊疾愈，帝思之，復迎入宮，拜左昭儀，后寵浸衰。昭儀自以年長，且先入宮，不率妾禮。復，扶又翻。長，丁丈翻。令，知兩翻。率，循也。后頗愧恨，昭儀因譖而廢之。爲後昭儀爲后及不終張本。后素有德操，遂居瑤光寺爲練行尼。練行，謂修練戒行也。瑤光寺在洛陽宮側。行，下孟翻。

13 魏主以久旱，自癸未不食至于乙酉，羣臣皆詣中書省請見。帝在崇虛樓，武帝永明九年，魏移道壇於桑乾之陰，改曰崇虛寺。此蓋遷洛後建崇虛樓於禁中，齋戒則居之。見，賢遍翻。遣舍人辭焉，且問來故。舍人，卽中書舍人。問其所以來請見之故。豫州刺史王肅對曰：「今四郊雨已霑洽，獨京城微少。細民未乏一餐而陛下輟膳三日，臣下惶惶，無復情地。」少，詩沼翻。復，扶又翻。帝使舍人應之曰：「朕不食數日，猶無所感。比來中外貴賤，皆言四郊有雨，比，毗至翻。朕疑其欲相寬勉，未必有實。方將遣使視之，使，疏吏翻。果如所言，卽當進膳；如其不然，朕何以生爲，當以身爲萬民塞咎耳！」塞，悉則翻。是夕，大雨。

14 魏太子恂不好學；體素肥大，苦河南地熱，常思北歸。魏主賜之衣冠，恂常私著胡服。好，呼到翻。著，陟略翻。中庶子遼東高道悅數切諫，恂惡之。數，所角翻。惡，烏路翻。八月，戊戌，帝如嵩高，恂與左右密謀，召牧馬輕騎奔平城，手刃道悅於禁中。中【章：十二行本無「中」字；乙十一行本同；退齋校同。張校云：無註本脫一「中」字。熊校云：北史無「中」字。】領軍元儼勒門防遏，嚴勒門衞以防遏其變。騎，奇寄翻。入夜乃定。詰旦，尚書陸琇馳以啓帝，詰，去吉翻。琇，音秀。帝大駭，祕其事，仍至汴口而還。汴口，汴水與河通之口。至此而後還，以安人心。還，從宣翻。甲寅，入宮，引見恂，數其罪，親與咸陽王禧更代杖之百餘下，見，賢遍翻。數，所具翻。更，工衡翻。扶曳出外，囚於城西，月餘乃能起。

15 丁巳，魏相州刺史南安惠王楨卒。相，息亮翻。謚法：柔質愛民曰惠；愛民好與曰惠。

16 九月，戊辰，魏主講武於小平津；癸酉，還宮。

17 冬，十月，戊戌，魏詔：「軍士自代來者，皆以爲羽林、虎賁。賁，音奔。司州民十二夫調一，吏以供公私力役。」此時魏以洛爲司州。調，徒弔翻。

18 魏吐京胡反，魏世祖太平眞君九年，置吐京郡。水經註曰：吐京，卽漢西河郡土軍縣，夷夏俗音訛也。詔朔州刺史元彬行汾州事，帥幷、肆之衆以討之。太和十二年，置汾州，治蒲子縣，西河、吐京、定陽、北鄉、正平五城，中陽、絳郡皆屬焉。幷州領太原、上黨、樂平、鄉郡。太平眞君七年置肆州，領新興、秀容、鴈門郡。帥，讀曰率；下同。彬，楨之子也。彬遣統軍奚康生擊叛胡，破之，追至車突谷，又破之，五代史志：離石郡太和縣，後周置烏突郡烏突縣，蓋因車突谷而名之也。俘雜畜以萬數。畜，許救翻。詔以彬爲汾州刺史。胡去居等六百餘人保險不服，彬請兵二萬以討之，有司奏許之，魏主大怒曰：「小寇何有發兵之理！可隨宜討治。治，直之翻。若不能克，必須大兵者，則先斬刺史，然後發兵！」彬大懼，督帥州兵，身先將士，身先，悉薦翻。討去居，平之。

19 魏主引見羣臣於淸徽堂，見，賢遍翻。議廢太子恂。太子太傅穆亮、少保李沖免冠頓首謝。帝曰：「卿所謝者私也，我所議者國也。『大義滅親』，古人所貴。左傳以是語美石碏。今恂欲違父逃叛，跨據恆、朔，魏太祖天興中，置司州，治代都平城；太和都洛，改爲恆州。杜佑曰：魏恆州在唐代郡安邊、馬邑縣界。朔，朔州也。宋白曰：後魏都平城，置司州及代尹。及遷洛陽，置司州於洛，以平城爲恆州，隋雲中郡恆安鎮即其地。後魏懷朔鎮，孝文遷洛，於定襄故城置朔州，在唐朔州北三百八十里。恆，戶登翻；下同。天下之惡孰大焉！若不去之，去，羌呂翻。乃社稷之憂也。」閏月，丙寅，廢恂爲庶人，考異曰：齊書魏虜傳云：「大馮有寵，日夜讒恂。」魏書無之。又魏帝紀在十二月丙寅。按長曆，魏閏十一月，齊閏十二月。今從齊曆。置於河陽無鼻城，水經：湨水出河內軹縣原山，南流注于河水。東有無辟邑，謂之無鼻城。蕭子顯曰：在河橋北二里。以兵守之，服食所供，粗免飢寒而已。粗，坐五翻。

20 戊辰，魏置常平倉。

21 戊寅，太子寶卷冠。卷，讀曰捲。冠，古玩翻。

22 初，魏文明太后欲廢魏主，穆泰切諫而止，見一百三十七卷世祖永明八年。由是有寵。及帝南遷洛陽，所親任者多中州儒士，宗室及代人往往不樂。樂，音洛。泰自尚書右僕射出爲定州刺史，自陳久病，土溫【張：「溫」作「濕」。】則甚，乞爲恆州；帝爲之徙恆州刺史陸叡爲定州，以泰代之。爲，于僞翻；下強爲同。泰至，叡未發，遂相與謀作亂，陰結鎮北大將軍樂陵王思譽、安樂侯隆、撫冥鎮將魯郡侯業、驍騎將軍超等，共推朔州刺史陽平王頤爲主。思譽，天賜之子；汝陰王天賜，景穆太子之子，於魏主爲叔祖。樂，音洛。將，卽亮翻。驍，堅堯翻。騎，奇寄翻。業，丕之弟；隆、超，皆丕之子也。叡以爲洛陽休明，左傳：楚子伐陸渾之戎，遂至于洛，觀兵于周疆。定王使王孫滿勞楚子；楚子問鼎之大小、輕重焉。王孫滿曰：「德之休明，雖小，重也；其姦回昏亂，雖大，輕也。天祚明德，有所底止。周德雖衰，天命未改，鼎之輕重，未可問也。」勸泰緩之，泰由是未發。

頤僞許泰等以安其意，而密以狀聞。行吏部尚書任城王澄有疾，行吏部尚書者，行吏部尚書事，未爲眞也。任，音壬。帝召見於凝閑堂，見，賢遍翻。謂之曰：「穆泰謀爲不軌，扇誘宗室。誘，音酉。脫或必然，今遷都甫爾，北人戀舊，南北紛擾，朕洛陽不立也。此國家大事，非卿不能辦。卿雖疾，強爲我北行，強，其兩翻。爲，于僞翻。審觀其勢。儻其微弱，直往擒之；若已強盛，可承制發并、肆兵擊之。」對曰：「泰等愚惑，正由戀舊，爲此計耳，非有深謀遠慮；臣雖駑怯，足以制之，駑，音奴。願陛下勿憂。雖有犬馬之疾，何敢辭也！」帝笑曰：「任城肯行，朕復何憂！」復，扶又翻；下正復同。遂授澄節、銅虎、竹使符、御仗左右，漢文帝二年，初與郡守爲銅虎符、竹使符。應劭曰：銅虎符，第一至第五，國家當發兵，遣使者，至郡合符，符合乃聽受之。竹使符，皆以竹箭五枚，長五寸，鐫刻篆書，第一至第五。魏、晉以下，竹使符第一至第十。御仗左右，帶御仗在天子左右者，授澄以爲衞。使，疏吏翻。仍行恆州事。

行至鴈門，鴈門太守夜告云：「泰已引兵西就陽平。」陽平王頤刺朔州，在平城西。宋白曰：朔州東北至平城二百六十里。澄遽令進發。右丞孟斌曰：「事未可量，宜依敕召并、肆兵，然後徐進。」澄曰：「泰既謀亂，應據堅城；而更迎陽平，度其所爲，當似勢弱。斌，音彬。量，音良。度，徒洛翻。泰既不相拒，無故發兵，非宜也。但速往鎮之，民心自定。」遂倍道兼行。先遣治書侍御史李煥單騎入代，漢宣帝幸宣室，齋居而決事，令侍御史二人治書侍側。後因別置，謂之治書侍御史。魏謂平城爲代都。治，直之翻。騎，奇寄翻。出其不意，曉諭泰黨，示以禍福，皆莫爲之用。泰計無所出，帥麾下數百人攻煥，不克，帥，讀曰率。走出城西，追擒之。澄亦尋至，尋，繼也。窮治黨與，收陸叡等百餘人，皆繫獄，民間帖然。澄具狀表聞，帝喜，召公卿，以表示之曰：「任城可謂社稷臣也。觀其獄辭，正復皋陶何以過之！」陶，餘招翻。顧謂咸陽王禧等曰：「汝曹當此，不能辦也。」

23 魏主謀入寇，引見公卿於清徽堂，曰：「朕卜宅土中，綱條粗舉；書說命曰：若網在綱，有條而不紊。見，賢遍翻。粗，坐五翻。唯南寇未平，安能效近世天子下帷於深宮之中乎！朕今南征決矣，但未知早晚之期。比來術者皆云，今往必克。比，毗至翻。此國之大事，宜君臣各盡所見，勿以朕先言而依違於前，同異於後也。」李沖對曰：「凡用兵之法，宜先論人事，後察天道。今卜筮雖吉而人事未備，遷都尚新，秋穀不稔，未可以興師旅。如臣所見，宜俟來秋。」帝曰：「去十七年，朕擁兵二十萬，齊世祖永明十一年，魏高祖之太和十七年也。魏定遷洛之議而止南伐之師，至去年方入寇，蓋十九年也。「二十萬」，亦當作「三十萬」，事並見上年。去，猶昨也。又按當時衆號三十萬，實則二十萬耳。此人事之盛也，而天時不利。今天時既從，復云人事未備；復，扶又翻。如僕射之言，是終無征伐之期也。寇戎咫尺，異日將爲社稷之憂，朕何敢自安！若秋行不捷，諸君當盡付司寇，不可不盡懷也。」魏既都洛，逼近淮、漢，故急於南伐以攘斥境土。

24 魏主以有罪徙邊者多逋亡，乃制一人逋亡，闔門充役。光州刺史博陵崔挺上書諫曰：「天下善人少，惡人多。少，詩沼翻。若一人有罪，延及闔門，則司馬牛受桓魋之罰，柳下惠嬰盜跖之誅，司馬牛之於桓魋，柳下惠之於盜跖，皆兄弟。賢不肖既相遠，而兄弟罪不相及，古法也。魋，徒回翻。跖，之石翻。豈不哀哉！」帝善之，遂除其制。

聶崇岐標點王崇武覆校

資治通鑑卷第一百四十一

端明殿學士兼翰林侍讀學士朝散大夫右諫議大夫充集賢殿修撰提舉西京嵩山崇福宮上柱國河内郡開國侯食邑一千八百户食實封六百户賜紫金魚袋臣　司馬光　奉敕編集
後　學　天　台　胡三省　音　註

齊紀七

起強圉赤奮若（丁丑），盡著雍攝提格（戊寅），凡二年。

高宗明皇帝下

建武四年（丁丑、四九七）

1 春，正月，大赦。考異曰：齊帝紀云：「庚午，大赦。」按長曆，是月己丑朔，無庚午，故不日。

2 丙申，魏立皇子恪爲太子。魏主宴於清徽堂，語及太子恂，李沖謝曰：「臣忝師傅，不能輔導。」帝曰：「朕尚不能化其惡，師傅何謝也！」

3 乙巳，魏主北巡。

4 初，尚書令王晏，爲世祖所寵任；事見一百三十六卷世祖永明七年。及上謀廢鬱林王，晏即欣然推奉。事見一百三十九卷元年。鬱林王已廢，上與晏宴於東府，語及時事，晏抵掌曰：「公常言晏怯，今定何如？」上卽位，晏自謂佐命新朝，常非薄世祖故事。既居朝端，尚書令位居朝臣之右。朝，直遙翻。事多專決，內外要職，並用所親，每與上爭用人。上雖以事際須晏，事際，謂舉事之際；須者，倚其爲用。而心惡之。惡，烏路翻。嘗料簡世祖中詔，料，音聊。得與晏手勅三百餘紙，皆論國家事，又得晏啓諫世祖以上領選事，見一百三十七卷永明八年。選，須絹翻。以此愈猜薄之。始安王遙光勸上誅晏，上曰：「晏於我有功；且未有罪。」遙光曰：「晏尚不能爲武帝，安能爲陛下乎！」爲，于僞翻。上默然。上遣腹心陳【章：十二行本「陳」上有「左右」二字；乙十一行本同；孔本同；張校同。世範等出塗巷，採聽異言。晏輕淺無防，意望開府，數呼相工自視，數，所角翻。相，息亮翻。云當大貴；與賓客語，好屏人清閒。好，呼到翻。屏，必郢翻。上聞之，疑晏欲反，遂有誅晏之意。

奉朝請鮮于文粲密探上旨，朝，直遙翻。探，吐南翻。告晏有異志。世範又啓上云：「晏謀因四年南郊，與世祖故主帥於道中竊發。」帥，所類翻。會虎犯郊壇，上愈懼。未郊一日，有勅停行，先報晏及徐孝嗣。孝嗣奉旨，而晏陳「郊祀事大，必宜自力」。上益信世範之言。丙辰，召晏於華林省，誅之，省在華林園，因名。考異曰：晏傳云：「元會畢，乃召晏誅之。」本紀：「丙辰，晏伏誅。」丙辰，正月二十八日也。按郊禮必在正月，既云未郊一日勅停，則誅晏必非元會之日也，本傳蓋言元會禮後耳。幷北中郎司馬蕭毅、臺隊主劉明達，明達，蓋世祖時主帥。及晏子德元、德和。下詔云：「晏與毅、明達以河東王鉉識用微弱，謀奉以爲主，使守虛器。」晏弟詡爲廣州刺史，上遣南中郎司馬蕭季敞襲殺之。季敞，上之從祖弟也。從，才用翻；下晏從同。蕭毅奢豪，好弓馬，爲上所忌，故因事陷之。毅，高帝從子，新吳侯景先之子也。好，呼到翻。河東王鉉先以年少才弱，故未爲上所殺。鉉朝見，常鞠躬俯僂，少，詩照翻。朝，直遙翻。見，賢遍翻。僂，力主翻。鞠躬，曲身也。俯，低頭。僂，曲背。不敢平行直視。至是，年稍長，長，知兩翻。遂坐晏事免官，禁不得與外人交通。

鬱林王之將廢也，晏從弟御史中丞思遠謂晏曰：「兄荷世祖厚恩，荷，下可翻。今一旦贊人如此事；彼或可以權計相須，未知兄將來何以自立！若及此引決，猶可保全門戶，不失後名。」欲使之死鬱林之難也。晏曰：「方啖粥，未暇此事。」及拜驃騎將軍，帝初即位，進晏爲驃騎大將軍。啖，徒濫翻，又徒覽翻。驃，匹妙翻。騎，奇寄翻。集會子弟，謂思遠兄思徵【章：十二行本「徵」作「微」；乙十一行本同；孔本同；張校同；退齋校同；熊校同。】曰：「隆昌之末，阿戎勸吾自裁；若從其語，豈有今日！」思遠遽應曰：「如阿戎所見，今猶未晚也。」晉、宋間人，多謂從弟爲阿戎，至唐猶然。如杜甫於從弟杜位宅守歲詩云「守歲阿戎家」是也。思遠知上外待晏厚而內已疑異，乘間謂晏曰：「時事稍異，兄亦覺不？間，古莧翻。不，讀曰否。凡人多拙於自謀而巧於謀人。」晏不應。思遠退，晏方歎曰：「世乃有勸人死者！」旬日而晏敗。上聞思遠言，故不之罪，仍遷侍中。

晏外弟尉氏阮孝緒亦知晏必敗，尉氏縣，漢屬陳留；江左僑置於今六合縣界，屬秦郡。阮氏本尉氏人，此時未必居秦郡界。外弟，妻弟也。晏屢至其門，逃匿不見。嘗食醬美，問知得於晏家，吐而覆之。既吐其所食者，又覆其所餘者。及晏敗，人爲之懼，爲，于僞翻。孝緒曰：「親而不黨，何懼之有！」卒免於罪。卒，子恤翻。

5 二月，壬戌，魏主至太原。

6 甲子，以左僕射徐孝嗣爲尚書令，代王晏也。征虜將軍蕭季敞爲廣州刺史。代晏弟詡也。

7 癸酉，魏主至平城，引見穆泰、陸叡之黨問之，見，賢遍翻。無一人稱枉者；時人皆服任城王澄之明。穆泰及其親黨皆伏誅；賜陸叡死於獄，宥其妻子，徙遼西爲民。考異曰：齊書魏虜傳云：「僞征北將軍恆州刺史鉅鹿孤賀鹿渾守桑乾，宏從叔平陽王安壽戍懷柵，在桑乾西北。渾非宏任用中國人，與僞定州刺史馮翊公自鄰、安樂公拓跋阿幹兒謀立安壽，分據河北。期久不遂，安壽懼，告宏。殺渾等數百人，任安壽如故。」與魏書名姓全不同。今從魏書。

初，魏主遷都，變易舊俗，并州刺史新興公丕皆所不樂；樂，音洛。帝以其宗室耆舊，亦不之逼，但誘示大理，令其不生同異而已。示以事理之大歸而已，不反覆告語之。誘，音酉。及朝臣皆變衣冠，朱衣滿坐，朝，直遙翻。坐，徂臥翻。而丕獨胡服於其間，晚乃稍加冠帶，而不能脩飾容儀，帝亦不強也。強，其兩翻。

太子恂自平城將遷洛陽，元隆與穆泰等密謀留恂，因舉兵斷關，規據陘北。陘北，即恆、朔二州之地。關，即鴈門之東陘、西陘二關也。斷，丁管翻。陘，音刑。丕在并州，隆等以其謀告之。丕外慮不成，口雖折難，折，之列翻。難，乃旦翻。心頗然之。及事覺，丕從帝至平城，帝每推問泰等，常令丕坐觀。有司奏元業、元隆、元超罪當族，丕應從坐。帝以丕嘗受詔許以不死，聽免死爲民，留其後妻、二子，與居于太原，殺隆、超、同産乙升，同産，同母兄弟。餘子徙敦煌。敦，徒門翻。

初，丕、叡與僕射李沖、領軍于烈俱受不死之詔。叡既誅，帝賜沖、烈詔曰：「叡反逆之志，自負幽冥；違誓在彼，不關朕也。反逆既異餘犯，雖欲矜恕，如何可得？然猶不忘前言，聽自死別府，不就恒州刺史府賜死而死於獄，故曰別府。免其孥【章：十二行本「孥」作「帑」；乙十一行本同；孔本同；熊校同。】戮。書甘誓曰：予則孥戮汝。孔安國註曰：孥，子也。免其孥戮，謂叡妻子免死徙遼西也。孥，音奴。元丕二子、一弟，首爲賊端，連坐應死，特恕爲民。朕本期始終而彼自棄絕，違心乖念，一何可悲！故此別示，想無致怪。謀反之外，皎如白日耳。」沖、烈皆上表謝。

臣光曰：夫爵祿廢置，殺生予奪，人君所以馭臣之大柄也。此周禮所謂八柄馭羣臣者也。予，讀曰與。是故先王之制，雖有親、故、賢、能、功、貴、勤、賓，苟有其罪，不直赦也；必議於槐棘之下，此周禮所謂八議也。槐棘，公卿之位。王制：獄成，大司寇聽之於棘木之下。可赦則赦，可宥則宥，可刑則刑，可殺則殺；輕重視情，寬猛隨時。故君得以施恩而不失其威，臣得以免罪而不敢自恃。及魏則不然，勳貴之臣，往往豫許之以不死；彼驕而觸罪，又從而殺之。是以不信之令誘之使陷於死地也。誘，音酉。刑政之失，無此爲大焉！

8是時，代鄉舊族，多與泰等連謀，唯于烈【章：十二行本「烈」下有「一族」二字；乙十一行本同；孔本同；張校同】無所染涉，帝由是益重之。帝以北方酋長及侍子畏暑，酋，自秋翻。長，知兩翻。聽秋朝洛陽，春還部落，時人謂之「鴈臣」。以鴈避寒而南來，望暖而北還也。朝，直遙翻。

9三月，己酉，魏主南至離石。離石，漢縣，屬西河郡，隋爲離石郡，唐爲石州。叛胡請降，詔宥之。降，戶江翻。夏，四月，庚申，至龍門，遣使祀夏禹。水經註：龍門上口在漢河東北屈縣西，所謂孟門也。龍門下口在河東皮氏縣西北，大禹所鑿，故於此祠焉。癸亥，至蒲坂，祀虞舜。皇甫謐云：舜都蒲坂，故又於此祀焉。坂，音反。辛未，至長安。

10魏太子恂既廢，頗自悔過。御史中尉李彪密表恂復與左右謀逆，復，扶又翻。魏主使中書侍郎邢巒與咸陽王禧奉詔齎椒酒詣河陽，賜恂死，椒味辛，大熱，有毒，其合口者尤甚。漢桓思后之議，李咸擣椒自隨；帝煮椒二斛，以殺高、武諸子孫；皆是物也。斂以粗棺、常服，瘞於河陽。斂，力贍翻。瘞，一計翻。

11癸未，魏大將軍宋明王劉昶卒於彭城，葬【章：十二行本「葬」上有「追加九錫」四字；乙十一行本同；孔本同；張校同；退齋校同。】以殊禮。謚法：思慮果遠曰明。謂昶遠慮，果於違難而歸魏也。

12 五月，己丑，魏主東還，還，從宣翻，又如字。汎渭入河。壬辰，遣使祀周文王於豐，武王於鎬。亦於故都祀之也。周之豐、鎬，漢時悉在上林苑中。使，疏吏翻。六月，庚申，還洛陽。

13 壬戌，魏發冀、定、瀛、相、濟五州兵二十萬，魏太宗泰常八年，置濟州於濟北碻磝城，領濟北、平原、東平、南清河郡。相，息亮翻。濟，子禮翻。將入寇。

14 魏穆泰之反也，中書監魏郡公穆羆與之通謀，赦後事發，削官爵爲民。羆弟司空亮以府事付司馬慕容契，上表自劾，劾，戶概翻，又戶得翻。魏主優詔不許；亮固請不已，癸亥，聽亮遜位。

15 丁卯，魏分六師以定行留。

16 秋，七月，【章：十二行本「月」下有「甲午」二字；乙十一行本同；孔本同；退齋校同。】魏立昭儀馮氏爲皇后。后欲母養太子恪；恪母高氏自代如洛陽，暴卒於共縣。馮昭儀既譖廢其妹，又潛殺太子之母，其心蓋梟獍也。以魏主之明，而使之正位椒房，他日不死於其手者幸耳。共縣，自漢以來屬河內郡，晉及後魏屬汲郡，唐衛州，共城縣卽其地。共，音恭。

17 戊辰，魏以穆亮爲征北大將軍、開府儀同三司、冀州刺史。

18 八月，丙辰，魏詔中外戒嚴。將南伐也。

19 壬戌，魏立皇子愉爲京兆王，懌爲清河王，懷爲廣平王。

20 追尊景皇所生王氏爲恭太后。帝卽位，尊始安貞王曰景皇。稱皇不稱帝，用漢制也。

21 甲戌，魏講武於華林園；庚辰，軍發洛陽。使吏部尚書任城王澄居守；任城王澄至是始爲眞吏部尚書。守，式又翻。以御史中丞李彪兼度支尚書，「中丞」當作「中尉」。【章：十二行本正作「中尉」；孔本同；張校同。】度，徒洛翻。與僕射李沖參治留臺事。治，直之翻。假彭城王勰中軍大將軍，勰，音協。勰辭曰：「親疏並用，古之道也。臣獨何人，頻煩寵授！昔陳思求而不允，曹魏文帝時，陳思王植上表求自試以攻吳、蜀，帝不許。愚臣不請而得，何否泰之相遠也！」天地交曰泰，天地不交曰否。陳思王於魏文，上下之情不通，故曰否。勰則君臣、兄弟之情無間，故曰泰。否，皮鄙翻。魏主大笑，執勰手曰：「二曹以才名相忌，二曹，謂魏文帝、陳思王也。吾與汝以道德相親。」

22 上遣軍主、直閤將軍胡松助北襄城太守成公期戍赭陽，赭，音者。軍主鮑舉助西汝南、北義陽二郡太守黄瑤起戍舞陰。蕭子顯齊志：西汝南屬雍州，北義陽屬雍州寧蠻府，自宋末有雙頭郡太守，率治一處。舞陰縣，自漢以來屬南陽郡，爲西汝南、北義陽二郡治所。

23 魏以氐帥楊靈珍爲南梁州刺史。靈珍舉州來降，魏置梁州於仇池，置南梁州於武興。帥，所類翻。降，戶江翻；下同。送其母及子於南鄭以爲質，質，音致。遣其弟婆羅阿卜珍將步騎萬餘襲魏武興王楊集始，將，卽亮翻。騎，奇寄翻。殺其二弟集同、集衆；集始窘急，請降。九月，丁酉，魏主以河南尹李崇爲都督隴右諸軍事，將兵數萬討之。

24 初，魏遷洛陽，荆州刺史薛眞度勸魏主先取樊、鄧。此時魏荆州猶治魯陽，樊、鄧逼近洛陽，欲先取之以廣封略。眞度引兵寇南陽，太守房伯玉擊敗之。此謂去年沙堨之敗也。擊敗，補邁翻。魏主怒，以南陽小郡，志必滅之，遂引兵向襄陽；彭城王勰等三十六軍前後相繼，衆號百萬，吹脣沸地。吹脣者，以齒齧脣作氣吹之，其聲如鷹隼。其下者以指夾脣吹之，然後有聲，謂之嘯指。辛丑，魏主留諸將攻赭陽，自引兵南下；癸卯，至宛，夜襲其郛，克之。宛，於元翻。郛，芳無翻。城之外郭曰郛。房伯玉嬰内城拒守，魏主遣中書舍人孫延景考異曰：齊書作「公孫雲」，今從魏書。謂伯玉曰：「我今蕩壹六合，非如曏時冬來春去，不有所克，終不還北。卿此城當我六龍之首，易曰：時乘六龍以御天。人君之象也。無容不先攻取，遠期一年，近止一月。封侯、梟首，事在俯仰，宜善圖之！梟，堅堯翻。且卿有三罪，今令卿知：卿先事武帝，蒙殊常之寵，不能建忠致命而盡節於其讎，罪一也。明帝夷滅武帝子孫，故謂之讎。頃年薛眞度來，卿傷我偏師，罪二也。今鑾輅親臨，不面縛麾下，罪三也。」伯玉遣軍副樂稚柔對曰：「承欲攻圍，期於必克。卑微常人，得抗大威，眞可謂獲其死所！外臣蒙武帝採拔，豈敢忘恩！但嗣君失德，主上光紹大宗，言帝自小宗入爲高帝第三子，以紹大宗。非唯副億兆之深望，抑亦兼武皇之遺敕；是以區區盡節，不敢失墜。往者北師深入，寇擾邊民，輒厲將士以脩職業。將，卽亮翻。反己而言，不應垂責。」

宛城東南隅溝上有橋，魏主引兵過之。伯玉使勇士數人，衣班衣，戴虎頭帽，人衣，如既翻。虎頭帽者，帽爲虎頭形。伏於竇下，突出擊之，魏主人馬俱驚；召善射者原靈度射之，度射，而亦翻。應弦而斃，乃得免。

25 李崇槎山分道，出氐不意，表裏襲之；槎，士下翻，逆斫木也。羣氐皆棄楊靈珍散歸，靈珍之衆減太半，崇進據赤土。魏收志，南秦州武階郡有赤土縣。五代志：武都郡覆津縣，後魏置武階郡。靈珍遣從弟建【章：十二行本「建」下有「帥五千人」四字；乙十一行本同；孔本同；張校同；退齋校同。】屯龍門，自帥精勇一萬屯鷲峽；按魏收志，東益州武興郡有石門縣。五代志：武都將利縣，舊曰石門。又，仇池山下有飛龍峽，以氐酋楊飛龍據仇池得名。又，今龍州江油縣東二十里有龍門山；又，江油縣東百里有石門戍。武興，今爲興州；龍州去興州甚遠，楊建所屯者必非江油之龍門也。水經註：仇池東北有龍門戍，此其是歟！鷲峽當在龍門西南。從，才用翻。帥，讀曰率；下同。鷲，音就。龍門之北數十里中，伐樹塞路；鷲硤之口，【章：十二行本「口」下有「積大木」三字；乙十一行本同；孔本同；張校同；退齋校同。】聚礌石，臨崖下之，以拒魏兵。塞，悉則翻。礌，盧對翻；埤蒼曰：推石自高而下也。漢書李陵傳：乘隅下壘石。師古曰：言放石以投人，因山隅曲而下也。壘，音盧對翻，與此礌音同。崇命統軍慕容拒帥衆五千從他路入，夜，襲龍門，破之。崇自攻鷲峽；靈珍連戰敗走，俘其妻子，遂克武興，梁州刺史陰廣宗、參軍鄭猷等將兵救靈珍；崇進擊，大破之，斬楊婆羅阿卜珍，生擒猷等，靈珍奔還漢中。魏主聞之，喜曰：「使朕無西顧之憂者，李崇也。」以崇爲都督梁·秦二州諸軍事、梁州刺史，以安集其地。

26 丁未，魏主發南陽，留太尉咸陽王禧等攻之。己酉，魏主至新野，新野太守劉思忌拒守。冬，十月，丁巳，魏軍攻之不克，築長圍守之，遣人謂城中曰：「房伯玉已降，汝何爲獨取糜碎！」思忌遣人對曰：「城中兵食猶多，未暇從汝小虜語也！」魏右軍府長史韓顯宗將別軍屯赭陽，右軍府，右軍將軍府也。將，卽亮翻；下同。成公期遣胡松引蠻兵攻其營，胡松時助戍赭陽。顯宗力戰，破之，斬其裨將高法援。顯宗至新野，魏主謂曰：「卿破賊斬將，殊益軍勢。朕方攻堅城，何爲不作露布？」五代史志曰：後魏每攻戰克捷，欲天下聞知，迺書帛建於竿上，名曰露布。魏主謂顯宗若露布上聞行在所，則增益魏軍之勝勢，可以搖城中堅守之心。對曰：「頃聞鎭南將軍王肅獲賊二、三人，驢馬數匹，皆爲露布；臣在東觀，私常哂之。韓顯宗對策甲科，除著作郎，故云在東觀。觀，古玩翻。哂，矢引翻；笑不壞顏曰哂。近雖仰憑威靈，得摧醜虜，兵寡力弱，擒斬不多。脫復高曳長縑，虛張功烈，尤而效之，其罪彌大。左傳曰：尤而效之，罪又甚焉。尤，責也，過也，甚之之辭也。復，扶又翻。臣所以不敢爲之，解上而已。」丁度集韻，解，居隘翻，聞上也。上，時掌翻。自下而聞於上謂之上。魏主益賢之。

上詔徐州刺史裴叔業引兵救雍州。雍，於用翻；下同。叔業啓稱：「北人不樂遠行，唯樂鈔掠。樂，音洛。若侵虜境，則司、雍之寇自然分矣。」上從之。叔業引兵攻虹城，此卽漢沛郡之虹縣城也。師古曰：虹，音貢。南北兵爭，其地在下邳夏丘縣界；唐復爲虹縣，屬泗州。虹，今讀如絳。獲男女四千餘人。

甲戌，遣太子中庶子蕭衍、右軍司馬張稷救雍州。十一月，甲午，前軍將軍韓秀方等十五將降於魏。將，卽亮翻。降，戶江翻。丁酉，魏敗齊兵於沔北，敗，補邁翻。將軍王伏保等爲魏所獲。

27 丙辰，以楊靈珍爲北秦州刺史、考異曰：齊氏傳作「北梁州」，今從齊書。仇池公、武都王。

28 新野人張䐗帥萬餘家據柵拒魏，䐗，與豬同，陟魚翻。帥，讀曰率；下同。十二月，庚申，魏人攻拔之。雍州刺史曹虎與房伯玉不協，故緩救之，頓軍樊城。考異曰：齊魏虜傳云「均口」，今從虎傳。余謂曹虎之頓軍樊城，不特因與房伯玉不協而然，亦由畏魏兵之強而不敢進也。

丁丑，詔遣度支尚書崔慧景救雍州，假慧景節，帥衆二萬、騎千匹向襄陽，雍州衆軍並受節度。度，徒洛翻。雍，於用翻。騎，奇寄翻。

庚午，魏主南臨沔水；沔，彌兖翻。戊寅，還新野。

將軍王曇紛嚴：「紛」改「分」。】以萬餘人攻魏南青州黃郭戍，魏收志：東魏孝靜帝武定七年置義塘郡，治黃郭城。又按五代志：海州懷仁縣，梁置南北二青州；東魏廢州，立義塘郡及懷仁縣。曇，徒含翻。魏戍主崔僧淵破之，舉軍皆沒。將軍魯康祚、趙公政將兵萬人侵魏太倉口，據傳永傳：太倉口在魏豫州界。是時魏置豫州於汝南新息縣廣陵城，與齊義陽隔淮對壘，則太倉口當在淮北岸，以魏人積倉粟於此而有是名也。魏豫州刺史王肅使長史清河傅永將甲士三千擊之。康祚等軍於淮南，永軍於淮北，相去十餘里。永曰：「南人好夜斫營，好，呼到翻；下好學同。必於渡淮之所置火以記淺。」【章：十二行本「淺」下有「處」字；乙十一行本同；孔本同；張校同。】乃夜分兵爲二部，伏於營外；又以瓠貯火，瓠，戶誤翻，匏也。貯，丁呂翻，盛也。密使人過淮南岸，於深處置之，戒曰：「見火起，則亦然之。」然，與燃同。是夜，康祚等果引兵斫永營，伏兵夾擊之。康祚等走趣淮水，趣，七喻翻。火既競起，不知所從，溺死及斬首數千級，溺，奴狄翻。生擒公政，獲康祚之尸以歸。豫州刺史裴叔業侵魏楚王戍，裴叔業蓋自徐州遷爲豫州。水經註：鮦陽縣有葛陵城，城東北有楚武王冢，民謂之楚王瑟城。魏蓋於此置戍，因謂之楚王戍。肅復令永擊之。復，扶又翻。永將心腹一人馳詣楚王戍，令填外塹，塹，七豔翻。夜伏戰士千人於城外。曉而叔業等至城東，部分將置長圍。分，扶問翻。永伏兵擊其後軍，破之。叔業留將佐守營，自將精兵數千救之。將，即亮翻。永登門樓，望叔業南行數里，即開門奮擊，大破之，獲叔業傘扇、鼓幕、甲仗萬餘。叔業進退失據，遂走；左右欲追之，永曰：「吾弱卒不滿三千，彼精甲猶盛，非力屈而敗，自墮吾計中耳。既不測我之虛實，足使喪膽，喪，息浪翻。俘此足矣，何更追之！」魏主遣謁者就拜永安遠將軍、汝南太守，封貝丘縣男。守，式又翻。永有勇力，好學能文。魏主常歎曰：「上馬能擊賊，下馬作露版，唯傅脩期耳！」言永有武幹，又有文才也。傅永，字脩期。

29曲江公遙欣好武事，好，呼到翻。上以諸子尚幼，內親則仗遙欣兄弟，外親則倚后弟西中郎長史彭城劉暄、內弟太子詹事江祏；帝母景皇后，祏之姑也，故曰內弟。故以始安王遙光爲揚州刺史，居中用事；遙欣爲都督荊・雍等七州諸軍事、荊州刺史，鎮據西面。而遙欣在江陵，多招材勇，厚自封殖，上甚惡之。惡，烏路翻。遙欣侮南郡太守劉季連，季連密表遙欣有異迹；包藏禍心者，謂之異志。形見於事爲，謂之異迹。上乃以季連爲益州刺史，爲後劉季連據益州張本。使據遙欣上流以制之。季連，思考之子也。思考，劉遵考之弟。

30是歲，高昌王馬儒遣司馬王體玄入貢于魏，請兵迎接，求舉國內徙；魏主遣明威將軍韓安保迎之，割伊吾之地五百里以居儒衆。儒遣左長史顧禮、右長史金城麴嘉將步騎一千五百迎安保，而安保不至；將，即亮翻。騎，奇寄翻。禮、嘉還高昌，安保亦還伊吾。安保遣其屬朝【嚴：「朝」改「韓」。】興安等使高昌，朝，姓也。漢有鼂錯，史紀作朝錯。朝，直遙翻。使，疏吏翻。儒復遣顧禮將世子義舒迎安保，復，扶又翻；下同。至白棘城，去高昌百六十里。高昌舊人戀土，不願東遷，相與殺儒，魏太和五年，馬儒始王高昌，至是爲國人所殺。立麴嘉爲王，麴氏得高昌始此。嘉，字靈鳳，金城榆中人。復臣於柔然。安保獨與顧禮、馬義舒還洛陽。

永泰元年（戊寅、四九八）是年四月始改元。

1春，正月，癸未朔，大赦。

2加中軍大將軍徐孝嗣開府儀同三司，孝嗣固辭。

3魏統軍李佐攻新野，丁亥，拔之，縛劉思忌，問之曰：「今欲降未？」降，戶江翻。思忌曰：「寧爲南鬼，不爲北臣！」史言劉思忌忠於所事。乃殺之。於是沔北大震。沔，彌兗翻。戊子，湖陽戍主蔡道福、湖陽縣，故蓼國，漢屬南陽郡，晉、宋省，齊於此置戍。湖陽既入魏，置西淮安郡，唐爲湖陽縣，屬唐州。辛卯，赭陽戍主成公期、壬辰，舞陰戍主黃瑤起、南鄉太守席謙相繼南遁。瑤起爲魏所獲，魏主以賜王肅，肅臠而食之。黃瑤起殺王肅父奐，見一百三十八卷世祖永明十一年。乙巳，命太尉陳顯達救雍州。雍，於用翻。

4上有疾，以近親寡弱，忌高、武子孫。時高、武子孫猶有十王，十王，下所殺者是也。每朔望入朝，朝，直遙翻。上還後宮，輒歎息曰：「我及司徒諸子皆不長，意呼遙光爲司徒也。考之遙光傳，時未拜司徒。詳考齊史，帝弟安陸昭王緬先帝卒，建武元年贈司徒，此蓋指言緬諸子也。高、武子孫日益長大！」長，皆音丁丈翻，今知兩翻。上欲盡除高、武之族，以微言問陳顯達，對曰：「此等豈足介慮！」以問揚州刺史始安王遙光，遙光以爲當以次施行。遙光有足疾，遙光生而有躄疾。上常令乘輿自望賢門入，望賢門，華林園門也，本名鳳莊門，以遙光父諱鳳改焉。每與上屏人久語畢，上索香火，嗚咽流涕，明日必有所誅。左右以此覘知之。屏，必郢翻。索，山客翻。會上疾暴甚，絕而復蘇，復，扶又翻。遙光遂行其策；丁未，殺河東王鉉、臨賀王子岳、西陽王子文、永陽王子峻、南康王子琳、衡陽王子珉、湘東王子建、南郡王子夏、桂陽王昭粲、巴陵王昭秀，於是太祖、世祖及世宗諸子皆盡矣。鉉，太祖子。子岳至子夏，皆世祖子。昭粲、昭秀，世宗子。夏，戶雅翻。鉉等已死，乃使公卿奏其罪狀，請誅之，下詔不許；再奏，然後許之。難將一人手，揜盡天下目，齊明帝之詔類如此。南康侍讀濟陽江泌哭子琳，淚盡，繼之以血，濟，子禮翻。泌，薄必翻，又兵媚翻。親視殯葬畢，乃去。

5 庚戌，魏主如南陽。二月，癸丑，詔左衛將軍蕭惠休等救壽陽，是時魏不攻壽陽，疑「壽」字誤。甲子，魏人拔宛北城，房伯玉面縛出降。宛，於元翻。降，戶江翻。伯玉從父弟思安爲魏中統軍，數爲伯玉泣請，魏主乃赦之。宋泰始三年，房法壽降魏，故房氏羣從多仕於魏，而思安得爲伯玉請。從，才用翻。數爲，上所角翻，下于僞翻。庚午，魏主如新野。辛巳，以彭城王勰爲使持節、都督南征諸軍事、中軍大將軍、開府儀同三司。勰，音協。使，疏吏翻。

三月，壬午朔，崔慧景、蕭衍大敗於鄧城。鄧縣，漢屬南陽郡；宋大明末，割襄陽西界爲京兆郡，鄧縣屬焉。其地在隋襄陽郡安養縣界。唐貞元中，又改安養縣爲鄧城縣。今鄧城縣在襄陽城北二十里，隔漢水。按南北對境圖：自鄧城南過新河至樊城。時慧景至襄陽，五郡已陷沒，五郡，謂南陽、新野、南鄉、北襄城幷西汝南、北義陽二郡太守也。慧景與衍及軍主劉山陽、傅法憲等帥五千餘人進行鄧城，魏數萬騎奄至，帥，讀曰率。行，下孟翻。騎，奇寄翻。諸軍登城拒守。時將士蓐食輕行，皆有飢懼之色。衍欲出戰，慧景曰：「虜不夜圍人城，待日暮自當去。」既而魏衆轉至。慧景於南門拔軍去，諸軍不相知，相繼皆遁。魏兵自北門入，劉山陽與部曲數百人斷後死戰，斷，丁管翻。且戰且卻行。慧景過鬧溝，據蕭子顯齊書，鬧溝近沙堨。沙堨在宛縣界，蓋堨水入此溝南流逕鄧城界而入于漢也。軍人相蹈藉，藉，慈夜翻。橋皆斷壞。魏兵夾路射之，射，而亦翻。殺傅法憲，士卒赴溝死者相枕，枕，之鴆翻。山陽取襖仗塡溝乘之，得免。魏主將大兵追之，晡時至沔。山陽據城苦戰，沔北有樊城；山陽所據，蓋卽此城也。至暮，魏兵乃退。諸軍恐懼，是夕，皆下船還襄陽。庚寅，魏主將十萬衆，羽儀華蓋，以圍樊城，曹虎閉門自守。魏主臨沔水，望襄陽岸，乃去，如湖陽；辛亥，如懸瓠。

魏鎭南將軍王肅攻義陽，裴叔業將兵五萬圍渦陽以救義陽。渦陽城在漢沛郡山桑縣東南，渦水逕其南，時爲魏南兗州治所。杜佑曰：唐爲亳州蒙城縣地。渦，音戈。魏南兗州刺史濟北孟表守渦陽，魏南兗州領下蔡及梁、譙、沛等郡。濟，子禮翻。糧盡，食草木皮葉。叔業積所殺魏人高五丈以示城內；高，居傲翻。別遣軍主蕭璝等攻龍亢，龍亢縣，漢屬沛郡，晉屬譙國，後省。魏太和十九年，置下蔡郡，龍亢縣屬焉。晉灼曰：亢，音剛。龍亢城南臨渦水。瓌，公回翻。魏廣陵王羽救之。叔業引兵擊羽，大破之，追獲其節。魏主使安遠將軍傅永、征虜將軍劉藻、假輔國將軍高聰救渦陽，並受王肅節度。叔業進擊，大破之，聰奔懸瓠，永收散卒徐還。叔業再戰，凡斬首萬級，俘三千餘人，獲器械雜畜財物以千萬計。魏主命鎖三將詣懸瓠；將，即亮翻。劉藻、高聰免死，徙平州；魏平州治肥如城，領遼西、北平二郡。傅永奪官爵；黜王肅爲平南將軍。肅表請更遣軍救渦陽，魏主報曰：「觀卿意，必以藻等新敗，故難於更往。朕今少分兵則不足制敵，少，詩沼翻。多分兵則禁旅有闕，卿審圖之！義陽當止則止，當下則下；若失渦陽，卿之過也！」肅乃解義陽之圍，與統軍楊大眼、奚康生等步騎十餘萬救渦陽。叔業見魏兵盛，夜，引軍退；明日，士衆奔潰，魏人追之，殺傷不可勝數。勝，音升；下不勝同。叔業還保渦口。渦口，渦水入淮之口也。渦口對淮南岸即齊馬頭郡。杜佑曰：渦口，今臨淮漣水縣；非也。

6 初，魏中尉李彪，家世孤微，李彪，衛國頓丘人；家素寒微，少孤貧而好學。朝無親援；初遊代都，以清淵文穆公李沖好士，傾心附之。清淵縣，漢屬魏郡，晉以來屬陽平郡。朝，直遙翻。好，呼到翻。沖亦重其材學，禮遇甚厚，薦於魏主，且爲之延譽於朝，爲，于僞翻。延譽者，爲之聲譽，使所聞者遠。公私汲引。既公言之於朝而薦之於上，又私語同列，引而進之。引水而上曰汲，取此義也。及爲中尉，彈劾不避貴戚，彈，徒丹翻。劾，戶概翻，又戶得翻；下同。魏主賢之，以比汲黯。彪自以結知人主，不復藉沖，稍稍疏之，唯公坐斂袂而已，無復宗敬之意，沖浸銜之。復，扶又翻。坐，徂臥翻。

及魏主南伐，彪與沖及任城王澄共掌留務。彪性剛豪，意議多所乖異，數與沖爭辯，形於聲色；數，所角翻。自以身爲法官，他人莫能糾劾，事多專恣。沖不勝忿，乃積其前後過惡，禁彪於尚書省，上表劾彪「違傲高亢，勝，音升。亢，苦浪翻。公行僭逸，坐輿禁省，言坐輿而入禁省也。漢法不下公門爲不敬。私取官材，輒駕乘黃，乘黃，御馬也。乘，繩證翻。杜佑曰：漢有未央廐令，魏改爲乘黃廐。乘黃，古之神馬，因以爲名。或亦名飛黃，背有角，日行萬里。淮南子云：天下有道，飛黃伏皁。無所憚懾。臣輒集尚書已下、令史已上於尚書都座，尚書都坐，錄、令、僕射、尚書同坐處。以彪所犯罪狀告彪，訊其虛實，彪皆伏罪。請以見事免彪所居職，付廷尉治罪。」見事，謂彪見所犯之事也。見，賢遍翻。治，直之翻。沖又表稱：「臣與彪相識以來，垂二十載。載，子亥翻。見其才優學博，議論剛正，愚意誠謂拔萃公清之人。後稍察其人酷急，猶謂益多損少。自大駕南行以來，彪兼尚書，彪以中尉兼度支尚書。日夕共事，始知其專恣無忌，尊身忽物；聽其言如振古忠恕之賢，振古，自古也。校其行實天下佞暴之賊。行，下孟翻。臣與任城卑躬曲己，若順弟之奉暴兄，其所欲者，事雖非理，無不屈從。依事求實，悉有成驗。如臣列得實，列，謂陳列其事。宜殛彪於北荒，以除亂政之姦；詩曰：取彼譖人，投畀有北。毛註云：北方寒涼而不毛。所引無證，宜投臣於四裔，以息青蠅之譖。」詩曰：營營青蠅，止于棘。讒人罔極，交亂四國。沖手自作表，家人不知。

帝覽表，歎悵久之，曰：「不意留臺乃至於此！」既而曰：「道固可謂溢矣，而僕射亦爲滿也。」李彪，字道固。僕射，謂沖也。黃門侍郎宋弁素怨沖，而與彪同州相善，弁，廣平人；彪，頓丘人；二郡皆屬相州。陰左右之。左，音佐。右，音佑。有司處彪大辟，處，昌呂翻；下久處同。辟，毗亦翻。帝宥之，除名而已。魏孝文於此可謂明矣。

沖雅性溫厚，及收彪之際，親數彪前後過失，瞋目大呼，投折几案，御史皆泥首面縛。數，所具翻。瞋，昌眞翻。呼，火故翻。折，而設翻。中尉得罪，而御史皆泥首面縛以謝沖，以朝儀言之，無是理也。魏主所謂「僕射亦爲滿」，亦不信哉！沖詈辱肆口，遂發病荒悸，言語錯繆，時扼腕大罵，稱「李彪小人」，悸，其季翻。腕，烏貫翻。醫藥皆不能療，或以爲肝裂，怒氣傷肝。怒甚發病而醫不能療，故以爲肝裂。旬餘而卒。帝哭之，悲不自勝，勝，音升。贈司空。

沖勤敏強力，久處要劇，處，昌呂翻。文案盈積，終日視事，未嘗厭倦，職業脩舉，纔四十而髮白。兄弟六人，凡四母，少時每多忿競。少，詩照翻。及沖貴，祿賜皆與共之，更成敦睦。然多援引族姻，私以官爵，一家歲祿萬匹有餘，時人以此少之。少，詩沼翻；下同。

7 魏主以彭城王勰爲宗師，魏置宗師，見一百二十三卷晉安帝元興三年。勰，音協。詔使督察宗室，有不帥教者以聞。帥，讀曰率。

8 夏，四月，甲寅，改元。改元永泰。

9 大司馬會稽太守王敬則，自以高、武舊將，心不自安。會，工外翻。將，卽亮翻。上雖外禮甚厚，而內相疑備，疑備者，疑其爲變而爲之防。數訪問敬則飲食，體幹堪宜。堪，勝也。宜，適也。問其尚能勝兵及適用與否也。數，所角翻。聞其衰老，且以居內地，故得少寬。少，詩沼翻。前二歲，上遣領軍將軍蕭坦之將齋仗五百人行武進陵，齊自武帝以上諸陵皆在武進。行，下孟翻。敬則諸子在都，憂怖無計。怖，普布翻。上知之，遣敬則世子仲雄入東安慰之。自建康東入會稽。慰，與慰同。仲雄善琴，上以蔡邕焦尾琴借之。蔡邕在吳，吳人有燒桐以爨者，邕聞火烈之聲，知其良木，因請而裁爲琴，果有美音，而其尾猶焦，時人因名焦尾琴。白虎通曰：琴，禁也。禁止於邪以正人心也。廣雅曰：琴長三尺六寸六分，象三百六十六日；五絃象五行。桓譚新論：五絃第一絃爲宮，其次商、角、徵、羽。文王、武王各加一絃，以爲少宮、少商。仲雄於御前鼓琴作懊憹歌，晉志曰：懊憹歌者，隆安初俗間訛謠之曲。歌云：「春草可攬結，女兒可攬擷。」杜佑曰：懊憹歌，石崇妾綠珠所作，絲布澁難縫一曲而已。懊，於報翻。憹，如冬翻。仲雄倣其曲而作歌。曰：「常歎負情儂，儂音農；吳語也。郎今果行許。」又曰：「君行不淨心，那得惡人題！」惡，烏路翻。上愈猜愧。

上疾屢危，乃以光祿大夫張瓌爲平東將軍、吳郡太守，瓌，古回翻。守，手又翻。置兵佐以密防敬則。中外傳言，當有異處分。處，昌呂翻。分，扶問翻。敬則聞之，竊曰：「東今有誰，只是欲平我耳；東亦何易可平！易，以豉翻。吾終不受金罌！」金罌，謂鴆也。賜死者，以金罌盛鴆酒，故云然。

敬則女爲徐州行事謝朓妻，朓，土了翻。敬則子太子洗馬幼隆遣正員將軍徐岳以情告朓：官至將軍而未有軍號者，爲正員將軍，次爲員外將軍。洗，悉薦翻。「爲計若同者，當往報敬則。」朓執岳，馳啓以聞。敬則城局參軍徐庶，家在京口，其子密以報庶，庶以告敬則五官掾王公林。自晉以來，諸郡有五官掾。公林，敬則族子也，常所委信。公林勸敬則急送啓賜兒死，單舟星夜還都。敬則令司馬張思祖草啓，既而曰：「若爾，諸郎在都，要應有信，且忍一夕。」言且遲一夜也。

其夜，呼僚佐文武樗蒱，謂衆曰：「卿諸人欲令我作何計？」莫敢先答。防閤丁興懷曰：「官祇應作爾！」言應作如此事，謂應反也。敬則不應。明旦，召山陰令王詢、臺傳御史鍾離祖願，臺傳御史，臺所遣督諸郡錢穀者。傳，株戀翻。敬則横刀跂坐，跂坐，垂足而坐，跟不及地。跂，去智翻。問詢等：「發丁可得幾人？庫見有幾錢物？」見，賢遍翻。詢稱「縣丁猝不可集」；祖願稱「庫物多未輸入」。敬則怒，將出斬之，將，引也。王公林又諫曰：「凡事皆可悔，唯此事不可悔；官詎不更思！」詎，豈也。敬則唾其面曰：「我作事，何關汝小子！」【章：十二行本「子」下有「丁卯」二字；乙十一行本同；孔本同。】敬則舉兵反，招集，配衣，配，分給也。衣，於既翻。分給袍甲以衣被之。二三日便發。

前中書令何胤，棄官隱居若邪山，若邪山在會稽東南四十里。邪，讀曰耶。敬則欲劫以爲尚書令。長史王弄璋等諫曰：「何令高蹈，必不從；不從，便應殺之。舉大事先殺名賢，事必不濟。」敬則乃止。胤，尚之之孫也。何尚之柄用於宋文、武兩朝。

10 庚午，魏發州郡兵二十萬人，期八月中旬集懸瓠。復欲南伐也。

11 魏趙郡靈王幹卒。謚法：亂而不損曰靈。

12 上聞王敬則反，收王幼隆及其兄員外郎世雄、此卽敬則世子仲雄也。「仲」、「世」二字必有一誤。記室參軍季哲、敬則爲大司馬，以其子爲記室參軍。其弟太子舍人少安等，皆殺之。少，詩照翻。長子黃門郎元遷將千人在徐州擊魏，長，知兩翻。將，卽亮翻。敕徐州刺史徐玄慶殺之。前吳郡太守南康侯子恪，嶷之子也，豫章王嶷，武帝之弟。嶷，魚力翻。敬則起兵，以奉子恪爲名；子恪亡走，未知所在。始安王遙光勸上盡誅高、武子孫，於是悉召諸王侯入宮。晉安王寶義、江陵公寶覽等處中書省，寶義，皇子；寶覽，姪也。處，昌呂翻；下同。高、武諸孫處西省，據蕭子恪傳，西省，永福省也，至唐分三省，以門下省爲西省，中書省爲東省。敕人各從左右兩人，過此依軍法；孩幼者與乳母俱入。其夜，令太醫煮椒二斛，都水辦棺材數十具，前漢都水屬水衡都尉；後漢光武省水衡都尉幷少府，都水屬郡國；晉屬大司農。蕭子顯志無都水，都官尚書有水曹。以此考之，都水當屬將作大匠。然齊大匠卿不常置，故都水之官不見於志。孩，何開翻。須三更，當盡殺之。須，待也。三更，丙夜也。更，工衡翻。子恪徒跣自歸，二更達建陽門，刺啓。書姓名於奏白曰刺。啓，奏也。既達姓名，又啓陳其事。時刻已至，而上眠不起，中書舍人沈徽孚與上所親左右單景雋共謀少留其事。須臾，上覺，單，上演翻。少，詩沼翻。覺，古孝翻。寢而寤謂之覺。景雋啓子恪已至。上驚問曰：「未邪？未邪？」景雋具以事對。上撫牀曰：「遥光幾誤人事！」單景雋具以子恪所啓之事對。上乃謂幾爲遥光所誤而濫殺。幾，居希翻。乃賜王侯供饌，饌，雛戀翻，又雛皖翻。明日，悉遣還第。以子恪爲太子中庶子。寶覽，緬之子也。緬，上弟也。緬，彌兗翻。

敬則帥實甲萬人過浙江。今之錢唐江也。帥，讀曰率。張瓌遣兵三千拒敬則於松江，松江在吴郡吴縣南，古笠澤也，今屬蘇州吴江縣。聞敬則軍鼓聲，一時散走，瓌棄郡，逃民間。敬則以舊將舉事，百姓擔篙荷鍤，隨之者十餘萬衆；將，即亮翻。擔，都甘翻。篙，古勞翻，竹竿也，用以撑船。荷，下可翻。鍤楚洽翻，鍬也。至晉陵，南沙人范脩化殺縣令公上延孫以應之。公上，複姓也。敬則本晉陵南沙人，故范脩化舉縣應之。敬則至武進陵口，慟哭而過。蕭氏之先俱葬武進。高帝之殂也，從其先兆，亦葬武進，號泰安陵。敬則懷高帝恩，故慟哭而過。陸游曰：自常州西北至呂城，過陵口，見大石獸偃仆道旁，已殘缺，蓋南朝陵墓，齊明帝時王敬則反，至陵口慟哭而過是也。距丹陽縣三十餘里。丹陽，古所謂曲阿，或曰雲陽。宋白曰：吴大帝改丹陽爲武進縣，吴末併入晉陵縣。烏程丘仲孚爲曲阿令，敬則前鋒奄至，仲孚謂吏民曰：「賊乘勝雖銳，而烏合易離。今若收船艦，鑿長岡埭，長岡在曲阿縣界，今謂之上、下夾埛，埭卽今之上金斗門。易，以豉翻。艦，戶黯翻。埭，徒耐翻。瀉瀆水以阻其路；得留數日，臺軍必至，如此，則大事濟矣。」敬則軍至，值瀆涸，果頓兵不得進。

五月，【章：十二行本「月」下有「壬午」二字；乙十一行本同；孔本同；張校同；退齋校同。】詔前軍司馬左興盛、後軍將軍崔恭祖、輔國將軍劉山陽、龍驤將軍·馬軍主胡松築壘於曲阿長岡；驤，思將翻。右僕射沈文季爲持節都督，屯湖頭，備京口路。湖頭，玄武湖頭也。其地東接蔣山西巖下，西抵玄武湖隄，地勢坦平，當京口大路。恭祖，慧景之族也。前書後軍將軍崔恭祖。按魏、晉以來官制，左、右、前、後將軍，是爲四軍。恭祖位號未能至此。齊書王敬則傳作「後軍將軍、直閤將軍崔恭祖。」恭祖若爲後軍將軍，不應下帶直閤將軍。此必有誤。敬則急攻興盛、山陽二壘，臺軍不能敵，欲退，而圍不開，各死戰。胡松引騎兵突其後，白丁無器仗，皆驚散。敬則軍大敗，索馬再上，不能得，崔恭祖刺之仆地，索，山客翻。上，時掌翻。刺，七亦翻。興盛軍客袁文曠斬之，「軍客」，齊書王敬則傳作「軍容」。南史有軍容、馬容；如相康爲齊高帝軍容，蕭摩訶馬容陳智深斬陳叔陵。蓋皆簡拔魁健有武藝之士，使之前驅，以壯軍馬之容，故以爲名。乙酉，傳首建康。

是時上疾已篤，敬則倉猝東起，朝廷震懼。太子寶卷使人上屋，望見征虜亭失火，上，時掌翻。征虜亭在方山南。自玄武湖頭大路北出至征虜亭。謂敬則至，急裝欲走。急裝，謂縛袴也。戎裝謂之急裝。敬則聞之，喜曰：「檀公三十六策，走爲上策，計汝父子唯有走耳！」蓋時人譏檀道濟避魏之語也。敬則之來，聲勢甚盛，裁少日而敗。裁少日，謂不及二旬也。少，詩沼翻。

臺軍討賊黨，晉陵民以附敬則應死者甚衆。太守王瞻上言：「愚民易動，不足窮法。」窮法，謂盡法繩之。易，以豉翻。上許之，所全活以萬數。瞻，弘之從孫也。王弘之以仕晉，宋武帝辟召無所就。從，才用翻。

上賞謝朓之功，遷尚書吏部郎。唐六典曰：吏部郎，職在選舉。魏、晉用人，妙於時選，其諸曹郎功高者，遷吏部郎，歷代品秩皆高於諸曹郎。魏、晉、宋、齊，吏部郎品第五，諸曹郎品第六。朓上表三讓，上不許。中書疑朓官未及讓，國子祭酒沈約曰：「近世小官不讓，遂成恆俗。恆，戶登翻。謝吏部今授超階，讓別有意。朓自兼殿中郎遷吏部郎，故曰超階。朓恥以告妻父得官，故曰讓別有意。夫讓出人情，豈關官之大小邪！」朓妻常懷刃欲殺朓，朓不敢相見。

13 秋，七月，魏彭城王勰表以一歲國秩、職俸、親恤裨軍國之用。國秩，彭城國秩也；職俸，勰所居職合受之俸也；親恤，亦魏朝給勰以恤親者。勰音協。魏主詔曰：「割身存國，理爲遠矣。職俸便停，親、國聽三分受一。」親、國，謂親恤、國秩也。壬午，又詔損皇后私府之半，六宮嬪御、五服男女供恤亦減半，嬪，毗賓翻。在軍者三分省一，以給軍賞。

14 癸卯，以太子中庶子蕭衍爲雍州刺史。爲後蕭衍以雍州起兵張本。雍，於用翻。

15 己酉，上殂于正福殿。年四十七。遺詔：「徐令可重申前命。徐令，謂徐孝嗣也。孝嗣爲尚書令，建武四年加開府儀同三司，辭不受。重，直龍翻。沈文季可左僕射，江祏可右僕射，江祀可侍中，劉暄可衞尉。軍政可委陳太尉；陳太尉謂顯達。內外衆事，無大小委徐孝嗣、遥光、坦之、江祏，其大事與沈文季、江祀、劉暄參懷。心膂之任可委劉悛、蕭惠休、崔慧景。」悛，七倫翻，又丑緣翻。

上性猜多慮，簡於出入，竟不郊天。天子卽位，當奉珪幣以見上帝於南郊。又深信巫覡，覡，刑狄翻。每出先占利害。東出云西，南出云北。初有疾，甚祕之，聽覽不輟。久之，敕臺省文簿中求白魚以爲藥，外始知之。本草曰：白魚，味甘平，無毒；主胃氣，開胃下食，去水氣，令人肥健。大者六七尺，色白，頭昂，生江湖中。按此求文簿中白魚，則所謂蠹書魚也；本草謂之衣魚，亦曰白魚。利小便，療偏風口喎。衍義曰：衣魚多在故書中，久不動衣帛中或有之；身有厚粉，手搐之則粉落。太子卽位。

16 八月，辛亥，魏太子自洛陽朝于懸瓠。朝，直遥翻；下同。

17 壬子，奉朝請鄧學以齊興郡降魏。武帝永明三年，置齊興郡，屬郢州，其地當在西陽、弋陽二郡界。

18 魏主之入寇也，遣使發高車兵。高車憚遠役，奉袁紇樹者爲主，相帥北叛。帥，讀曰率。魏主遣征北將軍宇文福討之，大敗而還，還，從宣翻，又如字。福坐黜官。更命平北將軍江陽王繼都督北討諸軍事以討之，自懷朔以東悉稟節度，仍攝鎮平城。繼，熙之曾孫也。熙，道武之子。

19八月，葬明皇帝於興安陵，陵在曲阿。廟號高宗。東昏侯惡靈在太極殿，欲速葬，惡，烏路翻。徐孝嗣固爭，得踰月。帝每當哭，輒云喉痛。太中大夫羊闡入臨，臨，力鴆翻，哭也。無髮，號慟俯仰，幘遂脫地，帝輟哭大笑，謂左右曰：「禿鶖啼來乎！」號，戶高翻。漢五行志曰：鶬鴰，或曰禿鶖。師古曰：鶬鴰，一名淘河，腹下胡大如數升囊，好羣入澤中抒水食魚，因名。禿鶖，亦水鳥也。陸佃埤雅曰：鶖性貪惡，今俗呼禿鶖，一名扶老。狀如鶴而大，長頸赤目；其毛辟水毒，頭高八尺，善與人鬭，好啗蛇。鶖，音秋。

20九月，己亥，魏主聞高宗殂，下詔稱「禮不伐喪」，春秋左氏傳曰：晉士匄侵齊，及穀，聞喪而還，禮也。公羊傳曰：還者何？善辭也。何善爾？大其不伐喪也。引兵還。庚子，詔北伐高車。

21魏主得疾甚篤，旬日不見侍臣，左右唯彭城王勰等數人而已。勰內侍醫藥，外總軍國之務，遠近肅然，人無異議。右軍將軍丹陽徐謇善醫，徐謇，丹陽人，宋明帝之世客青州。慕容白曜克東陽，謇遂爲魏所獲。謇，九輦翻。時在洛陽，急召之。既至，勰涕泣執手謂曰：「君能已至尊之疾，當獲意外之賞；不然，有不測之誅；非但榮辱，乃繫存亡。」勰又密爲壇於汝水之濱，依周公故事，告天地及顯祖，乞以身代魏主。周公金縢之事，以周公之至誠行之則可，若王莽則僞也。魏主疾有間，間，如字。朱元晦曰：間，少差也。丙午，發懸瓠，舍于汝濱，集百官，坐徐謇于上席，稱揚其功，除鴻臚卿，封金鄉縣伯，賜錢萬緡；臚，陵如翻。諸王別餉賚，各不減千匹。冬，十一月，辛巳，魏主如鄴。

22戊子，立妃褚氏爲皇后。

23魏江陽王繼上言：「高車頑昧，避役遁逃，若悉追戮，恐遂擾亂。請遣使，鎮別推檢，言六鎮各遣一使，令各推檢一鎮。使，疏吏翻。斬魁首一人，自餘加以慰撫。若悔悟從役者，即令赴軍。」令赴南伐之軍也。詔從之。於是叛者往往自歸。繼先遣人慰諭樹者。樹者亡入柔然，尋自悔，相帥出降。帥，讀曰率。降，戶江翻。魏主善之，曰：「江陽可大任也。」十二月，甲寅，魏主自鄴班師。北征至鄴而高車已降，遂班師。

24林邑王諸農入朝，海中值風，溺死，武帝永明十年，范諸農得國。朝，直遙翻。溺，奴歷翻。以其子文款爲林邑王。

資治通鑑卷第一百四十二

端明殿學士兼翰林侍讀學士朝散大夫右諫議大夫充集賢殿修撰提舉西京嵩山崇福宮上柱國河內郡開國侯食邑一千八百戶食實封六百戶賜紫金魚袋臣司馬光奉敕編集

後學天台胡三省音註

齊紀八 屠維單閼（己卯），一年。

東昏侯上 諱寶卷，字智藏；明帝第二子也；本名明賢，明帝輔政後，改焉。明帝長子寶義有廢疾，故立帝爲太子。其後蕭衍、蕭穎胄以荊、雍起兵輔南康王寶融以攻帝，廢帝爲東昏侯。荊、雍在西，謂帝以昏虐居東，故廢爲東昏侯。

永元元年（己卯、四九九）

1 春，正月，戊寅朔，大赦，改元。

2 太尉陳顯達督平北將軍崔慧景軍四萬擊魏，欲復雍州諸郡；去年，魏克雍州五郡。雍，於用翻。癸未，魏遣前將軍元英拒之。元英卽拓跋英；魏既改姓元氏，史因而書之。

3 乙酉，魏主發鄴。去年十二月甲寅，魏主自鄴班師，今車駕始自鄴發。

4 辛卯，帝祀南郊。

5 戊戌，魏主至洛陽，過李沖冢。沖死見上卷上年。魏主令葬沖於洛陽覆舟山，近杜預冢，今自鄴還過其冢。按魏主詔代人遷洛者葬洛，餘州從便。沖，隴西人也，以其貴寵，亦令葬洛。時臥疾，望之而泣；見留守官，語及沖，輒流涕。李沖與任城王澄等同守留臺。魏主還洛，見留守官，而沖已死，故語及輒流涕，念之之甚也。守，式又翻。

魏主謂任城王澄曰：「朕離京以來，舊俗少變不？」任，音壬。離，力智翻。少，詩沼翻；下同。不，讀曰否。對曰：「聖化日新。」帝曰：「朕入城，見車上婦人猶戴帽、著小襖，此代北婦人之服也。乘車婦人，皆貴臣之家也。著，陟略翻。襖，烏浩翻，袂衣也。何謂日新！」對曰：「著者少，不著者多。」帝曰：「任城，此何言也！必欲使滿城盡著邪？」澄與留守官皆免冠謝。史言魏主汲汲於用夏變夷。

甲辰，魏大赦。魏主之幸鄴也，李彪迎拜於鄴南，且謝罪。彪既得罪，歸鄉里，故迎魏主於鄴南。帝曰：「朕欲用卿，思李僕射而止。」慰而遣之。會御史臺令史龍文觀告：「太子恂被收之日，恂被收見一百四十卷明帝建武三年。被，皮義翻。有手書自理，彪不以聞。」尚書表收彪赴洛陽。帝以爲彪必不然；以牛車散載詣洛陽，散，悉但翻。散載者，不加縶縛。會赦，得免。

6 魏太保齊郡靈王簡卒。

7 二月，辛亥，魏以咸陽王禧爲太尉。

8 魏主連年在外，魏主自明帝建武元年南伐，至是首尾四年。馮后私於宦者高菩薩。菩，蓬晡翻。薩，桑葛翻。及帝在懸瓠病篤，事見上卷上年。后益肆意無所憚，中常侍雙蒙等爲之心腹。雙，姓；蒙，名。姓譜：顓帝後封於雙蒙城，其後以爲氏。

彭城公主爲宋王劉昶子婦，寡居。昶，丑兩翻。后爲其母弟北平公馮夙求婚，帝許之；公主不願，后強之。后爲，于僞翻。強，其兩翻。公主密與家僮冒雨詣懸瓠，訴於帝，且具道后所爲。帝疑而祕之。后聞之，始懼，陰與母常氏使女巫厭禱，厭，於葉翻，又於琰翻。曰：「帝疾若不起，一旦得如文明太后輔少主稱制者，文明太后，后之姑也；其包藏禍心若此，豈非姑之教邪！少，詩照翻。當賞報不貲。」貲，即移翻。貲之爲言量也。不貲，言無量之可比也。

帝還洛，收高菩薩、雙蒙等，案問，具伏。帝在含溫室，夜引后入，賜坐東楹，去御榻二丈餘，命菩薩等陳狀。陳后淫泆之狀。既而召彭城王勰、北海王詳入坐，勰，音協。曰：「昔爲汝嫂，今是路人，但入勿避！」又曰：「此嫗欲手刃吾脅！嫗，威遇翻。老婦曰嫗。吾以文明太后家女，不能廢，但虛置宮中，有心庶能自死；言若有人心，必當自取盡也。汝等勿謂吾猶有情也。」二王出，賜后辭訣；后再拜，稽首涕泣。稽，音啓。入居後宮，諸嬪御奉之猶如后禮，嬪，毗賓翻。唯命太子不復朝謁而已。太子，儲君也；命不復朝謁，絕之，不使以母禮事之。復，扶又翻。朝，直遙翻。

初，馮熙以文明太后之兄尚恭宗女博陵長公主。景穆太子廟號恭宗。長，知兩翻。熙有三女，二爲皇后，一爲左昭儀，二后，廢后及幽后也。昭儀早卒。瑤光寺之練行尼，魏主忍爲之，廢后非得罪於宗廟也；幽后所爲彰灼如此，乃不能正其罪；廢后獨非文明家女邪！由是馮氏貴寵冠羣臣，賞賜累巨萬。漢書音義曰：巨萬，萬萬也。冠，古玩翻。公主生二子，誕，脩。熙爲太保，誕爲司徒，脩爲侍中、尚書，庶子聿爲黃門郎。黃門侍郎崔光與聿同直，庶子，妾御所生。以此觀之，魏以黃門郎與黃門侍郎爲兩官。同直，同直禁中也。謂聿曰：「君家富貴太盛，終必衰敗。」聿曰：「我家何所負，而君無故詛我！」詛，莊助翻，呪也。光曰：「不然。物盛必衰，此天地之常理。若以古事推之，不可不慎。」後歲餘而脩敗。脩性浮競，誕屢戒之，不悛，悛，丑緣翻。乃白於太后及帝而杖之。脩由是恨誕，求藥，使誕左右毒之。事覺，帝欲誅之，誕自引咎，懇乞其生。帝亦以其父老，杖脩百餘，黜爲平城民。及誕、熙繼卒，太和十九年，馮誕卒，是年二月也；四月，馮熙又卒。幽后尋廢，太和二十年，幽后廢。聿亦擯棄，馮氏遂衰。史言外戚罕有能全保其福祿者。

9 魏【章：十二行本「魏」上有「癸亥」二字；乙十一行本同；孔本同；退齋校同。】以彭城王勰爲司徒。勰，音協。

10 陳顯達與魏元英戰，屢破之。攻馬圈城四十日，按陳顯達傳，馬圈在南鄉界。杜佑曰：馬圈城去襄陽三百里，在今南陽郡界穰縣北。杜佑曰：後魏馬圈鎮，漢涅陽縣地。圈，渠篆翻。城中食盡，噉死人肉及樹皮。嗽，徒濫翻，又徒覽翻。癸酉，魏人突圍走，斬獲千計。顯達入城，將士競取城中絹，遂不窮追。史言齊師貪鹵掠以縱敵。將，卽亮翻。顯達又遣軍主莊丘黑進擊南鄉，拔之。莊丘，複姓也。蕭子顯曰：南鄉城，順陽舊治也。

魏主謂任城王澄曰：「顯達侵擾，朕不親行，無以制之。」任，音壬。三月，庚辰，魏主發洛陽，命于烈居守，守，音狩；凡留守、太守之守皆同。以右衞將軍宋弁兼祠部尚書，攝七兵事以佐之。攝七兵事者，攝尚書七兵曹事也。杜佑曰：魏始置五兵尚書，謂中兵、外兵、別兵、都兵、騎兵也。晉又分中、外兵各爲左、右，後魏遂爲七兵尚書。弁精勤吏治，治，直吏翻。恩遇亞於李沖。

癸未，魏主至梁城。魏收志：北荆州汝北郡有梁縣、汝源縣。五代志：襄城郡承休縣，舊曰汝源，置汝北郡。唐志：汝州臨汝郡，本襄城郡治梁縣，又有梁縣故城在西南四十五里。崔慧景攻魏順陽，順陽太守清河張烈固守；五代志：鄧州順陽縣，舊置順陽郡，唐武德六年，省順陽入冠軍，貞觀元年，省冠軍入新城，其地在今鄧州菊潭、臨湍二縣之間也。杜佑曰：漢順陽故城，在鄧州穰縣西，亦後漢穰縣地。甲申，魏主遣振威將軍慕容平城將騎五千救之。將，卽亮翻。騎，奇寄翻。

自魏主有疾，彭城王勰常居中侍醫藥，晝夜不離左右，離，力智翻。飲食必先嘗而後進，蓬首垢面，衣不解帶。帝久疾多忿，近侍失指，動欲誅斬；勰承顏伺間，多所匡救。伺，相吏翻。間，古莧翻；下間道同。丙戌，以勰爲使持節、都督中外諸軍事。使，疏吏翻。勰辭曰：「臣侍疾無暇，安能治軍！願更請一王，使總軍要，軍要，猶言軍權也。左傳曰。握兵之要。杜預註云：威權在己。治，直之翻。臣得專心醫藥。」帝曰：「侍疾、治軍，皆憑於汝。吾病如此，深慮不濟；安六軍、保社稷者，捨汝而誰！何容方更請人以違心寄乎！」心寄，謂推心以託之也。

丁酉，魏主至馬圈，命荆州刺史廣陽王嘉斷均口，水經曰：均水出淅縣北山，南流過其縣之東，又南，當涉都縣邑北，南入于沔。註云：即郡國志筑陽縣之涉都鄉，均水於此入沔，謂之均口。斷，丁管翻。邀齊兵歸路。嘉，建之子也。楚王建，見一百二十五卷宋文帝元嘉十七年。

陳顯達引兵渡水西，均水之西也。據鷹子山築城；人情沮恐，沮，在呂翻。與魏戰，屢敗。魏武衛將軍元嵩免冑陷陳，陳，讀曰陣。將士隨之，齊兵大敗。嵩，澄之弟也。戊戌，軍【章：十二行本「軍」上有「夜」字；乙十一行本同；孔本同；張校同；退齋校同。】主崔恭祖、胡松以烏布幔盛顯達，數人擔之，幔，莫半翻。盛，時征翻。擔，都甘翻，負也。間道自分磧山出均水口南走。磧，七迹翻。己亥，魏收顯達軍資億計，班賜將士，追奔至漢水而還。還，從宣翻，又如字；下同。左軍將軍張千戰死，考異曰：魏書作「張千達」，今從齊書。士卒死者三萬餘人。

顯達之北伐，軍入汋均口。水經註：順陽縣西有石山，南臨汋水。汋水又南流，注于沔水，謂之汋口。詳考經及註，汋水、均水，實一水也，故謂之汋均口。汋，實若翻。廣平馮道根沈約宋志：廣平太守，江左僑立，治襄陽；宋爲實土，以漢朝陽縣地立廣平郡及廣平縣，領酇陰、比陽等縣。按水經註：朝陽在新野西，白水又出其西。說顯達曰：「沔均水迅急，易進難退；說，輸芮翻。易，以豉翻。魏若守隘，則首尾俱急。不如悉棄船於鄧城，陸道步進，鄧縣，卽漢蕭何所封之邑，屬南陽郡，晉屬順陽郡，江左僑立廣平郡，鄧縣屬焉。馮道根，廣平鄧人也。水經：沔水自均口東南過鄧縣之西南。五代志：襄州陰城縣，西魏置鄧城郡。隘，烏懈翻。鄧，音贊。列營相次，鼓行而前，破之必矣。」顯達不從。道根以私屬從軍，私屬者，家之奴客及其親黨，非官之所調發者。及顯達夜走，軍人不知山路，道根每及險要，輒停馬指示之，衆賴以全。詔以道根爲沔均口戍副。凡邊戍有戍主、戍副。顯達素有威名，至是大損。陳顯達之敗，固是弱不可以敵強，亦天爲之也。齊師潰於戊戌，魏主殂於丙午。儻顯達更能支持數日，安知不能轉敗爲功邪！御史中丞范岫奏免顯達官，顯達亦自表解職；皆不許，更以顯達爲江州刺史。考異曰：齊明帝紀：「永泰元年，七月，癸卯，以顯達爲江州。」本傳：「顯達敗於馬圈，求降號，不許，乃除江州。」又云：「東昏立，顯達彌不樂京師，得此授甚喜。」按明帝末，顯達方以三公將兵擊魏，不容無故除江州。今從本傳。崔慧景亦棄順陽走還。

11 庚子，魏主疾甚，北還，至穀塘原，謂司徒勰曰：「後宮久乖陰德，記曰：天子理陽道，后治陰德。鄭註云：陰德，謂主陰事，陰令也。吾死之後，可賜自盡，葬以后禮，庶免馮門之醜。」又曰：「吾病益惡，殆必不起。雖摧破顯達，而天下未平，嗣子幼弱，社稷所倚，唯在於汝。霍子孟、諸葛孔明以異姓【章：十二行本「姓」下有「猶」字；乙十一行本同；孔本同。】受顧託，漢武帝託昭帝於霍光，昭烈帝託後主於諸葛亮事，並見前。況汝親賢，可不勉之！」勰泣曰：「布衣之士，猶爲知己畢命；古語有之，士爲知己者死。爲，于僞翻。況臣託靈先帝，依陛下之末光乎！託靈，託體，皆兄弟同氣之謂也。但臣以至親，久參機要，寵靈輝赫，海内莫及；所以敢受而不辭，正恃陛下日月之明，恕臣忘退之過耳。今復任以元宰，復，扶又翻。總握機政；震主之聲，取罪必矣。昔周公大聖，成王至明，猶不免疑，而況臣乎！如此，則陛下愛臣，更爲未盡始終之美。」彭城王勰慮禍避權如此，猶終不免於高肇之手，況咸陽王禧、北海王詳等邪？帝默然久之，曰：「詳思汝言，理實難奪。」乃手詔太子曰：「汝叔父勰，清規懋賞，懋，美也。與白雲俱潔；厭榮捨紱，以松竹爲心。吾少與綢繆，紱，音弗。少，詩照翻。鄭康成曰：綢繆，猶纏綿也。綢，直留翻。繆，莫侯翻。未忍暌離。百年之後，其聽勰辭蟬捨冕，遂其沖挹之性。」以侍中、護軍將軍北海王詳爲司空，鎮南將軍王肅爲尚書令，鎮南大將軍廣陽王嘉爲左僕射，尚書宋弁爲吏部尚書，與侍中・太尉禧、尚書右僕射澄等六人輔政。夏，四月，丙午朔，殂于穀塘原。年三十三，謚孝文皇帝，廟號高祖。

高祖友愛諸弟，終始無間。間，古莧翻。嘗從容謂咸陽王禧等曰：從，千容翻。「我後子孫邂逅不肖，不期而會曰邂逅。肖，似也；不似其先曰不肖。邂，戶懈翻。逅，胡豆翻。汝等觀望，可輔則輔之，不可輔則取之，勿爲他人有也。」以禧之驕貪如此，孝文以此語之，是啓其姦心也。景明之禍，帝實胎之。親任賢能，從善如流，精勤庶務，朝夕不倦。常曰：「人主患不能處心公平，推誠於物。處，昌呂翻。能是二者，則胡、越之人皆可使如兄弟矣。」用法雖嚴，於大臣無所容貸，然人有小過，常多闊略。嘗於食中得蟲，又左右進羹誤傷帝手，皆笑而赦之。天地五郊、宗廟二分之祭，五郊，謂迎氣五郊也。按鄭康成說：古者，天子春分朝日，秋分夕月，故曰二分之祭。魏則朝日以朔，夕月以朏，猶仍古謂之二分之祭。未嘗不身親其禮。每出巡遊及用兵，有司奏脩道路，帝輒曰：「粗脩橋梁，通車馬而已，勿去草剗令平也。」粗，坐五翻。去，羌呂翻。剗，楚限翻。在淮南行兵，如在境內。禁士卒無得踐傷粟稻；踐，息淺翻。或伐民樹以供軍用，皆留絹償之。宮室非不得已不脩，衣弊，浣濯而服之，鞍勒用鐵木而已。幼多力善射，能以指彈碎羊骨，魏紀云：能以指彈碎羊髆骨。羊骨唯髆骨頗脆，他骨未易彈碎也。彈，徒丹翻。射禽獸無不命中；先命其處而後射中之，謂之命中。射，而亦翻。及年十五，遂不復畋獵。復，扶又翻；下同。常謂史官曰：「時事不可以不直書。人君威福在己，無能制之者；若史策復不書其惡，將何所畏忌邪！」自此以上，史言魏孝文德美。

彭城王勰與任城王澄謀，以陳顯達去尚未遠，恐其覆相掩逼，覆，反也；恐凶問外露，陳顯達知之，反兵追掩以相逼。乃祕不發喪，徙御臥輿，唯二王與左右數人知之。勰出入神色無異，奉膳，進藥，可決外奏，一如平日。數日，至宛城，宛，於元翻。夜，進臥輿於郡聽事，得加棺斂，魏書禮志：臥輦，飾如乾象輦，丹漆，駕六馬。聽，他經翻。聽，受也。中庭曰聽事，言受事察訟於是也。漢、晉皆作聽事，六朝以後乃始加「广」作「廳」。棺，古玩翻。斂，力贍翻。還載臥輿內，外莫有知者。遣中書舍人張儒奉詔徵太子；密以凶問告留守于烈。烈處分行留，舉止無變。史言魏孝文之殂，執羈紲、守社稷者皆能以常處變，不動聲色，蓋其善用人之效也。處，昌呂翻。分，扶問翻。太子至魯陽，魯陽縣，漢、晉屬南陽郡。魏太和十一年，置魯陽鎮；十八年，改爲荆州；二十年，罷州，置魯陽郡。唐汝州魯山縣，本魯陽縣也。遇梓宮，乃發喪；丁巳，卽位，帝諱恪，孝文皇帝第二子也。大赦。

彭城王勰跪授遺敕數紙。東宮官屬多疑勰有異志，密防之，而勰推誠盡禮，卒無間隙。推誠，謂推誠於東宮官屬也；盡禮，謂事嗣君盡禮也。卒，子恤翻。間，古莧翻。咸陽王禧至魯陽，留城外以察其變，久之，乃入，亦疑勰有異志也。謂勰曰：「汝此行不唯勤勞，亦實危險。」勰曰：「兄年長識高，故知有夷險；長，知兩翻。彥和握蛇騎虎，不覺艱難。」勰，字彥和。蛇螫、虎噬，握之、騎之，罕有能免於螫、噬者，故以爲喻。禧曰：「汝恨吾後至耳。」

勰等以高祖遺詔賜馮后死。北海王詳使長秋卿白整入授后藥，長秋卿，皇后宮卿也，卽漢之大長秋。后走呼，不肯飲，走且呼也。呼，火故翻。曰：「官豈有此，是諸王輩殺我耳！」整執持強之，乃飲藥而卒。強，其兩翻。考異曰：元嵩傳曰：「將遣使者賜馮后死，而難其人，顧任城王澄曰：『任城不負我，嵩亦當不負任城，可使嵩也。』乃引高平侯嵩入內，親詔遣之。」高祖紀曰：「詔司徒勰徵太子與喪會魯陽踐阼。」按馮后傳，梓宮至魯陽，乃行遺詔賜后死，安有高祖遺嵩之事！又勰傳：「高祖崩，勰遏祕喪事，遣張儒徵世宗。」亦無高祖詔勰徵太子事。喪至洛城南，咸陽王禧等知后審死，相視曰：「設無遺詔，我兄弟亦當決策去之；豈可令失行婦人宰制天下、殺我輩也！」去，羌呂翻。行，下孟翻。諡曰幽皇后。諡法：壅遏不通曰幽。

12 五月，癸亥，加撫軍大將軍始安王遙光開府儀同三司。

13 丙申，魏葬孝文帝於長陵，長陵在瀍西。廟號高祖。

魏世宗欲以彭城王勰爲相；勰屢陳遺旨，請遂素懷，帝對之悲慟。勰懇請不已，乃以勰爲使持節、侍中、都督冀·定等七州諸軍事、驃騎大將軍、開府儀同三司、定州刺史。使，疏吏翻。驃，匹妙翻。騎，奇寄翻。七州，冀、定、相、瀛、幽、平、營也。勰猶固辭；帝不許，乃之官。

14 魏任城王澄以王肅羈旅，位加己上，王肅本江南人而奔魏，故以爲羈旅。肅爲尚書令，而澄爲右僕射，故以爲位加己上。意頗不平。會齊人降者嚴叔懋告肅謀逃還江南，降，戶江翻。澄輒禁止肅，禁止不令入宮省。表稱謀叛，案驗無實。咸陽王禧等奏澄擅禁宰輔，免官還第，尋出爲雍州刺史。按史官稱任城王澄之才略，魏宗室中之巨擘也。太和之間，朝廷有大議，澄每出辭，氣加萬乘而軼其上。孝文外雖容之，內實憚之，況咸陽王禧等乎！因王肅而斥逐之耳。主少國疑之時，澄之能全其身者，幸也。雍，於用翻。

15 六月，戊辰，魏追尊皇妣高氏爲文昭皇后，高氏卒見上卷明帝建武四年。配饗高祖，增脩舊家，號終寧陵。據后傳，陵在長陵東南。追賜后父颺爵勃海公，謚曰敬，颺，余章翻。以其嫡孫猛襲爵；封后兄肇爲平原公，肇弟顯爲澄城公；澄城，漢馮翊之徵縣，左傳之北徵也；魏眞君七年置澄城郡。三人同日受封。魏主素未識諸舅，始賜衣幘引見，見，賢遍翻。皆惶懼失措；數日之間，富貴赫奕。赫，明也；奕，盛也。爲高肇以擅權致禍張本。

16秋，八月，戊申，魏用高祖遺詔，三夫人以下皆遣還家。魏高祖始定內官，左、右昭儀位視大司馬，三夫人位視三公。

17帝自在東宮，不好學，好，呼到翻。唯嬉戲無度；性重澀少言。澀，色入翻。及即位，不與朝士相接，朝，直遙翻；下同。專親信宦官及左右御刀、應敕等。御刀，捉御刀在左右者。應敕，在左右祗應敕命者。應，於證翻。

是時，揚州刺史始安王遙光、尚書令徐孝嗣、右僕射江祏、祏，音石。右將軍蕭坦之、侍中江祀、衞尉劉暄更直內省，分日帖敕。內省在禁中，以別華林省及下省。帖敕者，於敕後聯紙書行，所謂畫敕也。更，工衡翻。雍州刺史蕭衍聞之，謂從舅錄事參軍范陽張弘策曰：張弘策，范陽方城人。衍母張氏，弘策之從父弟。雍，於用翻。從，才用翻。「一國三公猶不堪，左傳：晉士蔿曰：「狐裘蒙茸，一國三公，吾誰適從？」況六貴同朝，勢必相圖；亂將作矣。避禍圖福，無如此州。但諸弟在都，恐罹世患，當更與益州圖之耳。」衍兄懿時爲益州刺史。乃密與弘策脩武備，他人皆不得預謀；招聚驍勇以萬數，多伐材竹，沈之檀溪，水經註：檀溪水出襄陽縣西柳子山下，溪去城里餘，北流注于沔，即劉備乘的盧墮處也。驍，堅堯翻。沈，直禁翻，又持林翻。積茅如岡阜，大脊曰岡，大陵曰阜。皆不之用。中兵參軍東平呂僧珍覺其意，亦私具櫓數百張。先是，僧珍爲羽林監，羽林監，漢官，監羽林兵。先，悉薦翻。徐孝嗣欲引置其府，僧珍知孝嗣不能久，固求從衍。是時，衍兄懿罷益州刺史還，仍行郢州事，衍使弘策說懿曰：說，輸芮翻；下又自說同。「今六貴比肩，人自畫敕，爭權睚眦，理相圖滅。圖，謀也；謀相滅也。或曰：「圖」當作「屠」。睚，五懈翻。眦，士懈翻。主上自東宮素無令譽，媟近左右，慓輕忍虐；媟，私列翻。近，其靳翻。慓，匹妙翻，急疾也。輕，區竟翻。安肯委政諸公，虛坐主諾！言必不肯付朝政以聽於六貴，但擁虛位，有可無否，唯主作諾而已。嫌忌積久，必大行誅戮。始安欲爲趙王倫，形迹已見；趙王倫事見八十四卷晉惠帝永寧元年。見，賢遍翻。然性猜量狹，徒爲禍階。蕭坦之忌克陵人，徐孝嗣聽人穿鼻，言如牛然，聽人穿鼻而受制於人。江祏無斷，斷，丁管翻。劉暄闇弱；一朝禍發，中外土崩。吾兄弟幸守外藩，宜爲身計；及今猜防未生，當悉召諸弟，恐異時拔足無路矣。後卒如衍所料。史言朝政不綱，則姦雄生心。郢州控帶荆、湘，郢州當荆、湘下流，二州之所赴集也。雍州士馬精強，世治則竭誠本朝，治，直吏翻。朝，直遙翻。世亂則足以匡濟；與時進退，此萬全之策也。若不早圖，後悔無及。」弘策又自說懿曰：「以卿兄弟英武，天下無敵，據郢、雍二州爲百姓請命，廢昏立明，易於反掌，爲，于僞翻。易，以豉翻。此桓、文之業也；勿爲豎子所欺，取笑身後。雍州揣之已熟，揣，初委翻。願善圖之！」懿不從。衍乃迎其弟驃騎外兵參軍偉及西中郎外兵參軍憺至襄陽。憺，徒濫翻。

初，高宗雖顧命羣公，而多寄腹心在江祏兄弟。顧命見上卷上年。江祏、江祀兄弟，高宗母景皇后之姪也，故寄以腹心。二江更直殿內，更，工衡翻，更迭也。動止關之。帝稍欲行意，徐孝嗣不能奪，蕭坦之時有異同，而祏執制堅確；帝深忿之。帝左右會稽茹法珍、吳興梅蟲兒等，爲帝所委任，會，工外翻。茹，音如。祏常裁折之；法珍等切齒。徐孝嗣謂祏曰：「主上稍有異同，詎可盡相乖反！」立異爲乖，不順指爲反。祏曰：「但以見付，必無所憂。」

帝失德寖彰，祏議廢帝，立江夏王寶玄。夏，戶雅翻。劉暄嘗爲寶玄郢州行事，執事過刻。有人獻馬，寶玄欲觀之，暄曰：「馬何用觀！」妃索煮肫，肫，之春翻；鳥藏曰肫。又徒渾翻，豕也。帳下諮暄，暄曰：「且已煮鵝，不煩復此。」復，扶又翻，又也。寶玄恚曰：「舅殊無渭陽情。」詩渭陽序曰：秦康公之母，晉獻公之女。文公遭驪姬之難，未反，而秦姬卒。穆公納文公。康公時爲太子，贈送文公于渭之陽。念母之不見也，我見舅氏，如母存焉。劉暄，明帝劉皇后之弟，故寶玄呼之爲舅，今按詩小序渭陽之事，乃甥用情於舅，後世率以舅不能用情於甥者爲無渭陽情，誤矣。恚，於避翻。暄由是忌寶玄，不同祏議，更欲立建安王寶寅。祏密謀於始安王遙光，遙光自以年長，欲自取，以微旨動祏。祏弟祀亦以少主難保，長，知兩翻。少，詩照翻；下同。勸祏立遙光。祏意回惑，以問蕭坦之，坦之時居母喪，起復爲領軍將軍，起復者，起之於苫塊之中，使復其位也。謂祏曰：「明帝立，已非次，天下至今不服。若復爲此，復，扶又翻；下可復、復能、不復、生復同。恐四方瓦解，我期不敢言耳。」遂還宅行喪。蕭坦之冒于榮勢，豈能終喪者！直以廢立大事，不欲預其禍，託此以引避耳。

祏、祀密謂吏部郎謝朓曰：「江夏年少，脫不堪負荷，朓，土了翻。荷，下可翻，又如字。豈可復行廢立！始安年長，入纂不乖物望。非以此要富貴，要，讀如邀。政是求安國家耳。」政與正同。遙光又遣所親丹陽丞南陽劉渢密致意於朓，渢，房戎翻。欲引以爲黨，朓不答。頃之，遙光以朓兼知衞尉事，朓懼，以郎兼卿，事本無足懼；其所懼者，以爲爲遙光所引用，將罹其難也。即以祏謀告太子右衞率左興盛，率，所律翻。興盛不敢發。朓又說劉暄曰：「始安一旦南面，則劉渢、劉晏居卿今地，但以卿爲反覆人耳。」晏者，遙光城局參軍也。暄陽驚，馳告遙光及祏。遙光欲出朓爲東陽郡，朓常輕祏，謝朓以人門輕江祏。祏固請除之。遙光乃收朓付廷尉，與孝嗣、祏、暄等連名啓「朓扇動內外，妄貶乘輿，竊論宮禁，間謗親賢，乘，繩證翻。間，古莧翻。輕議朝宰。」朓遂死獄中。謝朓以告王敬則超擢而死於遙光之手，行險以徼幸，一之謂甚，其可再乎！朝，直遙翻。

暄以遙光若立，己失元舅之尊，不肯同祏議；故祏遲疑久不決；遙光大怒，遣左右黃曇慶刺暄於靑溪橋。曇，徒含翻。刺，七亦翻。曇慶見暄部伍多，不敢發；暄覺之，遂發祏謀，帝命收祏兄弟。時祀直內殿，疑有異，遣信報祏曰：「劉暄似有異謀。今作何計？」祏曰：「政當靜以鎮之。」俄有詔召祏入見，停中書省。見，賢遍翻。初，袁文曠以斬王敬則功當封，斬敬則，見上卷明帝永泰元年。祏執不與；時崔恭祖以刺仆敬則，與文曠爭功；祏執不與，當爲此也。帝使文曠取祏，取，謂殺之也。文曠以刀環築其心曰：「復能奪我封不！」不，讀曰否。幷弟祀皆死。劉暄聞祏等死，眠中大驚，投出戶外，問左右：「收至未？」良久，意定，還坐，大悲曰：「不念江，行自痛也！」暄自知禍將及己。

帝自是無所忌憚，益得自恣，日夜與近習於後堂鼓叫【張：「叫」作「吹」。】戲馬。常以五更就寢，至晡乃起。羣臣節、朔朝見，朔，謂每月朔旦。朔旦朝參之外，一月之內又自有朝參日分，因謂之節。晡後方前，或際闇遣出。晡後造朝，帝復不出，故際闇而遣退。臺閣案奏，月數十日乃報，或不知所在；宦者以裹魚肉還家，並是五省黃案。魏、晉以來，有六曹尚書，江左有吏部、祠部、五兵、左民、度支五尚書，各爲一省，謂之尚書五省。案，文案也；藏之以爲案據。尚書用黃札，故曰黃案。帝常習騎致適，致，極也；適，歡適也。顧謂左右曰：「江祏常禁吾乘馬；小子若在，吾豈能得此！」因問：「祏親戚餘誰？」對曰：「江祥今在冶。」帝誅祏兄弟，獨祥免死配東冶。帝於馬上作敕，賜祥死。

始安王遙光素有異志，與其弟荆州刺史遙欣密謀舉兵據東府，使遙欣引兵自江陵急下，刻期將發，而遙欣病卒。江祏被誅，被，皮義翻。帝召遙光入殿，告以祏罪，遙光懼，懼禍及也。還省，省謂中書省也。遙光時爲中書令。卽陽狂號哭，遂稱疾不復入臺。還東府，遂稱疾不復入臺城。號，戶高翻。先是，遙光弟豫州刺史遙昌卒，先，悉薦翻。卒，子恤翻。其部曲皆歸遙光。及遙欣喪還，停東府前渚，荊州衆力送者甚盛。前渚，秦淮渚也。東府前臨秦淮。帝旣誅二江，慮遙光不自安，欲還爲司徒，使還第，還司徒以崇其位望，而使還第養疾。召入諭旨。遙光恐見殺，乙卯晡時，收集二州部曲於東府東門，二州部曲，自荊州、豫州來者。召劉渢、劉晏等謀舉兵，以討劉暄爲名。夜，遣數百人破東冶，出囚，於尚方取仗。仗，兵仗也。又召驍騎將軍垣歷生，驍，堅堯翻。歷生隨信而至。蕭坦之宅在東府城東，遙光遣人掩取之，坦之露袒踰牆走，露者，露髻；袒者，肉袒。向臺。向臺而走，欲入言其事。道逢游邏主顏端，游邏主，將兵在臺城外巡邏者也。邏，郎佐翻。執之，見坦之露袒挺身走，疑其得罪逃竄，故執之。告【章：十二行本「告」上有「坦之」二字；乙十一行本同；孔本同。】以遙光反，不信；自往詷問，知實，詷，火迥翻，又翾正翻；有所候伺謂之詷。乃以馬與坦之，相隨入臺。遙光又掩取尚書左僕射沈文季於其宅，欲以爲都督，會文季已入臺。垣歷生說遙光帥城內兵夜攻臺，輦荻燒城門，荻，亭歷翻，萑也。說，輸芮翻。帥，讀曰率；下同。曰：「公但乘轝隨後，轝與輿同。反掌可克！」遙光狐疑不敢出。天稍曉，遙光戎服出聽事，命上仗登城行賞賜。上，時掌翻。歷生復勸出軍，遙光不肯，冀臺中自有變。及日出，臺軍稍至。臺中始聞亂，衆情惶惑；向曉，有詔召徐孝嗣，孝嗣入，人心乃安。左將軍沈約聞變，據梁書沈約傳，約時爲左衛將軍。此逸「衛」字。馳入西掖門，掖，音亦。或勸戎服，約曰：「臺中方擾攘，見我戎服，或者謂同遙光。」乃朱衣而入。

丙辰，詔曲赦建康，中外戒嚴。徐孝嗣以下屯衛宮城，蕭坦之帥臺軍討遙光。孝嗣內自疑懼，與沈文季戎服共坐南掖門上，欲與之共論世事，文季輒引以他辭，終不得及。蕭坦之屯湘宮寺，湘宮寺，宋明帝所起。左興盛屯東籬門，臺城外城六門皆設籬門而已，無郛郭。東府在臺城東，故命興盛屯東籬門以討遙光。鎮軍司馬曹虎屯青溪大橋。按曹虎傳：大橋，青溪中橋也。衆軍圍東城，三面燒司徒府。宋元嘉中，彭城王義康爲司徒，徙居東府，於東府之側起司徒府。遙光遣垣歷生從西門出戰，臺軍屢敗，殺軍主桑天愛。遙光之起兵也，問諮議參軍蕭暢，暢正色不從。戊午，暢與撫軍長史沈昭略潛自南門出，詣臺自歸，衆情大沮。東府之衆情也。沮，在呂翻。暢，衍之弟；昭略，文季之兄子也。己未，垣歷生從南門出戰，因棄矟降曹虎，虎命斬之。矟，色角翻。降，戶江翻。考異曰：南史云：「歷生出戰，爲曹虎所禽，謂虎曰：『卿以主上爲聖明，梅、茹爲賢相，我當死，且我今死，卿明日亦死。』遂殺之。」按歷生若見獲，遙光不當殺其子。今從齊書。遙光大怒，於牀上自踊，使殺歷生子。其晚，臺軍以火箭燒東北角樓。至夜，城潰，遙光還小齋帳中，著衣帢坐，秉燭自照，令人反拒，齋閤皆重關，著，陟略翻。帢，苦洽翻。重，直龍翻。左右並踰屋散出。臺軍主劉國寶等先入，遙光聞外兵至，滅燭扶匐牀下。扶音蒲。匐，蒲北翻。軍人排閤入，於闇中牽出，斬之。

臺軍入城，焚燒室屋且盡。劉溷走還家，爲人所殺。荆州將潘紹聞遙光作亂，謀欲應之。欲以江陵應之也。將，卽亮翻。西中郎司馬夏侯詳時南康王寶融以西中郎將鎮江陵，以夏侯詳爲司馬。夏，戶雅翻。呼紹議事，因斬之，州府以安。州，荆州；府，西中郎府也。

己巳，以徐孝嗣爲司空；加沈文季鎮軍將軍，侍中、僕射如故；沈文季加鎮軍將軍號，本職如故。蕭坦之爲尚書右僕射、丹楊尹，右將軍如故；帝卽位之初，坦之爲右將軍。遙光既平，使爲右僕射、丹楊尹，而右將軍軍號如故。劉暄爲領軍將軍；曹虎爲散騎常侍、右衞將軍；散，悉亶翻。騎，奇寄翻。皆賞平始安之功也。

18 魏南徐州刺史沈陵來降。魏高祖置南徐州於宿豫。降，戶江翻。陵，文季之族子也。沈文秀爲宋守東陽，明帝泰始五年沒於魏。文秀，文季羣從也；陵之入魏，當在是時。時魏徐州刺史京兆王愉年少，少，詩照翻。府事皆決於長史盧淵。淵知陵將叛，敕諸城潛爲之備；敕，戒也。屢以聞於魏朝，魏朝不聽。陵遂殺將佐，帥宿預之衆來奔，朝，直遙翻。將，卽亮翻。帥，讀曰率。濱淮諸戍以有備得全。陵在邊歷年，陰結邊州豪傑。陵既叛，郡縣多捕送陵黨，淵皆撫而赦之，唯歸罪於陵，衆心乃安。根連株逮，則沿邊豪傑懼罪，必相帥南奔，故悉赦之以安反側。

19 閏月，丙子，立江陵公寶覽爲始安王，奉靖王後。遙光既誅，靖王無後故也。始安貞王道生長子鳳卒于宋世。明帝建武元年，贈始安靖王。遙光，靖王子也。

20 以沈陵爲北徐州刺史。齊南徐州治京口，北徐州治鍾離。今沈陵自魏南徐州來降，因其位任，改曰北徐。

21 江祏等既敗，帝左右捉刀、應敕之徒皆恣橫用事，橫，戶孟翻。時人謂之「刀敕」。蕭坦之剛狠而專，嬖倖畏而憎之；遙光死二十餘日，帝遣延明主帥黃文濟將兵圍坦之宅，殺之，延明主帥，蓋延明殿主帥也。狠，戶墾翻。嬖，卑義翻，又博計翻。帥，所類翻。將，卽亮翻；下同。幷其子祕書郎賞。坦之從兄翼宗爲海陵太守，沈約志：晉安帝分廣陵立海陵郡，今泰州卽其地。從，才用翻。守，式又翻。未發，受海陵之命而未行也。坦之謂文濟曰：「從兄海陵宅故應無他。」無他，言無他變，猶今人言無事也。文濟曰：「海陵宅在何處？」坦之以告。文濟白帝，帝仍遣收之；檢其家，至貧，唯有質錢帖數百，質錢帖者，以物質錢，錢主給帖與之以爲照驗，他日出子本錢收贖。還以啓帝，原其死，繫尚方。

茹法珍等譖劉暄有異志，茹，音如。帝曰：「暄是我舅，豈應有此？」直閤新蔡徐世標曰：「明帝乃武帝同堂，明帝，高帝兄子，於武帝同堂兄弟也。恩遇如此，猶滅武帝之後；恩遇事見一百三十八卷武帝永明十一年。滅武帝後見明帝紀。舅焉可信邪！」焉，於虔翻，何也。遂殺之。

曹虎善於誘納，日食荒客常數百人。誘，音酉。食，讀曰飤。荒客自蠻中及化外來者。晚節吝嗇，罷雍州，有錢五千萬，他物稱是。雍，於用翻。稱，尺證翻。帝疑虎舊將，且利其財，遂殺之。

坦之、暄、虎所新除官，坦之，虎新除官，見上。皆未及拜而死。

初，高宗【章：十二行本「宗」下有「臨」字；乙十一行本同；孔本同。】殂，以隆昌事戒帝曰：「作事不可在人後。」謂鬱林王欲殺高宗，持疑不發以及禍。高宗以是而戒帝，自謂密矣；而非所以貽謀燕翼子也。故帝數與近習謀誅大臣，數，所角翻。皆發於倉猝，決意無疑；於是大臣人人莫能自保。史言帝昏暴，果於誅殺，上下搖心。

22 九月，丁未，以豫州刺史裴叔業爲南兗州刺史，征虜長史張沖爲豫州刺史。

23 壬戌，以頻誅大臣，大赦。

24 丙戌，魏主謁長陵，欲引白衣左右吳人茹皓同車。雖引在左右，未命以官，故曰白衣左右。茹，音如。皓奮衣將登，給事黃門侍郎元匡進諫，帝推之使下，推，吐雷翻。皓失色而退。匡，新城之子也。陽平王新城，魏高宗之弟。

25 益州刺史劉季連聞帝失德，遂自驕恣，用刑嚴酷，蜀人怨之。是月，遣兵襲中水，不克。沈約宋書：資江爲中水，涪江爲內水；今謂之中江，在資州資陽縣西。資州，漢犍爲郡之資中縣地。於是蜀人趙續伯等皆起兵作亂，季連不能制。

26 枝江文忠公徐孝嗣，以文士不顯同異，言依違取容於昏暴之朝。故名位雖重，猶得久存。虎賁中郎將許準爲孝嗣陳說事機，賁，音奔。將，即亮翻。爲，于僞翻。勸行廢立。孝嗣持【章：十二行本「持」作「遲」；乙十一行本同；孔本同。】疑久之，謂必無用干戈之理；須帝出遊，須，待也。閉城門，召百官集議廢之，雖有此懷，終不能決。諸嬖倖亦稍憎之。西豐忠憲侯沈文季自託老疾，不豫朝權，嬖，卑義翻，又博計翻。朝，直遙翻。侍中沈昭略謂文季曰：「叔父行年六十，爲員外僕射，文季雖爲僕射而不預事，故昭略謂之員外僕射。欲求自免，豈可得乎！」文季笑而不應。冬，十月，乙未，帝召孝嗣、文季、昭略入華林省。文季登車，顧曰：「此行恐往而不反。」帝使外監茹法珍賜以藥酒，昭略怒，罵孝嗣曰：「廢昏立明，古今令典；宰相無才，致有今日！」以甌擲其面甌，小器也。所以盛酒。曰：「使作破面鬼！」孝嗣飲藥酒至斗餘，乃卒。卒，子恤翻。孝嗣子演尚武康公主，況尚山陰公主，武康公主，武帝女；山陰公主，明帝女。皆坐誅。昭略弟昭光聞收至，家人勸之逃。昭光不忍捨其母，入，執母手悲泣，收者殺之。昭光兄子曇亮逃，已得免，聞昭光死，歎曰：「家門屠滅，何以生爲！」絕吭而死。曇，徒含翻。吭，戶郎翻，又戶浪翻。沈慶之、沈文季皆託老疾不預朝權而終不免於死。國無道而富貴，則進退皆陷危機也。

27 初，太尉陳顯達自以高、武舊將，將，即亮翻；下同。當高宗之世，內懷危懼，深自貶損，常乘朽弊車，道從鹵簿止用羸小者十數人。道，讀曰導。從，才用翻。羸，倫爲翻。嘗侍宴，酒酣，啓高宗借枕，高宗令與之。顯達撫枕曰：「臣年衰老，富貴已足，唯欠枕枕死，酣，戶江翻。枕枕，上如字，下之任翻。特就陛下乞之。」高宗失色曰：「公醉矣。」顯達以年禮告退，禮，大夫七十而致事。時顯達年已七十矣。高宗不許。及王敬則反，時顯達將兵拒魏，事見上卷高宗永泰元年。始安王遙光疑之，啓高宗欲追軍還；會敬則平，乃止。及帝卽位，顯達彌不樂在建康，得江州，甚喜。樂，音洛。顯達自馬圈敗還，除江州刺史。嘗有疾，不令治，旣而自愈，意甚不悅。蓋求死不得死，以至於反也。悲夫！治，直之翻。聞帝屢誅大臣，傳云當遣兵襲江州，十一月，丙辰，顯達舉兵於尋陽，令長史庾弘遠等與朝貴書，數帝罪惡，朝，直遙翻。數，所具翻。云「欲奉建安王爲主，帝弟寶寅封建安王，時爲郢州刺史。須京塵一靜，西迎大駕。」郢州治夏口，在尋陽西。

乙丑，以護軍將軍崔慧景爲平南將軍，督衆軍擊顯達；後軍將軍胡松、驍騎將軍李叔獻帥水軍據梁山；驍，堅堯翻。騎，奇寄翻。帥，讀曰率；下同。左衛將軍左興盛督前鋒軍屯杜姥宅。姥，莫補翻。

28 十二月，癸未，以前輔國將軍楊集始爲秦州刺史。楊集始請降，見上卷明帝建武四年。

29 陳顯達發尋陽，敗胡松於采石，采石山，在今太平州當塗縣北八十里，山下有采石磯。敗，補邁翻。建康震恐。甲申，軍于新林，左興盛帥諸軍拒之。顯達多置屯火於岸側，潛軍夜渡，襲宮城。乙酉，顯達以數千人登落星岡，石頭城西有橫壠，謂之落星岡。新亭諸軍聞之，奔還，宮城大駭，閉門設守。守，舒救翻。顯達執馬矟，從步兵數百，於西州前與臺軍戰，再合，顯達大勝，手殺數人，矟折；矟，色角翻。折，而設翻。臺軍繼至，顯達不能抗，走，至西州後，據蕭子顯齊書，顯達走至西州後烏榜村。騎官趙潭注刺顯達墜馬，斬之，顯達傳云：潭注矟刺顯達落馬，蓋盡力注矟而刺之也。騎官蓋在馬隊主副之下，猶今傔官也。騎，奇寄翻。刺，七亦翻。諸子皆伏誅。長史庾弘遠，炳之之子也，庾炳之柄用於宋元嘉之季。斬於朱雀航。將刑，索帽著之，曰：「子路結纓，索，山客翻。著，陟略翻。左傳：衞侯輒既立，其父蒯聵入爭國，劫衞卿孔悝與之登臺。子路曰：「太子無勇，若燔臺，半，必舍孔叔。」太子懼，下石乞、孟黶以敵子路，以戈擊之，斷纓。子路曰：「君子死，冠不免。」結纓而死。吾不可以不冠而死。」謂觀者曰：「吾非賊，乃是義兵，爲諸軍請命耳。爲，于僞翻。「軍」當作「君」。陳公太輕事；若用吾言，天下將免塗炭。」弘遠子子曜，抱父乞代命，幷殺之。

帝既誅顯達，益自驕恣，漸出遊走，又不欲人見之；每出，先驅斥所過人家，唯置空宅。所謂屏除也。尉司擊鼓蹋圍，晉初洛陽置六部尉。江左建康亦置六部尉。鼓聲所聞，聞，音問。便應奔走，不暇衣履，犯禁者應手格殺。格，擊也。一月凡二十餘出，出輒不言定所，東西南北，無處不驅。常以三四更中，更，工衡翻。鼓聲四出，火光照天，幡戟橫路。士民喧走相隨，老小震驚，啼號塞路，處處禁斷，號，戶高翻。塞，悉則翻。斷，音短。不知所過。言雖奔走而路斷，不知何所可過。四民廢業，樵蘇路斷，吉凶失時，吉，謂冠、婚；凶，謂喪葬；皆不得以時而行事。乳母寄產，乳，儒遇翻，育也。或輿病棄尸，不得殯葬。巷陌懸幔爲高鄣，置仗人防守，謂之「屏除」，幔，莫半翻。仗人，謂執仗之人。屏，必郢翻。亦謂之「長圍」。嘗至沈公城，有一婦人臨產不去，因剖腹視其男女。又嘗至定林寺，定林寺，舊基在蔣山應潮井後。有沙門老病不能去，藏草間；命左右射之，百箭俱發。射，七亦翻。帝有膂力，牽弓至三斛五斗。又好擔幢，白虎幢高七丈五尺，於齒上擔之，折齒不倦。好，呼到翻。擔，都甘翻。幢，傳江翻，旛也。高，居號翻。自制擔幢校具，校具，猶言器械也。伎衣飾以金玉，伎，渠綺翻。侍衛滿側，逞諸變態，曾無愧色。學乘馬於東冶營兵俞靈韻，常著織成袴褶，金薄帽，著，則略翻。褶，音習。執七寶矟，急裝縛袴，凌冒雨雪，不避阬穽。馳騁渴乏，輒下馬，解取腰邊蠡器，酌水飲之，冒，莫北翻，又如字。穽，疾正翻。騁，丑郢翻。蠡，憐題翻，瓠瓢也，今謂之馬杓。爾雅翼曰：蠃，古字通於蠡，蠃之爲量小。傳曰：以蠡測海，言不能極其量也。復上馬馳去。復，扶又翻。上，時掌翻。又選無賴小人善走者爲逐馬左右五百人，常以自隨。或於市側過親幸家，環回宛轉，周徧城邑。或出郊射雉，置射雉場二百九十六處，奔走往來，略不暇息。史言帝之昏狂，甚於宋〔衍〕鬱林王。射，而亦翻。

30 王肅爲魏制官品百司，皆如江南之制，凡九品，品各有二。九品，每品各有正、從二品，歷隋、唐至今猶然。侍中郭祚兼吏部尚書。祚清謹，重惜官位，每有銓授，雖得其人，必徘徊久之，然後下筆，曰：「此人便已貴矣。」人以是多怨之；然所用者無不稱職。稱，尺證翻。

聶崇岐標點王崇武覆校

資治通鑑卷第一百四十三

端明殿學士兼翰林侍讀學士朝散大夫右諫議大夫充集賢殿修撰提舉西京嵩山崇福宮上柱國河内郡開國侯食邑一千八百戶食實封六百戶賜紫金魚袋臣司馬光奉敕編集

後學天台胡三省音註

齊紀九上章執徐（庚辰），一年。

東昏侯下

永元二年（庚辰、五〇〇）

1春，正月，元會，帝食後方出；朝賀裁竟，卽還殿西序寢。孔安國曰：東西廂謂之序。朝，直遙翻；下同。自巳至申，百僚陪位，皆僵仆飢甚。僵，居良翻。比起就會，比，及也。禮記檀弓：孟獻子比御而不入。陸德明經典釋文曰：比，必利翻；下比及同。以此知比及之比皆音必利翻，比近之比毗至翻，兩音故自不同也。忽遽而罷。

2乙巳，魏大赦，改元景明。

3豫州刺史裴叔業聞帝數誅大臣，數，所角翻；下數遣同。心不自安；登壽陽城，北望肥水，謂部下曰：「卿等欲富貴乎？我能辦之！」及除南兗州，事見上卷上年。意不樂內徙。樂，音洛。會陳顯達反，亦見上卷上年。叔業遣司馬遼東李元護將兵救建康，將，即亮翻。實持兩端；顯達敗而還。還，從宣翻，又如字。朝廷疑叔業有異志，叔業亦遣使參察建康消息，使，疏吏翻。衆論益疑之。叔業兄子植、颺、粲皆爲直閤，在殿中，懼，棄母奔壽陽，說叔業以朝廷必相掩襲，宜早爲計。颺，余章翻。說，輸芮翻；下等說同。徐世檦等以叔業在邊，檦，與標同。急則引魏自助，力未能制，白帝遣叔業宗人中書舍人長穆宣旨，許停本任。宗人，同宗之人也。叔業猶憂畏，而植等說之不已。

叔業遣親人馬文範至襄陽，親人，所親信者。問蕭衍以自安之計，曰：「天下大勢可知，恐無復自存之理。復，扶又翻；下可復、復奔同。不若回面向北，不失作河南公。」言若降魏，不失爵賞也。衍報曰：「羣小用事，豈能及遠！計慮回惑，自無所成，唯應送家還都以安慰之。蕭衍密呼諸弟，而令裴叔業送家還都，此亦華言耳。若意外相逼，當勒馬步二萬直出橫江，以斷其後，自壽陽南至歷陽，出橫江。斷，丁管翻。則天下之事，一舉可定。若欲北向，彼必遣人相代，以河北一州相處，處，昌呂翻。河南公寧可復得邪！如此，則南歸之望絕矣。」裴叔業之問，蕭衍之報，雖二人者所志有大小，而齊之邊鎮皆有異心矣，帝誰與立哉！叔業沈疑未決，沈，持林翻；沈疑，沈吟疑慮也。乃遣其子芬之入建康爲質，質，音致。亦遣信詣魏豫州刺史薛眞度，魏豫州治懸瓠城，領汝南、新蔡、弋陽等郡。問以入魏可不之宜。不，讀曰否。眞度勸其早降，降，戶江翻；下同。曰：「若事迫而來，則功微賞薄矣。」數遣密信，往來相應和。和，戶臥翻。建康人傳叔業叛者不已，芬之懼，復奔壽陽。叔業遂遣芬之及兄女壻杜陵韋伯昕奉表降魏。昕，許斤翻。丁未，魏遣驃騎大將軍彭城王勰、車騎將軍王肅帥步騎十萬赴之；驃，匹妙翻。騎，奇寄翻。勰，音協。帥，讀曰率。以叔業爲使持節、都督豫·雍等五州諸軍事、征南將軍、豫州刺史，封蘭陵郡公。使，疏吏翻。雍，於用翻。

庚午，下詔討叔業。二月，丙戌，以衞尉蕭懿爲豫州刺史。戊戌，魏以彭城王勰爲司徒，領揚州刺史，鎭壽陽。壽陽自東漢以來爲揚州治所，宋始爲豫州治所，今復其舊。勰，音協。魏人遣大將軍李醜、楊大眼將二千騎入壽陽，又遣奚康生將羽林一千馳赴之。大眼，難當之孫也。楊難當，氐王也。宋元嘉中，據仇池。眼、生將字，皆卽亮翻。

魏兵未渡淮，己亥，裴叔業病卒，僚佐多欲推司馬李元護監州，一二日謀不定。卒，子恤翻。監，工銜翻。前建安戍主安定席法友等北史曰：魏正光中，羣蠻出山居邊城、建安者八九千戶。邊城郡治期思，則建安戍亦當相近。隋改期思縣爲殷城縣，取縣東古殷城爲名。我宋建隆元年改殷城爲商城，避宣祖諱也；後省爲鎭，入光州固始縣。以元護非其鄉曲，恐有異志，共推裴植監州，裴叔業本河東人，席法友安定人，不同州部；蓋並僑居襄陽，遂爲鄉曲。祕叔業喪問，教命處分，皆出於植。處，昌呂翻。分，扶問翻。奚康生至，植乃開門納魏兵，城庫管籥，悉付康生。康生集城內耆舊，宣詔撫賚之。魏以植爲兗州刺史，李元護爲齊州刺史，席法友爲豫州刺史，軍主京兆王世弼爲南徐州刺史。

4 巴西民雍道晞聚衆萬餘逼郡城，巴西郡治閬中縣，今之閬州即其地也。雍，於用翻。巴西太守魯休烈嬰城自守。三月，劉季連遣中兵參軍李奉伯帥衆五千救之，帥，讀曰率。與郡兵合擊道晞，斬之。奉伯欲進討郡東餘賊，涪令李膺止之曰：「卒惰將驕，乘勝履險，非完策也；完，全也；言非全勝之策。涪，音浮。將，即亮翻；下同。不如少緩，更思後計。」少，詩沼翻。奉伯不從，悉衆入山，大敗而還。還，從宣翻，又如字。

5 乙卯，遣平西將軍崔慧景將水軍討壽陽，帝屏除，出琅邪城送之。蕭子顯曰：琅邪太守本治江乘蒲州上之金城，永明徙治白下。屏，必郢翻。帝戎服坐樓上，召慧景單騎進圍內，圍內，即屏除長圍之內也。騎，奇寄翻。無一人自隨者。裁交數言，拜辭而去。慧景既得出，甚喜。

豫州刺史蕭懿將步軍三萬屯小峴，峴，戶典翻。交州刺史李叔獻屯合肥。武帝永明三年，李叔獻自交州入朝，至今猶帶交州刺史，蓋以其阻險不庭，逼以兵威而後至，廢棄不用也。懿遣裨將胡松、李居士帥衆萬餘屯死虎。杜佑通典曰：死虎，地名，在壽州壽春縣東四十餘里。以此證之，足知宋明帝泰始三年劉勔破劉順於宛唐，宛唐即死虎字之誤也。驃騎司馬陳伯之將水軍泝淮而上，上，時掌翻。以逼壽陽，軍于硤石。壽陽士民多謀應齊者。

魏奚康生防禦內外，閉城一月，援軍乃至。丙申，彭城王勰、王肅擊松、伯之等，大破之，進攻合肥，生擒叔獻。統軍宇文福言於勰曰：「建安，淮南重鎮，彼此要衝；魏兵南來，齊兵北向，建安皆爲要衝之地，故曰彼此。得之，則義陽可圖；不得，則壽陽難保。」魏得建安，則西南可圖義陽。齊司州治義陽；若增建安之兵，北斷魏援，東臨壽陽，則壽陽難保。勰然之，使福攻建安，建安戍主胡景略面縛出降。降，戶江翻。

6 己亥，魏皇弟恌卒。恌，他彫翻。

7 崔慧景之發建康也，其子覺爲直閤將軍，密與之約；約爲變也。慧景至廣陵，覺走從之。慧景過廣陵數十里，召會諸軍主曰：「吾荷三帝厚恩，三帝，高帝、武帝、明帝也。荷，下可翻；下人荷同。當顧託之重。明帝遺詔，慧景與劉悛、蕭惠休同任心膂。幼主昏狂，朝廷壞亂；危而不扶，責在今日。欲與諸君共建大功以安社稷，何如？」衆皆響應。於是還軍向廣陵，司馬崔恭祖守廣陵城，崔恭祖爲慧景平西司馬。開門納之。帝聞變，壬子，假右衞將軍左興盛節，都督建康水陸諸軍以討之。慧景停廣陵二日，卽收衆濟江。

初，南徐、兗二州刺史江夏王寶玄娶徐孝嗣女爲妃，孝嗣誅，誅事見上卷上年。詔令離婚，寶玄恨望。慧景遣使奉寶玄爲主，寶玄斬其使，因發將吏守城，使，疏吏翻。將，卽亮翻；下同。帝遣馬軍主戚平、外監黃林夫助鎮京口。戚，姓也。姓譜：衞大夫食邑於戚，因以爲姓。漢有戚夫人；又有臨轅侯戚鰓。助鎮者，助寶玄守。慧景將渡江，寶玄密與相應，殺司馬孔矜、典籤呂承緒及平、林夫，開門納慧景，使長史沈佚之、諮議柳憕分部軍衆。憕，署陵翻。寶玄乘八掆輿，掆，古郎翻，又居浪翻；掆，舉也。八掆輿，蓋八人舉之，即今之平肩輿。輿，不帷不蓋。蕭子顯曰：輿，車形，如軺車，下施八掆，人舉之。字林曰：捎、掆，舁也。手執絳麾，隨慧景向建康。臺遣驍騎將軍張佛護、直閤將軍徐元稱等六將據竹里，爲數城以拒之。驍，堅堯翻。騎，奇寄翻。寶玄遺信謂佛護曰：「身自還朝，君何意苦相斷遏？」朝，直遙翻。斷，音短；下所斷同。佛護對曰：「小人荷國重恩，使於此創立小戍。殿下還朝，但自直過，豈敢斷遏！」遂射慧景軍，射，而亦翻。因合戰。崔覺、崔恭祖將前鋒，皆荒傖善戰，又輕行不爨食，傖，助庚翻。爨，即爨字，取亂翻。以數舫緣江載酒食爲軍糧，舫，甫妄翻；下同。每見臺軍城中煙火起，輒盡力攻之。臺軍不復得食，復，扶又翻；下乃復、帝復同。以此飢困。元稱等議欲降，降，戶江翻；下同。佛護不可。恭祖等進攻城，拔之，斬佛護；徐元稱降，餘四軍主皆死。

乙卯，遣中領軍王瑩都督衆軍，據湖頭築壘，上帶蔣山西巖實甲數萬。瑩，誕之從曾孫也。王誕見寵信於司馬元顯及宋武帝。從，才用翻。慧景至查硎，查，鉏加翻。硎，戶經翻。竹塘人萬副兒萬副兒，善射獵，能捕虜，來投慧景。說慧景曰：說，輸芮翻。「今平路皆爲臺軍所斷，不可議進；唯宜從蔣山龍尾上，出其不意耳。」築道陂陀以上蔣山，若龍尾之垂地，因曰龍尾。上，時掌翻。慧景從之，分遣千餘人，魚貫緣山，自西巖夜下，鼓叫臨城中。城中，即湖頭所築壘中也。鼓叫者，既擊鼓又叫呼也。柳元景曰：「鼓繁氣易衰，叫數力易竭。」鼓叫，卽鼓譟也。臺軍驚恐，卽時奔散。帝又遣右衞將軍左興盛帥臺內三萬人拒慧景於北籬門，帥，讀曰率；下同。考異曰：紀云「王瑩屯北籬門」，傳云「左興盛」。今從傳。興盛望風退走。

甲子，慧景入樂游苑，樂游苑在玄武湖南。樂，音洛。崔恭祖帥輕騎十餘突入北掖門，乃復出。掖，音亦。宮門皆閉，慧景引衆圍之。於是東府、石頭、白下、新亭諸城皆潰。左興盛走，不得入宮，逃淮渚荻舫中，淮渚，秦淮渚也。慧景擒殺之。宮中遣兵出盪，不克。盪，度朗翻，又他浪翻。慧景燒蘭臺府署爲戰場。蘭臺，御史臺也。守御【章：十二行本「御」作「衞」；乙十一行本同；孔本同。】尉蕭暢屯南掖門，處分城內，處，昌呂翻。分，扶問翻。隨方應拒，衆心稍安。慧景稱宣德太后令，廢帝爲吳王。文惠太子妃王氏，鬱林之立，尊爲皇太后；海陵之廢，出居鄱陽王故第，號宣德宮，稱宣德皇太后。

陳顯達之反也，帝復召諸王【章：十二行本「王」下有「侯」字；乙十一行本同；孔本同。】入宮。巴陵王昭胄懲永泰之難，明帝永泰元年，王敬則反，帝召諸王入宮，欲殺之而中止。事見一百四十一卷。陳顯達反，帝復召之。故昭胄懼禍而逃。難，乃旦翻。與弟永新侯昭穎詐爲沙門，逃於江西。江西，橫江以西之地。宋白曰：永新縣本漢廬陵縣地，吳寶鼎中，立永新縣，屬安成郡。昭胄，子良之子也。竟陵王子良，武帝次子。及慧景舉兵，昭胄兄弟出赴之。慧景意更向昭胄，寶玄，明帝之子。昭胄，武帝之孫；武帝，高帝之大宗，故慧景意向之。猶豫未知所立。

竹里之捷，崔覺與崔恭祖爭功，慧景不能決。恭祖勸慧景以火箭燒北掖樓。慧景以大事垂定，後若更造，費用功多，不從。言費功力爲多也。慧景性好談義，兼解佛理，好，呼到翻。義，亦理也。佛理，諸有皆空之說。解，曉也，音戶買翻。頓法輪寺，對客高談，客謂何點。恭祖深懷怨望。

時豫州刺史蕭懿將兵在小峴，懿將兵討壽陽屯小峴。將，卽亮翻。峴，所典翻。帝遣密使告之。懿方食，投箸而起，使，疏吏翻。箸，除據翻。帥軍主胡松、李居士等數千人帥，讀曰率。自採石濟江，頓越城舉火，城中鼓叫稱慶。城中，臺城中也；以援兵至而喜。【章：十二行本正作「臺城中」；乙十一行本同；孔本同；張校同。】恭祖先勸慧景遣二千人斷西岸兵，令不得渡。斷，音短。西岸兵，謂蕭懿兵入援自江西來也。慧景以城旦夕降，外救自然應散，不從。降，戶江翻。至是，恭祖請擊懿軍，又不許；獨遣崔覺將精手數千人渡南岸。精手，軍中事藝高強者。南岸，秦淮南岸也。懿軍昧旦進戰，數合，昧旦，天微明之時。士皆致死，覺大敗，赴淮死者二千餘人。覺單馬退，開桁阻淮。開朱雀桁以斷懿兵，阻秦淮水爲固。恭祖掠得東宮女伎，覺逼奪之。恭祖積忿恨，其夜，與慧景驍將劉靈運詣城降，崔覺以是日敗，恭祖等以其夜降。伎，渠綺翻。驍，堅堯翻。衆心離壞。

夏，四月，癸酉，慧景將腹心數人潛去，欲北渡江；城北諸軍不知，猶爲拒戰。爲，于僞翻。爲慧景戰也。**城中出盪，殺數百人。懿軍渡北岸，**秦淮北岸卽臺城。**慧景餘衆皆走。慧景圍城凡十二日而敗，從者於道稍散，單騎至蟹浦，**從，才用翻。蟹，戶買翻。**爲漁人所斬，**考異曰：齊本紀：「四月丁未，以張沖爲南兗州刺史。崔慧景於廣陵起兵襲京師。壬子，左興盛督衆軍。寶玄以京口納慧景。乙卯，王瑩屯北籬門。壬戌，慧景至，瑩等敗。甲子，慧景入京師，蕭懿入援。癸酉，慧景棄衆走死。」慧景傳：「四月至廣陵回軍，十二日，攻陷竹里。」按長曆：是歲三月辛丑朔，四月庚午朔。丁未三月七日，壬子十二日，乙卯十五日，壬戌二十二日，甲子二十四日：四月皆無也。蓋四月當作三月；至癸酉，乃四月四日耳。南史云：「時江夏王寶玄鎭京口，聞慧景北行，遣左右余文興說之曰：『江、劉、徐、沈，君之所見。今擁強兵北取廣陵，收吳、楚勁卒，身舉州以相應，取大功如反掌耳。』慧景常不自安，聞言響應。于時廬陵王長史蕭寅、司馬崔恭祖守廣陵城，慧景以寶玄事告恭祖；恭祖口雖相和，心實不同。俄而慧景至，恭祖閉門不敢出。慧景密遣軍主劉靈運間行突入，慧景俄亦至，遂據其城。子覺至，仍使領兵襲京口。寶玄本謂大軍倂來；及見人少，極失所望，拒覺，擊走之。恭祖及覺精兵八千濟江。恭祖心本不同，及至蒜山，欲斬覺，以軍降京口，事旣不果而止。覺等軍器精嚴，柳憕、沈佚等謂寶玄曰：『崔護軍威名旣重，乃誠可見。旣已脣齒，忽中道立異。彼以樂歸之衆亂江而濟，誰能拒之！』於是登北固樓，並千蠟燭爲烽火，舉以應覺。慧景停二日，便率大衆一時俱濟，趣京口。寶玄仍以覺爲前鋒，恭祖次之，慧景領大都督爲衆軍節度。」又云：「時柳憕別推寶玄。崔恭祖爲寶玄羽翼，不復承奉慧景，慧景嫌之。巴陵王昭胄先逃人間，出投慧景，意更向之，故猶豫未知所立。此聲頗泄，憕、恭祖始貳於慧景。」又云：「慧景單馬至蟹浦，投漁人太叔榮之。榮之故爲慧景門人，時爲蟹浦戍，斬慧景，送都。」按恭祖始若閉城拒慧景，慧景襲得其城而據之，豈肯更授以兵柄！又，慧景若不立寶玄，柳憕豈能別推！又，榮之旣云漁人，又云爲戍，自相違錯。今並從齊書。**以頭內鰌**

籃，擔送建康。鰌，即由翻。鰌魚，今江、淮間湖蕩河港皆有之；春二月時，人取食之，其味甘美。至三月後，人不甚食，謂之楊花鰌。鰌籃，所以盛鰌者。恭祖繫尚方，少時殺之。少時，言不多時也。覺亡命爲道人，捕獲，伏誅。

寶玄初至建康，軍於東城，東城，即東府城。士民多往投集。往投寶玄而集於東城也。慧景敗，收得朝野投寶玄及慧景人名，朝，直遥翻。帝令燒之，曰：「江夏尚爾，豈可復罪餘人！」昏暴之君，豈無一言之幾乎理！東昏侯此語是也。復，扶又翻。寶玄逃亡數日乃出。帝召入後堂，以步障裹之，令左右數十人鳴鼓角馳繞其外，晉志曰：鼓，按周禮以鼖鼓鼓軍事。角，說者云，蚩尤氏帥魑魅與黃帝戰于涿鹿，黃帝乃始吹角爲龍鳴以禦之。其後魏武北征烏丸，越沙漠，而士卒思歸，於是減爲中鳴，尤更悲矣。遣人謂寶玄曰：「汝近圍我亦如此耳。」

初，慧景欲交處士何點，處，昌呂翻。點不顧。及圍建康，逼召點；點往赴其軍，何點門世信佛，齊朝累徵不就。從弟遁以東籬門園居之，故爲慧景逼召往赴其軍。終日談義，不及軍事。慧景敗，帝欲殺點。蕭暢謂茹法珍曰：茹，音如。「點若不誘賊共講，未易可量。言何點若不與慧景講義，則慧景日以攻城爲事，安危未可量也。誘，音酉。易，以豉翻。量，音良。以此言之，乃應得封！」帝乃止。點，胤之兄也。何胤隱於會稽若邪山。

8 蕭懿既去小峴，王肅亦還洛陽。荒人往來者妄云肅復謀歸國；復，扶又翻；下當復同。五月，乙巳，詔以肅爲都督豫・徐・司三州諸軍事、豫州刺史、西豐公。

9 己酉，江夏王寶玄伏誅。夏，戶雅翻。

10 壬子，大赦。

11 六月，丙子，魏彭城王勰進位大司馬，領司徒；王肅加開府儀同三司。賞取壽陽之功也。

12 太陽蠻田育丘等二萬八千戶附於魏，「太陽」，當作「大陽」。魏置四郡十八縣。

13 乙丑，曲赦建康、南徐・兗二州。崔慧景自南兗州還兵而南，徐州之人從之，進圍建康，而建康之人又多從之。既大赦，而誅縱失實，故又曲赦三處。先是，崔慧景既平，先，悉薦翻。詔赦其黨。而嬖倖用事，不依詔書，嬖，卑義翻，又博計翻。無罪而家富者，皆誣爲賊黨，殺而籍其貲；實附賊而貧者皆不問。或謂中書舍人王咺之云：「赦書無信，人情大惡。」咺，況晚翻。惡，如字，不善也。咺之曰：「正當復有赦耳。」由是再赦。既而嬖倖誅縱亦如初。

是時，帝所寵左右凡三十一人，黃門十人。直閤、驍騎將軍徐世檦素爲帝所委任，凡有殺戮，皆在其手。及陳顯達事起，加輔國將軍；雖用護軍崔慧景爲都督，而兵權實在世檦。世檦亦知帝昏縱，密謂其黨茹法珍、梅蟲兒曰：「何世天子無要人，但儂貨主惡耳！」儂，吳語，我也。茹，音如。法珍等與之爭權，以白帝。帝稍惡其凶強，惡，烏路翻。遣禁兵殺之，世檦拒戰而死。自是法珍、蟲兒用事，並爲外監，口稱詔敕；王咺之專掌文翰，與相脣齒。

帝呼所幸潘貴妃父寶慶及茹法珍爲阿丈，前漢書匈奴傳曰：漢天子，我丈人行也。師古註：丈人，尊老之稱。阿，烏葛翻；下同。梅蟲兒、俞靈韻爲阿兄。帝與法珍等俱詣寶慶家，躬自汲水，助廚人作膳。寶慶恃勢作姦，富人悉誣以罪，田宅貲財，莫不啓乞，啓上而多所求乞。一家被陷，禍及親鄰；又慮後患，盡殺其男口。被，皮義翻。

帝數往諸刀敕家游宴，數，所角翻。時人謂捉刀應敕之徒爲刀敕。有吉凶輒往慶弔。

奄人王寶孫，年十三四，周禮註：奄，精氣閉藏者，今謂之宦人。陸德明曰：奄，於檢翻。劉曰：於驗翻。徐曰：於劍翻。今讀作閹，音於炎翻。號爲「倀子」，倀，褚羊翻，狂也。最有寵，參預朝政，雖王咺之、梅蟲兒之徒亦下之；朝，直遙翻。下，遐嫁翻。控制大臣，移易詔敕，乃至騎馬入殿，詆訶天子；公卿見之，莫不懾息焉。懾息，猶言惕息也。懾，懼也，屏氣而息。詆，丁禮翻。訶，虎何翻。懾，之涉翻。

14 吐谷渾王伏連籌事魏盡禮，言盡藩臣之禮。吐，從暾入聲。谷，音浴。而居其國，置百官，皆如天子之制，稱制於其鄰國。稱制於其鄰國，示君臨之。魏主遣使責而宥之。使，疏吏翻。

15 冠軍將軍、驃騎司馬陳伯之再引兵攻壽陽，是年春，伯之攻壽陽敗退，今再攻之。冠，古玩翻。驃，匹妙翻。騎，奇寄翻。魏彭城王勰拒之。援軍未至，汝陰太守傅永將郡兵三千救壽陽。勰，音協。將，卽亮翻；下同。伯之防淮口甚固，此汝水入淮之口也。水經：汝水東至汝陰原鹿縣入于淮。永去淮口二十餘里，牽船上汝水南岸，上，時掌翻；下同。以水牛挽之，水牛形力倍於黃牛。挽，音晚。直南趣淮，趣，七喻翻。下船卽渡；適上南岸，齊兵亦至。會夜，永潛入城，勰喜甚，曰：「吾北望已久，恐洛陽難可復見；守壽陽而援兵不至，其心孤危，故云然。復，扶又翻。不意卿能至也。」勰令永引兵入城，永曰：「永之此來，欲以卻敵；若如教旨，諸王與任專方州者皆得下教於其屬，故云教旨。乃是與殿下同受攻圍，豈救援之意！」遂軍於城外。秋，八月，乙酉，勰部分將士，與永并勢，擊伯之於肥口，分，扶問翻。水經：淮水東過壽春縣北，肥水自黎漿北過壽春城東，又北流而入于淮，謂之肥口。時陳伯之蓋軍於肥口以逼壽陽也。大破之，斬首九千，俘獲一萬，伯之脫身遁還，淮南遂入于魏。壽春縣自漢以來爲淮南郡治所。史言伯之旣敗，建康尋受兵，遂不能爭壽陽。

魏遣鎭南將軍元英將兵救淮南，未至，伯之已敗，魏主召勰還洛陽。勰累表辭大司馬、領司徒，乞還中山；中山，定州也。去年，魏命勰刺定州，今年春赴壽陽，故乞還本任。還，從宣翻，又如字；下同。魏主不許。以元英行揚州事。尋以王肅爲都督淮南諸軍事、揚州刺史，持節代之。

16 甲辰，夜，後宮火。時帝出未還，出市里遊走未還也。宮內人不得出，外人不敢輒開；謂不敢輒開後宮門。比及開，死者相枕，比，必利翻。枕，之任翻。燒三十【章：十二行本「十」作「千」；乙十一行本同；孔本同。】餘間。

時嬖倖之徒皆號爲鬼。有趙鬼者，能讀西京賦，言於帝曰：「柏梁旣災，建章是營。」後漢張衡作東京、西京賦。柏梁災，營建章，事見二十一卷漢武帝太初元年。帝乃大起芳樂、玉壽等諸殿，樂，音洛。以麝香塗壁，麝狀如小麋，其臍有香，華山之陰多有之。陸佃曰：商洛山中多麝，所遺糞常就一處，雖遠逐食，必還走其地，不敢遺迹他所，慮爲人所獲。人反以是從迹其所在，必掩羣而取之。麝絕愛其香，每爲人所迫逐，勢且急，卽自投高巖，舉爪剔出其香，就縶且死，猶拱四足抱其臍。麝，神夜翻。刻畫裝飾，窮極綺麗。役者自夜達曉，猶不副速。副，稱也；不能稱其欲速之意也。

後宮服御，極選珍奇，府庫舊物，不復周用。復，扶又翻。貴市民間金寶，價皆數倍。建康酒租皆折使輸金，使以金折錢輸官。折，之舌翻。猶不能足。鑿金爲蓮華以帖地，令潘妃行其上，曰：「此步步生蓮華也。」華，讀曰花。又訂出雉頭、鶴氅、白鷺縗。訂，丁定翻，平議也。齊、梁之時，謂賦民爲訂，蓋取平議而賦之之義。雉頭上毛細而色紅鮮如錦，晉程據緝以爲裘。鶴氅，鶴翎毛也。白鷺縗，鷺頭上毦也。鶴氅、鷺縗，皆取其潔白。詩疏曰：鷺，水鳥，毛白而潔，頂上有毛毿毿然，此卽縗也。爾雅釋名曰：鷺，春鉏。郭璞曰：白鷺也。頭、翅、背上皆有長翰毛，今江東人取以爲睫攡，名之曰白鷺縗。陸機曰：鷺頭上有毛十數枚，長尺餘，毿毿然與衆毛異。氅，音齒兩翻。縗，音倉回翻。嬖倖因緣爲姦利，課一輸十。又各就州縣求爲人輸，準取見直，爲人，于僞翻；下不爲同。見，賢遍翻。不爲輸送，守宰皆不敢言，重更科斂。重，直用翻。更，居孟翻，再也。如此相仍，前後不息，百姓困盡，號泣道路。號，戶高翻。

17 軍主吳子陽等出三關侵魏，九月，與魏東豫州刺史田益宗戰於長風城，左傳：定公四年，蔡侯與吳子、唐侯伐楚，還塞大隧、直轅、冥阨。所謂大隧，即黃峴關；直轅、冥阨，乃武陽、平靖二關也。黃峴，今名九里關，在義陽郡南百里。武陽，在今大寨嶺，郡東南九十里。平靖，今名行者坡，郡南七十五里。魏太和十七年，田益宗降魏。十九年，置東豫州於新息廣陵城，以益宗爲刺史。長風城在陰山關南，陰山關在弋陽縣界。宋文帝元嘉二十五年，以豫部蠻民立十八縣，長風其一也，屬西陽郡。九域志，舒州懷寧縣有長風鎮。懷寧，漢皖縣地，晉安帝立晉熙郡，仍立懷寧縣爲郡治所。蓋以懷寧蠻左名縣也。子陽等敗還。考異曰：此一事，齊書紀傳皆無之。魏帝紀：「九月乙丑，東豫州刺史田益宗破寶卷將吳子陽、鄧元起於長風。」梁書鄧元起傳云：「蠻帥田孔明附于魏，自號郢州刺史，寇掠三關，規襲夏口。元起帥銳卒攻之，旬月之間，頻陷六城，斬獲萬計，餘黨皆散走，仍戍三關。」二書勝敗不同如此。今從魏紀。

18 蕭懿之入援也，蕭衍馳使所親虞安福說懿曰：說，輸芮翻；下說帝同。「誅賊之後，則有不賞之功。當明君賢主，尚或難立；況於亂朝，何以自免！朝，直遙翻；下同。若賊滅之後，仍勒兵入宮，行伊、霍故事，使之廢立也。此萬世一時。若不欲爾，便放表還歷陽，託以外拒爲事，則威振內外，誰敢不從！一朝放兵，受其厚爵，高而無民，必生後悔。」謂官爵雖高而兵權去已，必將束手就死。長史徐曜甫苦【章：十二行本「苦」上有「亦」字；乙十一行本同；孔本同；張校同。】勸之；懿並不從。

崔慧景死，懿爲尚書令。有弟九人：敷、衍、暢、融、宏、偉、秀、憺、恢。憺，徒敢翻，又徒濫翻。懿以元勳居朝右，暢爲衛尉，掌管籥。時帝出入無度，或勸懿因其出門，謂出臺城門而遊走也。舉兵廢之。懿不聽。嬖臣茹法珍、王咺之等憚懿威權，說帝曰：「懿將行隆昌故事，謂隆昌廢鬱林王也。嬖，卑義翻，又博計翻。茹，音如。咺，況晚翻。陛下命在晷刻。」帝然之。徐曜甫知之，密具舟江渚，勸懿西奔襄陽。懿曰：「自古皆有死，豈有叛走尚書令邪！」史言蕭懿忠於齊室。懿弟姪咸爲之備。冬，十月，己卯，帝賜懿藥於省中。懿且死，曰：「家弟在雍，深爲朝廷憂之。」雍，於用翻。時以襄陽爲雍州治所，言衍必將舉兵也。爲，于僞翻。懿弟姪皆亡匿於里巷，無人發之者；史言人心皆爲蕭懿兄弟覆護。唯融捕得，誅之。

19 丁亥，魏以彭城王勰爲司徒，錄尚書事；勰固辭，不免。勰雅好恬素，不樂勢利。高祖重其事幹，好，呼到翻。樂，音洛。幹，用也；謂臨事有幹用也。故委以權任，雖有遺詔，遺詔見上卷上年。復爲世宗所留。謂出當方面，復入爲司徒，錄尚書也。復，扶又翻。勰每乖情願，常悽然歎息。爲人美風儀，端嚴若神，折旋合度，記曰：周旋中規，折旋中矩。註云：折旋，曲行也。出入言笑，觀者忘疲。敦尚文史，物務之暇，披覽不輟。小心謹慎，初無過失；雖閒居獨處，處，昌呂翻。亦無惰容。愛敬儒雅，傾心禮待。清正儉素，門無私謁。史言彭城王勰爲魏宗室諸王之秀。

20 十一月，己亥，魏東荆州刺史桓暉入寇，拔下笮戍，下笮戍在沔北，直襄陽東北。笮，側百翻，又在各翻。歸之者，二千餘戶。暉，誕之子也。宋明帝泰豫元年，桓誕降魏。

21 初，帝疑雍州刺史蕭衍有異志。直後滎陽鄭植弟紹叔爲衍寧蠻長史，帝使植以候紹叔爲名，往刺衍。使爲刺客。刺，七亦翻。紹叔知之，密以白衍，衍置酒紹叔家，戲植曰：「朝廷遣卿見圖，今日閒宴，是可取良會也。」賓主大笑。又令植歷觀城隍、府庫、士馬、器械、舟艦，艦，戶黯翻。植退，謂紹叔曰：「雍州實力未易圖也。」紹叔曰：「兄還，具爲天子言之：易，以豉翻。爲，于僞翻。若取雍州，紹叔請以此衆一戰！」送植於南峴，南峴，蓋卽馬鞍山道。相持慟哭而別。各盡力於所事，恐不復相見，故慟哭而別。

及懿死，衍聞之，夜，召張弘策、呂僧珍、長史王茂、別駕柳慶遠、功曹吉士瞻等入宅定議。宅，謂州宅也。考異曰：南史云：「茂與梁武帝不睦，帝諸腹心並勸除之。而茂少有驍名，帝又惜其用，令腹心鄭紹叔往候之，告以欲起義。茂因擲枕起，卽袴褶隨紹叔入見。武帝大喜，下牀迎。因結兄弟，被推赤心。」按茂若與梁武不睦，梁武何敢豫告以大事！茂亦安能便響應！今不取。茂，天生之子；王天生事齊高帝攻袁粲，見一百三十四卷宋順帝昇明元年。慶遠，元景之弟子也。諸柳，雍州豪望，世不乏人。乙巳，衍集僚佐謂曰：「昏主暴虐，惡踰於紂，當與卿等共除之！」是日，建牙集衆，考異曰：齊帝紀：「十二月，梁王起義兵於襄陽，」誤也。今從梁書高祖紀。得甲士萬餘人，馬千餘匹，船三千艘。艘，蘇遭翻。出檀溪竹木裝艦，葺之以茅，事皆立辦。諸將爭櫓，呂僧珍出先所具者，每船付二張，爭者乃息。櫓，與櫓同。僧珍具櫓事見上卷元年。然僧珍所具者數百張櫓耳，安能給三千艘邪？每船付二張，蓋給諸將所乘之船耳。

是時，南康王寶融爲荊州刺史，西中郎長史蕭穎胄行府州事，南康王以西中郎將鎮荊州，穎胄爲長史行事。帝遣輔國將軍、巴西・梓潼二郡太守劉山陽將兵三千之官，守，式又翻。將，即亮翻。就穎胄兵使襲襄陽。衍知其謀，遣參軍王天虎詣江陵，徧與州府書，州謂荊州官屬，府謂西中郎府官屬。聲云：「山陽西上，并襲荊、雍。」衍書宣布此聲也。上，時掌翻。雍，於用翻。衍因謂諸將佐曰：「荊州素畏襄陽人，襄陽被邊，人皆習兵，故荊州人畏之。加以脣亡齒寒，寧不闇同邪！我合荊、雍之兵，鼓行而東，雖韓、白復生，不能爲建康計；復，扶又翻；下衍復、非復、復不、州復、豈復、佐復同。況以昏主役刀敕之徒哉！」穎胄得書，疑未能決；山陽至巴陵，晉武帝太康元年立巴陵縣，屬長沙郡。宋武帝元嘉十六年分立巴陵郡，時屬郢州。今岳州即其地。衍復令天虎齎書與穎胄及其弟南康王友穎達。王國官有師，有友。天虎既行，衍謂張弘策曰：「用兵之道，攻心爲上。孫武子兵法有是言。近遣天虎往荊州，人皆有書。今段乘驛甚急，今段，猶云今來一段事也。止有兩函與行事兄弟，行事兄弟，謂穎胄、穎達。云『天虎口具』；書中不言事，但云天虎口具，所以疑之。及問天虎而口無所說，蓋天虎之行，衍亦未嘗以一語屬之。天虎是行事心膂，據穎胄傳，天虎，穎胄親人，故云然。彼間必謂行事與天虎共隱其事，則人人生疑。山陽惑於衆口，判相嫌貳，判，決也。嫌，疑也。貳，持兩端也。則行事進退無以自明，必入吾謀內。是持兩空函定一州矣。」蕭衍舉事於襄陽，智計橫出；及遇侯景，庸夫之不若。豈耄邪，抑天奪其鑒也？

山陽至江安，晉武帝太康元年立江安縣屬南平郡。水經註：江安即公安，晉平江南，杜預罷華容置江安縣，以吳之南郡爲南平郡治焉。遲回十餘日，不上。自江安至江陵，泝江北上而後至。上，時掌翻。蕭子顯齊書曰：至巴陵，遲回十餘日不進。穎胄大懼，計無所出，夜，呼西中郎城局參軍安定席闡文、諮議參軍柳忱，閉齋定議。定議，以決其所從。忱，氏壬翻。闡文曰：「蕭雍州畜養士馬，非復一日。畜，許六翻。江陵素畏襄陽人，又衆寡不敵，取之必不可制；就能制之，歲寒復不爲朝廷所容。四時運而成歲，歲至極寒而終矣。歲寒，以喻世事終極處。孔子曰：「歲寒然後知松柏之後彫」，亦此意。今若殺山陽，與雍州舉事，立天子以令諸侯，則霸業成矣。山陽持疑不進，是不信我。今斬送天虎，則彼疑可釋。至而圖之，罔不濟矣。」忱曰：「朝廷狂悖日滋，京師貴人莫不重足累息。悖，蒲內翻，又蒲沒翻。重，直龍翻。重足而立，累息而不敢出氣，懼之甚也。今幸在遠，得假日自安。雍州之事，且藉以相斃耳。藉，借也，音慈夜翻。獨不見蕭令君乎？蕭懿爲尚書令，故呼爲令君。以精兵數千，破崔氏十萬衆，竟爲羣邪所陷，禍酷相尋。『前事之不忘，後事之師也。』史記鄭世家太史公之言。且雍州士銳糧多，蕭使君雄姿冠世，冠，古玩翻。必非山陽所能敵。若破山陽，荊州復受失律之責，進退無可，宜深慮之。」蕭穎達亦勸穎胄從闡文等計。詰旦，詰，去吉翻。穎胄謂天虎曰：「卿與劉輔國相識，今不得不借卿頭！」乃斬天虎送示山陽，發民車牛，聲云起步軍征襄陽。山陽大喜。甲寅，山陽至江津，單車白服，從左右數十人詣穎胄。穎胄使前汶陽太守劉孝慶等伏兵城內，山陽入門，入城門也。卽於車中斬之。副軍主李元履收餘衆請降。降，戶江翻。

柳忱，世隆之子也。柳世隆爲高、武佐命功臣。潁胄慮西中郎司馬夏侯詳不同，以告忱，忱曰：「易耳！易，以豉翻。近詳求婚，未之許也。」乃以女嫁詳子夔，而告之謀，詳從之。乙卯，以南康王寶融教纂嚴，又教赦囚徒，施惠澤，頒賞格。纂，集也。嚴，裝也。纂嚴，纂集行裝也。纂嚴，一教；赦囚徒，施惠澤，頒賞格，又一教。丙辰，以蕭衍爲使持節都督前鋒諸軍事。使，疏吏翻；下同。丁巳，以蕭潁胄爲都督行留諸軍事。行，謂東下之軍；留，謂留守之軍。潁胄有器局，既舉大事，虛心委己，衆情歸之。以別駕南陽宗夬夬，古邁翻。及同郡中兵參軍劉坦、【章：十二行本「坦」作「垣」；乙十一行本同；孔本同。】諮議參軍樂藹爲州人所推信，軍府經略，每事諮焉。潁胄、夬各獻私錢穀及換借富貲以助軍。長沙寺僧素富，鑄黃金爲金龍數千兩，埋土中。長沙寺在江陵，宋元嘉中，臨川王義慶鎭江陵起寺，爲其本生父長沙王道憐資福，因名長沙寺。潁胄取之，以資軍費。

潁胄遣使送劉山陽首於蕭衍，且言年月未利，當須明年二月進兵。衍曰：「舉事之初，所藉者一時驍銳之心。驍，堅堯翻。事事相接，猶恐疑怠；若頓兵十旬，必生悔吝。兵以氣勢爲用者也，是以巧遲不若拙速。且坐甲十萬，糧用自竭；若童子立異，則大事不成。況處分已定，安可中息哉！處，昌呂翻。分，扶問翻。昔武王伐紂，行逆太歲，豈復待年月乎？」

戊午，衍上表勸南康王寶融稱尊號；不許。十二月，穎胄與夏侯詳移檄建康百官及州郡牧守，數帝及梅蟲兒、茹法珍罪惡。數，所具翻。穎胄遣冠軍將軍天水楊公則向湘州，使攻張寶積也。冠，古玩翻。西中郎參軍南郡鄧元起向夏口。使助蕭衍攻張沖也。夏，戶雅翻。軍主王法度坐不進軍免官。乙亥，荆州將佐復勸寶融稱尊號；不許。夏侯詳之子驍騎將軍亶爲殿中主帥，帥，所類翻。詳密召之，亶自建康亡歸。壬辰，至江陵，稱奉宣德皇太后令：「南康王宜纂承皇祚，方俟清宮，未卽大號；可封十郡爲宣城王、時以宣城、南琅邪、南東海、東陽、臨海、新安、尋陽、南郡、竟陵、宜都十郡爲宣城王國。蓋以明帝自宣城王入纂大統，故假宣德太后令以是肇封。相國、荆州牧，加黃鉞，選百官，西中郎府、南康國如故。須軍次近路，須，待也。主者備法駕奉迎。」

竟陵太守新野曹景宗遣親人說蕭衍，說，輸芮翻。迎南康王都襄陽，先正尊號，然後進軍；衍不從。王茂私謂張弘策曰：「今以南康置人手中，彼挾天子以令諸侯，節下前進爲人所使，此豈他日之長計乎！」弘策以告衍，衍曰：「若前塗大事不捷，故自蘭艾同焚；蘭有國香，人貴之。艾，蕭艾也，人賤之。言若事不捷，則無貴無賤同於死也。若其克捷，則威振四海，【章：十二行本「海」下有「誰敢不從」四字；乙十一行本同；孔本同；張校同；退齋校同。】豈碌碌受人處分者邪！」蕭衍此言已有代齊之心，特權宜推奉南康以舉兵耳。處，昌呂翻。分，扶問翻。

初，陳顯達、崔慧景之亂，人心不安。或問時事於上庸太守杜陵韋叡，杜陵自漢以來屬京兆，晉僑立京兆太守及杜陵令，寄治襄陽。宋大明土斷，割襄陽西界爲實土。叡曰：「陳雖舊將，非命世才；崔頴更事，懦而不武；將，即亮翻。更，工衡翻。其赤族宜矣。定天下者，殆必在吾州將乎？」州刺史當方面，總兵權，故曰州將。將，即亮翻。乃遣二子自結於蕭衍。及衍起兵，叡帥郡兵二千倍道赴之。帥，讀曰率；下同。華山太守藍田康絢帥郡兵三千赴衍。藍田縣，漢屬京兆；宋置僑縣，屬華山郡。康絢傳云：其先本康居侍子，待詔河西，因留不去，其後遂氏焉。晉亂，遷于藍田。絢祖穆帥鄉族三千餘家入襄陽，宋爲置華山郡藍田縣於襄陽。宋白曰：宋大明元年立華山郡於大堤村，後魏改華山郡爲宜城郡，唐爲宜城縣，屬襄州。華，戶化翻。絢，翾縣翻。馮道根時居母喪，【章：十二行本「喪」下有「聞衍起兵」四字；乙十一行本同；孔本同；張校同；退齋校同。】帥鄉人子弟勝兵者悉往赴之。馮道根，酇人。酇縣時屬廣平僑郡。勝，書烝翻。梁、南秦二州刺史柳惔亦起兵應衍。惔，忱之兄也。惔，徒甘翻。

帝聞劉山陽死，發詔討荆、雍。戊寅，以冠軍長史劉澮爲雍州刺史；欲以代蕭衍。雍，於用翻。冠，古玩翻。澮，古外翻。遣驍騎將軍薛元嗣、制局監暨榮伯將兵及運糧百四十餘船送郢州刺史張沖，使拒西師。荆、雍在西，故謂之西師。暨，姓也，音居乙翻，又臮、既二音。將，即亮翻。驍，堅堯翻。騎，奇寄翻。元嗣等懲劉山陽之死，疑沖，不敢進，停夏口浦；聞西師將至，乃相帥入郢城。前竟陵太守房僧寄將還建康，至郢，帝敕僧寄留守魯山，除驍騎將軍。張沖與之結盟，遣軍主孫樂祖將數千人助僧寄守魯山。水經註：江水東逕魯山，南與沔水會；山左即沔水口，沔左有偃月城。

漢陽志：大別山在沔陽縣東，一名魯山。

蕭穎胄與武寧太守鄧元起書，招之。晉安帝隆安五年，桓玄以沮、漳降蠻立武寧郡，屬荆州。五代志：竟陵郡樂鄉縣，舊置武寧郡。劉昫曰：樂鄉，漢鄀縣地。我宋廢縣爲樂鄉鎮，入長林縣。張沖待元起素厚，衆皆勸其還郢，還郢州也。元起大言於衆曰：「朝廷暴虐，誅戮宰輔，羣小用事，衣冠道盡。荆、雍二州同舉大事，何患不克！且我老母在西，若事不成，正受戮昏朝，幸免不孝之罪。」時鄧元起之母蓋在江陵。元起，南郡人也，守武寧，其母留鄉里。朝，直遥翻。即日治嚴上道，至江陵，爲西中郎中兵參軍。是時，西臺方遣元起向夏口，觀者不以史文先後之次而害意可也。治，直之翻。上，時掌翻。

湘州行事張寶積發兵自守，未知所附。楊公則克巴陵，進軍白沙，水經註：白沙戍在黃陵廟北。黃陵廟，舜二妃廟也。羅含湘中記曰：湘川，白沙如霜雪，赤崖若朝霞。寶積懼，請降，降，戶江翻。公則入長沙，撫納之。

22 是歲，北秦州刺史楊集始將衆萬餘自漢中北出，規復舊地。楊集始失國事，見一百四十一卷明帝建武四年。將，即亮翻；下同。魏梁州刺史楊椿將步騎五千出頓下辯，辯，皮莧翻。遺集始書，開以利害，集始遂復將其部曲千餘人降魏。遺，于季翻。復，扶又翻。魏人還其爵位，使歸守武興。集始降齊，魏人削其所授爵位，而所領北秦州刺史則齊所授也；今降魏，魏人還其元授爵位也。

資治通鑑卷第一百四十四

端明殿學士兼翰林侍讀學士朝散大夫右諫議大夫充集賢殿修撰提舉西京嵩山崇福宮上柱國河內郡開國侯食邑一千八百戶食實封六百戶賜紫金魚袋臣　司馬光　奉敕編集
後　學　天　台　胡三省　音　註

齊紀十

重光大荒落（辛巳），一年。

和皇帝

諱寶融，字智昭，明帝第八子也。

中興元年（辛巳、五〇一）是年三月始改元。

1 春，正月，丁酉，東昏侯以晉安王寶義爲司徒，建安王寶寅爲車騎將軍、開府儀同三司。東昏侯以永元三年紀年。騎，奇寄翻。

2 乙巳，南康王寶融始稱相國，相，悉亮翻；下同。大赦；以蕭穎胄爲左長史，蕭衍爲征東將軍，楊公則爲湘州刺史。去年，楊公則取長沙，因就用爲湘州刺史。戊申，蕭衍發襄陽，考異曰：梁高祖紀云：「二月戊申，發襄陽。」按戊申，正月十三日，梁紀誤也。留弟偉總府州事，憺守壘城，壘城者，築壘附近大城，猶今堡寨也。憺，徒敢翻，又徒濫翻。府司馬莊丘黑守樊城。莊丘黑蓋爲征東府司馬。衍既行，州中兵及儲偫皆虛。偫，直里翻；積物以待用謂之偫。魏興太守裴師仁、齊興太守顏僧都並不受衍命，舉兵欲襲襄陽，偉、憺遣兵邀擊於始平，大破之，齊分魏興郡東界鄖鄉、錫二縣地爲齊興郡。沈約曰：江左僑立始平郡，治武當。五代志曰：淅陽郡武當縣，舊僑置始平郡，又置齊興郡。則二郡皆置於今均州界。宋白曰：齊永明七年置齊興郡於均州鄖鄉縣。守，式又翻。雍州乃安。雍，於用翻。

3 魏咸陽王禧爲上相，禧以太尉輔政，位居羣臣之上，故曰上相。不親政務，驕奢貪淫，多爲不法，魏主頗惡之。惡，烏路翻。禧遣奴就領軍于烈求舊羽林虎賁，執仗出入。「舊」字衍。執仗出入，每出入欲使之執兵翊衞。賁，音奔。烈曰：「天子諒闇，事歸宰輔。闇音陰。領軍但知典掌宿衞，非有詔不敢違理從私。」禧奴惘然而返。惘然，失志貌。惘，音罔。禧復遣謂烈曰：復，扶又翻。「我，天子之□□□【章：十二行本三空格作「子天子」三字；乙十一行本同；退齋校同。】叔父，身爲元輔，有所求須，意之所欲爲須。與詔何異！」烈厲色曰：「烈非不知王之貴也，柰何使私奴索天子羽林！索，山客翻。烈頭可得，羽林不可得！」禧怒，以烈爲恆州刺史。恆，戶登翻。烈不願出外，固辭，不許；遂稱疾不出。臥私第不出也。

烈子左中郎將忠領直閤，北齊左、右衞有直閤，屬官有朱衣直閤、直閤將軍、直寢、直齋、直後之屬。常在魏主左右。烈使忠言於魏主曰：「諸王專恣，意不可測，宜早罷之，自攬權綱。」北海王詳亦密以禧過惡白帝，且言彭城王勰大得人情，不宜久輔政。勰，音協。帝然之。

時將礿祭，宗廟之祭，春曰礿。礿，余若翻，薄也。春物始生，其祭尚薄。王公並齊於廟東坊。帝夜使于忠語烈：「明旦入見，當有處分。」質明，烈至。語，牛倨翻。見，賢遍翻。處，昌呂翻。分，扶問翻。質，正也；質明，天正明也。帝命烈將直閤六十餘人，宣旨召禧、勰、詳，衛送至帝所。將，即亮翻。禧等入見于光極殿，光極殿，魏孝文帝太和十九年所起，以引見羣臣。見，賢遍翻。帝曰：「恪雖寡昧，忝承寶曆。比纏尫疢，魏主名恪，見諸父自稱其名，示謙挹也。比，毗至翻，近也。尫，烏光翻，弱也。疢，丑刃翻，疾也。實憑諸父，苟延視息，奄涉三齡。諸父歸遜殷勤，今便親攝百揆。且還府司，當別處分。」還府司，謂各歸公府司存之所。又謂勰曰：「頃來南北務殷，不容仰遂沖操。南北務殷，謂使勰北鎮中山，南取壽陽，因而守之也。沖，謙也，虛也；沖操，謙虛之操。恪是何人，而敢久違先敕，先敕，謂高祖遺敕，見一百四十二卷東昏侯永元元年。今遂叔父高蹈之意。」勰謝曰：「陛下孝恭，仰遵先詔，上成睿明之美，下遂微臣之志，感今惟往，悲喜交深。」惟，思也。庚戌，詔勰以王歸第；禧進位太保；進其位而奪之權。詳爲大將軍、錄尚書事。爲詳以專恣得罪張本。尚書清河張彝、邢巒聞處分非常，亡走，出洛陽城，爲御史中尉中山甄琛所彈。甄，之人翻。彈，徒丹翻。詔書切責之。復以于烈爲領軍，仍加車騎大將軍，復，扶又翻，又如字。自是長直禁中，軍國大事，皆得參焉。

魏主時年十六，不能親決庶務，委之左右。於是倖臣茹皓、茹，音如。趙郡王仲興、上谷寇猛、趙郡趙脩、南陽趙邕及外戚高肇等始用事，魏政浸衰。趙脩尤親幸，旬月間，累遷至光祿卿；每遷官，帝親至其宅設宴，王公百官皆從。爲後趙脩誅張本。從，才用翻。

4 辛亥，東昏侯祀南郊，大赦。

5 丁巳，魏主引見羣臣於太極前殿，告以親政之意。見，賢遍翻。壬戌，以咸陽王禧領太尉，廣陵王羽爲司徒。魏主引羽入內，面授之。羽固辭曰：「彥和本自不願，而陛下強與之。彭城王勰，字彥和，事見上卷上年。強，其兩翻。今新去此官而以臣代之，必招物議。」乃以爲司空。

6 二月，乙丑，南康王以冠軍長史王茂爲江州刺史，冠，古玩翻。竟陵太守曹景宗爲郢州刺史，邵陵王寶攸爲荆州刺史。

7 甲戌，魏大赦。

8 壬午，東昏侯遣羽林兵擊雍州，中外纂嚴。

9 甲申，蕭衍至竟陵，命王茂、曹景宗爲前軍，以中兵參軍張法安守竟陵城。茂等至漢口，諸將議欲併兵圍郢，分兵襲西陽、武昌。將，卽亮翻；下同。衍曰：「漢口不闊一里，箭道交至，謂船自中流而下，敵人夾岸射之，其箭交至也。房僧寄以重兵固守，與郢城爲掎角；掎，居蟻翻。若悉衆前進，僧寄必絕我軍後，悔無所及。不若遣王、曹諸軍濟江，與荆州軍合，以逼郢城；吾自圍魯山以通沔、漢，沔卽漢也，一水二名。使鄖城、竟陵之粟方舟而下，安陸，春秋鄖子之國，故曰鄖城。鄖，音云。杜預曰：江夏雲杜縣東南有鄖城。劉昫曰：郢州長壽縣，古竟陵也。方，泭也。舟，船也。詩云：就其深矣，方之舟之。泭，音桴。江陵、湘中之兵相繼而至，兵多食足，何憂兩城之不拔！天下之事，可以卧取之耳。」卧而取之，言不煩力戰也。乃使茂等帥衆濟江，頓九里。其地去郢城九里，因以爲名。帥，讀曰率。張沖遣中兵參軍陳光靜開門迎戰，茂等擊破之，光靜死，沖嬰城自守。景宗遂據石橋浦，連軍相續，下至加湖。加湖在江夏灄陽縣界，湖水自北南注江，去郢城三十里。

荆州遣冠軍將軍鄧元起、軍主王世興、田安之將數千人會雍州兵於夏首。雍，於用翻。夏，戶雅翻。衍築漢口城以守魯山，命水軍主義陽張惠紹等遊遏江中，絕郢、魯二城信使。使，疏吏翻。楊公則舉湘州之衆會于夏口。蕭穎胄命荆州諸軍皆受公則節度，雖蕭穎達亦隸焉。

府朝議欲遣人行湘州事而難其人，南康王開相國府，故曰府朝。朝，直遥翻。西中郎中兵參軍劉坦謂衆曰：「湘土人情，易擾難信，易，以豉翻。用武士則侵漁百姓，用文士則威略不振；必欲鎭靜一州，軍民足食，無踰老夫。」乃以坦爲輔國長史、長沙太守，行湘州事。坦嘗在湘州，多舊恩，迎者屬路。按劉坦傳：先嘗在湘州。蓋客游也。屬，之欲翻。下車，選堪事吏分詣十郡，湘州領長沙、桂陽、零陵、衡陽、營陽、湘東、邵陵、始興、臨賀、始安十郡。發民運租米三十餘萬斛以助荆、雍之軍，由是資糧不乏。

三月，蕭衍使鄧元起進據南堂西渚，南堂在郢城南，北蓋射堂，西近江渚。田安之頓城北，王世興頓曲水故城。曲水故城，蓋郢府官僚祓禊之地，在城東。丁酉，張沖病卒，驍騎將軍薛元嗣與沖子孜及征虜長史江夏內史程茂共守郢城。張沖自輔國將軍進征虜將軍，以程茂爲長史。驍，堅堯翻。騎，奇寄翻。

乙巳，南康王卽皇帝位於江陵，考異曰：東昏紀云：「丁未，南康王諱卽皇帝位。」蓋是日建康始聞之耳。今從和帝紀及梁武帝紀。改元，大赦，始改元爲中興元年。立宗廟、南北郊，州府城門悉依建康宮，置尚書五省，以南郡太守爲尹，以蕭穎胄爲尚書令，蕭衍爲左僕射，晉安王寶義爲司空，廬陵王寶源爲車騎將軍、開府儀同三司，建安王寶寅爲徐州刺史，寶義、寶源、寶寅皆在建康，遙授之耳。散騎常侍夏侯詳爲中領軍，冠軍將軍蕭偉爲雍州刺史。丙午，詔封庶人寶卷爲涪陵王，涪，音浮。乙酉，以尚書令蕭穎胄行荆州刺史，加蕭衍征東大將軍、都督征討諸軍事，假黃鉞。時衍次楊口，和帝遣御史中丞宗夬勞軍。夬，古賣翻。勞，力到翻。寧朔將軍新野庾域諷夬曰：「黃鉞未加，非所以總帥侯伯。」武王伐紂，諸侯畢會。至于牧野，王左杖黃鉞，右秉白旄以麾。後世自魏武以下，率加黃鉞。孔安國曰：黃鉞，以黃金飾斧。帥，讀曰率；下同。夬返西臺，江陵在西，故曰西臺。遂有是命。薛元嗣遣軍主沈難當帥輕舸數千亂流來戰，張惠紹等擊擒之。橫絕流而渡曰亂。詩云：涉渭爲亂。舸，古我翻。

癸丑，東昏侯以豫州刺史陳伯之爲江州刺史、假節、都督前鋒諸軍事，西擊荆、雍。

夏，四月，蕭衍出沔，命王茂、蕭穎達等進軍逼郢城；薛元嗣不敢出。不敢出戰也。諸將欲攻之，衍不許。衍欲持久以全力弊郢、魯二城。

10 魏廣陵惠王羽通於員外郎馮俊興妻，夜往，爲俊興所擊而匿之；五月，壬子，卒。

11 魏主既親政事，嬖倖擅權，王公希得進見。【章：十二行本「見」下有「咸陽王禧意不自安」八字；乙十一行本同；退齋校同。】見，賢遍翻。齊【章：十二行本「齊」作「齋」；乙十一行本同。】帥劉小苟屢言於禧云，帥，所類翻。聞天子左右人言欲誅禧，禧益懼，乃與妃兄給事黃門侍郎李伯尚、氐王楊集始、楊靈祐、乞伏馬居等謀反。會帝出獵北邙，禧與其黨會城西小宅，欲發兵襲帝，使長子通竊入河內舉兵相應。長，知兩翻。乞伏馬居說禧：「還入洛城，勒兵閉門，說，式芮翻。天子必北走桑乾，謂北歸平城也。平城，魏故都。乾，音干。殿下可斷河橋，爲河南天子。」斷，丁管翻。衆情前卻不壹，禧心更緩，自旦至晡，猶豫不決，遂約不泄而散。楊集始既出，即馳至北邙告之。

直寢苻承祖、薛魏孫與禧通謀，當是時，馮太后所幸宦者苻承祖已死，此又別一苻承祖。後魏孝文帝太和九年，初置後齋直寢。是日，帝寢於浮圖之陰，魏孫欲弒帝，承祖曰：「吾聞殺天子者身當病癩。」癩，音賴，惡疾也。魏孫乃止。俄而帝寤，集始亦至。帝左右皆四出逐禽，直衞無幾，幾，居豈翻。倉猝不知所出。左中郎將于忠曰：「臣父領軍留守京城，守，式又翻。計防遏有備，必無所慮。」帝遣忠馳騎觀之，騎，奇寄翻。于烈已分兵嚴備，使忠還奏曰：「臣雖老，心力猶可用。此屬猖狂，不足爲慮，願陛下清蹕徐還，以安物望。」帝甚悅，自華林園還宮，華林園，魏明帝所築芳林園也；後避齊王芳諱，改曰華林園。還，從宣翻，又如字。撫于忠之背曰：「卿差強人意！」

禧不知事露，與姬妾及左右宿洪池別墅，洪池即漢之鴻池，在洛陽東二十里。田廬曰墅，今人謂之別業。晉人以來，往往治池館，觀游於其中。墅，承與翻。遣劉小苟奉啓，云檢行田收。行，下孟翻。小苟至北邙，已逢軍人，怪小苟赤衣，欲殺之。小苟困迫，言欲告反，乃緩之。或謂禧曰：「殿下集衆圖事，見意而停，言意趣已發見而中止也。見，賢遍翻。恐必漏泄，今夕何宜自寬！」禧曰：「吾有此身，應知自惜，豈待人言！」又曰：「殿下長子已濟河，兩不相知，豈不可慮！」禧曰：「吾已遣人追之，計今應還。」時通已入河內，列兵仗，放囚徒矣。于烈遣直閤叔孫侯將虎賁三百人收禧。將，卽亮翻。賁，音奔。禧聞之，自洪池東南走，僮僕不過數人，濟洛，至柏谷塢，追兵至，擒之，送華林都亭。華林都亭蓋在華林園門外。帝面詰其反狀，詰，去吉翻。壬戌，賜死於私第。同謀伏誅者十餘人，諸子皆絕屬籍，微給資產、奴婢，自餘家財悉分賜高肇及趙脩之家，其餘賜內外百官，逮于流外，雜色補官不入品者，謂之流外。多者百餘匹，下至十匹。禧諸子乏衣食，獨彭城王勰屢賑給之。河內太守陸琇聞禧敗，斬送禧子通首。魏朝以琇於禧未敗之前不收捕通，責其通情，徵詣廷尉，死獄中。陸馛以傳孝文於受內禪之初，福澤及其子；至是，其子敗矣。勰音協。賑，津忍翻。琇，音秀。朝，直遙翻。帝以禧無故而反，由是益疏忌宗室。

12 巴西太守魯休烈、巴東太守蕭惠訓不從蕭穎胄之命；惠訓遣子璝將兵擊穎胄，璝，古回翻。穎胄遣汶陽太守劉孝慶屯峽口，此西陵峽口也，在宜都夷陵界；夷陵，今峽州也。與巴東太守任漾之等拒之。任，音壬。

13 東昏侯遣軍主吳子陽、陳虎牙等十三軍救郢州，進屯巴口。水經註：巴水出廬江雩婁縣之下靈山，亦曰巴山，南流注于江，謂之巴口。今黃州之巴河口是也。虎牙，伯之之子也。

六月，西臺遣衞尉席闡文勞蕭衍軍，勞，力到翻。齊蕭穎胄等議謂衍曰：「今頓兵兩岸，不併軍圍郢，定西陽、武昌，取江州，此機已失；莫若請救於魏，與北連和，猶爲上策。」衍曰：「漢口路通荊、雍，控引秦、梁，泝漢水而上至漢中，秦、梁二州刺史所治也，故可以控引。糧運資儲，仰此氣息；所以兵壓漢口，連結數州。今若併軍圍郢，又分兵前進，魯山必沮沔路，搤吾咽喉；搤，於革翻。咽，因肩翻。若糧運不通，自然離散，何謂持久？鄧元起近欲以三千兵往取尋陽，彼若懽然知機，一說士足矣；說，輸芮翻。脫距王師，脫，或也；脫者，未可必之辭。固非三千兵所能下也。進退無據，未見其可。西陽、武昌，取之卽得；然既得之，卽應鎮守。欲守兩城，不減萬人，糧儲稱是，卒無所出。稱，尺證翻。卒，讀曰猝。脫東軍有上者，上，時掌翻。以萬人攻兩【章：十二行本「兩」作「一」；乙十一行本同；退齋校同。】城，兩城勢不得相救，若我分軍應援，則首尾俱弱；如其不遣，孤城必陷，一城既沒，諸城相次土崩，天下大事去矣。若郢州既拔，席卷沿流，卷，讀曰捲。西陽、武昌自然風靡。何遽分兵散衆，自貽憂患乎！且丈夫舉事欲清天步，天步，天路也。詩云：天步艱難。況擁數州之兵以誅羣小，懸河注火，奚有不滅！豈容北面請救戎狄，以示弱於天下！彼未必能信，徒取醜聲，此乃下計，何謂上策！蕭衍此計，可謂有英雄之略矣。卿爲我輩白鎮軍：前途攻取，但以見付，事在目中，無患不捷，但借鎮軍靖鎮之耳。」蕭穎胄時爲西臺尚書令，蓋加號鎮軍將軍。爲，于僞翻；下祐爲同。

吳子陽等進軍武口。武口，武湖水出江之口。水上通安陸之延頭，今謂之沙武口。張舜民曰：武口在陽羅洑西北十餘里，距汴京纔十八驛，二廣、湖、湘皆由此而濟。衍命軍主梁天惠等屯漁湖城，唐脩期等屯白陽壘，時築壘於白陽浦。夾岸待之。子陽進軍加湖。考異曰：梁韋叡傳作「茄湖」。今從齊梁帝紀。去郢三十里，傍山帶水，築壘自固。子陽舉烽，城內亦舉火應之；而內外各自保，不能相救。會房僧寄病卒，衆復推助防張樂祖代守魯山。復，扶又翻；下纂復、祐復同。助防者，使之助城主防守，因以爲稱。樂祖，卽去年張沖所遣助房僧寄者。參考前後，「張」當作「孫」。

14 蕭穎胄之初起也，弟穎孚自建康出亡，廬陵民脩靈祐爲之聚兵，得二千人，襲廬陵，克之，內史謝篹奔豫章。篹，蘇管翻。穎胄遣寧朔將軍范僧簡自湘州赴之，僧簡拔安成，吳孫晧寶鼎二年，分豫章、廬陵、長沙立安成郡；時屬江州。劉昫曰：吉州安福縣，吳置安成郡。九域志：安福縣在吉州西一百二十里。穎胄以僧簡爲安成太守，以穎孚爲廬陵內史。東昏侯遣軍主劉希祖將三千人擊之，南康太守王丹以郡應希祖。南康，今之贛州。穎孚敗，奔長沙，尋病卒；謝篹復還郡。希祖攻拔安成，殺范僧簡，東昏侯以希祖爲安成內史。脩靈祐復合餘衆攻謝篹，篹敗走。

15 東昏侯作芳樂苑，樂，音洛。山石皆塗以五采。望民家有好樹、美竹，則毀牆撤屋而徙之；時方盛暑，隨即枯萎，朝暮相繼。言徙樹竹者朝夕相繼也。又於苑中立市，使宮人、宦者共爲裨販，裨，益也。買賤賣貴以自裨益，故曰裨販。以潘貴妃爲市令，東昏侯自爲市錄事，小有得失，妃則予杖；予，讀曰與。乃敕虎賁不得進大荊、實中荻。大荊，牡荊也，俗謂之黃荊，以爲箠杖。荻之實中者，以箠人則重而痛楚，虛中者差輕。賁，音奔。又開渠立埭，身自引船，埭，徒耐翻。或坐而屠肉。又好巫覡，好，呼到翻。覡，刑狄翻。左右朱光尚詐云見鬼。東昏入樂遊苑，人馬忽驚，以問光尚，對曰：「鄉見先帝大嗔，樂，音洛。先時爲鄉。嗔，昌眞翻，怒也。不許數出。」數，所角翻。東昏大怒，拔刀與光尚尋之。既不見，乃縛菰爲高宗形，菰，音孤，雕胡也，一名蔣，江南人呼爲茭草。北向斬之，縣首苑門。縣，讀曰懸。

崔慧景之敗也，巴陵王昭胄、永新侯昭穎出投臺軍，各以王侯還第，心不自安。昭胄、昭穎投慧景事見上卷上年。永新縣屬安成郡，吳立。竟陵王子良故防閤桑偃爲梅蟲兒軍副，與前巴西太守蕭寅謀立昭胄，昭胄許事克用寅爲尚書左僕射、護軍。許之以僕射領護軍將軍。時軍主胡松將兵屯新亭，寅遣人說之曰：「須昏人出，須，待也。以帝昏狂，斥指爲昏人。說，式芮翻。寅等將兵奉昭胄入臺，閉城號令。將，卽亮翻。昏人必還就將軍，但閉壘不應，則三公不足得也。」松許諾。會東昏新作芳樂苑，經月不出遊。偃等議募健兒百餘人，從萬春門入，突取之，昭胄以爲不可。偃同黨王山沙慮事久無成，以事告御刀徐僧重。寅遣人殺山沙於路，吏於麝幐中得其事。幐，徒登翻；囊可帶者曰幐。山沙以盛麝香，故曰麝幐，猶今之香袋。昭胄兄弟與偃等皆伏誅。

雍州刺史張欣泰與弟前始安內史欣時，密謀結胡松及前南譙太守王靈秀、直閤將軍鴻選等誅諸嬖倖，廢東昏。晉孝武帝僑立南譙郡於淮南。五代志：江都郡清流縣，舊置南譙郡。鴻，姓也。姓譜：帝鴻氏之後，或曰大鴻之後。左傳，衞有鴻聊魋。雍，於用翻。嬖，卑義翻，又博計翻。東昏遣中書舍人馮元嗣監軍救郢；監，工銜翻。秋，七月，甲午，茹法珍、梅蟲兒及太子右率李居士、制局監楊明泰送之中興堂，宋孝武帝卽位於新亭，改新亭曰中興堂。茹，音如。率，所律翻。欣泰等使人懷刀於座斫元嗣，頭墜果柈中，柈，蒲官翻。柈以盛果及魚肉。又斫明泰，破其腹；蟲兒傷數瘡，手指皆墮；

居士、法珍等散走還臺。靈秀詣石頭迎建康王寶寅，「建康王」當作「建安王」。帥城中將吏見力，見力，見在兵力也。帥，讀曰率。見，賢遍翻。去車輪，載寶寅，文武數百唱警蹕，向臺城，百姓數千人皆空手隨之。欣泰聞事作，馳馬入宮，冀法珍等在外，東昏盡以城中處分見委，表裏相應。既而法珍得返，處分閉門上仗，不配欣泰兵，鴻選在殿內亦不敢發。寶寅至杜姥宅，日已暝，城門閉。城上人射外人，外人棄寶寅潰去。寶寅亦逃，三日，乃戎服詣草市尉，臺城六門之外，各有草市，置草市尉司察之。去，羌呂翻。處，昌呂翻。分，扶問翻。上仗，時掌翻。射，而亦翻。尉馳以啓東昏。東昏召寶寅入宮問之，寶寅涕泣稱：「爾日不知何人逼使上車，仍將去，制不自由。」爾日，猶言其日也。上，時掌翻。東昏笑，復其爵位。張欣泰等事覺，與胡松皆伏誅。

16 蕭衍使征虜將軍王茂、軍主曹仲宗等乘水漲以舟師襲加湖，考異曰：和帝紀作「王茂先」。今從梁書。鼓譟攻之。丁酉，加湖潰，吳子陽等走免，將士殺溺死者萬計，將，即亮翻。俘其餘衆而還。還，從宣翻。於是郢、魯二城相視奪氣。

17 乙巳，柔然犯魏邊。

18 魯山乏糧，軍人於磯頭捕細魚供食，磯，居希翻。沙聚成磧，水所漸浸曰磯。密治輕船，將奔夏口，治，直之翻。夏，戶雅翻。蕭衍遣偏軍斷其走路。斷，音短。丁巳，孫樂祖窘迫，以城降。降，戶江翻；下同。

己未，東昏侯以程茂爲郢州刺史，薛元嗣爲雍州刺史。雍，於用翻。是日，茂、元嗣以郢城降。郢城之初圍也，士民男女近十萬口；閉門二百餘日，疾疫流腫，流腫，言毒氣流注而浮腫也。近，其郢翻。死者什七八，考異曰：齊張沖傳云：「死者七八百家。」按死者不可以家數。今從梁高祖紀及韋叡傳。積尸牀下而寢其上，比屋皆滿。比，毗至翻。周禮：五家爲比。取其相連比而居也。又毗必翻，次也。茂、元嗣等議出降，降，戶江翻。使張孜爲書與衍。張沖故吏青州治中房長瑜明帝時，張沖爲青、冀二州刺史，以房長瑜爲治中。謂孜曰：「前使君忠貫昊天，郎君但當坐守畫一以荷析薪。畫一，用漢書語：蕭何爲法，較若畫一；曹參代之，守而勿失。此取守而勿失之義。左傳曰：其父析薪，其子不克負荷。荷，下可翻，又如字。若天運不與，當幅巾待命，下從使君。今從諸人之計，非唯郢州士女失高山之望，亦恐彼所不取也。」詩曰：高山仰止。註云：有高德則慕而仰之。彼，謂蕭衍。孜不能用。蕭衍以韋叡爲江夏太守，行郢府事，夏，戶雅翻。收瘞死者而撫其生者，瘞，於計翻。郢人遂安。

諸將欲頓軍夏口；衍以爲宜乘勝直指建康，車騎諮議參軍張弘策、寧遠將軍庾域亦以爲然。衍命衆軍卽日上道。緣江至建康，凡磯、浦、村落，軍行宿次、立頓處所，弘策逆爲圖畫，如在目中。郢、魯未克，蕭衍則違衆議駐兵漢口而不輕進，圖萬全也。郢、魯旣克，衍遽督諸軍直指建康，乘勝勢也。逆爲圖畫者，畫緣江可立頓及次宿之地爲圖，使諸將按之以爲進止。上，時掌翻。

19 辛酉，魏大赦。

20魏安國宣簡侯王肅卒於壽陽，安國縣，漢屬中山國，晉、魏屬博陵郡。贈侍中、司空。初，肅以父死非命，王奐死見一百三十八卷武帝永明十一年。四年不除喪。高祖曰：「三年之喪，賢者不敢過。」記檀弓：子夏既除喪而見，予之琴，和之而不和，彈之而不成聲，作而曰：「哀未忘也，先王制禮而弗敢過也。」命肅以祥禫之禮除喪。朞而小祥，再朞而大祥；大祥之後，中月而禫。鄭氏曰：祥，吉也。禫，澹澹然平安之意。禫，徒感翻。釋曰：除服祭名。然肅猶素服、不聽樂終身。

21汝南民胡文超起兵於灄陽，沈約曰：汝南本沙羨土，晉末，汝南郡民流寓夏口，因立爲汝南縣，爲江夏太守治所。宋白曰：晉汝南郡人流寓夏口，因僑立汝南郡，在潼口；又爲汝南縣，晉末改爲江夏縣，荆湘記云，金水北岸有汝南舊城是也。晉惠帝世，立灄陽縣。晉書朱伺傳曰：張昌之亂，安陸人多附昌，唯伺合其鄉人討之。昌既滅，伺部曲以逆順有嫌。求別立縣，遂從之，分安陸東界立灄陽縣，屬江夏郡。灄，書涉翻。時汝南之地已入於魏。蕭子顯齊志：司州汝南郡寄治義陽。以應蕭衍，求取義陽、安陸等郡以自效；衍又遣軍主唐脩期攻隨郡，晉武帝分南陽、義陽立隨郡，屬荆州；宋孝武帝度屬郢州；前廢帝永光元年改屬雍州；明帝泰始五年改爲隨陽郡，還屬郢州；後廢帝元徽四年度屬司州；齊曰隨郡。五代志：隨州隨縣，舊置隨郡。皆克之。司州刺史王僧景遣子【章：十二行本「子」下有「貞孫」二字；乙十一行本同；孔本同；張校同，云無註本亦無。】爲質於衍，司部悉平。司部，謂司州所部領諸郡。質，音致。

崔慧景之死也，其少子偃爲始安內史，逃潛得免。少，詩照翻。及西臺建，以偃爲寧朔將軍。偃詣公車門上書曰：「臣竊惟高宗之孝子忠臣而昏主之亂臣賊子者，江夏王與陛下，先臣與鎮軍是也；慧景既死，江夏王寶玄併誅，事見上卷上年。夏，戶雅翻。雖成敗異術而所由同方。陛下初登至尊，與天合符；天下纖芥之屈，尚望陛下申之，況先帝之子陛下之兄，所行之道，卽陛下所由哉！此尚不恤，其餘何冀！今不可幸小民之無識而罔之；以非道欺人謂之罔。若使曉然知其情節，相帥而逃，陛下將何以應之哉！」帥，讀曰率。事寢不報。偃又上疏曰：「近冒陳江夏之冤，非敢以父子之親而傷至公之義，誠不曉聖朝所以然之意。若以狂主雖狂，實是天子，江夏雖賢，實是人臣，先臣奉人臣逆人君爲不可，未審今之嚴兵勁卒直指象魏者，象魏，闕也。其故何哉！臣所以不死，苟存視息，人目不能視，氣不復息，則死矣。非有他故，所以待皇運之開泰，申忠魂之枉屈。今皇運已開泰矣，而死社稷者返爲賊臣；臣何用此生於陛下之世矣！臣謹按鎮軍將軍臣穎胄、中領軍臣詳，皆社稷之臣也，同知先臣股肱江夏，匡濟王室，天命未遂，主亡與亡；而不爲陛下瞥然一言。瞥，普蔑翻，暫見也。爲，于僞翻。知而不言，不忠；不知而不言，不智也。如以先臣遺使，江夏斬之；則征東之驛使，何爲見戮？陛下斬征東之使，實詐山陽；斬王天虎以詐山陽事見上卷上年。使，疏吏翻。江夏違先臣之請，實謀孔矜。事亦見上卷上年。天命有歸，故事業不遂耳。臣所言畢矣，乞就湯鑊！然臣雖萬沒，猶願陛下必申先臣。何則？惻愴而申之，則天下伏；不惻愴而申之，則天下叛。先臣之忠，有識所知，南、董之筆，千載可期，南、董，謂齊南史、晉董狐也。崔杼弒齊莊公，太史書曰：「崔杼弒其君。」崔子殺之。其弟嗣書而死者二人；其弟又書，乃舍之。南史氏聞太史盡死，執簡以往。聞既書矣，乃還。晉、趙盾弟穿弒靈公。董狐以盾不討賊，書曰：「趙盾弒其君，」以示於朝。孔子曰：「董狐，古之良史也，書法不隱。」載，子亥翻。亦何待陛下屈申而爲褒貶！然小臣惓惓之愚，爲陛下計耳。」詔報曰：「具知卿惋切之懷，今當顯加贈謚。」偃尋下獄死。惓，逵員翻。惋，烏貫翻。下，遐嫁翻。

22 八月，丁卯，東昏侯以輔國將軍申胄監豫州事；辛未，以光祿大夫張瓌鎮石頭。監，工銜翻。瓌，古回翻。

23 初，東昏侯遣陳伯之鎮江州，以爲吳子陽等聲援。子陽等既敗，蕭衍謂諸將曰：「用兵未必須實力，所聽威聲耳。今陳虎牙狼狽奔歸，尋陽人情理當恟懼，恟，許拱翻。可傳檄而定也。」乃命搜俘囚，得伯之幢主蘇隆之，幢，傳江翻。厚加賜與，使說伯之，許卽用爲安東將軍、江州刺史。卽，就也。說，式芮翻；下同。伯之遣隆之返命，雖許歸附，而云「大軍未須遽下。」衍曰：「伯之此言，意懷首鼠。漢書：田蚡曰：首鼠兩端。服虔註云：首鼠，一前一卻也。及其猶豫，急往逼之，計無所出，勢不得不降。」降，戶江翻。乃命鄧元起引兵先下，楊公則徑掩柴桑，柴桑，漢縣，屬豫章郡，晉屬武昌郡；晉惠帝立尋陽郡，治柴桑。五代志曰：江州湓城縣，舊曰柴桑。杜佑曰：今尋陽縣南楚城驛，舊柴桑縣也。衍與諸將以次進路。元起將至尋陽，今江州德化縣，六朝之尋陽也。伯之收兵退保湖口，湖口，彭蠡湖入江之口也，今江州湖口縣即其地。留陳虎牙守湓城。選曹郎吳興沈瑀說伯之迎衍。選，須絹翻。瑀，音禹。伯之泣曰：「余子在都，不能不愛。」瑀曰：「不然。人情匈匈，毛晃曰：匈匈，諠擾之意。漢書高帝紀：天下匈匈勞苦。又匈匈，讙議之聲。荀子：君子不爲小人之匈匈而易其行。匈匈，漢書無音，荀子有平、去二音。皆思改計；若不早圖，衆散難合。」丙子，衍至尋陽，伯之束甲請罪。初，新蔡太守席謙，蕭子顯齊志，江州有南新蔡郡，豫州有北新蔡郡。以五代志考之，北新蔡當置於今光州界。父恭祖【章：十二行本「祖」作「穆」；乙十一行本同。】爲鎮西司馬，爲魚復侯子響所殺。事見一百三十七卷武帝永明八年。復，音腹。謙從伯之鎮尋陽，聞衍東下，曰：「我家世忠貞，有殞不二。」伯之殺之。乙卯，以伯之爲江州刺史，虎牙爲徐州刺史。

24 魯休烈、蕭璝破劉孝慶等於峽口，任漾之戰死。休烈等進至上明，江陵大震。蕭穎胄恐，馳告蕭衍，令遣楊公則還援根本。衍曰：「公則今泝流上江陵，雖至，何能及事！休烈等烏合之衆，尋自退散，正須少時持重耳。上，時掌翻。少，詩紹翻。良須兵力，良，信也。兩弟在雍，謂蕭偉總雍州事，憺守壘城也。雍，於用翻。指遣往徵，指，謂上指。徵，徵兵也。不爲難至。」穎胄乃遣【章：十二行本「遣」下有「軍主」二字；乙十一行本同；退齋校同。】蔡道恭假節屯上明以拒蕭璝。

25 辛巳，東昏侯以太子左率李居士總督西討諸軍事，屯新亭。左率，左衞率也。

26 九月，乙未，詔蕭衍若定京邑，得以便宜從事。衍留驍騎將軍鄭紹叔守尋陽，驍，堅堯翻。

騎，奇寄翻。與陳伯之引兵東下，謂紹叔曰：「卿，吾之蕭何、寇恂也。漢高帝委蕭何以關中，光武任寇恂以河內，使給餽餉事，並見漢紀。前塗不捷，我當其咎；糧運不繼，卿任其責。」紹叔流涕拜辭。比克建康，比，必利翻，及也。紹叔督江、湘糧運，未嘗乏絕。

27 魏司州牧廣陽王嘉請築洛陽三百二十三坊，各方三百步，曰：「雖有暫勞，姦盜永息。」丁酉，詔發畿內夫五萬人築之，四旬而罷。

28 己亥，魏立皇后于氏。后，征虜將軍勁之女；勁，烈之弟也。自祖父栗磾以來，于栗磾，魏開國功臣。磾，丁奚翻。累世貴盛，一皇后，四贈公，三領軍，二尚書令，三開國公。

29 甲申，東昏侯以李居士爲江州刺史，冠軍將軍王珍國爲雍州刺史，建安王寶寅爲荆州刺史，輔國將軍申胄監郢州，龍驤將軍扶風馬仙琕監豫州，冠，古玩翻。雍，於用翻。驤，思將翻。琕，部田翻。驍騎將軍徐元稱監徐州軍事。珍國，廣之之子也。王廣之歷事高、武、明三帝。是日，蕭衍前軍至蕪湖；申胄軍二萬人棄姑孰走，衍進軍，據之。戊申，東昏侯以後軍參軍蕭璝爲司州刺史，前輔國將軍魯休烈爲益州刺史。

30 蕭衍之克江、郢也，東昏遊騁如舊，謂茹法珍曰：「須來至白門前，當一決。」騁，丑郢翻。茹，音如。須，待也。白門，建康城西門也；西方色白，故以爲稱。一決，言一戰以決勝負也。衍至近道，乃聚兵爲固守之計，簡二尚方、二冶囚徒以配軍；建康有左、右二尚方，東、西二冶。其不可活者，於朱雀門内日斬百餘人。

衍遣曹景宗等進頓江寧。沈約曰：晉武帝太康元年，分秣陵立臨江縣；二年，更名江寧，其治所蓋臨江濱。金陵覽古云：新亭去江寧十里。丙辰，李居士自新亭選精騎一千至江寧。騎，奇寄翻。景宗始至，營壘未立，且師行日久，器甲穿弊。居士望而輕之，鼓譟直前薄之；景宗奮擊，破之，因乘勝而前，徑至皁莢橋。於是王茂、鄧元起、呂僧珍進據赤鼻邏，邏，郎佐翻。新亭城主江道林引兵出戰，衆軍擒之於陳。陳，讀曰陣。衍至新林，命王茂進據越城，鄧元起據道士墩，墩，音敦。陳伯之據籬門，陳伯之蓋據西籬門。呂僧珍據白板橋。據陶弘景書，板橋時屬江寧縣界。按板橋市今在建康府城之西，江寧鎮北。李居士覘知僧珍衆少，帥鋭卒萬人直來薄壘。覘，丑廉翻，又丑豔翻。少，詩沼翻。帥，讀曰率。僧珍曰：「吾衆少，不可逆戰，可勿遙射，須至塹裏，當併力破之。」俄而皆越塹拔柵。塹，七豔翻。僧珍分人上城，矢石俱發，自帥馬步三百人出其後，城上復踰城而下，内外奮擊，居士敗走，獲其器甲不可勝計。上，時掌翻。復，扶又翻。下，遐嫁翻。勝，音升。居士請於東昏侯，燒南岸邑屋以開戰場，自大航以西，新亭以北皆盡。衍諸弟皆自建康自拔赴軍。衍諸弟亡匿於建康里巷，事見上卷上年。

冬，十月，甲戌，東昏侯遣征虜將軍王珍國、軍主胡虎牙將精兵十萬餘人陳於朱雀航南，宦官王寶孫持白虎旛督戰，開航背水，以絕歸路。衍軍小卻，王茂下馬，單刀直前，其甥韋欣慶執鐵纏矟以翼之，鐵纏矟，以鐵線纏矟把。齊武陵王晃有銀纏矟。將，卽亮翻。陳，讀曰陣；下突陳同。背，蒲妹翻。纏，直彥翻。矟，色角翻。衝擊東軍，應時而陷。曹景宗縱兵乘之，呂僧珍縱火焚其營，將士皆殊死戰，鼓譟震天地。珍國等衆軍不能抗，王寶孫切罵諸將帥，帥，所類翻。直閤將軍席豪發憤，突陣而死。豪，驍將也，既死，士卒土崩，赴淮死者無數，積尸與航等，後至者乘之而濟。於是東昏侯諸軍望之皆潰。據齊書云：朱爵諸軍望之皆潰。蓋東昏侯自登朱爵門督戰也。衍軍長驅至宣陽門，諸將移營稍前。

陳伯之屯西明門，西明門，建康城西門也。每城中有降人出，伯之輒呼與耳語。耳語，附耳而語也。降，戶江翻；下同。衍恐其復懷翻覆，密語伯之曰：「聞城中甚忿卿舉江州降，欲遣刺客中卿，宜以爲慮。」復，扶又翻。語，牛倨翻。中，竹仲翻。伯之未之信。會東昏侯將鄭伯倫來降，衍使伯倫過伯之，謂曰：「城中甚忿卿，欲遣信誘卿以封賞，誘，音酉。須卿復降，當生割卿手足；卿若不降，復欲遣刺客殺卿。宜深爲備。」伯之懼，自是始無異志。蕭衍之使鄭伯倫，此孫子五間所謂因間也。須，待也。復，扶又翻。

戊寅，東昏寧朔將軍徐元瑜以東府城降。青、冀二州刺史桓和入援，屯東宮。己卯，和詐東昏，云出戰，因以其衆來降。光祿大夫張瓌棄石頭還宮。李居士以新亭降於衍，琅邪城主張木亦降。壬午，衍鎭石頭，命諸軍攻六門。東昏燒門內營署、官府，驅逼士民，悉入宮城，閉門自守。衍命諸軍築長圍守之。守，式又翻。考異曰：齊帝紀與梁帝紀敍此事先後多不同。按齊紀皆有甲子，今用梁紀事，以齊紀甲子次之。

楊公則屯領軍府壘北樓，與南掖門相對，嘗登樓望戰。城中遥見麾蓋，以神鋒弩射之，矢貫胡牀，左右失色。公則曰：「幾中吾腳！」談笑如初。射，而亦翻。幾，居依翻。中，竹仲翻。東昏夜選勇士攻公則栅，軍中驚擾；公則堅臥不起，徐命擊之，東昏兵乃退。公則所領皆湘州人，素號怯懦，城中輕之，每出盪，輒先犯公則壘；公則獎厲軍士，克獲更多。

先是，東昏遣軍主左僧慶屯京口，常僧景屯廣陵，李叔獻屯瓜步；及申胄自姑孰奔歸，使屯破墩，據梁書鄱陽王恢傳，破墩，即破岡，在曲阿界，秦始皇所鑿也。先，悉薦翻。墩，音敦。以爲東北聲援。至是，衍遣使曉諭，皆帥其衆來降。史言東昏唯孤城自守。使，疏吏翻。帥，讀曰率。衍遣弟輔國將軍秀鎮京口，輔國將軍恢鎮破墩，從弟寧朔將軍景鎮廣陵。景本名昺，李延壽作南史，避唐廟諱，改昺爲景，通鑑因之。

31 十一月，丙申，魏以驃騎大將軍穆亮爲司空；驃，匹妙翻。騎，奇寄翻。丁酉，以北海王詳爲太傅，領司徒。初，詳欲奪彭城王勰司徒，勰，音協。故譖而黜之；既而畏人議己，故但爲大將軍，至是乃居之。詳貴盛翕赫，將作大匠王遇多隨詳所欲，私以官物給之。李延壽曰：王遇本馮翊李潤鎮羌，其先爲羌中強族，自云姓王，後改爲鉗耳氏，至魏宣武時，復改爲王。坐事腐刑，累遷吏部尚書，爵宕昌公。司徒長史于忠責遇於詳前曰：「殿下，國之周公，阿衡王室，阿衡，謂如伊尹也。鄭玄曰：阿，倚也；衡，平也。伊尹湯所依倚以取平，故以爲官名。所須材用，自應關旨；關旨，謂關上旨也。何至阿諛附勢，損公惠私也！」遇既踧踖，踧，昌六翻。踖，資昔翻。踧踖，恭而不自安之貌。詳亦慚謝。忠每以鯁直爲詳所忿，嘗罵忠曰：「我憂在前見爾死，不憂爾見我死時也！」忠曰：「人生於世，自有定分；分，扶問翻。若應死於王手，避亦不免；若其不爾，王不能殺！」忠以討咸陽王禧功，封魏郡公，遷散騎常侍，兼武衛將軍。散，悉亶翻。騎，奇寄翻。詳因忠表讓之際，密勸魏主以忠爲列卿，令解左右，常侍、武衛之職，常在天子左右。聽其讓爵。於是詔停其封，優進太府卿。詳能以計疎于忠，而不知高肇已制其後矣。

32 巴東獻武公蕭穎胄以蕭璝與蔡道恭相持不決，憂憤成疾；蕭穎胄以蕭衍東伐，所向戰克，而己輔南康居江陵，近不能制蕭璝；外無以服姦雄之心而內有肘腋之寇，此其所以憂憤成疾也。璝，古回翻。壬午，卒。卒，子恤翻。夏侯詳祕之，使似其書者假爲教命，密報蕭衍，衍亦祕之。詳徵兵雍州，蕭偉遣蕭憺將兵赴之。璝等聞建康已危，衆懼而潰，璝及魯休烈皆降。乃發穎胄喪，贈侍中、丞相；於是衆望盡歸於衍。夏侯詳請與蕭憺共參軍國，詔以詳爲侍中、尚書右僕射，尋除使持節、撫軍將軍、荊州刺史。詳固讓于憺。乃以憺行荊州府州軍。【章：十二行本「軍」作「事」；乙十一行本同。】豈特衆望歸衍哉，西臺之權又歸於憺矣。憺，徒敢翻，又徒濫翻。使，疏吏翻。

33 魏改築圜丘於伊水之陽；齊明帝建武二年，魏孝文定圜丘於委粟山，今改之。水經：伊水出南陽縣西荀渠山，東北過陸渾新城縣，又東北過伊闕中，又東北至洛陽縣南而北入于洛。魏蓋立圜丘於洛陽之南，伊水之北。乙卯，始祀於其上。

34 魏鎮南將軍元英上書曰：「蕭寶卷荒縱日甚，虐害無辜。卷，讀曰捲。其雍州刺史蕭衍東伐秣陵，掃土興兵，順流而下；唯有孤城，更無重衞，此謂襄陽空虛也。乃皇天授我之日，曠世一逢之秋；此而不乘，將欲何待！臣乞躬帥步騎三萬，直指沔陰，襄陽在沔南；水南爲陰。帥，讀曰率。據襄陽之城，斷黑水之路。斷，丁管翻。水經註：黑水出南鄭北山，南流入漢。諸葛亮牋云：朝發南鄭，暮宿黑水，四五十里。英蓋謂得襄陽，則梁州之路斷也。昏虐君臣，自相魚肉；我居上流，威震遐邇。長驅南出，進拔江陵，則三楚之地一朝可收，太史公曰：楚有三：俗自淮、沛、陳、汝南、南郡，此西楚也；彭城以東，東海、吳、廣陵，此東楚也；衡山、九江、江南、豫章、長沙，此南楚也。岷、蜀之道自成斷絕。若取荆、湘，則岷、蜀趣建康之道亦絕矣。又命揚、徐二州聲言俱舉，魏揚州治壽陽，徐州治彭城。建業窮蹙，魚游釜中，可以齊文軌而大同，混天地而爲一。伏惟陛下獨決聖心，無取疑議；此期脫爽，爽，差也。并吞無日。」事寢不報。

車騎大將軍源懷上言：「蕭衍內侮，寶卷孤危，廣陵、淮陰等戍皆觀望得失。斯實天啓之期，并吞之會；宜東西齊舉，以成席卷之勢。若使蕭衍克濟，上下同心，豈唯後圖之難，亦恐揚州危逼。何則？壽春之去建康纔七百里，魏置揚州於壽春，見上卷上年。山川水陸，皆彼所諳。諳，烏含翻。彼若內外無虞，君臣分定，乘舟藉水，倏忽而至，未易當也。分，扶問翻。易，弋豉翻。今寶卷都邑有土崩之憂，邊城無繼援之望，廓淸江表，正在今日。」魏主乃以任城王澄爲都督淮南諸軍事、鎭南大將軍、開府儀同三司、揚州刺史，使爲經略；既而不果。使魏從二臣之計，畫江爲境，不待侯景之亂也。任，音壬。懷，賀之子也。源賀，禿髮傉檀之子，入魏，賜姓源氏。

東豫州刺史田益宗上表曰：「蕭氏亂常，君臣交爭，江外州鎭，中分爲兩，謂西陽以西盡歸蕭衍，歷陽以下猶屬建康也。東西抗峙，已淹歲時。民庶窮於轉輸，甲兵疲於戰鬬，事救於目前，力盡於麾下，無暇外維州鎭，綱紀庶方，藩城棋立，孤存而已。不乘機電掃，廓彼蠻疆，恐後之經略，未易於此。易，以豉翻。且壽春雖平，三面仍梗，鎭守之宜，實須豫設。義陽差近淮源，利涉津要，朝廷行師，必由此道。水經：淮水出南陽平氏縣胎簪山，東北過桐柏山，又東逕義陽縣，故曰義陽差近淮源。淮源淺狹，魏人行師以此地爲利涉津要。若江南一平，有事淮外，謂若蕭衍平定江南，勢必用兵淮外。須乘夏水汎長，列舟長淮；此謂江南用兵之常勢。汎長，知兩翻。師赴壽春，須從義陽之北，此謂魏師赴壽春之路。便是居我喉要，謂，義陽也。在慮彌深。義陽之滅，今實時矣。度彼不過須精卒一萬二千；度，徒洛翻。然行師之法，貴張形勢。請使兩荊之衆西擬隨、雍，兩荊，謂魏置荊州於穰城、東荊州於沘陽也。隨、雍，謂隨郡、襄陽也。雍，於用翻。揚州之卒頓于建安，得捍三關之援；然後二豫之軍直據南關，對抗延頭，二豫，謂魏置豫州於汝南、東豫州於新息也。南關，謂陰山關。延頭，在安陸界。遣一都督總諸軍節度，季冬進師，迄于春末，不過十旬，克之必矣。」考異曰：益宗傳曰：「世宗納之，遣元英攻義陽。」按英攻義陽在景明四年八月。此表言蕭氏君臣交爭，則是梁武攻東昏時。蓋益宗建策於今日，而行於後年耳。元英又奏稱：「今寶卷骨肉相殘，藩鎮鼎立。義陽孤絕，密邇王土，內無兵儲之固，外無糧援之期，此乃欲焚之鳥，不可去薪，去，羌呂翻。授首之寇，豈容緩斧！若失此不取，豈唯後舉難圖，亦恐更爲深患。今豫州刺史司馬悅已戒嚴垂發，東豫州刺史田益宗兵守三關，請遣軍司爲之節度。」魏主乃遣直寢羊靈引爲軍司。直寢，因直寢殿以爲官稱。益宗遂入寇。建寧太守黃天賜與益宗戰于赤亭，宋有建寧左郡，孝武大明八年，省建寧左郡爲建寧縣，屬西陽郡，後復爲郡。隋志：黃州麻城縣，舊置建寧郡。又，宋文帝元嘉二十五年，以豫部蠻民置二十八縣，赤亭其一也。水經註：舉水自湖陂城南流，逕赤亭下，謂之赤亭水。西陽五水蠻，赤亭其一也。天賜敗績。考異曰：魏帝紀：「七月乙未，田益宗破蕭寶卷將黃天賜於赤亭。」田益光傳：「景明初，蕭衍遣軍主吳子陽帥衆寇三關，益宗遣光城太守梅興之據長風城逆擊子陽，大破之，斬獲千餘級。」按吳子陽乃東昏將，非衍將也。且衍方與東昏相拒，何暇寇魏三關！此必益宗傳誤。「益光傳」當作「益宗傳」。

35 崔慧景之逼建康也，東昏侯拜蔣子文爲假黃鉞、使持節、相國、太宰、大將軍、錄尚書事、揚州牧、鍾山王；使，疏吏翻。及衍至，又尊子文爲靈帝，迎神像入後堂，使巫禱祀求福。

及城閉，城中軍事悉委王珍國；兗州刺史張稷入衞京師，以稷爲珍國之副。稷，瓌之弟也。張瓌時爲光祿大夫。

時城中實甲猶七萬人，東昏素好軍陳，與黃門、刀敕及宮人於華光殿前習戰鬬，詐作被創勢，使人以板搁去，用爲厭勝。好，呼到翻。陳，讀曰陣。被，皮義翻。創，初良翻。搁，音岡。厭，於叶翻，又於琰翻。常於殿中戎服、騎馬出入，以金銀爲鎧冑，具裝飾以孔翠。孔、翠，孔雀、翡翠也。鎧，苦亥翻。晝眠夜起，一如平常。聞外鼓叫聲，被大紅袍，登景陽樓屋上望之，今建康法寶寺，景陽樓故基也。被，皮義翻。弩幾中之。幾，居依翻。中，竹仲翻。

始，東昏與左右謀，以爲陳顯達一戰卽敗，崔慧景圍城尋走，謂衍兵亦然，敕太官辦樵、米爲百日調而已。調，徒釣翻，算度也。及大桁之敗，衆情兇懼。兇，凶勇翻。茹法珍等恐士民逃潰，故閉城不復出兵。復，扶又翻。既而長圍已立，塹柵嚴固；然後出盪，屢戰不捷。塹，士豔翻。東昏尤惜金錢，不肯賞賜；法珍叩頭請之，東昏曰：「賊來獨取我耶！何爲就我求物！」後堂儲數百具榜，榜，比朗翻，木片也。啓爲城防；東昏欲留作殿，竟不與。又督御府作三百人精仗，待圍解以擬屏除，屏，必郢翻。金銀雕鏤雜物，倍急於常。衆皆怨怠，不爲致力。外圍既久，城中皆思早亡，莫敢先發。

茹法珍、梅蟲兒說東昏曰：鏤，盧侯翻。爲，于僞翻。說，式芮翻。「大臣不留意，使圍不解，宜悉誅之。」王珍國、張稷懼禍，珍國密遣所親獻明鏡於蕭衍，衍斷金以報之。鏡所以照物；獻鏡者，欲衍照其心也。易大傳曰：二人同心，其利斷金。故衍取以爲報。斷，丁亂翻，王肅丁管翻。兗州中兵參軍【章：十二行本「軍」下有「馮翊」二字；乙十一行本同。】張齊，稷之腹心也，珍國因齊密與稷謀，同弒東昏。齊夜引珍國就稷，造膝定計，造，七到翻。造，至也。對席而坐，兩下促席俱前至膝，以定密謀，故曰造膝定計。齊自執燭；又以計告後閤舍人錢強。後閤舍人，蓋江左所置，使主殿後閤者也。按後閤舍人，常在宮中，觀徐龍駒事可見。十二月，丙寅夜，強密令人開雲龍門，珍國、稷引兵入殿，御刀豐勇之爲內應。豐勇之，右衛軍人，爲東昏所委任。姓譜：豐姓，鄭七穆子豐之後。東昏在含德殿作笙歌，寢未熟，聞兵入，趨出北戶，欲還後宮，門已閉。宦者黃泰平刀傷其膝，仆地，張齊斬之。東昏時年十九。稷召尚書右僕射王亮等列坐殿前西鍾下，令百僚署牋，以黃油裹東昏首，黃絹施油可以禦雨，謂之黃油。以黃油裹物，表可見裏，蓋欲蕭衍易於審視也。遣國子博士范雲等送詣石頭。考異曰：南史王亮傳曰：「張稷等議立湘東嗣王寶晊。領軍王瑩曰：『城閉已久，人情離解，征東在近，何不諮問！』」按時和帝已立，稷等知建康不可守，故弒東昏，豈敢復議立寶晊！今從齊紀。右衛將軍王志歎曰：「冠雖弊，何可加足！」取庭中樹葉挼服之，挼，奴禾翻，兩手相切摩也；今俗語云挼莎。僞悶，不署名。衍覽牋無志名，心嘉之。亮，瑩之從弟；志，僧虔之子也。王瑩，蕭衍引爲相國左長史。王僧虔，齊初位登台司。衍與范雲有舊，衍與雲同遊竟陵西邸，見一百三十六卷武帝永明二年。即留參帷幄。王亮在東昏朝，以依違取容。蕭衍至新林，百僚皆間道送款，朝，直遙翻。間，古莧翻。亮獨不遣。東昏敗，亮出見衍，衍曰：「顛而不扶，安用彼相！」亮曰：「若其可扶，明公豈有今日之舉！」論語，孔子曰：「危而不持，顛而不扶，則將焉用彼相矣。」衍引以詰王亮。城中出者，或被劫剝。楊公則親帥麾下陳於東掖門，衛送公卿士民，故出者多由公則營焉。彼，皮義翻。帥，讀曰率。衍使張弘策先入清宮，封府庫及圖籍。于時城內珍寶委積，弘策禁勒部曲，秋毫無犯。收潘妃及嬖臣茹法珍、梅蟲兒、王咺之等四十一人皆屬吏。陳，讀曰陣。茹，音如。咺，況晚翻。屬，之欲翻。

36 初，海陵王之廢也，事見一百三十九卷明帝建武元年。王太后出居鄱陽王故第，號宣德宮。乙【章：十二行本「乙」作「己」；乙十一行本同。】巳，蕭衍以宣德太后令追廢涪陵王為東昏侯，涪，音浮。褚后及太子誦並為庶人。以衍為中書監、大司馬、錄尚書事、驃騎大將軍、揚州刺史，封建安郡公，依晉武陵王遵承制故事，百僚致敬；不待西臺詔命而以宣德太后令高自署置，蕭衍之心，路人所知也，豈必待范雲、沈約發其端哉？武陵王遵事，見一百一十三卷晉安帝元興三年。以王亮為長史。壬申，更封建安王寶寅為鄱陽王。更，工衡翻。癸酉，以司徒、揚州刺史晉安王寶義為太尉，領司徒。

己卯，衍入屯閱武堂，下令大赦。又下令：「凡昏制謬賦、淫刑濫役外，可詳檢前原，悉皆除盪；「原」，南史作「源」。前源，謂日前興事之源也。「盪」字作「蕩」，音徒朗翻。其主守散失諸所損耗，精立科條，咸從原例。」原，赦也。守，式又翻。又下令：「通檢尚書衆曹，東昏時諸諍訟失理諍，讀曰爭。及主者淹停不時施行者，精加訊辯，依事議奏。」訊，問也。王制：三訊然後制刑。辯，別白也。左傳曰：子辯，君必辯焉。辯，兵免翻。又下令：「收葬義師，瘞逆徒之死亡者。」瘞，一計翻。潘妃有國色，衍欲留之，以問侍中、領軍將軍王茂，茂曰：「亡齊者此物，留之恐貽外議。」乃縊殺於獄，并誅嬖臣茹法珍等。縊，於賜翻，又於計翻。嬖，卑義翻，又博計翻。茹，音如。以宮女二千分賚將士。賚，洛代翻。乙酉，以輔國將軍蕭宏爲中護軍。

衍之東下也，豫州刺史馬仙琕擁兵不附衍，琕，部田翻。衍使其故人姚仲賓說之，說，輸芮翻。仙琕先爲設酒，乃斬於軍門以徇。衍又遣其族叔懷遠說之，仙琕曰：「大義滅親。」又欲斬之；軍中爲請，乃得免。說，式芮翻。爲，于僞翻。衍至新林，仙琕猶於江西日抄運船。豫州治歷陽，在大江之西。抄，楚交翻。衍圍宮城，州郡皆遣使請降，使，疏吏翻。降，戶江翻。吳興太守袁昂獨拒境不受命。昂，顗之子也。袁顗死於義嘉之難。衍使駕部郎考城江革曹魏置二十三郎，駕部其一也。杜佑曰：宋、齊駕部屬左民尚書。爲書與昂曰：「根本既傾，枝葉安附？今竭力昏主，未足爲忠；家門屠滅，非所謂孝。豈若翻然改圖，自招多福！」昂復書曰：「三吳內地，非用兵之所；況以偏隅一郡，何能爲役！自承麾旆屈止，莫不膝袒軍門。膝袒，謂膝行肉袒也。唯僕一人敢後至者，政以內揆庸素，文武無施，雖欲獻心，不增大師之勇；置其愚默，寧沮衆軍之威。沮，在呂翻。幸藉將軍含弘之大，可得從容以禮。竊以一餐微施，尚復投殞；從，千容翻。施，式豉翻。投殞，言投命殞身也。復，扶又翻。況食人之祿而頓忘一旦，非唯物議不可，亦恐明公鄙之，所以躊躇，未遑薦璧。」薦璧，謂銜璧而降也。薦，進也。昂問時事於武康令北地傅暎，吳分烏程、餘杭立永安縣；晉武帝太康元年，更名武康，屬吳興郡。暎曰：「昔元嘉之末，開闢未有，故太尉殺身以明節。袁淑贈太尉；淑死見一百二十七卷宋文帝元嘉三十年。司徒當寄託之重，理無苟全，所以不顧夷險以徇名義。司徒，謂昂父顗也；顗死見一百三十一卷宋明帝泰始二年。今嗣主昏虐，曾無悛改；荆、雍協舉，乘據上流，悛，丑緣翻。雍，於用翻。天人之意可知。願明府深慮，無取後悔。」及建康平，衍使豫州刺史李元履巡撫東土，敕元履曰：「袁昂道素之門，世有忠節，卽謂淑、顗也。天下須共容之，勿以兵威陵辱。」元履至吳興，宣衍旨；昂亦不請降，開門撤備而已。仙琕聞臺城不守，號泣謂將士曰：「我受人任寄，義不容降，君等皆有父母；我爲忠臣，君爲孝子，不亦可乎！」乃悉遣城內兵出降，餘壯士數十，閉門獨守。俄而兵入，圍之數十重。號，戶刀翻。重，直用翻。仙琕令士皆持滿，兵不敢近。近，其靳翻。日暮，仙琕乃投弓曰：「諸君但來見取，我義不降。」乃檻送石頭。衍釋之，使待袁昂至俱入，曰：「令天下見二義士。」衍謂仙琕曰：「射鉤、斬袪，昔人所美。卿勿以殺使斷運自嫌。」斷，音短。仙琕謝曰：「小人如失主犬，後主飼之，則復爲用矣。」飼，祥吏翻。復，扶又翻，又如字。衍笑，皆厚遇之。

丙戌，蕭衍入鎮殿中。

37 劉希祖既克安成，移檄湘部，始興內史王僧粲應之。僧粲自稱湘州刺史，引兵襲長沙。去城百餘里，於是湘州郡縣兵皆蜂起以應僧粲，唯臨湘、湘陰、瀏陽、羅四縣尚全。臨湘、羅二縣，自漢以來屬長沙郡。吳立瀏陽縣，亦屬長沙。宋蒼梧王元徽二年分益陽、湘西、羅及巴峽流民立湘陰縣，屬湘東郡。隋改臨湘爲長沙縣，潭州治所也。唐廢羅縣入湘陰，屬岳州。瀏陽今仍屬潭州。瀏，音留，又音柳。長沙人皆欲汎舟走，行事劉坦悉聚其舟焚之，遣軍主尹法略拒僧粲。戰數不利，數，所角翻。前湘州鎮軍鍾玄紹按當時州府官屬無鎮軍之稱，此必梁書之誤。潛結士民數百人，刻日翻城應僧粲。坦聞其謀，陽爲不知，因理訟至夜，而城門遂不閉以疑之。玄紹未發，明旦，詣坦問其故。坦久留與語，密遣親兵收其家書。玄紹在坐，而收兵已報，具得其文書本末。玄紹卽首服，坐，徂臥翻；下於坐同。首，手又翻。於坐斬之；焚其文書，餘黨悉無所問。衆愧且服，州郡遂安。法略與僧粲相持累月。建康城平，楊公則還州。僧粲等散走。王丹爲郡人所殺，王丹先以南康應劉希祖。劉希祖亦舉郡降。公則克己廉愼，輕刑薄賦，頃之，湘州戶口幾復其舊。幾，居依翻。

資治通鑑卷第一百四十五

端明殿學士兼翰林侍讀學士朝散大夫右諫議大夫充集賢殿修撰提舉西京嵩山崇福宮上柱國河內郡開國侯食邑一千八百戶食實封六百戶賜紫金魚袋臣司馬光　奉敕編集

後學天台胡三省　音註

梁紀一　起玄黓敦牂（壬午），盡閼逢涒灘（甲申），凡三年。

齊宣德太后詔蕭衍自建安郡公進爵梁公，衍志也。尋進爵爲王，尋受齊禪，國因號曰梁。

高祖武皇帝　諱衍，字叔達，小字練兒，南蘭陵中都里人，姓蕭氏。與齊同出淮陰令整，三世至順之，順之於齊高帝爲族弟，帝，順之之子也。按通鑑武皇帝紀凡十八卷，以一二爲次，此卷「武皇帝」之下合有「一」字。

天監元年（壬午、五〇二）自是年三月以前，猶是齊和帝中興二年。

1春，正月，齊和帝遣兼侍中席闡文等慰勞建康。勞，力到翻。

2大司馬衍下令：「凡東昏時浮費，自非可以習禮樂之容，繕甲兵之備者，餘皆禁絕。」

3戊戌，迎宣德太后入宮，臨朝稱制；衍解承制。衍承制見上卷上年。蹔解之以覘人心。朝，直遙翻。

4己亥，以寧朔將軍蕭昺監南兗州諸軍事。昺，衍之從父弟也。昺，兵永翻。昺與帝同祖治書侍御史道賜。監，工銜翻。從，才用翻。

5 壬寅，進大司馬衍都督中外諸軍事，劍履上殿，贊拜不名。上，時掌翻。

6 己酉，以大司馬長史王亮爲中書監、尚書令。

7 初，大司馬與黃門侍郎范雲、南清河太守沈約、司徒右長史任昉同在竟陵王西邸，事見一百三十六卷齊武帝永明二年。守，式又翻。任，音壬。昉，分兩翻。意好敦密，敦，厚也。好，呼到翻。至是，引雲爲大司馬諮議參軍、領錄事，衍錄尚書，其錄府事使雲領之。約爲驃騎司馬，爲衍驃騎大將軍府司馬。驃，匹妙翻。騎，奇寄翻。昉爲記室參軍，與參謀議。前吳興太守謝朏、國子祭酒何胤先皆棄官家居，齊明帝建武初，朏、胤皆棄官去。朏，敷尾翻。先，悉薦翻。衍奏徵爲軍諮祭酒，朏、胤皆不至。

大司馬內有受禪之志，沈約微扣其端，大司馬不應；他日，又進曰：「今與古異，不可以淳風期物。淳風，謂淳古之風也。士大夫攀龍附鳳，皆望有尺寸之功。今童兒牧豎皆知齊祚已終，明公當承其運，天文讖記又復炳然；讖，楚譖翻。天心不可違，人情不可失。苟曆數所在，雖欲謙光，亦不可得已。」易曰：謙尊而光。大司馬曰：「吾方思之。」約曰：「公初建牙樊、沔，此時應思；沔，彌兖翻。今王業已成，何所復思！若不早定大業，脫有一人立異，即損威德。且人非金石，時事難保，豈可以建安之封遺之子孫！復，扶又翻；下無復、豈復同。遺，唯季翻。若天子還都，公卿在位，則君臣分定，分，扶問翻。無復異心，君明於上，臣忠於下，豈復有人方更同公作賊！」大司馬然之。約出，大司馬召范雲告之，雲對略同約旨，大司馬曰：「智者乃爾暗同。卿明早將休文更來！」將，攜也，挾也，領也。休文，沈約字也。雲出，語約，約曰：「卿必待我！」雲許諾，而約先期入。語，牛倨翻。先，悉薦翻。大司馬命草具其事，約乃出懷中詔書幷諸選置，大司馬初無所改。俄而雲自外來，至殿門，不得入，徘徊壽光閤外，但云「咄咄！」江南禁中有壽光省。咄，當沒翻。毛晃曰：咄咄，咨嗟語也。約出，問曰：「何以見處？」約舉手向左，謂處之以尚書左僕射也。處，昌呂翻。雲笑曰：「不乖所望。」有頃，大司馬召雲入，嘆約才智縱橫，縱，子容翻。且曰：「我起兵於今三年矣，東昏侯永元二年十一月，衍起兵，至是首尾三年。功臣諸將實有其勞，將，即亮翻。然成帝業者，卿二人也。」

甲寅，詔進大司馬位相國，總百揆，揚州牧，封十郡爲梁公，時以豫州之梁郡、歷陽、南徐州之義興、揚州之淮南、宣城、吳興、會稽、新安、東陽凡十郡爲梁公國。相，息亮翻。備九錫之禮，置梁百司，去錄尚書之號，去，羌呂翻。驃騎大將軍如故。二月，辛酉，梁公始受命。

齊湘東王寶晊，晊，之日翻。安陸昭王緬之子也，緬，齊明帝之弟。緬，彌兗翻。頗好文學。好，呼到翻。東昏侯死，寶晊望物情歸己，坐待法駕。既而王珍國等送首梁公，梁公以寶晊爲太常，寶晊心不自安。壬戌，梁公稱寶晊謀反，幷其弟江陵公寶覽、汝南公寶宏皆殺之。

8 丙寅，詔梁國選諸要職，悉依天朝之制。朝，直遙翻。於是以沈約爲吏部尚書兼右僕射，范雲爲侍中。

梁公納東昏余妃，頗妨政事，范雲以爲言，梁公未之從。雲與侍中、領軍將軍王茂同入見，自沈約至王茂，皆梁國官也。見，賢遍翻。雲曰：「昔沛公入關，婦女無所幸，此范增所以畏其志大也。事見九卷漢高帝元年。今明公始定建康，海內想望風聲，柰何襲亂亡之迹，以女德爲累乎！」左傳：富辰曰：女德無極。杜預註云：婦女之志，近之則不知止足。累，力瑞翻。王茂起拜曰：「范雲言是也。公必以天下爲念，無宜留此。」梁公默然。雲卽請以余氏賚王茂，賚，洛代翻。梁公賢其意而許之。明日，賜雲、茂錢各百萬。

丙戌，詔梁公增封十郡，進爵爲王。時以豫州之南譙、廬江，江州之尋陽，郢州之武昌、西陽，南徐州之南琅邪、南東海、晉陵，揚州之臨海、永嘉十郡益梁國。癸巳，受命，赦國內及府州【章：十二行本「州」下有「所統」二字；乙十一行本同；孔本同；退齋校同。】殊死以下。自進爵爲王已上，凡詔皆以宣德太后稱制行之。

9 辛丑，殺齊邵陵王寶攸、晉熙王寶嵩、桂陽王寶貞。南史齊紀作「寶攸」，本傳作「寶脩」。三王皆明帝之子。

梁王將殺齊諸王，防守猶未急。鄱陽王寶寅家閹人顏文智與左右麻拱等密謀，穿牆夜出寶寅，具小船於江岸，著烏布襦，著，則略翻。襦，汝朱翻，短衣也。腰繫千餘錢，潛赴江側，躡屩徒步，足無完屩。屩，居勺翻，草履也。防守者至明追之，寶寅詐爲釣者，隨流上下十餘里，追者不疑。待散，乃渡西岸投民華文榮家，待散，待追者散也。華，戶化翻。文榮與其族人天龍、惠連棄家將寶寅遁匿山澗，賃驢乘之，晝伏夜行，抵壽陽之東城。魏戍主杜元倫馳告揚州刺史任城王澄，以車馬侍衛迎之。任，音壬。寶寅時年十六，徒步憔悴，悴，秦醉翻。見者以爲掠賣生口。澄待以客禮，寶寅請喪君斬衰之服，澄遣人曉示情禮，以喪兄齊衰之服給之。喪，息浪翻。衰，倉回翻。齊，音咨。澄帥官僚赴弔，寶寅居處有禮，一同極哀之節。禮，居君父之喪極哀。帥，讀曰率。處，昌呂翻。壽陽多其義故，皆受慰喭；撫而安之曰慰，弔生曰唁，唁，與喭同，魚戰翻。唯不見夏侯一族，夏侯之族本譙郡譙人，居于壽陽。夏，戶雅翻。以夏侯詳從梁王故也。澄深器重之。爲蕭寶寅貴顯於魏而不終張本。

10 齊和帝東歸，將東歸建康也。以蕭憺爲都督荆・湘等六州諸軍事、荆州刺史。憺，徒敢翻，又徒濫翻。荆州軍旅之後，公私空乏，憺厲精爲治，治，直吏翻。廣屯田，省力役，存問兵死之家，供其乏困。自以少年居重任，少，詩照翻。謂佐吏曰：「政之不臧，士君子所宜共惜。吾今開懷，卿其無隱！」於是人人得盡意，民有訟者皆立前待符敎，決於俄頃，曹無留事。荆人大悅。

11 齊和帝至姑孰，丙辰，下詔禪位于梁。

12 丁巳，廬陵王寶源卒。非疾也。寶源者，齊明帝第五子。

13 魯陽蠻魯北鷰等起兵攻魏潁州。魏置潁州於汝陰；又，潁川郡舊置潁州。

14 夏，四月，辛酉，宣德太后令曰：「西詔至，齊和帝雖已至姑孰，其地猶在建康之西，故曰西詔。帝憲章前代，憲章前代者，以前代爲法度也。敬禪神器于梁，明可臨軒，明，謂明旦也。遣使恭授璽紱，未亡人歸于別宮。」古者君薨，其夫人在者自稱未亡人。使，疏吏翻。璽，斯氏翻。紱，音弗。壬戌，發策，遣兼太保、尚書令亮等奉皇帝璽紱詣梁宮。亮，王亮也。丙寅，梁王卽皇帝位于南郊，大赦，改元。始改元天監。是日，追贈兄懿爲丞相，封長沙王，諡曰宣武，葬禮依晉安平獻王故事。懿爲東昏侯所殺，葬不成禮，今依晉葬安平王孚禮葬之。

丁卯，奉和帝爲巴陵王，宮于姑孰，優崇之禮，皆倣齊初。倣齊奉汝陰王之禮。奉宣德太后爲齊文帝妃，王皇后爲巴陵王妃。齊世王、侯封爵，悉從降省，降者，王降公，公降侯。省者，除其封國。省，所梗翻。唯宋汝陰王不在除例。備三恪也。

追尊皇考爲文皇帝，廟號太祖；皇妣爲獻皇后。考異曰：南史云五月追尊。今從梁書。追諡妃郗氏曰德皇后。東昏侯永元元年，郗氏卒于襄陽。郗，丑之翻。封文武功臣車騎將軍夏侯詳等十五人爲公、侯。騎，奇寄翻。立皇弟中護軍宏爲臨川王，南徐州刺史秀爲安成王，雍州刺史偉爲建安王，雍，於用翻。左衞將軍恢爲鄱陽王，荊州刺史憺爲始興王；以宏爲揚州刺史。

丁卯，以中書監王亮爲尚書令，相國左長史王瑩爲中書監，吏部尚書沈約爲尚書僕射，長兼侍中范雲爲散騎常侍、吏部尚書。

15 詔凡後宮、樂府、西解、暴室諸婦女一皆放遣。解，讀曰廨。一皆放遣，一切盡放遣之也。

16 戊辰，巴陵王卒。時上欲以南海郡爲巴陵國，徙王居之。沈約曰：「古今殊事，魏武所云『不可慕虛名而受實禍。』」沈約夢齊和帝劍斷其舌，天之報應固不爽也。上頷之，乃遣所親鄭伯禽詣姑孰，以生金進王，王曰：「我死不須金，醇酒足矣。」乃飲沈醉；沈，持林翻。伯禽就摺殺之。時年十五。摺，落合翻。

王之鎮荆州也，琅邪顏見遠爲録事參軍，及卽位，爲治書侍御史兼中丞，治，直之翻。既禪位，見遠不食數日而卒。史言齊臣以死殉和帝者僅一顏見遠。上聞之曰：「我自應天從人，曰從人者，避皇考順之諱也。何預天下士大夫事，而顏見遠乃至於此！」此言不可以訓。

17 庚午，詔：「有司依周、漢故事，議贖刑條格，舜典曰：金作贖刑。註曰：誤入而刑，出金以贖罪。周穆王訓夏贖刑，亦以五刑之辟，疑者罰贖。至漢文帝令民入粟以贖罪；武帝令死罪入贖，錢五十萬減死一等。蓋自虞及周疑誤者贖，漢則凡犯罪者皆可得而入贖。凡在官身犯鞭杖之罪，悉入贖停罰，其臺省令史、士卒欲贖者聽之。」

18 以謝沭縣公寶義爲巴陵王，奉齊祀。上之受禪也，寶義以晉安王降封謝沭縣公。晉志謝沭縣屬臨賀郡。沭，食聿翻。寶義幼有廢疾，不能言，故獨得全。

齊南康侯子恪及弟祁陽侯子範嘗因事入見，子恪、子範，齊豫章王嶷子也。祁陽縣，吳立，宋屬零陵郡。見，賢遍翻。上從容謂曰：從，千容翻。「天下公器，非可力取，苟無期運，雖項籍之力終亦敗亡。宋孝武性猜忌，兄弟粗有令名者皆鴆之，謂南平王鑠也。粗，坐五翻。朝臣以疑似枉死者相繼。謂顏竣、王僧達、周朗、沈懷文等。朝，直遙翻。然或疑而不能去，去，羌呂翻；下同。或不疑而卒爲患，如卿祖以材略見疑，而無如之何。此正指疑而不能去者，謂齊高帝也。卒，子恤翻。湘東以庸愚不疑，而子孫皆死其手。此正指不疑而卒爲患者，謂明帝盡殺孝武帝子孫也。我於時已生，彼豈知我應有今日！固知有天命者非人所害。我初平建康，人皆勸我除去卿輩以壹物心，我於時依而行之，誰謂不可！正以江左以來，代謝之際，必相屠滅，感傷和氣，所以國祚不長。又，齊、梁雖云革命，事異前世，我與卿兄弟雖復絕服，五服之親，至於袒免則無服矣。去，羌呂翻。復，扶又翻；下可復、無復同。宗屬未遠，齊業之初亦共甘苦，齊、宋禪代之際，帝父順之參預佐命。情同一家，豈可遽如行路之人！卿兄弟果有天命，非我所殺；若無天命，何忽行此！當足示無度量耳。且建武塗炭卿門，謂齊明帝建武中誅高、武子孫。我起義兵，非唯自雪門恥，亦爲卿兄弟報仇。爲，于僞翻。卿若能在建武、永元之世永元，齊東昏侯年號。撥亂反正，謂齊明帝父子爲亂，高、武子孫爲正。我豈得不釋戈推奉邪！我自取天下於明帝家，非取之於卿家也。昔劉子輿自稱成帝子，光武言：『假使成帝更生，天下亦不可復得，況子輿乎！』事見三十九卷漢更始元年。曹志，魏武帝之孫，爲晉忠臣。事見八十一卷晉武帝太康四年。況卿今日猶是宗室，我方坦然相期，卿無復懷自外之意！「無」，當作「毋」。小待，當自知我寸心。」子恪兄弟凡十六人，皆仕梁，子恪、子範、子質、子顯、子雲、子暉並以才能知名，歷官清顯，各以壽終。史言帝所誅夷者齊明帝之後，高帝之後固無恙也。

19 詔徵謝朏爲左光祿大夫、開府儀同三司，朏，敷尾翻。何胤爲右光祿大夫，何點爲侍中；胤、點終不就。

20 癸酉，詔「公車府謗木、肺石傍各置一函，周禮大司寇以肺石達窮民，註云：肺石，赤石也。肺，芳廢翻。若肉食莫言，欲有橫議，投謗木函；杜預曰：肉食，在位者。布衣處士而議朝政，謂之橫議。橫，戶孟翻。若以功勞才器冤沈莫達，投肺石函。」沈，持林翻。

上身服浣濯之衣，常膳唯以菜蔬。每簡長吏，務選廉平，皆召見於前，勗以政道。見，賢遍翻。勗，許玉翻，勉也。擢尚書殿中郎到溉爲建安內史，左戶侍郎劉鬷爲晉安太守，杜佑曰：宋、齊度支尚書統度支、左戶、右戶、金部、庫部六曹。鬷，子公翻。沈約曰：建安本閩越，秦立爲閩中郡，漢武帝滅閩越，徙其民於江、淮間，虛其地，後有遁逃山谷間者頗出，立爲冶縣，屬會稽。司馬彪云：章安是故冶。然則臨海亦冶地也。後分冶地爲會稽東、南二部都尉；東部，臨海是也；南部，建安是也。吳孫休永安三年，分南部立爲建安郡，晉武帝太康三年分建安立晉安郡。詳考沈志，建安郡則今南劍、邵武、建寧之地，晉安郡則今福州之地，沈志，洪氏隸釋辯之甚詳，註已見前。二人皆以廉潔著稱。溉，彥之曾孫也。到彥之，宋文帝將。又著令：「小縣令有能，遷大縣，大縣有能，遷二千石。」以山陰令丘仲孚爲長沙內史，武康令東海何遠爲宣城太守，由是廉能莫不知勸。

21 魯陽蠻圍魏湖陽，湖陽縣，漢屬南陽郡，晉省，元魏後於此置西淮安郡及南襄州，隋爲湖陽縣，唐并湖陽，入棗陽縣。撫軍將軍李崇將兵擊破之，將，卽亮翻。斬魯北鷰，徙萬餘戶於幽、幷諸州及六鎮，尋叛南走，所在追討，比及河，殺之皆盡。比，必利翻。

22 閏月，丁巳，魏頓丘匡公穆亮卒。謚法：貞心大度曰匡。

23 齊東昏侯嬖臣孫文明等，雖經赦令，猶不自安，五月，乙亥夜，帥其徒數百人，因運荻炬，束仗入南、北掖門作亂，荻炬者，束荻爲火炬用也。因運此，遂束兵仗於荻中以入。嬖，卑義翻，又傳計翻。帥，讀曰率。燒神虎門、總章觀，入衞尉府，殺衞尉洮陽愍侯張弘策。觀，古玩翻。洮陽縣屬零陵郡。洮，音兆。前軍司馬呂僧珍直殿內，以宿衞兵拒之，不能卻。上戎服御前殿，曰：「賊夜來，是其衆少，曉則走矣。」少，詩沼翻。命擊五鼓，領軍將軍王茂、驍騎將軍張惠紹聞難，引兵赴救，盜乃散走，討捕，悉誅之。擊五鼓，晉檀祇破司馬國璠之故智也。驍，堅堯翻。騎，奇寄翻。難，乃旦翻。

24 江州刺史陳伯之，目不識書，得文牒辭訟，唯作大諾而已，有事，典籤傳口語，與奪決於主者。伯之手不能書，典籤傳其口之所言。豫章人鄧繕、永興人戴永忠漢會稽諸暨縣，吳更名永興。有舊恩於伯之，伯之以繕爲別駕，永忠爲記室參軍。河南褚緭居建康，緭，于貴翻。考異曰：魏書蕭寶寅傳作「褚胃」，今從梁書。素薄行，仕宦不得志，頻造尚書范雲，雲不禮之。行，下孟翻。造，七到翻。范雲時爲吏部尚書。緭怒，私謂所親曰：「建武以後，草澤下族悉化成貴人，吾何罪而見棄！今天下草創，饑饉不已，喪亂未可知。喪，息浪翻。陳伯之擁強兵在江州，非主上舊臣，有自疑之意；且熒惑守南斗，詎非爲我出邪！晉天文志：將有天子之事，占於南斗。南斗六星，天廟也，主兵。爲，于僞翻。今者一行事若無成，入魏不失作河南郡守。」守，式又翻。遂投伯之，大見親狎。伯之又以鄉人朱龍符爲長流參軍，陳伯之，濟陰人。職官分紀：長流參軍主禁防。晉從公府有長流參軍；小府無長流參軍，置禁防參軍。顏氏家訓：或問：何故名治獄參軍爲長流？答曰：帝王世紀云，帝少昊崩，其神降于長流之山。此事本出山海經，於祀主秋。按周禮秋官司寇主刑罰。長流之職，漢、魏捕賊掾耳；晉、宋以來，始爲參軍，上屬司寇，故取秋帝所居爲嘉名焉。並乘伯之愚闇，恣爲姦利。

上聞之，使陳虎牙私戒伯之，又遣人代鄧繕爲別駕，伯之並不受命，表云：「龍符驍勇，驍，堅堯翻。鄧繕有績效；臺所遣別駕，請以爲治中。」繕於是日夜說伯之云：「臺家府藏空竭，復無器仗，三倉無米，東境饑流，三倉，太倉、石頭倉及常平倉。又按五代史志，梁司農卿主農功倉廩，統太倉等令，又管左、右、中部三倉丞。東境，三吳、會稽之地。說，式芮翻。復，扶又翻；下若復同。此萬世一時也。機不可失！」縉、永忠共贊成之。伯之謂縉：「今啓卿，若復不得，卽與卿共反。」上敕伯之以部內一郡處縉，處，昌呂翻。於是伯之集府州僚佐謂曰：「奉齊建安王教，帥江北義勇十萬，已次六合，齊建安王，蕭寶寅也，時奔魏。據宋史〔書〕，六合山在烏江縣界。五代志：江都郡六合縣，宋、齊之秦郡尉氏縣也。帥，讀曰率，下同。見使以江州見力運糧速下。見力之見，賢遍翻。我荷明帝厚恩，誓死以報。」卽命纂嚴，使縉詐爲蕭寶寅書以示僚佐，於聽事前爲壇，歃血共盟。

縉說伯之曰：荷，下可翻。聽，讀曰廳。歃，色甲翻。說，式芮翻。「今舉大事，宜引衆望。長史程元沖，不與人同心；臨川內史王觀，僧虔之孫，人身不惡，可召爲長史以代元沖。」觀，古玩翻。伯之從之，仍以縉爲尋陽太守，永忠爲輔義將軍，龍符爲豫州刺史。觀不應命。豫章太守鄭伯倫起郡兵拒守。程元沖既失職於家，合帥數百人，合衆而帥之以攻伯之。乘伯之無備，突入至聽事前；聽，讀與廳同。伯之自出格鬭，元沖不勝，逃入廬山。廬山在江州南。伯之密遣信報虎牙兄弟，皆逃奔盱眙。盱眙，音吁怡。

戊子，詔以領軍將軍王茂爲征南將軍、江州刺史，帥衆討之。

25 魏揚州小峴戍主党法宗党，底朗翻，姓也。杜佑通典德浪翻。峴，戶典翻；下同。襲大峴戍，破之，虜龍驤將軍邾菩薩。驤，思將翻。菩，薄乎翻。薩，桑葛翻。

26 陳伯之聞王茂來，謂褚緭等曰：「王觀既不就命，鄭伯倫又不肯從，便應空手受困。今先平豫章，開通南路，多發丁力，益運資糧，然後席卷北向，以撲飢疲之衆，不憂不濟。」卷，讀曰捲。北向，謂北下攻建康也。撲，普木翻。六月，留鄉人唐蓋人守城，守尋陽城。引兵趣豫章，攻伯倫，不能下。趣，七喻翻。王茂軍至，伯之表裏受敵，遂敗走，間道渡江，與虎牙等及褚緭俱奔魏。間，古莧翻。

27 上遣左右陳建孫送劉季連子弟三人入蜀，使諭旨慰勞。勞，力到翻。季連受命，飭還裝，益州刺史鄧元起始得之官。

初，季連爲南郡太守，不禮於元起。鄧元起，南郡當陽人。都錄朱道琛有罪，都錄，蓋郡之首吏，總錄諸吏者也。琛，丑林翻。季連欲殺之，逃匿得免。至是，道琛爲元起典籤，說元起曰：說，式芮翻；下或說同。「益州亂離已久，公私虛耗。劉益州臨歸，豈辦遠遣迎候！道琛請先使檢校，使，疏吏翻。緣路奉迎，不然，萬里資糧，未易可得。」元起許之。道琛既至，言語不恭，又歷造府州人士，見器物，輒奪之，有不獲者，語曰：易，以豉翻。造，七到翻。語，牛倨翻。「會當屬人，何須苦惜！」於是軍府大懼，謂元起必誅季連，禍及黨與，競言之於季連。季連亦以爲然，且懼昔之不禮於元起，乃召兵算之，有精甲十萬，歎曰：「據天險之地，握此強兵，進可以匡社稷，退不失作劉備，捨此安之！」遂召佐史，矯稱齊宣德太后令，聚兵復反，收朱道琛，殺之。史言劉季連阻兵，釁起於朱道琛。召巴西太守朱士略及涪令李膺，並不受命。涪，音浮。是月，元起至巴西，士略開門納之。

先是，蜀民多逃亡，聞元起至，爭出投附，皆稱起義兵應朝廷，軍士新故三萬餘人。新，謂蜀民新附者；故，謂元起從行者。先，式薦翻。元起在道久，糧食乏絕，或說之曰：「蜀土政慢，民多詐疾，若檢巴西一郡籍注，因而罰之，所獲必厚。」謂民多詐疾，注之於籍，以避征役。說，輸芮翻。元起然之。李膺諫曰：「使君前有嚴敵，後無繼援，山民始附，於我觀德。言山民觀望，我德則附，否則攜貳。使，疏吏翻。若糾以刻薄，民必不堪，衆心一離，雖悔無及。何必起疾可以濟師！起疾，謂糾之以刻薄，民所不堪，則是興長病端。一曰：起疾，謂起詐疾者。杜預曰：濟，益也。膺請出圖之，不患資糧不足也。」元起曰：「善。一以委卿！」膺退，帥富民上軍資米，帥，讀曰率。上，時掌翻。得三萬斛。

28 秋，八月，丁未，命尚書刪定郎濟陽蔡法度損益王植之集註舊律，王植之集定張、杜律見一百三十七卷齊武帝永明九年。濟，子禮翻。爲梁律，仍命與尚書令王亮、侍中王瑩、尚書僕射沈約、吏部尚書范雲等九人同議定。

29 上素善鍾律，欲釐正雅樂，乃自制四器，名之爲「通」。五代史志：通，受聲廣九寸，宣聲長九尺，臨岳高一寸二分。每通皆施三絃。一曰玄英通，二曰青陽通，三曰朱明通，四曰白藏通。每通施三絃，黃鍾絃用二百七十絲，長九尺，應鍾絃用一百四十二絲，長四尺七寸四分差強，中間十律，以是爲差。黄鍾律長九寸，引而伸之爲九尺。應鍾律長四寸二十七分寸之二十，引而伸之爲四尺七寸四分差強。中間十律以是爲差者，卽上生、下生，三分益一、三分去一之數也。長，直亮翻；下同。因以通聲轉推月氣，悉無差違，而還得相中。又制十二笛，黄鍾笛長三尺八寸，應鍾笛長二尺三寸，中間十律以是爲差，以寫通聲，飲古鍾玉律，並皆不差。樂有飲聲，飲者隨其聲而酌其清濁高下也。鄭譯因琵琶七調，以其所捻琵琶絃柱相飲爲七均，合成十二，以應十二律是也。於是被以八音，八音，金、石、絲、竹、匏、土、革、木。被，皮義翻。施以七聲，七聲，宫、商、角、徵、羽及變宫、變徵。莫不和韻。先是，宫懸止有四鎛鍾，雜以編鍾、編磬、衡鍾凡十六虡。古者天子宫懸。周禮註云：宫懸，四面。四面象宫室有牆，故謂之宫懸。凡鍾十六枚同在于虡，謂之編鍾。特懸者謂之鎛鍾。爾雅曰：大鍾謂之鎛。編磬亦十六枚而同虡。先，悉薦翻。鎛，補各翻。虡，其呂翻。上始命設十二鎛鍾，各有編鍾、編磬，凡三十六虡，而去衡鍾，四隅植建鼓。建鼓，大鼓也，少昊氏作之爲建鼓之節。去，羌呂翻。

30 魏高祖之喪，前太傅平陽公丕自晉陽來赴，此太和二十三年事。遂留洛陽。丕年八十餘，歷事六世，丕，拓跋翳槐之曾孫，從世祖臨江，歷景穆、文成、獻文、孝文及今主凡六世。位極公輔，而還爲庶人。丕得罪見一百四十一卷齊明帝建武四年。魏主以其宗室耆舊，矜而禮之。乙卯，以丕爲三老。

31 魏揚州刺史任城王澄表請攻鍾離，魏主使羽林監敦煌范紹詣壽陽，共量進止。澄曰：

「當用兵十萬，往來百日，乞朝廷速辦糧仗。」紹曰：「今秋已向末，方欲調發，任，音壬。敦，徒門翻。量，音良。調，徒弔翻。兵仗可集，糧何由致！有兵無糧，何以克敵！」澄沈思良久曰：「實如卿言。」乃止。沈，持林翻。

32 九月，丁巳，魏主如鄴。冬，十月，庚子，還至懷，與宗室近侍射遠，帝射三百五十餘步，羣臣刻銘以美之。甲辰，還洛陽。

33 十一月，己未，立小廟以祭太祖之母，太祖之母，帝祖母也。每祭太廟畢，以一太牢祭之。

34 甲子，立皇子統爲太子。

35 魏洛陽宮室始成。齊武帝永明十一年魏始營洛陽，至是宮室乃成。

36 十二月，將軍張囂之侵魏淮南，取木陵戍；魏任城王澄遣輔國將軍成興擊之，【章：十二行本「之」下有「甲辰」二字；乙十一行本同；孔本同；張校同。】囂之敗走，魏復取木陵。水經註，木陵山在黃水西南，有木陵關。黃水東逕晉西陽城南，又東逕南光城南，又東逕弋陽郡東，又東北入于淮，謂之黃口。唐志，木陵關在光州光山縣南、黃州麻城縣東北。復，扶又翻。

37 劉季連遣其將李奉伯等拒鄧元起，將，即亮翻。元起與戰，互有勝負。久之，奉伯等敗，還成都，元起進屯西平。晉安帝以秦、雍流民立懷寧郡，宋文帝元嘉十六年寄治成都，其屬縣有西平，蓋亦寄治成都城外，遂爲實土。季連驅略居民，閉城固守。元起進屯蔣橋，去成都二十里，留輜重於琕。奉伯等間道襲琕，陷之，重，直用翻。郫，音疲。間，古莧翻。軍備盡沒。元起捨琕，徑圍州城；城局參軍江希之謀以城降，不克而死。宋有十八曹參軍，城局其一也。降，戶江翻。

38魏陳留公主寡居，僕射高肇、秦州刺史張彝皆欲尚之，公主許彝而不許肇。肇怒，譖彝於魏主，【章：十二行本「主」下有「彝」字；乙十一行本同；孔本作「尋」字；張校與孔本同。】坐沈廢累年。沈，持林翻。

39是歲，江東大旱，米斗五千，民多餓死。

二年（癸未、五〇三）

1春，正月，乙卯，以尚書僕射沈約爲左僕射，吏部尚書范雲爲右僕射，尚書令王亮爲左光祿大夫。丙辰，亮坐正旦詐疾不登殿，削爵，廢爲庶人。

2乙亥，魏主耕籍田。

3魏梁州氐楊會叛，行梁州事楊椿等討之。齊東昏永元二年書魏梁州刺史楊椿招降氐王楊集始，今乃爲行梁州事，當考。

4成都城中食盡，升米三千，人相食。劉季連食粥累月，計無所出。上遣主書趙景悅宣詔受季連降，降，戶江翻；下同。季連肉袒請罪。鄧元起遷季連于城外，俄而造焉，待之以禮。造，七到翻。季連謝曰：「早知如此，豈有前日之事！」蓋言前日所以阻兵拒命，實爲朱道琛搆間也。

琕城亦降。元起誅李奉伯等，送季連詣建康。初，元起在道，懼事不集，無以爲賞，士之至者皆許以辟命，於是受別駕、治中檄者將二千人。

季連至建康，入東掖門，數步一稽顙，以至上前。稽，音啓。上笑曰：「卿欲慕劉備，而曾不及公孫述，謂公孫述不肯降漢也。豈無臥龍之臣邪！」臥龍，謂諸葛孔明。赦爲庶人。

5 三月，己巳，魏皇后蠶於北郊。

6 庚辰，魏揚州刺史任城王澄遣長風城【章：十二行本「城」作「戍」；乙十一行本同；孔本同；退齋校同；熊校同。】主奇道顯入寇，姓譜，奇姓，伯奇之後。取陰山、白藁二戍。據水經註，陰山關在弋陽縣西南；唐志，黃州麻城縣東北有陰山關。

7 蕭寶寅伏於魏闕之下，此魏朝之闕門也。闕卽古之象魏。請兵伐梁，雖暴風大雨，終不蹔移；會陳伯之降魏，亦請兵自效。魏主乃引八坐、門下入定議。八坐，謂令、僕及諸曹尚書。門下，謂侍中、散騎常侍等官。蹔，與暫同。降，戶江翻。坐，徂臥翻。夏，四月，癸未朔，以寶寅爲都督東揚等三州諸軍事、鎭東將軍、揚州刺史、丹楊公、齊王，禮賜甚厚，配兵一萬，令屯東城；此蓋漢、晉之東城縣地，以其地在壽陽之東，故置東揚州。以伯之爲都督淮南諸軍事、平南將軍、江州刺史，屯陽石，卽羊石城也，在廬江西北，霍丘東南。俟秋冬大舉。寶寅明當拜命，明，謂明旦也。自夜慟哭至晨。魏人又聽寶寅募四方壯勇，得數千人，以顏文智、華文榮等六人皆爲將軍、軍主。顏文智將寶寅投華文榮，文榮等將寶寅投北。華，戶花翻。寶寅志性雅重，過期猶絕酒肉，禮，爲兄弟服期喪。慘形悴色，蔬食粗衣，未嘗嬉笑。悴，秦醉翻。

8 癸卯，蔡法度上梁律二十卷，上，時掌翻。令三十卷，科四十卷。詔班行之。

9 五月，丁巳，霄城文侯范雲卒。霄城縣侯也。五代志：沔陽郡竟陵縣，舊曰霄城。卒，子恤翻；下同。雲盡心事上，知無不爲，臨繁處劇，處，昌呂翻。精力過人。及卒，衆謂沈約宜當樞管，樞管，謂管樞機也。今人猶謂樞密院爲樞管。以此觀之，沈約位雖在范雲之右，而親任不及雲遠矣。上以約輕易，易，以豉翻。不如尚書左丞徐勉，乃以勉及右衛將軍【章：十二行本「軍」下有「汝南」二字；乙十一行本同；孔本同；退齋校同。】周捨同參國政。捨雅量不及勉，而清簡過之，兩人俱稱賢相，常留省內，罕得休下。休下，謂休偃下直也。勉或時還宅，羣犬驚吠；每有表奏，輒焚其藁。捨豫機密二十餘年，未嘗離左右，離，力智翻。國史、詔誥、儀體、法律、軍旅謀謨皆掌之，與人言謔，終日不絕，謔，迄却翻，戲言也。而竟不漏泄機事，衆尤服之。史究言二人終身大概。

10 壬申，斷諸郡縣獻奉二宮，惟諸州及會稽許貢任土，若非地產，亦不得貢。斷，音短；下頻斷同。二宮，上宮及東宮也。會稽，東土大郡也。故使之同於諸州。

11 甲戌，魏楊椿等大破叛氐，斬首數千級。是年春，氐楊會叛。

12 六月，壬午朔，魏立皇弟悅爲汝南王。

13 魏揚州刺史任城王澄表稱：「蕭衍頻斷東關，斷，音短。欲令巢湖汎溢以灌淮南諸戍。吳、楚便水，且灌且掠，淮南之地將非國有。壽陽去江五百餘里，衆庶惶惶，並懼水害，脫乘民之願，攻敵之虚，豫勒諸州，纂集士馬，有【章：十二行本「有」作「首」；乙十一行本同；孔本同；退齋校同。】秋大集，應機經略，雖混壹不能必果，江西自是無虞矣。」丙戌，魏發冀、定、瀛、相、并、濟六州二萬人，馬一千五百匹，相，息亮翻。濟，子禮翻。令仲秋之中畢會淮南，并壽陽先兵三萬，先兵，先屯壽陽之兵。委澄經略；蕭寶寅、陳伯之皆受澄節度。

14 謝朏輕舟出詣闕，朏，敷尾翻。詔以爲侍中、司徒、尚書令。朏辭腳疾不堪拜謁，角巾自輿詣雲龍門謝。詔見於華林園，見，賢遍翻。乘小車就席。明旦，上幸朏宅，謝朏仕宋及齊，有宅在建康。宴語盡懽。朏固陳本志，不許；因請自還東迎母，許之。臨發，上復臨幸，復，扶又翻。賦詩餞別；王人送迎，相望於道。凡將上命者皆謂之王人。及還，詔起府於舊宅，禮遇優異。朏素憚煩，不省職事，衆頗失望。謝朏之於樊英又不及遠甚。省，悉景翻。

15 甲午，以中書監王瑩爲尚書右僕射。

16 秋，七月，乙卯，魏平陽平公丕卒。

17 魏既罷鹽池之禁，魏主踐阼之初，中尉甄琛表弛鹽禁，彭城王勰與邢巒以爲不可，魏主詔從琛請。通鑑目錄已提其要，此事合載於一百四十三卷齊東昏永元二年，而通鑑正文逸其事，錯簡置於百四十六卷天監五年。而

其利皆爲富強所專。庚午，復收鹽池利入公。復，扶又翻。

18 辛未，魏以彭城王勰爲太師，勰，音協。勰固辭。魏主賜詔敦諭，又爲家人書，祈請懇至；爲家人書，用家人叔姪之禮也。勰不得已，受命。

19 八月，庚子，魏以鎮南將軍元英都督征義陽諸軍事。司州刺史蔡道恭聞魏軍將至，遣驍騎將軍楊由帥城外居民三千餘家保賢首山，爲三柵。驍，堅堯翻。騎，奇寄翻。帥，讀曰率。冬，十月，元英勒諸軍圍賢首柵，柵民任馬駒斬由降魏。任，音壬。降，戶江翻。

任城王澄命統軍党法宗、傅豎眼、太原王神念等分兵寇東關、大峴、淮陵、九山，「淮陵」，恐當作「睢陵」。齊置徐州於鍾離，又僑置濟陰郡睢陵縣於郡界。五代志：鍾離郡化明縣，舊曰睢陵，置濟陰郡。化明，唐濠州之招義縣也。或曰：宋志，南徐州領淮陵郡，睢陵、淮陵皆屬漢徐部，是時既置徐州於鍾離，則亦置淮陵於鍾離界，未可知也。魏收志，陳留、鍾離二郡有朝歌縣，縣有九山城、黃溪水。按水經註，黃水出黃武山，東北流，逕南光城、弋陽等郡。今按今招信軍盱眙縣西南一十五里有三城，又西十五里至淮陵，城臨池河，池河過淮陵城西而北，入于淮，謂之池河口。九山店在淮北，南直淮陵。九山店之東則陷堈湖，南則馬城。淮流至此，謂之九山灣。其東則鳳凰州，在淮水中，約長十里。今土人亦呼九山灣爲獅子渡，北兵渡淮之津要也。峴，戶典翻。高祖珍將三千騎爲遊軍，澄以大軍繼其後。豎眼，靈越之子也。傅靈越從薛安都起兵，攻張永以應義嘉，兵潰而死。豎，而主翻。魏人拔關要、潁川、大峴三城，魏收志，霍州有北潁川郡，領潁川等三縣。水經註，梁立霍州，治灊縣天柱山。白塔、牽城、清溪皆潰。徐州刺史司馬明素將兵三千救九山，將，即亮翻；下同。徐州長史潘伯鄰救淮陵，寧朔將軍王燮保焦城。党法宗等進拔焦城，破淮陵，十一月，壬午，擒明素，斬伯鄰。

先是，南梁太守馮道根戍阜陵，馮道根傳，以南梁太守領阜陵戍。先，悉薦翻。初到，修城隍，遠斥候，如敵將至，衆頗笑之。道根曰：「怯防勇戰，此之謂也。」其周防若怯，而臨戰則勇。城未畢，党法宗等衆二萬奄至城下，衆皆失色。道根命大開門，緩服登城，選精銳二百人出與魏兵戰，破之。魏人見其意思閒暇，思，相吏翻。戰又不利，遂引去。道根將百騎擊高祖珍，破之。騎，奇寄翻。魏諸軍糧運絕，引退。以道根爲豫州刺史。此時梁豫州治晉熙，道根蓋猶戍阜陵，特帶刺史耳。

20 武興安王楊集始卒。己未，魏立其世子紹先爲武興王；紹先幼，國事決於二叔父集起、集義。

21 乙亥，尚書左僕射沈約以母憂去職。

22 魏既遷洛陽，北邊荒遠，因以饑饉，百姓困弊。魏主加尚書左僕射源懷侍中、行臺，魏道武置行臺之官於鄴中山，今置於北邊。杜佑曰：魏末司馬師討諸葛誕，散騎常侍裴秀、尚書僕射陳泰、黃門侍郎鍾會等以行臺從。北齊行臺兼統民事自辛術始，隋謂之行臺省。使持節巡行北邊六鎮、恆・燕・朔三州，六鎮，列置於三州塞下。使，疏吏翻；下同。行，下孟翻。恆，戶登翻。燕，因肩翻。賑給貧乏，考論殿最，既使之賑恤貧民，又使之按察官吏。殿，丁練翻。事之得失皆先決後聞。懷通濟有無，飢民賴之。沃野鎮將于祚，沃野，漢朔方郡之屬縣也。魏平赫連，與統萬同置鎮，不在六鎮之數。將，即亮翻；下同。皇后之世父，世父，伯父承世嫡者。與懷通婚。時于勁方用事，勢傾朝野，朝，直遙翻。祚頗有受納。懷將入鎮，祚郊迎道左，懷不與語，即劾奏免官。劾，戶概翻，又戶得翻；下同。懷朔鎮將元尼須與懷舊交，貪穢狼籍，蘇鶚演義曰：狼籍者，物雜亂之貌；狼所臥籍之草皆穢亂。置酒請懷，謂懷曰：「命之長短，繫卿之口，豈可不相寬貸！」懷曰：「今日源懷與故人飲酒之坐，坐，徂臥翻。非鞫獄之所也。明日，公庭始爲使者檢鎮將罪狀之處耳。」尼須揮淚無以對，竟按劾抵罪。懷又奏：「邊鎮事少而置官猥多，少，詩沼翻。沃野一鎮自將以下八百餘人，將，謂鎮將也。將，即亮翻。請一切五分損二。」魏主從之。

23 乙酉，將軍吳子陽與魏元英戰於白沙，子陽敗績。白沙在齊安郡界。魏收志，有沙州，治白沙關城，註云梁置。唐志，黃州黃陂縣有白沙關。

24 魏東荆州蠻樊素安作亂，乙酉，以左衞將軍李崇爲鎮南將軍、都督征蠻諸軍事，將步騎討之。將，即亮翻。騎，奇寄翻。

25 馮翊吉翂父爲原鄉令，翂，撫文翻。漢靈帝中平二年分故鄣立原鄉縣，屬吳興郡。爲姦吏所誣，逮詣廷尉，罪當死。翂年十五，檛登聞鼓，乞代父命。檛，則瓜翻。上以其幼，疑人教之，使廷尉卿蔡法度嚴加誘脅，取其款實。誘者，開之以生路；脅者，威之以纆索杻械，示將拷訊之。款，誠也。誘，音酉。法度盛陳拷訊之具，詰翂曰：「爾求代父，敕已相許，審能死不？所謂脅之也。拷，音考。詰，去吉翻。不，讀曰否。且爾童騃，若爲人所教，亦聽悔異。」騃，五駭翻。所謂誘之也。悔異，猶律文所謂翻異。翂曰：「囚雖愚幼，豈不知死之可憚！顧不忍見父極刑，故求代之。此非細故，柰何受人教邪！明詔聽代，不異登仙，豈有回貳！」反前說爲回，異前說爲貳。法度乃更和顏誘之曰：「主上知尊侯無罪，行當得釋，觀君足爲佳童，今若轉辭，幸可父子同濟。」翂曰：「父挂深劾，必正刑書；囚瞑目引領，唯聽大戮，劾，戶概翻，又戶得翻。瞑，莫定翻。無言復對。」時翂備加杻械，法度愍之，命更著小者，復，扶又翻。杻，女九翻。更，工衡翻。著，陟略翻。翂不聽，曰：「死罪之囚，唯宜益械，豈可減乎！」竟不脫。法度具以聞，上乃宥其父罪。

丹楊尹王志求其在廷尉事，并問鄉里，欲於歲首舉充純孝。魏、晉以來舉士皆由州鄉，故問其鄉里。翂曰：「異哉王尹，何量翂之薄乎！父辱子死，道固當然；若翂當此舉乃是因父取名，何辱如之！」固拒而止。量，音良。翂之拒王志是也；梁武帝知翂之孝節而不能敍用以厲流俗，非也。

26 魏主納高肇兄偃之女爲貴嬪。嬪，毗賓翻。

27 魏散騎常侍趙脩，寒賤暴貴，恃寵驕恣，陵轢王公，爲衆所疾。散，悉亶翻。騎，奇寄翻。轢，郎擊翻。魏主爲脩治第舍，擬於諸王，爲，于僞翻。治，直之翻。鄰居獻地者或超補大郡。脩請告歸葬其父，凡財役所須，並從官給。脩在道淫縱，脩自洛歸趙郡，在道淫縱。左右乘其出外，頗發其罪惡；及還，舊寵小衰。高肇密構成其罪，侍中、領御史中尉甄琛、黃門郎李憑、廷尉卿陽平王顯，素皆諂附於脩，至是懼相連及，懼以黨附連坐及禍。甄，之人翻。琛，丑林翻。爭助肇攻之。帝命尚書元紹檢訊，下詔暴其姦惡，免死，鞭一百，徙敦煌爲兵。敦，徒門翻。而脩愚疏，初不之知，方在領軍于勁第樗蒲，羽林數人稱詔呼之，送詣領軍府。甄琛、王顯監罰，先具問事有力者五人，迭鞭之，監，工銜翻。問事，行杖者也。欲令必死。脩素肥壯，堪忍楚毒，密加鞭至三百不死。卽召驛馬，促之上道，出城不自勝，上，時掌翻。勝，音升。舉縛置鞍中，舉，擎也。脩困極不能自勝乘騎，兩人對舉而置之馬上，縛著鞍中。急驅之，行八十里，乃死。帝聞之，責元紹不重聞，重，直用翻。聞，奏也。紹曰：「脩之佞幸，爲國深蠹，臣不因釁除之，釁，隙也。釁，許覲翻。恐陛下受萬世之謗。」帝以其言正，不罪也。紹出，廣平王懷拜之曰：「翁之直過於汲黯。」紹曰：「但恨戮之稍晚，以爲愧耳。」紹，素之孫也。常山王素見一百二十二卷宋文帝元嘉十一年。廣平王懷，孝文之子，以族屬長幼之次，呼紹爲翁。明日，甄琛、李憑以脩黨皆坐免官，左右與脩連坐死黜者二十餘人。散騎常侍高聰與脩素親狎，而又以宗人諂事高肇，故獨得免。

三年（甲申、五〇四）

1 春，正月，庚戌，征虜將軍趙祖悅與魏江州刺史陳伯之戰於東關，祖悅敗績。

2 癸丑，以尚書右僕射王瑩爲左僕射，太子詹事柳惔爲右僕射。惔，徒甘翻。

3 丙辰，魏東荆州刺史楊大眼擊叛蠻樊季安等，大破之。季安，素安之弟也。

4 丙寅，魏大赦，改元正始。

5 蕭寶寅行及汝陰，東城已爲梁所取，乃屯壽陽棲賢寺。二月，戊子，將軍姜慶眞乘魏任城王澄在外，去年魏遣澄入寇，宿師於外。襲壽陽，據其外郭。長史韋纘倉猝失圖；任城太妃孟氏勒兵登陴，先守要便，敵所必攻，我所必守曰要。便者，形勝可據，便於制敵之處。陴，頻彌翻。激厲文武，安慰新舊，新者，壽陽兵民；舊者，北來將士。或曰：新者，新附；舊者，舊民。將【章：十二行本「將」上有「勸以賞罰」四字；乙十一行本同；孔本同；張校同。】士咸有奮志。太妃親巡城守，守，手又翻。不避矢石。蕭寶寅引兵至，與州軍合擊之，自四鼓戰至下晡，日未入之前，爲下晡。慶眞敗走。韋纘坐免官。

任城王澄攻鍾離，上遣冠軍將軍張惠紹等將兵五千送糧詣鍾離，冠，古玩翻。將，即亮翻。澄遣平遠將軍劉思祖等邀之。丁酉，戰于邵陽；即邵陽州也。大敗梁兵，俘惠紹等十將，殺虜士卒殆盡。思祖，芳之從子也。劉芳以儒學親重於太和之間。敗，補邁翻。將，即亮翻。從，才用翻。尚書論思祖功，應封千戶侯；侍中、領右衛將軍元暉求二婢於思祖，不得，事遂寢。史言魏賞罰失當。暉，素之孫也。

上遣平西將軍曹景宗、後軍王僧炳等帥步騎三萬救義陽。後軍者，後軍將軍也。帥，讀曰率。僧炳將二萬人據鑿峴，鑿峴在關南。今信陽軍南三十五里有曹店，卽景宗屯鑿峴口所築。峴，戶典翻。景宗將萬人爲後繼，元英遣冠軍將軍元逞等據樊城以拒之。三月，壬申，大破僧炳於樊城，俘斬四千餘人。僧炳敗於樊城，未得至鑿峴也。否則此非襄陽之樊城，自別是一處。

魏詔任城王澄，以「四月淮水將漲，舟行無礙，南軍得時，勿昧利以取後悔。」會大雨，淮水暴漲，澄引兵還壽陽。魏軍還既狼狽，失亡四千餘人。中書侍郎齊郡賈思伯爲澄軍司，居後爲殿，殿，丁練翻。澄以其儒者，謂之必死，及至，大喜曰：「『仁者必有勇』，論語孔子之言。於軍司見之矣。」思伯託以失道，不伐其功。有司奏奪澄開府，仍降三階。上以所獲魏將士請易張惠紹于魏，魏人歸之。考異曰：惠紹傳無被獲及復還事。今從魏書。

6魏太傅、領司徒、錄尚書北海王詳，驕奢好聲色，貪冒無厭，好，呼到翻。冒，莫北翻。厭，於鹽翻。廣營第舍，奪人居室，嬖暱左右，所在請託，中外嗟怨。嬖，卑義翻，又博計翻。暱，尼質翻。魏主以其尊親，恩禮無替，軍國大事皆與參決，所奏請無不開允。魏主之初親政也，以兵召諸叔，事見上卷齊和帝中興元年。詳與咸陽、彭城王共車而入，防衞嚴固。高太妃大懼，乘車隨而哭之。既得免，謂詳曰：「自今不願富貴，但使母子相保，與汝掃市爲生耳。」及詳再執政，齊和帝中興元年正月，魏主親政，十一月，詳爲司徒。太妃不復念前事，復，扶又翻。專助詳爲貪虐。冠軍將軍茹皓，以巧思有寵於帝，茹，音如。思，相吏翻。常在左右，傳可門下奏事，弄權納賄，朝野憚之，詳亦附焉。皓娶尚書令高肇從妹，皓妻之姊爲詳從父安定王燮之妃；詳烝於燮妃，由是與皓益相昵狎。朝，直遥翻；下同。從，才用翻。昵，尼質翻。直閤將軍劉胄，本詳所引薦，殿中將軍常季賢以善養馬，陳掃靜掌櫛，櫛，側瑟翻，梳也。皆得幸於帝，與皓相表裏，賣權勢。

高肇本出高麗，時望輕之。麗，力知翻。帝既黜六輔，魏高祖殂，使六人受遺輔幼主，事見一百四十二卷齊東昏侯永元元年。誅咸陽王禧，事見上卷齊和帝中興元年。專委事於肇。肇以在朝親族至少，少，詩沼翻。乃邀結朋援，附之者旬月超擢，不附者陷以大罪。尤忌諸王，以詳位居其上，欲去之，獨執朝政，去，羌呂翻。乃譖之於帝，云「詳與皓、胄、季賢、掃靜謀爲逆亂。」夏，四月，帝夜召中尉崔亮入禁中，使彈奏詳貪淫奢縱，及皓等四人怙權貪橫，收皓等繫南臺，橫，戶孟翻。南臺，御史臺也。遣虎賁百人圍守詳第。賁，音奔。又慮詳驚懼逃逸，遣左右郭翼開金墉門馳出諭旨，示以中尉彈狀，詳曰：「審如中尉所糾，何憂也！正恐更有大罪橫至耳。橫，戶孟翻。人與我物，我實受之。」詰朝，有司奏處皓等罪，皆賜死。詰，去吉翻。處，昌呂翻。

帝引高陽王雍等五王入議詳罪。詳單車防衛，送華林園，母妻隨入，給小奴弱婢數人，圍守甚嚴，內外不通。五月，丁未朔，下詔宥詳死，免爲庶人。頃之，徙詳於太府寺，圍禁彌急，母妻皆還南第，五日一來視之。

初，詳娶宋王劉昶女，待之疏薄。昶，丑兩翻。詳既被禁，高太妃乃知安定高妃事，大怒曰：「汝妻妾盛多如此，安用彼高麗婢，陷罪至此！」麗，力知翻。杖之百餘，被創膿潰，旬餘乃能立。被，皮義翻。創，初良翻。又杖劉妃數十，曰：「婦人皆妬，何獨不妬！」劉妃笑而受罰，卒無所言。卒，子恤翻；下同。

詳家奴數人陰結黨輩，欲劫出詳，密書姓名，託侍婢通於詳。詳始得執省，省，悉景翻。省，猶視也。而門防主司遥見，突入就詳手中攬得，奏之，詳慟哭數聲，暴卒。詔有司以禮殯葬。門防主司，主門衞之兵以防守詳者。

先是，典事史元顯獻雞雛，四翼四足，典事，猶今尚書六部主事，吏職也。江南制局監有典事。先，悉薦翻。詔以問侍中崔光。光上表曰：「漢元帝初元中，丞相府史家雌雞伏子，漸化爲雄，師古曰：初尚伏子，後乃稍稍化爲雄也。伏，音房富翻。冠距鳴將。師古曰：距，雞附足骨，鬬時所用刺之。將，謂帥領其羣也。永光中，有獻雄雞生角，劉向以爲『雞者小畜，主司時起居人，畜，許又翻。師古曰：至時而鳴，以爲人起居之節。小臣執事爲政之象也。事見西漢書五行志。竟寧元年，石顯伏辜，此其效也。』靈帝光和元年，南宮寺雌雞欲化爲雄，但頭冠未變，詔以問議郎蔡邕，對曰：『頭爲元首，人君之象也。今雞一身已變，未至於頭，而上知之，是將有其事而不遂成之象也。若應之不精，政無所改，頭冠或成，爲患滋大。』事見後漢書蔡邕傳。是後黃巾破壞四方，天下遂大亂。今之雞狀雖與漢不同，而其應頗相類，誠可畏也。臣以向、邕言推之，翼足衆多，亦羣下相扇助之象；雛而未大，足羽差小，亦其勢尚微，易制御也。易，以豉翻。臣聞災異之見，皆所以示吉凶，見，賢遍翻。明君覩之而懼，乃能致福，闇主覩之而慢，所以致禍。或者今亦有自賤而貴，關預政事，如前世石顯之比者邪！願陛下進賢黜佞，則妖弭慶集矣。」妖，於遙翻。後數日，皓等伏誅，帝愈重光。魏主以茹皓等伏誅爲光言之驗，高肇獨非自賤而貴，關預政事者邪！

高肇說帝，使宿衛隊主帥羽林虎賁守諸王第，殆同幽禁，彭城王勰切諫，不聽。勰志尚高邁，不樂榮勢，避事家居，而出無山水之適，處無知己之遊，獨對妻子，常鬱鬱不樂。說，式芮翻。帥，所類翻。樂，音洛。處，昌呂翻。

7 魏人圍義陽，城中兵不滿五千人，食纔支半歲。魏軍攻之，晝夜不息，刺史蔡道恭隨方抗禦，皆應手摧卻，相持百餘日，前後斬獲不可勝計。魏自去年十月圍義陽，蔡道恭卒於今年五月，自此以上，謂道恭疾未甚之前。勝，音升。魏軍憚之，將退。會道恭疾篤，乃呼從弟驍騎將軍靈恩，從，才用翻。兄子尚書郎僧勰及諸將佐，謂曰：「吾受國厚恩，不能攘滅寇賊，今所苦轉篤，勢不支久；汝等當以死固節，無令吾沒有遺恨！」衆皆流涕。道恭卒，靈恩攝行州事，代之城守。守，式又翻。

8 六月，癸未，大赦。

9 魏大旱，散騎常侍兼尚書邢巒奏稱：「昔者明王重粟帛，輕金玉，何則？粟帛養民而安國，金玉無用而敗德故也。散，悉亶翻。騎，奇寄翻。敗，補邁翻。先帝深鑒奢泰，務崇節儉，至以紙絹爲帳扆，扆，於豈翻。禮疏曰：扆，屏風。銅鐵爲轡勒，府藏之金，裁給而已，藏，徂浪翻。不復買積以費國資。復，扶又翻。逮景明之初，承升平之業，四境清晏，遠邇來同，於是貢篚相繼，貢篚二語本之禹貢，謂貴細之物，盛之以篚筐而入貢也。商估交入，諸所獻納，倍多於常，金玉恒有餘，國用恒不足。估，音古。恒，戶登翻。苟非爲之分限，分，扶問翻。但恐歲計不充，自今請非要須者一切不受。」魏主納之。

10 秋，七月，癸丑，角城戍主柴慶宗以城降魏，降，戶江翻。魏徐州刺史元鑒遣淮陽太守吳秦生將千餘人赴之。淮陰援軍斷其路，守，式又翻。將，即亮翻。淮陰，梁重鎮也。以角城叛，遣軍援其不從叛者。斷，音短。秦生屢戰，破之，遂取角城。

11 甲子，立皇子綜爲豫章王。

12 魏李崇破東荊叛蠻，生擒樊素安，進討西荊諸蠻，悉降之。西荊，正指荊州也。魏太和中，徙荊州治穰城，領南陽、順陽、新野、東恒農、漢廣、襄城、北清、恒農等郡，其地正在東荊州之西。

13 魏人聞蔡道恭卒，攻義陽益急，短兵日接。曹景宗頓鑿峴不進，但耀兵遊獵而已。上復遣寧朔將軍馬仙琕救義陽，復，扶又翻；下箭復、琕復、乃復同。琕，部田翻。仙琕轉戰而前，兵勢甚鋭。元英結壘於上雅山，「上雅山」當作「士雅山」。【章：十二行本「上」正作「士」；乙十一行本同；孔本同，惟「雅」作「稚」；張校同；熊校同。】據水經註，義陽之東有大木山，即晉祖逖將家避難所居也。逖字士雅，後人因以之名山。杜佑曰：唐州桐柏縣有大木山，晉祖逖爲豫州刺史，藏家屬於此山。分命諸將伏於四山，示之以弱。仙琕乘勝直抵長圍，掩英營；英僞北以誘之，誘，音酉。至平地，縱兵擊之。統軍傅永擐甲執槊，單騎先入，將，即亮翻；下同。擐，音宦。槊，色角翻。唯軍主蔡三虎副之，突陳横過。梁兵射永，洞其左股，陳，讀曰陣。射，而亦翻。永拔箭復入。仙琕大敗，一子戰死，仙琕退走。英謂永曰：「公傷矣，且還營。」永曰：「昔漢高捫足不欲人知，事見十卷漢高祖四年。下官雖微，國家一將，柰何使賊有傷將之名！」將，即亮翻。遂與諸軍追之，盡夜而返，時年七十餘矣，軍中莫不壯之。仙琕復帥萬餘人進擊英，帥，讀曰率。英又破之，殺將軍陳秀之。仙琕知義陽危急，盡鋭決戰，一日三交，皆大敗而返。馬仙琕力戰，使曹景宗以大軍繼之，魏必敗退，義陽全矣。蔡靈恩勢窮，八月，乙酉，降於魏。降，戶江翻。三關戍將聞之，辛酉，亦棄城走。乙酉距辛酉三十六日，太遠，或者其辛卯歟！

英使司馬陸希道爲露版，嫌其不精，命傅永改之；永不增文彩，直爲之陳列軍事處置形要而已，爲，于僞翻。處，昌呂翻。英深賞之，曰：「觀此經算，雖有金城湯池，不能守矣。」史言

之翻。

建武三年。及英克義陽，乃復立英爲中山王。英伐其功，故深賞傅永能爲之陳列。初，南安惠王以預穆泰之謀，追奪爵邑，穆泰事見一百四十卷齊明帝

御史中丞任昉奏彈曹景宗，上以其功臣，寢而不治。任，音壬。昉，甫兩翻。彈，徒丹翻。治，直

14 衞尉鄭紹叔忠於事上，外所聞知，纖豪無隱。每爲上言事，爲，于僞翻。善則推功於上，不善則引咎歸己，上以是親之。詔於南義陽置司州，移鎮關南，以紹叔爲刺史。南義陽治鹿城關，隋爲黃州木蘭縣，唐併木蘭入黃岡縣。紹叔立城隍，繕器械，廣田積穀，招集流散，百姓安之。

魏置郢州於義陽，以司馬悅爲刺史。魏收地形志，郢州領安陽、城陽、汝南郡。上遣馬仙琕築竹敦、麻陽二城於三關南，麻陽即今黃州麻城縣地。考異曰：司馬悅傳作「豫州刺史馬仙琕」，按仙琕於時未爲豫州也。司馬悅遣兵攻竹敦，拔之。

15 九月，壬子，以吐谷渾王伏連籌爲西秦·河二州刺史、河南王。吐，從暾入聲。谷，音浴。

16 柔然侵魏之沃野及懷朔鎮，漢沃野縣屬朔方郡，後魏爲鎮。魏收志，太和元年置偏城郡，沃野縣屬焉。此時鎮猶未廢也，註已見前。詔車騎大將軍源懷出行北邊，騎，奇寄翻。行，下孟翻。指授方略，隨須徵發，皆以便宜從事。隨須者，隨軍行之所須以爲用者也。懷至雲中，柔然遁去。懷以爲用夏制夷，莫如城郭，還，至恆、代，按視諸鎮左右要害之地，可以築城置戍之處，欲東西爲九城，及

儲糧積仗之宜，犬牙相救之勢，凡五十八條，表上之，曰：「今定鼎成周，去北遙遠，代表諸國頗或外叛，代表，謂魏代都之塞外也。諸國，謂高車諸部。夏，戶雅翻。恆，戶登翻。上，時掌翻。仍遭旱饑，戎馬甲兵十分闕八。謂宜準舊鎮，東西相望，令形勢相接，築城置戍，分兵要害，勸農積粟，警急之日，隨便翦討。彼遊騎之寇，騎，奇寄翻。終不敢攻城，亦不敢越城南出。如此，北方無憂矣。」魏主從之。

17 魏太和之十六年，高祖詔中書監高閭與給事中公孫崇考定雅樂，見一百三十七卷齊武帝永明十一年。久之，未就。會高祖殂，高閭卒。景明中，崇爲太樂令，上所調金石及書。卒，子恤翻。上，時掌翻。至是，世宗始命八座已下議之。

18 冬，十一月，戊午，魏詔營繕國學。據目錄，是年置四門小學。袁翻曰：太和二十年敕立四門博士，於四門置學。按自周以上，學惟以二，或尚東，或尚西；或貴在國，或貴在郊。爰暨周室，學蓋有六，師氏居內，大學在國，四小在郊。大戴保傅篇云：帝入東學，尚親而貴仁；帝入南學，尚齒而貴信；帝入西學，尚賢而貴德；帝入北學，尚貴而尊爵；帝入太學，承師而問道：周之五學於此彌彰。時魏平寧日久，學業大盛，燕、齊、趙、魏之間，教授者不可勝數，燕，因肩翻。勝，音升。弟子著錄多者千餘人，少者猶數百，少，詩沼翻。州舉茂異，郡貢孝廉，每年逾衆。

19 甲子，除以金贖罪之科。聽贖事見上元年。

[20]十二月，丙子，魏詔殿中郎陳郡袁翻等議立律令，彭城王勰等監之。勰，音協。監，工銜翻。

[21]己亥，魏主幸伊闕。自南北分治，人主出行所至，通鑑皆曰「如」，自此以後率書「幸」，未曉義例所由變，蓋一時失於刊正也。

[22]上雅好儒術，好，呼到翻。以東晉、宋、齊雖開置國學，不及十年輒廢之，其存亦文具而已，無講授之實。晉元帝建武元年，戴邈請建太學，王敦、蘇峻之難，學校廢矣。成帝咸康三年復立，而儒術終不振。穆帝永和八年殷浩以軍興罷太學生。宋文帝元嘉十五年，徵雷次宗開館教授，而儒、玄、文、史四學並立。齊高帝建元四年，置國子學生二百人，隆昌、建武之間已倚席而不講矣。

張政烺標點王崇武聶崇岐覆校

資治通鑑卷第一百四十六

端明殿學士兼翰林侍讀學士朝散大夫右諫議大夫充集賢殿修撰提舉西京嵩山崇福宮上柱國河内郡開國侯食邑一千八百戶食實封六百戶賜紫金魚袋臣司馬光奉敕編集
後學天台胡三省音註

梁紀二

起旃蒙作噩（乙酉），盡強圉大淵獻（丁亥），凡三年。

高祖武皇帝二

天監四年（乙酉、五〇五）

1 春，正月，癸卯朔，詔曰：「二漢登賢，莫非經術，服膺雅道，名立行成。行，下孟翻。朱元晦曰：服，著也。膺，胸也。奉持而著之心胸之間。著，則略翻。魏、晉浮蕩，儒教淪歇，風節罔樹，樹，立也。歇，許竭翻。抑此之由。可置五經博士各一人，廣開館宇，招內後進！」於是以賀瑒及平原明山賓、吳興沈峻、建平嚴植之補博士，各主一館，館有數百生，給其餼廩，瑒，徒杏翻，又音暢。餼，許既翻。鄭玄曰：餼，廩稍食也。稍，所教翻。其射策通明者卽除爲吏。漢書音義曰：作簡策難問，列置案上，在試者意投射取而答之，謂之射策。朞年之間，懷經負笈者雲會。瑒，循之玄孫也。笈，其劫翻，又楚洽翻，書箱也。晉氏南渡之初，以賀循爲儒宗。又選學生，往會稽雲門山從何胤受業，胤時隱雲門山，今在會稽南三十一里，有雲門寺。會，工外翻。命胤選門徒中經明行脩者，行，下孟翻。具以名聞。分遣博士祭酒巡州郡立學。

2 初，譙國夏侯道遷以輔國將軍從裴叔業鎮壽陽，爲南譙太守，按魏收地形志，晉孝武置南譙郡，蓋治渦陽。又按蕭子顯齊志，武帝永明二年，割揚州宣城、淮南、南豫、譙、廬江、臨江六郡，置南豫州。四年，冠軍長史沈憲啓二豫分置，以桑堁子亭爲斷：潁川汝陽在南譙歷陽界，悉屬西豫，廬江居晉熙汝陰之中，屬南豫；求以潁川汝陽屬南豫，廬江屬西豫。則齊之南譙蓋置於歷陽西界，而渦陽已入於魏矣。南北建置郡縣最爲難考者率如此。夏，戶雅翻。守，式又翻。與叔業有隙，單騎奔魏。魏以道遷爲驍騎將軍，騎，奇寄翻。驍，堅堯翻。從王肅鎮壽陽，使道遷守合肥。肅卒，卒，子恤翻；下同。道遷棄戍來奔，從梁、秦二州刺史莊丘黑鎮南鄭，以道遷爲長史，領漢中太守。黑卒，詔以都官尚書王珍國爲刺史，未至，道遷陰與軍主考城江忱之【嚴：「忱」改「悅」。】等謀降魏。降，戶江翻。

先是，魏仇池鎮將楊靈珍叛魏來奔，事見一百四十一卷齊明帝建武四年。先，悉薦翻。將，卽亮翻。朝廷以爲征虜將軍、假武都王，助戍漢中，有部曲六百人，道遷憚之。上遣左右吳公之等使南鄭，道遷遂殺使者，發兵擊靈珍父子，斬之，幷使者首送於魏。使，疏吏翻。白馬戍主尹天寶聞之，引兵擊道遷，敗其將龐樹，敗，補邁翻。遂圍南鄭。道遷求救於氐王楊紹先、楊集起、楊集義，皆不應，集義弟集朗引兵救道遷，擊天寶，殺之。魏以道遷爲平南將軍、豫州刺史、豐縣侯。考異曰：梁帝紀，「天監三年二月，魏陷梁州」，而列傳皆無其事。魏帝紀：「正始元年，閏十二月，癸卯朔，蕭衍行梁州事夏侯道遷據漢中來降。」道遷傳具言其事。按長曆，梁閏二月癸卯，卽天監四年正月朔也，故置於此。又以尙書邢巒爲鎭西將軍、都督征梁・漢諸軍事，將兵赴之。道遷受平南，辭豫州，辭豫州者，欲得梁州也。且求公爵，魏主不許。

3 辛亥，上祀南郊，大赦。

4 乙丑，魏以驃騎大將軍高陽王雍爲司空，驃，匹妙翻。騎，奇寄翻。加尙書令廣陽王嘉儀同三司。

5 二月，丙子，魏以宕昌世子梁彌博爲宕昌王。宕，徒浪翻。

6 上謀伐魏，壬午，遣衞尉卿楊公則將宿衞兵塞洛口。自漢以來，衞尉與太常、太僕、廷尉、大鴻臚、宗正、大司農、少府爲九卿，而職名未帶卿字，至梁分十二寺，始各帶卿字。水經註，洛澗北逕秦虛，下注淮，謂之洛口。塞，悉則翻。

7 壬辰，交州刺史李凱據州反，長史李畟討平之。畟，初力翻。

8 魏邢巒至漢中，擊諸城戍，所向摧破。晉壽太守王景胤據石亭，水經註：漢水自武興城北西南流，逕關城北，又西逕石亭戍，又逕晉壽城西。巒遣統軍李義珍擊走之。魏以巒爲梁、秦二州刺史。

巴西太守龐景民據郡不下，龐，皮江翻。郡民嚴玄思聚衆自稱巴州刺史，附於魏，攻景民，斬之。楊集起、集義聞魏克漢中而懼，閏月，帥羣氐叛魏，斷漢中糧道，帥，讀曰率。斷，丁管翻。巒屢遣軍擊破之。

9 夏，四月，丁巳，以行宕昌王梁彌博爲河・涼二州刺史、宕昌王。

10 冠軍將軍孔陵等將兵二萬戍深杭，冠，古玩翻。將，卽亮翻。考異曰：梁鄧元起傳，「魏將王景胤、孔陵寇東、西晉壽，並遣告急。」按魏邢巒傳曰，「蕭衍晉壽太守王景胤據石亭」；又曰，「蕭衍遣其將軍孔陵等據深杭」。然則景胤、陵皆梁將也，元起傳誤。魯方達戍南安，五代志：始州普安縣，舊曰南安。始州，唐之劍州。任僧褎等戍石同，以拒魏。任，音壬。邢巒遣統軍王足將兵擊之，所至皆捷，遂入劍閣。陵等退保梓潼，足又進擊，破之。梁州十四郡地，東西七百里，南北千里，皆入于魏。蕭子顯齊志，梁州注籍者二十二郡，荒郡不預焉；今魏取十四郡。

初，益州刺史【章：十二行本「史」下有「當陽侯」三字；乙十一行本同；張校同；退齋校同。】鄧元起以母老乞歸，詔徵爲右衛將軍，以西昌侯淵藻代之。淵藻，懿之子也。懿死於東昏之手。夏侯道遷之叛也，尹天寶馳使報元起。使，疏吏翻。及魏寇晉壽，王景胤等並遣告急，衆勸元起急救之，元起曰：「朝廷萬里，軍不猝至，若寇賊侵淫，侵淫，以癰疽爲喻，侵毒好肉爲淫肉。方須撲討，董督之任，非我而誰，何事忽忽救之！」史言鄧元起乞歸非由衷之請。撲，普木翻。詔假元起都督征討諸軍事，救漢中，而晉壽已陷。蕭淵藻將至，元起營還裝，糧儲器械，取之無遺。淵藻入城，恨之；又求其良馬，元起曰：「年少郎子，何用馬爲！」淵藻恚，因醉，殺之。元起養寇自資，而卒不免於死，雖淵藻以私忿殺之，亦不爲無罪也。少，詩照翻。恚，於避翻。元起麾下圍城，哭，且問故，淵藻曰：「天子有詔。」衆乃散。遂誣以反，上疑焉。元起故吏廣漢羅研詣闕訟之，上曰：「果如我所量也。」使讓淵藻曰：「元起爲汝報讎，謂協力誅東昏，報其父讎也。量，音良。爲，于僞翻；下同。汝爲讎報讎，忠孝之道如何！」乃貶淵藻號爲冠軍將軍，冠，古玩翻。考異曰：「梁書元起傳：『藻以粮儲無遺，甚怨望之，因表元起逗留不憂軍事，收付州獄，自縊死。』按若止以逗留表元起，安敢擅收前刺史付獄殺之！必誣以反也。今從南史。又梁書，藻本以冠軍爲益州刺史，與南史異。贈元起征西將軍，謚曰忠侯。

李延壽論曰：元起勤乃胥附，毛萇曰：率下親上曰胥附。功惟闢土，謂開梁、益之土也。勞之不圖，禍機先陷。冠軍之貶，於罰已輕，梁之政刑，於斯爲失。私戚之端，自斯而啓，年之不永，不亦宜乎！

11 益州民焦僧護聚衆作【章：十二行本「作」上有「數萬」二字；乙十一行本同；孔本同；張校同。】亂，蕭淵藻年未弱冠，人生二十曰弱冠。冠，古玩翻。集僚佐議自擊之；或陳不可，淵藻大怒，斬于階側。乃乘平肩輿巡行賊壘，平肩輿，使人就掆肩之，故曰平肩。行，下孟翻。賊弓亂射，矢下如雨，從者舉楯禦矢，淵藻命去之。射，而亦翻。從，才用翻。去，羌呂翻。由是人心大安，擊僧護等，皆平之。

12 六月，庚戌，初立孔子廟。

13 豫州刺史王超宗以五代志考之，此時梁置豫州於晉熙，今安慶府懷寧縣地。將兵圍魏小峴。峴，戶典翻。丁卯，魏揚州刺史薛眞度遣兼統軍李叔仁等擊之，超宗兵大敗。

14 冠軍將軍王景胤、李畎、輔國將軍魯方達等與魏王足戰，屢敗；秋，七月，足進逼涪城。畎，姑泫翻。涪，音浮。

15 八月，壬寅，魏中山王英寇雍州。雍，於用翻。

16 庚戌，秦、梁二州刺史魯方達與魏王足統軍紀洪雅、盧祖遷戰，敗，方達等十五將皆死。壬子，王景胤等又與祖遷戰，敗，景胤等二十四將皆死。

17 楊公則至洛口，與魏豫州長史石榮戰，斬之。甲寅，將軍姜慶眞與魏戰於羊石，不利，羊石，蓋卽陳伯之所屯之陽石也。公則退屯馬頭。

18 雍州蠻沔東太守田靑喜叛降魏。考之北史，靑喜所據之地蓋在襄陽之東，竟陵之西。沔，彌兗翻。

19 魏有芝生於太極殿之西序，殿廡曰序。魏主以示侍中崔光，光上表，以爲「此莊子所謂『氣蒸成菌』者也。菌，巨隕翻，地蕈也。柔脆之物，生於墟落穢濕之地，不當生於殿堂高華之處；今忽有之，厥狀扶疏，誠足異也。夫野木生朝，野鳥入廟，古人皆以爲敗亡之象，故太戊、中宗懼災脩德，殷道以昌，商王太戊之時，亳有祥桑、穀共生于朝，一暮大拱。太戊懼而脩德，祥桑枯死，殷道復興。高宗祭成湯，有飛雉升鼎耳而雊，祖己曰：「惟先格王正厥事，朝諸侯，有天下，猶運之於掌。」「中宗」當作「高宗」。朝，直遥翻。所謂『家利而怪先，國興而妖豫』者也。妖，於遥翻。今西南二方，兵革未息，郊甸之內，大旱踰時，民勞物悴，莫此之甚，悴，秦醉翻。承天育民者所宜矜恤；伏願陛下側躬聳意，惟新聖道，節夜飲之樂，養方富之年，則魏祚可以永隆，皇壽等於山岳矣。」於是魏主好宴樂，樂，音洛。好，呼到翻。故光言及之。

20 九月，己巳，楊公則等與魏揚州刺史元嵩戰，公則敗績。

21 冬，十月，丙午，上大舉伐魏，以揚州刺史臨川王宏都督北討諸軍事，尚書右僕射柳惔爲副，惔，徒甘翻。王公以下各上國租及田穀以助軍。國租者，封國所入之租。田穀者，職田所入之穀。各上，時掌翻。宏軍于洛口。

22 楊集起、集義立楊紹先爲帝，自皆稱王。十一月，戊辰朔，魏遣光祿大夫楊椿將兵討之。將，即亮翻。

23 魏王足圍涪城，蜀人震恐，益州城戍降魏者什二三，民自上名籍者五萬餘戶。上，時掌翻；下西上同。邢巒表於魏主，請乘勝進取蜀，以爲「建康、成都，相去萬里，陸行既絕，自襄陽西行遵陸可以至蜀，梁州旣入于魏，則陸路斷矣。惟資水路，水軍西上，非周年不達，益州外無軍援，一可圖也。頃經劉季連反，鄧元起攻圍，事見上卷元年、二年。資儲空竭，吏民無復固守之志，二可圖也。蕭淵藻裙屐少年，復，扶又翻。裙，渠云翻，下裳也。屐，竭戟翻，蹻也。少，詩沼翻。未洽治務，宿昔名將，多見囚戮，治，直吏翻。將，卽亮翻；下同。今之所任，皆左右少年，三可圖也。蜀之所恃，唯在劍閣，今旣克南安，已奪其險，據彼竟內，竟，讀曰境。三分已一；自南安向涪，方軌無礙，前軍累敗，後衆喪魄，四可圖也。喪，息浪翻。淵藻是蕭衍骨肉至親，必無死理，若克涪城，淵藻安肯城中坐而受困，必將望風逃去；若其出鬬，庸、蜀士卒駑怯，弓矢寡弱，五可圖也。武王之伐紂也，庸、蜀八國皆從。庸，上庸之地。蜀，蜀郡之地。臣內省文吏，不習軍旅，賴將士竭力，頻有薄捷，旣克重阻，省，悉景翻。重，直龍翻。重阻，猶言重險也。民心懷服，瞻望涪、益，時梓潼太守治涪城，益州刺史治成都。旦夕可圖，正以兵少糧匱，未宜前出，少，詩沼翻。今若不取，後圖便難。況益州殷實，戶口十萬，比壽春、義陽，其利三倍。魏先此已得壽春、義陽，故云然。朝廷若欲進取，時不可失；若欲保境寧民，則臣居此無事，乞歸侍養。」養，余亮翻。魏主詔以「平蜀之舉，當更聽後敕。寇難未夷，何得以養親爲辭！」巒又表稱，「昔鄧艾、鍾會帥十八萬衆，傾中國資儲，僅能平蜀，事見七十八卷魏元帝景元四年。難，乃旦翻。帥，讀曰率。所以然者，鬬實力也。況臣才非古人，何宜以二萬之衆而希平蜀！所以敢者，正以據得要險，士民慕義，此往則易，易，以豉翻；下未易同。彼來則難，任力而行，理有可克。今王足已逼涪城，脫得涪，則益州乃成擒之物，但得之有早晚耳。且梓潼已附民戶數萬，謂已上名籍之民也。朝廷豈可不守！又，劍閣天險，得而棄之，良可惜矣。諸葛孔明相蜀，以大劍、小劍有隘束之路，故曰劍門。以閣道三十里至險，乃有閣尉。姜維拒鍾會於此。晉以其地入梓潼郡。桓溫入蜀，於晉壽置劍閣縣，屬梁州。臣誠知戰伐危事，未易可爲。自軍度劍閣以來，鬢髮中白，中，竹仲翻。日夜戰懼，何可爲心！所以勉強者，強，其兩翻。既得此地而自退不守，恐負陛下之爵祿故也。且臣之意算，正欲先取涪城，以漸而進。若得涪城，則中分益州之地，斷水陸之衝，魏已得劍閣，進取成都，涪當其衝；梁兵由內水而上救成都，涪亦當其衝。斷，丁管翻。彼外無援軍，孤城自守，何能復持久哉！復，扶又翻。臣今欲使軍軍相次，聲勢連接，先爲萬全之計，然後圖功，得之則大利，不得則自全。又，巴西、南鄭，相距千四百里，去州迢遰，迢，田聊翻。遰，徒計翻。迢遰，遠也。恆多擾動。恆，戶登翻。昔在南之日，以其統綰勢難，曾立巴州，鎮靜夷、獠，立巴州見一百三十五卷齊高帝建元二年；省巴州見武帝永明二年。獠，魯皓翻；下同。梁州藉利，因而表罷。彼土民望，嚴、蒲、何、楊，非唯一族，雖率居山谷，而豪右甚多，文學風流，亦爲不少，但以去州既遠，不獲仕進，至於州綱，無由廁迹，州之上佐，是謂州綱。少，詩沼翻。是以鬱怏，多生異圖。怏，於兩翻。比道遷建義之始，比，毗至翻。嚴玄思自號巴州刺史，克城以來，仍使行事。巴西廣袤千里，戶餘四萬，若於彼立州，鎮攝華、獠，巴西之地，華人與獠雜居，故云華、獠。袤，音茂。則大帖民情，帖，靜也，安也，伏也。從墊江已還，不勞征伐，自爲國有。」李雄、譙縱取蜀，東不能過墊江；以苻秦兵力之盛，取梁、益如反掌，墊江以東，苻秦不能有也。邢巒之圖蜀，亦規墊江以西而已，蓋地利足恃也。我朝自紹定失蜀，彭大雅遂城渝爲制府，支持四蜀且四十年。渝，古墊江之地也。墊，音疊。魏主不從。

先是，魏主以王足行益州刺史。先，悉薦翻。上遣天門太守張齊將兵救益州，未至，將，即亮翻。魏主更以梁州軍司泰山羊祉爲益州刺史。更，工衡翻。王足聞之，不悅，輒引兵還，還，從宣翻，又如字。遂不能定蜀。久之，足自魏來奔。邢巒在梁州，接豪右以禮，撫小民以惠，州人悅之。巒之克巴西也，使軍主李仲遷守之。仲遷溺於酒色，費散兵儲，公事諮承，無能見者。巒忿之切齒，仲遷懼，謀叛，城人斬其首，以城來降。史言魏所以不能定蜀。降，戶江翻。

24 十二月，庚申，魏遣驃騎大將軍源懷討武興氐，邢巒等並受節度。驃，匹妙翻。騎，奇寄翻。

25 司徒、尚書令謝朏以母憂去職。朏，敷尾翻。

26 是歲，大穰，穰，豐也。詩：豐年穰穰。米斛三十錢。

五年（丙戌、五〇六）

1 春，正月，丁卯朔，魏于后生子昌，大赦。

2 楊集義圍魏關城，此卽陽平關城也。邢巒遣建武將軍傅豎眼討之，豎，而庾翻。集義逆戰，豎眼擊破之，乘勝逐北，壬申，克武興，執楊紹先，送洛陽。楊集起、楊集義亡走，遂滅其國，晉惠帝元康六年，氐王楊茂搜始據仇池百頃，其後浸盛，盡有漢武都郡之地，北侵隴西、天水，南侵漢中。拓跋既盛，取武都、仇池之地，楊氏僅據武興。今魏既取漢中，遂滅楊氏。以爲武興鎮，又改爲東益州。東益州領武興、仇池、盤頭、廣長、廣業、梓潼、洛叢郡。

3 乙亥，以前司徒謝朏爲中書監、司徒。朏，敷尾翻。

4 冀州刺史桓和擊魏南青州，不克。梁青、冀二州治鬱洲。魏顯祖取三齊，置東徐州於團城，領東安、東莞郡。高祖太和二十二年，改爲南青州。五代志，沂州沂水縣，舊置南青州。

5 魏秦州屠各王法智聚衆二千，屠，直於翻。推秦州主簿呂苟兒爲主，改元建明，置百官，攻逼州郡。涇州民陳瞻亦聚衆稱王，改元聖明。魏置涇州，治臨涇城，領安定、隴東、新平、趙平、平涼、平原等郡。

6 己卯，楊集起兄弟相帥降建〔魏〕。帥，讀曰率。降，戶江翻。

7 甲申，封皇子綱爲晉安王。

8 二月，丙辰，魏主詔王公以下直言忠諫。治書侍御史陽固上表，治，直之翻。上，時掌翻。以爲「當今之務，宜親宗室，勤庶政，貴農桑，賤工賈，賈，音古。絕談虛窮微之論，簡桑門無用之費，以救飢寒之苦。」時魏主委任高肇，疏薄宗室，好桑門之法，好，呼到翻。不親政事，故固言及之。

9 戊午，魏遣右衛將軍元麗都督諸軍討呂苟兒。麗，小新成之子也。小新成見一百二十九卷宋孝武大明五年。

10 乙丑，徐州刺史歷陽昌義之與魏平南將軍陳伯之戰於梁城，晉孝武太元中，僑立梁郡於淮南壽春界，故有梁城，其地在壽陽東北，鍾離西南。義之敗績。

11 將軍蕭昞將兵擊魏徐州，圍淮陽。角城在淮水之陽，淮陽又在角城北十八里，治宿預。梁後於角城置淮陽郡。昞，音丙。

12 三月，丙寅朔，日有食之。

13 己卯，魏荆州刺史趙怡、平南將軍奚康生救淮陽。

14 魏咸陽王禧之子翼，遇赦求葬其父，禧誅見一百四十四卷齊和帝中興元年。屢泣請於魏主，魏主不許。癸未，翼與其弟昌、曄來奔。上以翼爲咸陽王，翼以曄嫡母李妃之子也，請以爵讓之，上不許。

15 輔國將軍劉思效敗魏青州刺史元繫於膠水。魏收志，光州長廣郡卽墨縣有膠水。水經，膠水出黔陬縣膠山，北流過夷安縣東，又東北過膠東縣城北百里注于海。敗，補邁翻。

16 臨川王宏使記室吳興丘遲爲書遺陳伯之曰：遺，于季翻。「尋君去就之際，非有他故，直以不能內審諸己，外受流言，沈迷猖蹶，以至於此。沈，持林翻。主上屈法申恩，吞舟是漏，漢懲秦法之苛，禁罔疏闊，時稱爲漏吞舟之魚。將軍松柏不翦，親戚安居，高臺未傾，愛妾尚在。松柏不翦，謂不毀夷其先世墳墓也。親戚安居，謂其親戚在江南者皆不以叛黨連坐，安居自若也。高臺未傾，謂居第未嘗汙瀦，池臺如故也。愛妾尚在，謂其婢妾猶守其家，不沒于官及流落于他家也。昔雍門子見孟嘗君，吟曰：「高臺既已傾，曲池既已平，墳墓生荆棘，牧豎游其上，孟嘗君亦如是乎？」孟嘗君爲之喟然歎息。而將軍魚游於沸鼎之中，鷰巢於飛幕之上，魚游釜中，古人多有是言，言將必至於焦爛。左傳，吳季札謂孫林父曰：「夫子之居此也，猶燕之巢于幕上。」杜預註曰：言至危也。不亦惑乎！想早勵良圖，自求多福。」庚寅，伯之自壽陽梁城擁衆八千來降，伯之元年奔魏，今復還。降，下江翻。魏人殺其子虎牙。詔復以伯之爲西豫州刺史；未之任，復以爲通直散騎常侍。不使之出當邊鎭，恐其復叛也。復，扶又翻。久之，卒於家。

17 初，魏御史中尉甄琛甄，七人翻。琛，丑林翻。表稱：「周禮，山林川澤有虞、衡之官，爲之厲禁，蓋取之以時，不使戕賊而已，故雖置有司，實爲民守之也。周禮：山虞掌山林之政令，物爲之厲而爲之守禁。令萬民時斬材，有期日，凡竊木者有刑罰。林衡掌林麓之禁令而平其守，以時計林麓而賞罰之。川衡掌巡川澤之禁令而平其守，以時舍其守，犯禁者執而誅罰之。澤虞掌國澤之政令，爲之厲禁，使其地之人守其財物，以時入于王府，頒其餘於萬民。爲，于僞翻；下專爲同。夫一家之長，必惠養子孫，長，知兩翻。天下之君，必惠養兆民，未有爲人父母而吝其醯醢，富有羣生而榷其一物者也。榷，古岳翻。今縣官鄣護河東鹽池而收其利，是專奉口腹而不及四體也。蓋天子富有四海，何患於貧！乞弛鹽禁，與民共之！」錄尚書事勰、尚書邢巒奏，勰，彭城王勰也，音協。以爲「琛之所陳，坐談則理高，行之則事闕。竊惟古之善治民者，必汙隆隨時，豐儉稱事，治，直之翻。稱，尺證翻。役養消息以成其性命。若任其自生，隨其飲啄，乃是芻狗萬物，老子曰：天地不仁，以萬物爲芻狗。註云：天施地化，不以仁恩。天地生萬物，視之如芻草狗畜，任自然也。何以君爲！是故聖人斂山澤之貨以寬田疇之賦，收關市之稅以助什一之儲，此謂田疇什一之賦不足以供國用，故斂山澤、稅關市以助之也。取此與彼，皆非爲身，爲，于僞翻；下同。所謂資天地之產，惠天地之民也。今鹽池之禁，爲日已久，積而散之，以濟軍國，非專爲供太官之膳羞，給後宮之服玩。既利不在己，則彼我一也。然自禁鹽以來，有司多慢，出納之間，或不如法。是使細民嗟怨，負販輕議，此乃用之者無方，非作之者有失也。一旦罷之，恐乖本旨。一行一改，法若弈棋，左傳曰：弈者舉棋不定，不勝其耦。今此以喻一行一改無定法也。參論理要，宜如舊式。」自此以上，合載於一百四十三卷齊東昏永明二年。魏主卒從琛議，琛議既行於景明初年，隨格於景明四年，今復罷鹽禁，是卒從其議也。卒，子恤翻。夏，四月，乙未，罷鹽池禁。復收鹽利見上卷二年。

18 庚戌，魏以中山王英爲征南將軍、都督揚・徐二州諸軍事，帥衆十餘萬以拒梁軍，帥，讀曰率。指授諸節度，所至以便宜從事。

江州刺史王茂將兵數萬侵魏荆州，誘魏邊民及諸蠻更立宛州，將，卽亮翻。誘，音酉。更魏荆州爲宛州也。更，工衡翻。宛，於元翻。遣其所署宛州刺史雷豹狼等襲取魏河南城。蕭子顯齊志，雍州有河南郡，所領五縣，惟棘陽爲實土。則河南郡當在南陽棘陽縣界。五代志，鄧州新野縣舊曰棘陽。魏遣平南將軍楊大眼都督諸軍擊茂，辛酉，茂戰敗，失亡二千餘人。考異曰：大眼傳云：「俘馘七千有餘」，今從魏帝紀。大眼進攻河南城，茂逃還；大眼追至漢水，攻拔五城。

魏征虜將軍宇文福寇司州，俘千餘口而去。

五月，辛未，太子右衞率張惠紹等侵魏徐州，拔宿預，執城主馬成龍。晉安帝立宿預縣，屬淮陽郡，魏高祖以爲南徐州治所。乙亥，北徐州刺史昌義之拔梁城。南徐治京口，故以鍾離爲北徐。

豫州刺史韋叡遣長史王超等攻小峴，未拔。叡行圍柵，行，下孟翻。魏出數百人陳於門外，陳，讀曰陣。叡欲擊之，諸將皆曰：將，卽亮翻；下同。「向者輕來，未有戰備，徐還授甲，乃可進耳。」叡曰：「不然。魏城中二千餘人，足以固守，今無故出人於外，必其驍勇者也，驍，堅堯翻。苟能挫之，其城自拔。」衆猶遲疑，叡指其節曰：「朝廷授此，非以爲飾，韋叡法不可犯也！」遂進擊之，士皆殊死戰，魏兵敗走，因急攻之，中宿而拔。中，讀曰仲，又竹仲翻。考異曰：魏帝紀，「六月，辛丑，陷小峴戍。」今從叡傳。遂至合肥。

先是，右軍司馬胡景略等攻合肥，久未下，先，悉薦翻。叡按山川，夜，帥衆堰肥水，頃之，堰成水通，舟艦繼至。帥，讀曰率。艦，戶黯翻。魏築東、西小城夾合肥，叡先攻二城，魏將楊靈胤帥衆五萬奄至。衆懼不敵，請奏益兵，叡笑曰：「賊至城下，方求益兵，將何所及！且吾求益兵，彼亦益兵，兵貴用奇，豈在衆也！」遂擊靈胤，破之。叡使軍主王懷靜築城於岸以守堰，魏攻拔之，城中千餘人皆沒。魏人乘勝至堤下，兵勢甚盛，諸將欲退還漅湖，或欲保三叉，考異曰：南史作「三丈」。今從梁書。蓋漅湖之水於此分三汊，故名。退保於此，利於入船，故衆欲之。叡怒曰：「寧有此邪！」命取繖扇麾幢，樹之堤下，示無動志。繖，蘇旱翻，又蘇旰翻。幢，傳江翻。魏人來鑿堤，叡親與之爭，魏兵卻，因築壘於堤以自固。叡起鬭艦，高與合肥城等，四面臨之，城中人皆哭，守將杜元倫登城督戰，中弩死。將，即亮翻。中，竹仲翻。辛巳，城潰，俘斬萬餘級，獲牛羊以萬數。

叡體素羸，未嘗跨馬，羸，倫爲翻。每戰，常乘板輿督厲將士，勇氣無敵；晝接賓旅，夜半起，算軍書，張燈達曙。撫循其衆，常如不及，故投募之士爭歸之。所至頓舍，館宇藩牆，皆應準繩。

諸軍進至東陵，水經註，盧江金蘭縣西北東陵鄉大蘇山，灌水之所出也。考之諸志無金蘭縣，未知何世所置。有詔班師，班師之詔，必在洛口師潰之後，史因書叡事而終言之。去魏城既近，據姚思廉梁書，時魏守甓城，去東陵二十里。諸將恐其追躡，叡悉遣輜重居前，身乘小輿殿後，重，直用翻。殿，丁練翻。魏人服叡威名，望之不敢逼，全軍而還。於是遷豫州治合肥。豫州自晉熙遷合肥。

壬午，魏遣尚書元遙南拒梁兵。

19 癸未，魏遣征西將軍于勁節度秦、隴諸軍。

20 丁亥，廬江太守閻喜裴邃克魏羊石城，庚寅，又克霍丘城。水經註：曹魏安豐都尉治安豐津南，後以其故城立霍丘戍，隋立霍丘縣，今在壽春東百餘里。杜佑曰：霍丘，漢松滋縣地。考異曰：梁裴邃傳云：「五年，征邵陽洲，魏人爲長橋以濟。邃築壘逼橋，密作沒突艦，會淮水暴漲，邃乘艦徑造橋側，魏衆驚潰，邃乘勝追擊，大破之，進克羊石、霍丘城，平小峴，攻合肥。」魏帝紀：「辛巳，衍將陷合肥，己丑，又陷羊石、霍丘。」按韋叡傳，叡攻邵陽洲，方使邃乘艦焚橋，事在克合肥後。又梁帝紀，辛巳，叡克合肥，丁亥，邃克羊石，庚寅，克霍丘，今從之。邃傳載取二城在破邵陽洲後，誤也。

六月，庚子，青、冀二州刺史桓和克朐山城。朐，音劬。

21 乙巳，魏安西將軍元麗擊王法智，破之，斬首六千級。

22 張惠紹與假徐州刺史宋黑水陸俱進，趣彭城，圍高塚戍，水經註：彭城同孝山陰有楚元王冢，高十許丈，廣百許步。意者魏立戍於此乎！趣，七喻翻。魏武衞將軍奚康生將兵救之，將，卽亮翻。丁未，惠紹兵不利，黑戰死。

23 太子統生五歲，能遍誦五經；庚戌，始自禁中出居東宮。

24 丁巳，魏以度支尚書邢巒都督東討諸軍事。度，徒洛翻。

25 魏驃騎大將軍馮翊惠公源懷卒。懷性寬簡，不喜煩碎，驃，匹妙翻。騎，奇寄翻。喜，許記翻。常曰：「爲貴人當舉綱維，何必事事詳細！譬如爲屋，但外望高顯，楹棟平正，基壁完牢，足矣；斧斤不平，斲削不密，非屋之病也。」

26 秋，七月，丙寅，桓和擊魏兗州，拔固城。固城，疑卽抱犢固城也。抱犢固在蘭陵界。

27 呂苟兒率衆十餘萬屯孤山，圍逼秦州，此孤山當在上邽左右，魏秦州治上邽，領天水、略陽、漢陽郡。元麗進擊，大破之。行秦州事李韶掩擊孤山，獲其父母妻子，庚辰，苟兒帥其徒詣麗降。帥，讀曰率。降，戶江翻。

兼太僕卿楊椿別討陳瞻，瞻據險拒守。諸將或請伏兵山蹊，斷其出入，斷，丁管翻。待糧盡而攻之，或欲斬木焚山，然後進討，椿曰：「皆非計也。自官軍之至，所向輒克，賊所以深竄，正避死耳。今約勒諸軍，勿更侵掠，賊必謂我見險不前；待其無備，然後奮擊，可一舉平也。」乃止屯不進。賊果出抄掠，椿復以馬畜餌之，抄，楚交翻。復，扶又翻。不加討逐。久之，陰簡精卒，銜枚夜襲之，斬瞻，傳首。秦、涇二州皆平。

28 戊子，徐州刺史王伯敖與魏中山王英戰於陰陵，陰陵縣，漢屬九江郡，晉屬淮南郡。梁北譙郡治陰陵城，隋改北譙郡爲全椒縣，屬江都郡。唐全椒縣屬滁州。伯敖兵敗，失亡五千餘人。

己丑，魏發定、冀、瀛、相、幷、肆六州十萬人以益南行之兵。相，息亮翻。上遣將軍角念將兵一萬屯蒙山，招納兗州之民，降者甚衆。魏收志，南青州東安郡新泰縣東南有蒙山。蓋蒙山卽古所謂東蒙也，與固城、孤山皆近魏兗州東界，故梁連兵據之，以招兗州之民，北史邢巒傳，謂是時梁人侵軼徐、兗，是矣。角，姓也。姓苑，漢有角善叔。將，卽亮翻。降，戶江翻。是時，將軍蕭及屯固城，桓和屯孤山。魏收志，蘭陵郡蘭陵縣有石孤山，又昌慮縣有孤山。魏邢巒遣統軍樊魯攻和，別將元恆攻及，恆，戶登翻。統軍畢祖朽攻念。壬寅，魯大破和於孤山，恆拔固城，祖朽擊念，走之。

己酉，魏詔平南將軍安樂王詮督後發諸軍赴淮南。詮，長樂之子也。安樂王長樂見一百三十三卷宋蒼梧王元徽三年。樂，音洛。詮，且緣翻。

將軍藍懷恭與魏邢巒戰于睢口，姓譜，藍，魯甘翻，姓也。戰國策有中山大夫藍諸。水經註：睢水過睢陵縣故城北而東南流，逕下相縣故城南，又東南流，入于泗，謂之睢口。睢，音雖。懷恭敗績，巒進圍宿預。懷恭復於清南築城，清南，清水之南也。復，扶又翻。巒與平南將軍楊大眼合攻之，九月，癸酉，拔之，斬懷恭，殺獲萬計。張惠紹棄宿預，此與後張惠紹聞洛口敗，引兵退，本一事耳。解見後。蕭昞棄淮陽，遁還。

臨川王宏以帝弟將兵，將，卽亮翻；下同。器械精新，軍容甚盛，北人以爲百數十年所未之有。軍次洛口，水經註：洛澗在西曲陽縣北，劉牢之斬秦將梁成處，北歷秦墟，下注淮，謂之洛口。前軍克梁城，即謂昌義之克梁城也。諸將欲乘勝深入，宏性懦怯，部分乖方。分，扶問翻。魏詔邢巒引兵渡淮，與中山王英合攻梁城，宏聞之，懼，召諸將議旋師，呂僧珍曰：「知難而退，不亦善乎！」宏曰：「我亦以爲然。」柳惔曰：「自我大衆所臨，何城不服，何謂難乎！」裴邃曰：「是行也，固敵是求，何難之避！」馬仙琕曰：「王安得亡國之言！天子埽境內以屬王，惔，徒甘翻。琕，部田翻。屬，之欲翻。有前死一尺，無卻生一寸！」昌義之怒，須髮盡磔，磔，陟格翻，張開也。曰：「呂僧珍可斬也！豈有百萬之師出未逢敵，望風遽退，何面目得見聖主乎！」朱僧勇、胡辛生拔劍而退，「退」，據南史宏傳當作「起」。曰：「欲退自退，下官當前向取死。」議者罷出，僧珍謝諸將曰：「殿下昨來風動，謂宏心風發動也。意不在軍，深恐大致沮喪，故欲全師而返耳。」沮，在呂翻。喪，息浪翻。宏不敢遽違羣議，停軍不前。魏人知其不武，遺以巾幗，遺，于季翻。幗，古獲翻。且歌之曰：「不畏蕭娘與呂姥，言其怯懦，如婦人女子也。姥，莫補翻。但畏合肥有韋虎。」虎，謂韋叡也。僧珍歎曰：「使始興、吳平爲帥而佐之，豈有爲敵人所侮如是乎！」始興王憺，吳平侯昺。帥，所類翻。欲遣裴邃分軍取壽陽，大衆停洛口，宏固執不聽，令軍中曰：「人馬有前行者斬！」於是將士人懷憤怒。魏奚康生馳遣楊大眼謂中山王英曰：「梁人自克梁城已後，久不進軍，其勢可見，必畏我也。王若進據洛水，彼自奔敗。」英曰：「蕭臨川雖駃，其下有良將韋、裴之屬，未可輕也。駃，古駭翻。將，卽亮翻。宜且觀形勢，勿與交鋒。」

張惠紹號令嚴明，所至獨克，軍于下邳，前已言張惠紹棄宿預遁還矣，宿預在下邳東南百餘里。此言軍于下邳，是未棄宿預之前事，李延壽以此事載之臨川王宏傳，通鑑因亦連而書之。下邳人多欲降者，惠紹諭之曰：「我若得城，諸卿皆是國人，國人，猶言王民也。降，戶江翻；下同。若不能克，徒使諸卿失鄉里，非朝廷弔民之意也。今且安堵復業，勿妄自辛苦。」降人咸悅。

己丑，夜，洛口暴風雨，軍中驚，臨川王宏與數騎逃去。將士求宏不得，皆散歸，考異曰：梁書宏傳云，「會征役久，有詔班師。」殊爲不實。今從南史。棄甲投戈，塡滿水陸，捐棄病者及羸老，死者近五萬人。羸，倫爲翻。近，其靳翻。宏乘小船濟江，夜至白石壘，叩城門求入。臨汝侯淵猷登城謂曰：「百萬之師，一朝鳥散，國之存亡，未可知也。恐姦人乘間爲變，間，古莧翻。城不可夜開。」宏無以對，乃縋食饋之。縋，馳僞翻。淵猷，淵藻之弟。時昌義之軍梁城，聞洛口敗，與張惠紹皆引兵退。此卽張惠紹棄宿預一事也。通鑑因南史臨川王宏傳所載者書之，遂致複出。

魏主詔中山王英乘勝平蕩東南，遂北至馬頭，攻拔之，城中糧儲，魏悉遷之歸北。議者咸曰：「魏運米北歸，當不復南向。」復，扶又翻。上曰：「不然，此必欲進兵，爲詐計耳。」乃命脩鍾離城，敕昌義之爲戰守之備。馬頭城在鍾離之西，馬頭既陷，魏必東攻鍾離，故預爲之備。

冬，十月，英進圍鍾離，魏主詔邢巒引兵會之。巒上表，以爲「南軍雖野戰非敵，而城守有餘，今盡銳攻鍾離，得之則所利無幾，不得則虧損甚大。且介在淮外，借使束手歸順，猶恐無糧難守，況殺士卒以攻之乎！又，征南士卒從戎二時，從戎二時，謂兵連不解，自夏迄秋也。疲弊死傷，不問可知。雖有乘勝之資，懼無可用之力。若臣愚見，謂宜脩復舊戍，撫循諸州，以俟後舉，江東之釁，不患其無。」詔曰：「濟淮掎角，事如前敕，釁，許覲翻。掎，居蟻翻。何容猶爾盤桓，盤桓，不進貌。方有此請！可速進軍！」巒又表，以爲「今中山進軍鍾離，實所未解。解，戶買翻，曉也。若爲得失之計，謂爲一切之計，或得或失，未可必也。不顧萬全，直襲廣陵，出其不備，或未可知。若正欲以八十日糧取鍾離城者，臣未之前聞也。英期以八十日糧取鍾離，故巒云然。彼堅城自守，不與人戰，城塹水深，非可填塞，塞，悉則翻。空坐至春，士卒自弊。若遣臣赴彼，從何致糧！夏來之兵，不齎冬服，脫遇冰雪，何方取濟！臣寧荷怯懦不進之責，不受敗損空行之罪。荷，下可翻。鍾離天險，朝貴所具，謂朝之貴臣所具知也。朝，直遙翻。若有內應，則所不知；如其無也，必無克狀。言必無可克之狀。若信臣言，願賜臣停；若謂臣憚行求還，臣所領兵，乞盡付中山，任其處分，處，昌呂翻。分，扶問翻。臣止以單騎隨之東西。臣屢更爲將，騎，奇寄翻。更，工衡翻。將，即亮翻。頗知可否，臣既謂難，何容強遣！」強，其兩翻。乃召巒還，更命鎮東將軍蕭寶寅與英同圍鍾離。

侍中盧昶素惡巒，更，工衡翻。惡，烏路翻。與侍中、領右衛將軍元暉共譖之，使御史中尉崔亮彈巒在漢中掠人爲奴婢。巒傳云：「巒初至漢中，接豪右以禮，撫衆以惠。歲餘之後，頗因其去就，誅滅百姓，籍爲奴婢者二百餘口。」彈，徒丹翻。巒以漢中所得美女賂暉，暉言於魏主曰：「巒新有大功，不當以赦前小事案之。」謂是年正月生皇子赦也。魏主以爲然，遂不問。

暉與盧昶皆有寵於魏主而貪縱，時人謂之「餓虎將軍」、「飢鷹侍中」。暉尋遷吏部尚書，用官皆有定價，大郡二千匹，次郡下郡遞減其半，餘官各有等差，選者謂之「市曹」。以選曹貨賂爲市，因謂之市曹。選，須絹翻。

29 丁酉，梁兵圍義陽者夜遁，聞洛口師潰，故亦遁。魏郢州刺史婁悅追擊，破之。

30 柔然庫者可汗卒，子伏圖立，號佗汗可汗，佗汗，魏言緒也。可，從刊入聲。汗，音寒。佗，徒河翻。改元始平。戊申，佗汗遣使者紇奚勿六跋如魏請和。魏主不報其使，謂勿六跋曰：「蠕蠕遠祖社崘，乃魏之叛臣，事見一百八卷晉孝武太元十九年。使，疏吏翻。蠕，人兗翻。崘，盧昆翻。往者包容，蹔聽通使。事見一百三十六卷齊武帝永明五年。蹔，與暫同。今蠕蠕衰微，不及疇昔，大魏之德，方隆周、漢，正以江南未平，少寬北略，少，詩沼翻。通和之事，未容相許。若脩藩禮，款誠昭著者，當不爾孤也。」孤，負也。

31 魏京兆王愉、廣平王懷國臣多驕縱，公行屬請，屬，之欲翻。魏主詔中尉崔亮窮治之，治，直之翻。坐死者三十餘人，其不死者悉除名爲民。惟廣平右常侍楊昱、文學崔楷以忠諫獲免。昱，椿之子也。自晉以來，王國置師、友、文學各一人，左右常侍各一人。楊椿見一百三十七卷齊武帝永明八年。

32 十一月，乙丑，大赦。詔右衛將軍曹景宗都督諸軍二十萬救鍾離。上敕景宗頓道人洲，道人洲，在邵陽洲之東。俟衆軍齊集俱進。景宗固啓求先據邵陽洲尾，上不許。景宗欲專其功，違詔而進，值暴風猝起，頗有溺者，溺，奴狄翻。復還守先頓。謂還守道人洲也。復，扶又翻。上聞之曰：「景宗不進，蓋天意也。若孤軍獨往，城不時立，必致狼狽，今破賊必矣。」

33 初，漢歸義侯勢之末，羣獠始出，北自漢中，南至邛、笮，布滿山谷。事見九十七卷晉孝宗永和二年。獠，魯皓翻。邛，渠容翻。笮，音昨。勢既亡，蜀民多東徙，山谷空地皆爲獠所據。其近郡縣與華民雜居者，頗輸租賦，遠在深山者，郡縣不能制。梁、益二州歲伐獠以自潤，公私利之。及邢巒爲梁州，獠近者皆安堵樂業，樂，音洛。遠者不敢爲寇。巒既罷去，魏以羊祉爲梁州刺史，傅豎眼爲益州刺史。去年魏得晉壽，置益州。豎，而庾翻。祉性酷虐，不得物情。獠王趙清荆引梁兵入州境爲寇，祉遣兵擊破之。豎眼施恩布信，大得獠和。

34 十二月，癸卯，都亭靖侯謝朏卒。朏，敷尾翻。

35 魏人議樂，久不決。三年，魏命議樂事見上卷。

六年（丁亥、五〇七）

1春，正月，公孫崇請委衛軍將軍、尚書右僕射高肇監其事；監，工銜翻。魏主知肇不學，詔太常卿劉芳佐之。

2魏中山王英與平東將軍楊大眼等衆數十萬攻鍾離。鍾離城北阻淮水，魏人於邵陽洲兩岸爲橋，樹柵數百步，跨淮通道。英據南岸攻城，大眼據北岸立城，以通糧運。城中衆纔三千人，昌義之督帥將士，隨方抗禦。魏人以車載土塡塹，使其衆負土隨之，嚴騎蹙其後，人有未及回者，因以土迮之，帥，讀曰率。將，即亮翻。塹，七豔翻。騎，奇寄翻。迮，側百翻，迫也。俄而塹滿。衝車所撞，撞，傳江翻。城土輒頹，義之用泥補之，衝車雖入而不能壞。魏人晝夜苦攻，分番相代，墜而復升，復，扶又翻；下同。莫有退者。一日戰數十合，前後殺傷萬計，魏人死者與城平。

二月，魏主召英使還，英表稱：「臣志殄逋寇，而月初已來，已、以字通。霖雨不止，若三月晴霽，城必可克，願少賜寬假！」少，詩沼翻。魏主復詔曰：「彼土蒸濕，無宜久淹。勢雖必取，乃將軍之深計，兵久力殆，亦朝廷之所憂也。」英猶表稱必克，魏主遣步兵校尉范紹詣英議攻取形勢。紹見鍾離城堅，勸英引還，英不從。元英違衆議，志在必克鍾離，恃義陽之勝而驕也。兵法曰：常勝之家，難與慮敵。又曰：兵驕者敗，其謂是歟！校，戶教翻。

上命豫州刺史韋叡將兵救鍾離，將，即亮翻；下同。受曹景宗節度。叡自合肥取直道，由陰陵大澤行，水經註，濠水出陰陵縣之陽亭，東北流，逕鍾離城下而注于淮。陰陵蓋自在鍾離西南，合肥東北也。值澗谷，輒飛橋以濟師。人畏魏兵盛，多勸叡緩行，叡曰：「鍾離今鑿穴而處，處，昌呂翻。負戶而汲，車馳卒奔，猶恐其後，而況緩乎！魏人已墮吾腹中，卿曹勿憂也。」旬日至邵陽，上豫敕曹景宗曰：「韋叡，卿之鄉望，曹景宗，新野人。韋叡以京兆著姓居襄陽，既同州鄉，而韋爲望族。宜善敬之！」景宗見叡，禮甚謹，上聞之曰：「二將和，師必濟矣。」

景宗與叡進頓邵陽洲，叡於景宗營前二十里夜掘長塹，樹鹿角，截洲爲城，去魏城百餘步。南梁太守馮道根，能走馬步地，計馬足以賦功，比曉而營立。賦，布也。給，與也。功，力也。計一夫之力所任作，謂之功。杜佑通典曰：凡築城，下闊與高倍，上闊與下倍。城高五丈，下闊二丈五尺，上闊一丈二尺五寸，高下闊狹以此爲準。料功：上闊加下闊得三丈七尺五寸，半之得一丈八尺七寸五分，以高五丈乘之，一尺之城積數得九十三丈七尺五寸。每一功，日築土二尺，計功約四十七人。一步五尺之城計役二百三十五人，一百步計役二萬三千五百人。率一里則十里可知。其出土負簣並計之大功之內。城濠面闊二丈，深一丈，底闊一丈，以面闊加底積數太半之，得數一丈五尺，以深一丈乘之，鑿濠一尺得數一十五丈。每一人計功日出三丈，計功五人。一步五尺計功二十五人，十步計功二百五十人。一里計功七萬五百人。以此爲數，則百里可知。比，必利翻，及也。魏中山王英大驚，以杖擊地曰：「是何神也！」景宗等器甲精新，軍容甚盛，魏人望之奪氣。景宗慮城中危懼，募軍士言文達等言，姓。孔門言偃吳人，今吳人猶有言姓。潛行水底，齎敕入城，城中始知有外援，勇氣百倍。

楊大眼勇冠軍中，將萬餘騎來戰，所向皆靡。叡結車爲陳，冠，古玩翻。將，卽亮翻。騎，奇寄翻。陳，讀曰陣。大眼聚騎圍之，叡以強弩二千一時俱發，洞甲穿中，中，如字。殺傷甚衆。矢貫大眼右臂，大眼退走。明旦，英自帥衆來戰，帥，讀曰率。叡乘素木輿，執白角如意以麾軍，如意，檛類。一日數合，英乃退。魏師復夜來攻城，復，扶又翻。飛矢雨集，叡子黯請下城以避箭，叡不許；軍中驚，叡於城上厲聲呵之，乃定。此確鬭也。兩軍營壘相逼，旦暮接戰，勇而無剛者不能支久，韋叡於此，是難能也。比年襄陽之守，使諸將連營而前，如韋叡之略，城猶可全，不至誤國矣。嗚呼，痛哉！牧人過淮北伐芻藁者，皆爲楊大眼所略；曹景宗募勇敢士千餘人，於大眼城南數里築壘，大眼來攻，景宗擊卻之。壘成，使別將趙草守之，有抄掠者，皆爲草所獲，是後始得縱芻牧。

上命景宗等豫裝高艦，使與魏橋等，爲火攻之計，將，卽亮翻。抄，楚交翻。艦，戶黯翻。令景宗與叡各攻一橋，叡攻其南，景宗攻其北。魏於邵陽洲兩岸立橋，南橋以接元英之兵，北橋以接楊大眼之兵。三月，淮水暴漲六七尺，考異曰：梁帝紀，「四月，癸未，景宗等破魏軍。」魏帝紀，「四月，戊戌，鍾離大水，英敗績。」按曹景宗傳云，「三月，春水生，淮水暴漲。」梁魏二史蓋據奏到月日書之耳，今從景宗傳。叡使馮道根與廬江太守裴邃、秦郡太守李文釗等沈約曰：晉武帝分扶風爲秦國，中原亂，其民南流，寄居堂邑。堂邑本爲縣，前漢屬臨淮，後漢屬廣陵，晉又屬臨淮。惠帝永興元年，以臨淮淮陵立堂邑郡，安帝改堂邑爲秦郡。五代志，揚州六合縣，舊曰尉氏，置秦郡。乘鬭艦競發，擊魏洲上軍盡殪。殪，於計翻。別以小船載草，灌之以膏，從而焚其橋，風怒火盛，烟塵晦冥，敢死之士，拔柵斫橋，水又漂疾，倏忽之間，橋柵俱盡。道根等皆身自搏戰，軍人奮勇，呼聲動天地，呼，火故翻。無不一當百，魏軍大潰。英見橋絕，脫身棄城走，大眼亦燒營去。諸壘相次土崩，悉棄其器甲爭投水，死者十餘萬，斬首亦如之。叡遣報昌義之，義之悲喜，不暇答語，但叫曰：「更生，更生！」諸軍逐北至濊水上，魏收志，睢州穀陽郡連城縣有濊水。按水經註，服虔云：穀水在沛國相縣界。蓋睢水逕穀熟而兩分，穀水之名蓋因地變，然則穀水卽泗水也。魏收又云：睢州卽梁之潼州，治取慮城。又按水經註，睢水自穀熟東流，逕取慮城北，又東逕睢陵城北，又東與潼水會。參而考之，則濊水當在沛、臨淮二郡界。丁度集韻曰：濊，呼外翻，一作「渙」，音同，水名，在亳州。是則濊水卽渙水，音同而字異耳。英單騎入梁城，緣淮百餘里，尸相枕藉，生擒五萬人，枕，之任翻。藉，慈夜翻。考異曰：韋叡傳云：「其餘釋甲稽顙，乞爲囚奴者，猶數十萬。」按魏軍共止數十萬，如叡傳所言，似爲太過。今從景宗傳。收其資糧、器械山積，牛馬驢騾不可勝計。騾，盧戈翻。勝，音升。

義之德景宗及叡，請二人共會，設錢二十萬，官賭之。樗蒲，賭博，私相與爲戲耳。不設於公庭，今官賭之於徐州府廨，公賭之也。博以取財曰賭，音丁古翻。景宗擲得雉；叡徐擲得盧，遽取一子反之，曰：「異事！」遂作塞。反，讀曰翻，又如字。樗蒲得盧者勝，反一子而作塞，塞者擲采未成，次擲者塞之以決勝負。塞，與簺同，先代翻。異事，猶言怪事也。景宗與羣帥爭先告捷，帥，所類翻。叡獨居後，世尤以此賢之。史言韋叡有功不伐。詔增景宗、叡爵邑，義之等受賞各有差。

3 夏，四月，己酉，以江州刺史王茂爲尚書右僕射，安成王秀爲江州刺史。秀將發，主者求堅船以爲齋舫，以船載齋庫物，因曰齋舫。舫，甫妄翻。並兩船曰舫。秀曰：「吾豈愛財而不愛士乎！」乃以堅者給參佐，下者載齋物，既而遭風，齋舫遂破。時諸王並下士，建安王偉與秀尤好人物，時人方之四豪。

4 丁巳，以臨川王宏爲驃騎將軍、開府儀同三司，驃，匹妙翻。騎，奇寄翻。建安王偉爲揚州刺史，右光祿大夫沈約爲尚書左僕射，左僕射王瑩爲中軍將軍。

5 六月，丙午，馮翊等七郡叛降魏。馮翊等郡，江左僑立於雍州界。降，戶江翻。

6 秋，七月，丁亥，以尚書右僕射王茂爲中軍【嚴：「中軍」改「中衞」。】將軍。

7 八月，戊子，大赦。

8 魏有司奏：「中山王英經算失圖，齊王蕭寶寅等守橋不固，皆處以極法。」處，昌呂翻。己亥，詔英、寶寅免死，除名爲民，楊大眼徙營州爲兵。魏世祖眞君五年置營州，治和龍城，領昌黎、建德、遼東、樂浪、冀陽郡。以中護軍李崇爲征南將軍、揚州刺史。崇多事產業，征南長史狄道辛琛屢諫不從，琛，丑林翻。遂相糾舉。詔並不問。崇因置酒謂琛曰：「長史後必爲刺史，但不知得上佐何如人耳。」琛曰：「若萬一叨忝，得一方正長史，朝夕聞過，是所願也。」崇有慙色。

9 九月，己亥，【張：「亥」作「未」。】魏以司空高陽王雍爲太尉，尚書令廣陽王嘉爲司空。

10 甲子，魏開斜谷舊道。漢高祖之爲漢王也，從杜南入蝕中，張良送至褒中。褒、斜，一谷也，南谷曰褒，北谷曰斜。意此卽斜谷舊道，諸葛亮揚聲由斜谷取郿，非杜南舊道也。以事勢言之，承平舊時自長安入蜀，其取道就平易。南北分爭，塞故道而開新路以依險。今魏欲就平易以通梁、益，故復開舊道。斜，余遮翻。谷，音浴。

11 冬，十月，壬寅，以五兵尚書徐勉爲吏部尚書。勉精力過人，雖文案塡積，坐客充滿，應對如流，手不停筆。又該綜百氏，皆爲避諱。爲，于僞翻。嘗與門人夜集，客虞暠求詹事五官，太子詹事亦有五官掾。暠，古老翻。勉正色曰：「今夕止可談風月，不可及公事。」時人咸服其無私。

12 閏月，乙丑，以臨川王宏爲司徒、行太子太傅，尚書左僕射沈約爲尚書令、行太子少傅，吏部尚書袁昂爲右僕射。

13 丁卯，魏皇后于氏殂。是時高貴嬪有寵而妬，高肇勢傾中外，后暴疾而殂，人皆歸咎高氏，宮禁事祕，莫能詳也。爲魏皇子昌卒張本。

14 甲申，以光祿大夫夏侯詳爲尚書左僕射。

15 乙酉，魏葬順皇后于永泰陵。

16 十二月，丙辰，豐城景公夏侯詳卒。沈約曰：吴立富城縣，晉武太康元年更名豐城，屬豫章郡。

17 乙丑，魏淮陽鎮都軍主常邕和以城來降。降，戶江翻。考異曰：魏帝紀：「十月，庚午，淮陽太守安樂以城南叛。」今從梁帝紀。

張政烺標點　王崇武　聶崇岐覆校

資治通鑑卷第一百四十七

端明殿學士兼翰林侍讀學士朝散大夫右諫議大夫集賢殿修撰提舉西京嵩山
崇福宮上柱國河內郡開國侯食邑一千八百戶食實封六百戶賜紫金魚袋臣司馬光奉敕編集
後學天台胡三省音註

梁紀三

起著雍困敦（戊子），盡閼逢敦牂（甲午），凡七年。

高祖武皇帝三

天監七年（戊子、五〇八）

1 春，正月，魏潁川太守王神念來奔。爲後神念子僧辯有功於興復張本。守，式又翻。

2 壬子，以衞尉吳平侯昺兼領軍將軍。

3 詔吏部尚書徐勉定百官九品爲十八班，以班多者爲貴。二月，乙丑，增置鎮、衞將軍以下爲十品，凡二十四班；不登十品，別有八班。又置施外國將軍二十四班，凡一百九號。丞相、太宰、太傅、太保、大司馬、大將軍、太尉、司徒、司空爲十八班。諸將軍開府儀同三司、左・右光祿開府儀同三司爲十七班。尚書令、太子太傅、左・右光祿大夫爲十六班。尚書左僕射、太子少傅、尚書僕射、右僕射、中書監、特進、領・護軍將軍爲十五班。中領・護軍、吏部尚書、太子詹事、金紫光祿大夫、太常卿爲十四班。中書令、列曹尚書、國子祭酒、宗正・太府卿、光祿大夫爲十三班。侍中、散騎常侍、左・右衞將軍、司徒左長史、衞尉卿爲十二班。御史中丞、尚書吏部郎、祕書監、通直散騎常侍、太子左・右二衞率、左・右驍・游、太中大夫、皇弟・皇子師、司農・少府・廷尉卿、太子中庶子、光祿卿爲十一班。給事黃門侍郎、員外散騎常侍、皇弟・皇子府長史、太僕・大匠卿、太子家令・率更令・僕、揚州別駕、中散大夫、司徒右長史、雲騎、游騎、皇弟・皇子府司馬、朱衣直閤將軍爲十班。尚書左丞、鴻臚卿、中書侍郎、國子博士、太子庶子、揚州中從事、皇弟・皇子公府從事中郎、太舟卿、大長秋、皇弟・皇子府諮議、嗣王府長史、前・左・右・後四軍、嗣王府司馬、庶姓公府長史・司馬爲九班。祕書丞、太子中舍人、司徒左西掾、司徒屬、皇弟・皇子友、散騎侍郎、尚書右丞、南徐州別駕、皇弟・皇子・公府掾屬、皇弟・皇子單爲二衞司馬、嗣王・庶姓公府從事中郎、左・右中郎將、嗣王・庶姓公府諮議、皇弟・皇子之庶子府長史・司馬、蕃王府長史・司馬、庶姓持節府長史・司馬爲八班。五校、東宮三校、皇弟・皇子之庶子府中錄事・中記室・中直兵參軍、南徐州中從事、皇弟・皇子之庶子府・蕃王府諮議爲七班。太子洗馬、通直散騎侍郎、司徒主簿、尚書侍郎、著作郎、皇弟・皇子府功曹史、五經博士、皇弟・皇子府錄事・記室・中兵參軍、皇弟・皇子荆・江・雍・郢・南徐五州別駕、領・護軍長史・司馬、嗣王・庶姓公府掾屬、南臺治書侍御史、廷尉三官、謁者僕射、太子門大夫、嗣王・庶姓公府中錄事・中記室・中直兵參軍、庶姓府諮議爲六班。尚書郎中、皇弟・皇子文學及府主簿、太子太傅・少傅丞、皇弟・皇子湘・豫・司・益・廣・青・衡七州別駕、皇弟・皇子荆・江・雍・郢・南兗五州中從事、嗣王・庶姓荆・江等五州別駕、太常丞、皇弟・皇子國郎中令、三將、東宮二將、嗣王府功曹史、庶姓公府錄事・記室・中兵參軍、皇弟・皇子之庶子府・蕃王府中錄事・中記室・中直兵參軍爲五班。給事中、皇弟・皇子府正參軍、中書舍人、建康三官、皇弟・皇子北徐・北兗・梁・交・南梁五州別駕、皇弟・皇子湘・豫・司・益・廣・

靑·衡七州別駕·中從事、嗣王·庶姓湘·豫等七州別駕、嗣王·庶姓荆·江等五州中從事、宗正·太府·衞尉·司農·少府·廷尉·太子詹事等丞、積射·强弩將軍、太子左·右積弩將軍、皇弟·皇子國大農、嗣王國郎中令、嗣王·庶姓公府主簿、皇弟·皇子之庶子府·蕃王府功曹史·錄事·記室·中兵參軍爲四班。太子舍人、司徒祭酒、皇弟·皇子公府祭酒、員外散騎侍郎、皇弟·皇子府行參軍、太子太傅·少傅五官·功曹·主簿、二衞司馬、公車令、胄子·律博士、皇弟·皇子越·桂·寧·霍四州別駕、皇弟·皇子北徐·北兗·梁·交·南梁五州中從事、庶姓北徐等五州別駕、湘·豫·司·益·廣·靑·衡七州中從事、嗣王·庶姓公府正參軍、皇弟·皇子之庶子府·蕃王府曹主簿、武衞將軍、光祿丞、皇弟·皇子國中尉·太僕·大匠丞、嗣王國大農、蕃王國郎中令、庶姓持節府中錄事·中記室·中直兵參軍、北館令爲三班。祕書郎、著作佐郎、揚、南徐州主簿、嗣王·庶姓公府祭酒、皇弟·皇子單爲領·護·詹事、二衞等功曹·五官·主簿、太學博士、皇弟·皇子國常侍、奉朝請、國子助敎、皇弟·皇子越·桂·寧·霍四州中從事、皇弟皇子荆·江等五州主簿、嗣王·庶姓越·桂等四州別駕、嗣王·庶姓北徐等五州中從事、鴻臚丞、尙書五都令史、武騎常侍、材官將軍、明堂·二廟·帝陵令、嗣王·庶姓公府行參軍、皇弟·皇子之庶子府正參軍、蕃王國大農、庶姓持節府錄事·記室·中直兵參軍、庶姓持節府功曹史爲二班。揚、南徐州西曹·祭酒·從事、皇弟·皇子國侍郎、嗣王國常侍、南徐州議曹從事、東宮通事舍人、南臺侍御史、大舟丞、二衞·殿中將軍·皇弟·皇子之庶子府·蕃王府行參軍、蕃王國中尉、皇弟·皇子湘·豫等七州主簿、皇弟·皇子荆·雍等州西曹祭酒·議曹從事、皇弟·皇子西曹·從事祭酒·(以上四字疑衍)議曹祭酒·部傳從事、嗣王庶姓越·桂等四州中從事、嗣王庶姓荆·江等五州主簿、庶姓持節府主簿、汝陰·巴陵二國郎中令、太官·太樂·太市·太史·太醫·太祝·東西冶·左右尙方·南北武庫·車府等令爲一班。又詔以「將軍之名，高卑舛雜，更加釐定。」於是有司奏置一百二十五號將軍。以鎮、衞、驃騎、車騎爲二十四班，内外通用；征東，征西征南、征北施外，中軍、中衞、中撫、中護施内，爲二十三班；鎮東、鎮西、鎮南、鎮北施外，鎮左、鎮右、鎮前、鎮後施内，爲二十二班；安東、安西、安南、安北施外，安左、安右、安前、安後施内，爲二十一班；平東、平西、平南、平北施外，翊左、翊右、翊前、翊後施内，爲二十班：是爲重號將軍。忠武、軍師爲十九班；武臣、爪牙、龍騎、雲麾爲十八班，代舊前、後、左、右四將軍；鎮兵、翊師、宣惠、宣毅爲十七班，代舊四中郎將：十號爲一品。智威、仁威、勇威、信威、嚴威爲十六班，代舊征虜；智武、仁武、勇武、信武、嚴武爲十五班，代舊冠軍：十號爲一品，所謂五德將軍者也。輕車、征遠、鎮朔、武旅、貞毅爲十四班，代舊輔國。凡將軍加大者，唯至貞毅而已，通進一階，優者方得比位從公。寧遠、明威、振遠、電耀、威耀爲十三班，代舊寧朔：十號爲一品。武威、武騎、武猛、壯武、飆武爲十二班；電威、馳鋭、追鋒、羽騎、突騎爲十一班：十號爲一品。折衝、冠武、和戎、安壘、猛烈爲十班；掃狄、雄信、掃虜、武鋭、摧鋒爲九班：十號爲一品。略遠、貞威、決勝、開遠、光野爲八班；厲鋒、輕鋭、討狄、蕩虜、蕩夷爲七班：十號爲一品。武毅、鐵騎、樓船、宣猛、樹功爲六班；克狄、平虜、討夷、平狄、威戎爲五班：十號爲一品。伏波、雄戟、長劍、衝冠、雕騎爲四班；佽飛、安夷、克戎、綏狄、威虜爲三班：十號爲一品。前鋒、武義、開邊、招遠、全威爲二班；綏虜、蕩寇、横野、馳射爲一班：十號爲一品。凡十品，二十四班，亦以班多爲貴。其制，品十，取其盈數，以法十日；班二十四以法氣序。制簿悉以大號居後，以爲選法自小遷大也。其不登十品應須軍號者，有牙門代舊建威，期門代舊建武，爲八班；候騎代舊振威，熊渠代舊振武，爲七班；中堅代舊奮威，典戎代舊奮武，爲六班；戈船代舊揚威，繡衣代舊揚武，爲五班；執訊代舊廣威，行陣代舊廣武，爲四班；鷹揚爲三班；陵江爲二班；偏將軍、裨將軍爲一班：凡十四號，別爲八班，以象八風，所施甚輕。又有武安、鎮遠、雄義擬車騎爲二十四班；撫東、撫西、撫南、撫北擬四征爲二十三班；寧東、寧西、寧南、寧北擬四鎮爲二十二班；威東、威西、威南、威北擬四安爲二十一班；綏東、綏西、綏南、綏北擬四平爲二十班：凡十九號爲一品。安遠、安邊擬忠武、軍師爲十九班；輔義、安沙、衛海、撫河擬武臣等四號爲十八班；平遠、撫朔、寧沙、航海擬鎮兵等四號爲十七班：凡十號爲一品。翊海、朔野、拓遠、威河、龍幕擬智威等五號爲十六班；威隴、安漠、綏邊、寧寇、梯山擬智武等五號爲十五班：凡十號爲一品。寧境、綏河、明信、明義、威漠擬輕車等五號爲十四班；安隴、向義、宣節、振朔、候律擬寧遠等五號爲十三班：凡十號爲一品。平寇、定遠、寧隴、陵海、振漠擬武威等五號爲十二班；馳義、橫朔、明節、執信、懷德擬電威等五號爲十一班：凡十號爲一品。撫邊、定隴、綏關、立信、奉義擬折衝等五號爲十班；綏隴、寧邊、定朔、立節、懷威擬掃狄等五號爲九班：凡十號爲一品。懷關、靜朔、掃寇、寧河、安朔擬略遠等五號爲八班；揚化、超隴、執義、來化、度嶂擬厲鋒等五號爲七班：凡十號爲一品。平河、振隴、雄邊、橫沙、寧關擬武毅等五號爲六班；懷信、宣義、弘節、浮遼、鑿空擬克狄等五號爲五班：凡十號爲一品。扞海、款塞、歸義、陵河、明信擬伏波等五號爲四班；奉忠、守義、弘信、抑化、立義擬欽飛等五號爲三班：凡十號爲一品。綏方、奉正、承化、浮海、渡河擬先鋒等五號爲二班；懷義、奉信、歸誠、懷澤、伏義擬綏虜等五號爲一班：凡十號爲一品。大凡一百九號，亦爲二十四班，施於外國。

3 庚午，詔置州望、郡宗、鄉豪各一人，專掌搜薦。搜，求也；搜才能而薦之於上。

4 乙亥，以南兗州刺史呂僧珍爲領軍將軍。領軍掌內外兵要，宋孝建以來，制局用事，與領軍分兵權，典事以上皆得呈奏，領軍拱手而已。及吳平侯昺在職峻切，官曹肅然。制局監皆近倖，頗不堪命，以是不得久留中，丙子，出爲雍州刺史。先用僧珍，次日出昺。昺，音丙。雍，於用翻。

5 三月，戊子，魏皇子昌卒，侍御師王顯失於療治，醫師侍御左右，因以名官。後魏之制，太醫令屬太常，掌醫藥；而門下省別有尚藥局侍御師，蓋今之御醫也。此又一王顯，非御史中尉之王顯也。治，直之翻。時人皆以爲承高肇之意也。

6 夏，四月，乙卯，皇太子納妃，大赦。

7 五月，己亥，詔復置宗正、太僕、大匠、鴻臚，又增太府、太舟，仍先爲十二卿。復，扶又翻。五代史志曰：是年以太常爲太常卿，加置宗正卿，以大司農爲司農卿，是爲春卿；加置太府卿，以少府爲少府卿，加置太僕卿，是爲夏卿；以衞尉爲衞尉卿，廷尉爲廷尉卿，將作大匠爲大匠卿，是爲秋卿；以光祿勳爲光祿卿，大鴻臚爲鴻臚卿，都水使者爲太舟卿，是爲冬卿。凡十二卿，皆置丞及功曹、主簿。

8 癸卯，以安成王秀爲荆州刺史。先是，巴陵馬營蠻緣江爲寇，州郡不能討，先，悉薦翻。秀遣防閤文熾帥衆燔其林木，梁制，上宮、東宮置直閤，王公置防閤。文，姓也。帥，讀曰率。蠻失其險，州境無寇。蠻無所依阻，故不敢爲寇。

9 秋，七月，甲午，魏立高貴嬪爲皇后。嬪，毗賓翻。尚書令高肇益貴重用事。肇多變更先朝舊制，減削封秩，抑黜勳人，由是怨聲盈路。羣臣宗室皆卑下之，更，工衡翻。朝，直遙翻。下，遐嫁翻。唯度支尚書元匡與肇抗衡，先自造棺置聽事，欲輿棺詣闕論肇罪惡，自殺以切諫；肇聞而惡之。度，徒洛翻。惡，烏路翻。會匡與太常劉芳議權量事，魏因議樂，并議定權量。量，力讓翻。肇主芳議，匡遂與肇喧競，競，爭也。表肇指鹿爲馬。以肇比趙高。御史中尉王顯奏彈匡誣毁宰相，有司處匡死刑；處，昌呂翻。詔恕死，降爲光禄大夫。

10 八月，癸丑，竟陵壯公曹景宗卒。

11 初，魏主爲京兆王愉納于后之妹爲妃，爲，于僞翻。愉不愛，愛妾李氏，生子寶月。于后召李氏入宫，棰之。棰，止橤翻。愉驕奢貪縱，所爲多不法。帝召愉入禁中推按，杖愉五十，出爲冀州刺史。愉自以年長，長，知兩翻。而勢位不及二弟，二弟，清河王懌，廣平王懷。潛懷愧恨。又，身與妾屢被頓辱，高肇數譖愉兄弟，愉不勝忿；被，皮義翻。數，所角翻。勝，音升。癸亥，殺長史羊靈引、司馬李遵，詐稱得清河王懌密疏，云「高肇弑逆」。遂爲壇於信都之南，魏冀州刺史治信都。卽皇帝位，大赦，改元建平，立李氏爲皇后。法曹參軍崔伯驥不從，愉殺之。在北州鎮皆疑魏朝有變，謂州鎮在冀州之北者。朝，直遙翻。定州刺史安樂王詮具以狀告之，樂，音洛。詮，且緣翻。州鎮乃安。乙丑，魏以尚書李平爲都督北討諸軍、行冀州事以討愉。平，崇之從父弟也。從，才用翻。

12 丁卯，魏大赦，改元永平。

13 魏京兆王愉遣使說平原太守清河房亮，亮斬其使；愉遣其將張靈和擊之，爲亮所敗。說，式芮翻。將，卽亮翻。敗，補邁翻。李平軍至經縣，經縣，漢、晉屬安平國，魏收志屬鉅鹿郡。諸軍大集，夜，有蠻兵數千斫平營，矢及平帳，平堅臥不動，俄而自定。蠻兵蓋亦李平所統，欲爲內變，而平不動，故自定。九月，辛巳朔，愉逆戰於城南草橋，平奮擊，大破之，愉脫身走入城，平進圍之。壬辰，安樂王詮破愉兵於城北。

14 癸巳，立皇子續爲南康王。

15 魏高后之立也，彭城武宣王勰固諫，勰，音協。魏主不聽。高肇由是怨之，數譖勰於魏主，數，所角翻。魏主不之信。勰薦其舅潘僧固爲長樂太守，京兆王愉之反，脅僧固與之同，冀州與長樂郡同治信都，故僧固爲愉所脅。樂，音洛。肇因誣勰北與愉通，南招蠻賊。伊闕以南，接于淮、汝、江、沔，皆有蠻左。彭城郎中令魏偃、前防閤高祖珍高祖珍前嘗爲勰防閤，時已去官，故曰前防閤。希肇提擢，構成其事。肇令侍中元暉以聞，暉不從，又令左衞元珍言之。帝以問暉，暉明勰不然；又以問肇，肇引魏偃、高祖珍爲證，帝乃信之。戊戌，召勰及高陽王雍、廣陽王嘉、清河王懌、廣平王懷、高肇俱入宴。勰妃李氏方產，固辭不赴。中使相繼召之，使，疏吏翻。不得已，與妃訣而登車，入東掖門，度小橋，牛不肯進，擊之良久，良久，稍久也，或曰甚久也。更有使者責勰來遲，乃去牛，去，羌呂翻。人挽而進。宴於禁中，至夜，皆醉，各就別所消息。令各就便安之處，消酒毒而息眞氣。俄而元珍引武士齎毒酒而至，勰曰：「吾無罪，願一見至尊，死無恨！」元珍曰：「至尊何可復見！」復，扶又翻。勰曰：「至尊聖明，不應無事殺我，乞與告者一對曲直！」武士以刀鐶築之，勰大言曰：「冤哉，皇天！忠而見殺。」武士又築之，勰乃飲毒酒，武士就殺之，向晨，以褥裹尸載歸其第，云王因醉而薨。李妃號哭大言曰：號，戶刀翻。「高肇枉理殺人，天道有靈，汝安得良死！」魏主舉哀於東堂，贈官、葬禮皆優厚加等。在朝貴賤，莫不喪氣，朝，直遙翻。喪，息浪翻。行路士女皆流涕曰：「高令公枉殺賢王。」肇爲尚書令，故稱曰令公。由是中外惡之益甚。爲高肇被誅張本。惡，烏路翻。

京兆王愉不能守信都，癸卯，燒門，攜李氏及其四子從百餘騎突走。騎，奇寄翻。李平入信都，斬愉所置冀州牧韋超等，遣統軍叔孫頭追執愉，置信都，以聞。羣臣請誅愉，魏主不許，命鎖送洛陽，申以家人之訓。愉，魏主弟也，故欲訓責之。行至野王，高肇密使人殺之。考異曰：魏書及北史愉傳皆云：「愉每宿止亭傳，必攜李手，盡其私情，雖鏁縶之中，飲賞自若，略無愧懼之色。至野王，愉語人曰：『雖主上慈深，不忍殺我，吾亦何面見至尊！』於是歔欷流涕，絕氣而死。或云高肇令人殺之。」按愉既敗被執，猶略無愧懼，安能慙見魏主，遽感激絕氣而死！蓋肇潛使人殺愉，因以此言紿魏主耳。諸子至洛，魏主皆赦之。

魏主將屠李氏，中書令崔光諫曰：「李氏方娠，刑至刳胎，乃桀、紂所爲，武王數紂之罪曰：刳剔孕婦。酷而非法。請俟產畢，然後行刑。」從之。

李平捕愉餘黨千餘人，將盡殺之，錄事參軍高顥曰：「此皆脅從，前既許之原免矣，宜爲表陳。」爲，于僞翻；下爲國同。平從之，皆得免死。顥，祐之孫也。高祐，允之從祖弟，以文學事魏孝文。

濟州刺史高植帥州軍擊愉，有功當封，濟，子禮翻。帥，讀曰率。植不受，曰：「家荷重恩，爲國致效，致效，言致身而效死也。荷，下可翻。乃其常節，何敢求賞！」植，肇之子也。

加李平散騎常侍。散，悉亶翻。騎，奇寄翻。高肇及中尉王顯素惡平，顯彈平在冀州隱截官口，此謂叛黨男女合沒爲官口者。惡，烏路翻。彈，徒丹翻。肇奏除平名。除名，不得通籍禁門。

初，顯祖之世，柔然萬餘口【章：十二行本「口」作「戶」；乙十一行本同；孔本同；張校同。】降魏，置之高平、薄骨律二鎭，魏世祖太延二年置高平鎭，是後肅宗正光五年改置原州。又太延二年置薄骨律鎭，肅宗孝昌中改置靈州。宋白曰：太和十年改薄骨律鎭爲沃野鎭。降，戶江翻。及太和之末，叛走略盡，唯千餘戶在。太中大夫王通請徙置淮北以絕其叛，詔太僕卿楊椿持節往徙之，椿上言：「先朝處之邊徼，所以招附殊俗，且別異華、戎也。朝，直遙翻。處，昌呂翻；下河處同。徼，吉弔翻。別，彼列翻。今新附之戶甚衆，若舊者見徙，新者必不自安，是驅之使叛也。且此屬衣毛食肉，樂冬便寒，衣，於旣翻。樂，音洛。南土濕熱，往必殲盡。進失歸附之心，退無藩衞之益，置之中夏，殲，息廉翻。夏，戶雅翻。或生後患，非良策也。」不從，遂徙於濟州，緣河處之。及京兆王愉之亂，皆浮河赴愉，所在抄掠，如椿之言。濟，子禮翻。抄，楚交翻。

16庚子，魏郢州司馬彭珍等叛魏，潛引梁兵趨義陽，三關戍主侯登等以城來降。郢州刺史婁悅嬰城自守，魏以中山王英都督南征諸軍事，將步騎三萬出汝南以救之。趨，七喻翻。降，戶江翻。將，卽亮翻。騎，奇寄翻。考異曰：田益宗傳，詔曰：「英統馬步七萬，邢巒統精騎三萬，」蓋虛聲耳。今從魏帝紀。

17冬，十月，魏懸瓠軍主白早生殺豫州刺史司馬悅，瓠，戶故翻。考異曰：梁帝紀作「白皁生」，馬仙琕傳作「琅邪王司馬慶曾」。今皆從魏書。自號平北將軍，求救於司州【章：十二行本「州」下有「刺史」二字；乙十一行本同；孔本同；退齋校同；張校同，云無註本無「刺史」二字。】馬仙琕。琕，部田翻。時荊州刺史安成王秀爲都督，秀以荊州刺史督諸州，司州其所統也。仙琕籤求應赴。籤前敍求應赴之事，註見一百二十卷宋文帝元嘉元年。參佐咸謂宜待臺報，謂宜奏上天臺而待報。江左率謂朝廷爲臺，亦謂之天臺。秀曰：「彼待我以自存，彼，謂白早生。援之宜速，待敕雖舊，謂舊制須待臺敕。非應急也。」卽遣兵赴之。上亦詔仙琕救早生。仙琕進頓楚王城，楚王城卽楚王戍。遣副將齊苟兒將，卽亮翻。考異曰：魏書作「苟仁」，今從梁書、南・北史。以兵二千助守懸瓠。詔以早生爲司州刺史。考異曰：梁帝紀，十月丙子，「魏陽關主許敬珍以城內附，詔大舉北伐，以始興王憺帥衆入清，王茂帥衆向宿豫。丁丑，白早生與豫州刺史胡遜以城內屬，以早生爲司州，胡遜爲豫州刺史。明年正月壬辰，魏鎭東參軍成景儁斬宿豫城主嚴仲寶，以城內屬。二月丁卯，魏楚王城主李國興以城內附。」姓名年月事迹既與魏書參差，又偏檢諸列傳皆無其事。今並從魏書。

18 丙寅，以吳興太守張稷爲尚書左僕射。守，式又翻。

19 魏以尚書邢巒行豫州事，將兵擊白早生。魏主問之曰：「卿言，早生走也，守也？何時可平？」對曰：「早生非有深謀大智，正以司馬悅暴虐，乘衆怒而作亂，民迫於凶威，不得已而從之。縱使梁兵入城，水路不通，糧運不繼，亦成禽耳。早生得梁之援，溺於利欲，必守而不走。若臨以王師，士民必翻然歸順，不出今年，當傳首京師。」魏主悅，命巒先發，使中山王英繼之。

巒帥騎八百，倍道兼行，五日至鮑口。丙子，早生遣其大將胡孝智將兵七千，離城二百里逆戰，帥，讀曰率。騎，奇寄翻；下同。將，卽亮翻；下椿將同。離，力智翻。巒奮擊，大破之，乘勝長驅至懸瓠。早生出城逆戰，又破之，因渡汝水，圍其城。詔加巒都督南討諸軍事。

丁丑，魏鎭東參軍成景儁殺宿豫戍主嚴仲賢，以城來降。降，戶江翻。時魏郢、豫二州，自懸瓠以南至于安陸諸城皆沒，唯義陽一城爲魏堅守。爲，于僞翻。蠻帥田益宗帥羣蠻以附魏，蠻帥，所類翻。宗帥，讀曰率。魏以爲東豫州刺史。魏東豫州治新息廣陵城，領汝南、東新蔡、新蔡、弋陽、長陵郡。上以車騎大將軍、開府儀同三司、五千戶郡公招之，益宗不從。

十一月，庚寅，魏遣安東將軍楊椿將兵四萬攻宿豫。

魏主聞邢巒屢捷，命中山王英趣義陽，英以衆少，累表請兵，弗許。趣，與趨同，七喻翻。

少，詩沼翻。英至懸瓠，輒與豐共攻之。十二月，己未，齊苟兒等開門出降，斬白早生及其黨數十人。英乃引兵前趨義陽。趨，七喻翻。寧朔將軍張道凝先屯楚王城，癸亥，棄城走，英追擊，斬之。

魏義陽太守狄道辛祥與婁悦共守義陽，將軍胡武城、陶平虜攻之，祥夜出襲其營，擒平虜，斬武城，由是州境獲全。論功當賞，婁悦恥功出其下，間之於執政，賞遂不行。間，古莧翻。史言高肇專魏，賞罰無章。

20 壬申，魏東荆州表「桓暉之弟叔興前後招撫太陽蠻，歸附者萬餘戶，請置郡十六，縣五十。」自是之後，蠻左郡縣不可勝紀矣。詔前鎮東府長史酈道元案行置之。行，下孟翻。道元，範之子也。酈範見一百三十二卷宋明帝泰始三年。

21 是歲，柔然佗汗可汗復遣紇奚勿六跋獻貂裘於魏，佗，徒河翻。汗，音寒。可，從刊入聲。復，扶又翻。魏主弗受，報之如前。前事見上卷五年。

初，高車侯倍窮奇爲嚈噠所殺，嚈噠國，大月氏之種類也，亦曰高車之別種，其原出於塞北，自金山而南，在于闐之西，去長安一萬一百里；其王都拔底城，蓋王舍城也。嚈，益涉翻。噠，當割翻，又陁葛翻，又宅軋翻。執其子彌俄突而去，其衆分散，或奔魏，或奔柔然。魏主遣羽林監河南孟威撫納降戶，置於高平鎮。降，戶江翻。高車王阿伏至羅殘暴，國人殺之，立其宗人跋利延。嚈噠奉彌俄突以伐高車，國人殺跋利延，迎彌俄突而立之。彌俄突與佗汗可汗戰于蒲類海，不勝，西走三百餘里。佗汗軍於伊吾北山。會高昌王麴嘉求內徙於魏，時孟威爲龍驤將軍，驤，思將翻。魏主遣威發涼州兵三千人迎之，至伊吾，佗汗見威軍，怖而遁去。怖，普布翻。彌俄突聞其離駭，追擊，大破之，殺佗汗於蒲類海北，割其髮送於威，且遣使入貢於魏。使，疏吏翻。魏主使東城子于亮報之，賜遺甚厚。遺，于季翻。高昌王嘉失期不至，威引兵還。佗汗可汗子醜奴立，號豆羅伏跋豆伐可汗，魏收曰：魏言「彰制」也。改元建昌。

22宋、齊舊儀，祀天皆服衮冕，兼著作郎高陽許懋請造大裘，從之。周禮天官：司裘掌爲大裘以供王祀天之服。鄭衆註云：大裘，黑羔裘，服以祀天，示質。時有司尋大裘之制，唯鄭玄註司服云：大裘，羔裘也。既無所出，未可爲據。按六冕之服皆玄上纁下，今宜以玄繒爲之，其制式如裘，其裳以纁，皆無文繡；冕則無旒。制曰：可。

23上將有事太廟，詔以「齋日不樂，自今輿駕始出，鼓吹從而不作，還宮，如常儀。」還宮則鼓吹振作。吹，昌瑞翻。

八年（己丑、五〇九）

1春，正月，辛巳，上祀南郊，大赦。時有請封會稽、禪國山者，國山在義興國山縣，隋廢義興郡爲義興縣，并國山入焉。我朝太平興國元年，以太宗藩邸舊諱，改義興爲宜興。會，工外翻。上命諸儒草封禪儀，欲行之。許懋建議，以爲「舜柴岱宗，是爲巡狩。而鄭引孝經鉤命決云：『封于太山，考績柴燎；禪乎梁甫，刻石紀號，』此緯書之曲說，非正經之通義也。緯，于貴翻。舜五載一巡狩，春夏秋冬周偏四嶽，書舜典，歲二月，東巡狩至于岱宗，柴望秩于山川。五月，南巡狩至于南岳。八月，西巡狩至于西岳。十有一月，北巡狩至于北岳。載，子亥翻。若爲封禪，何其數也！數，所角翻。又如管夷吾所說七十二君，燧人之前，世質民淳，安得泥金檢玉！結繩而治，安得鐫文告成！夷吾又云：『唯受命之君然後得封禪，』周成王非受命之君，云何得封太山禪社首！神農卽炎帝也，而夷吾分爲二人，妄亦甚矣。若聖主，不須封禪；若凡主，不應封禪。蓋齊桓公欲行此事，夷吾知其不可，故舉怪物以屈之。班志曰：齊桓公既霸，會諸侯於葵丘，而欲封禪。管仲曰：「古者封太山禪梁父者七十二家，夷吾所記者十有二焉。昔無懷氏封太山，禪云云；伏羲封太山，禪云云；神農氏封太山，禪云云；炎帝封太山，禪云云；黃帝封太山，禪亭亭；顓頊封太山，禪云云；帝嚳封泰山，禪云云；堯封太山，禪云云；舜封太山，禪云云；禹封太山，禪會稽；湯封太山，禪云云；成王封太山，禪於社首：皆受命乃得封禪。」桓公曰：「寡人九合諸侯，一匡天下，昔三代受命何以異此！」管仲睹桓公不可窮以辭，因設之以事曰：「古之封禪，鄗上黍，北里禾，所以爲盛；江、淮以一茅三脊，所以爲藉；東海致比目之魚，西海致比翼之鳥，然後物有不召而自至者十有五焉。今鳳皇、麒麟不至，嘉禾不生，而蓬蒿藜莠茂，鴟鴞羣翔，而欲封禪，無乃不可乎！」桓公乃止。秦始皇嘗封太山，孫皓嘗遣兼司空董朝至陽羨封禪國山，五代志曰：義興，舊曰陽羨。皆非盛德之事，不足爲法。然則封禪之禮，皆道聽所說，失其本文，由主好名於上，好，呼到翻。而臣阿旨於下也。古者祀天祭地，禮有常數，誠敬之道，盡此而備，至於封禪，非所敢聞。」上嘉納之，因推演懋議，稱制旨以答請者，由是遂止。

2 魏中山王英至義陽，將取三關，先策之曰：「三關相須如左右手，若克一關，兩關不待攻而破；攻難不如攻易，宜先攻東關。」東關卽武陽關。易，以豉翻；下勢易同。又恐其并力於東，乃使長史李華帥五統向西關，五統，五統軍之衆。西關卽平靖關。帥，讀曰率。以分其兵勢，自督諸軍向東關。

先是，馬仙琕使雲騎將軍馬廣屯長薄，軍主胡文超屯松峴。先，悉薦翻。騎，奇寄翻。峴，戶典翻。考異曰：梁馬仙琕傳云：「遣馬廣會超守三關。」今從魏中山王英傳。丙申，英至長薄，戊戌，長薄潰，馬廣遁入武陽，英進圍之。上遣冠軍將軍彭甕生、驃騎將軍徐元季將兵援武陽，冠，古玩翻。驃，匹妙翻。騎，奇寄翻。季將，卽亮翻；下同。考異曰：英傳作「徐超秀」，今從魏帝紀。英故縱之使入城，曰：「吾觀此城形勢易取。」易，以豉翻。甕生等既入，英促兵攻之，六日而拔，虜三將及士卒七千餘人。進攻廣峴，廣峴，蓋卽黃峴關。太子左衞率李元履棄城走；又攻西關，馬仙琕亦棄城走。

上使南郡太守韋叡將兵救仙琕，邵陽之捷，叡遷左衞將軍，尋爲安西長史、南郡太守。叡至安陸，增築城二丈餘，更開大塹，起高樓。塹，七豔翻。衆頗譏其示怯，叡曰：「不然，爲將當有怯時，不可專勇。」中山王英急追馬仙琕，將復邵陽之耻，聞叡至，乃退。上亦有詔罷兵。

初，魏主遣中書舍人鮦陽董紹慰勞叛城，鮦陽縣，漢屬汝南郡，晉屬汝陰郡，魏屬新蔡郡。孟康曰：鮦，音紂紅翻。隋廢新蔡郡爲縣，屬豫州。鮦陽之地當在新蔡縣界。勞，力到翻。白早生襲而囚之，送於建康。魏主既克懸瓠，命於齊苟兒等四將之中分遣二人，敕揚州爲移，魏揚州治壽陽。移，移文也。以易紹及司馬悅首。考異曰：紹傳云「歸苟兒等十人」，今從司馬悅傳。移書未至，領軍將軍呂僧珍與紹言，愛其文義，言於上，上遣主書霍靈超謂紹曰：「今聽卿還，令卿通兩家之好，好，呼到翻；下通好同。彼此息民，豈不善也！」因召見，賜衣物，見，賢遍翻。令舍人周捨慰勞之，舍人，中書通事舍人。勞，力到翻。且曰：「戰爭多年，民物塗炭，吾是以不耻先言與魏朝通好，比亦有書全無報者，朝，直遙翻。好，呼到翻；下同。比，毗至翻，近也。卿宜備申此意。今遣傳詔霍【嚴：「霍」改「周」。】靈秀送卿至國，遲有嘉問。」遲，直利翻，待也。又謂紹曰：「卿知所以得不死不？死不，讀曰否。今者獲卿，乃天意也。夫立君以爲民也，爲，于僞翻。凡在民上，豈可以不思此乎！若欲通好，今以宿豫還彼，彼當以漢中見歸。」紹還魏，言之，魏主不從。

3 三月，魏荆州刺史元志將兵七萬寇潺溝，潺溝在漢北，據梁書吳平侯昺傳，「破志於潺溝，流尸蓋漢水，」則潺溝之水南注于漢。潺，仕山翻。驅迫羣蠻，羣蠻悉渡漢水來降，雍州刺史吳平侯昺納之。降，戶江翻。雍，於用翻。昺，音丙。綱紀皆以蠻累爲邊患，不如因此除之，州郡上佐，謂之綱紀，言其綱紀州郡之事也。昺曰：「窮來歸，我誅之不祥。且魏人來侵，吾得鑾以爲屏蔽，不亦善乎！」屏，必郢翻。乃開樊城受其降，命司馬朱思遠等擊志於潺溝，大破之，斬首萬餘級。志，齊之孫也。拓跋齊見一百二十卷宋文帝元嘉四年。

4夏，四月，戊申，以臨川王宏爲司空，加車騎將軍王茂開府儀同三司。騎，奇寄翻。

5丁卯，魏楚王城主李國興以城降。

6秋，七月，癸巳，巴陵王蕭寶義卒。

7九月，辛巳，魏封故北海王詳子顥爲北海王。詳得罪死事見一百四十五卷天監三年。

8魏公孫崇造樂尺，以十二黍爲寸；劉芳非之，更以十黍爲寸。尚書令高肇等奏：「崇所造八音之器及度量皆與經傳不同，詰其所以然，云『必依經文，聲則不協。』請更令芳依周禮造樂器，俟成集議並呈，從其善者。」詔從之。夫作樂者先定律，律起於黃鍾，黃鍾之長以黍審其度，黃鍾之龠以黍審其容。周禮典同雖曰掌六律六同之和，以辯天地四方陰陽之聲，以爲樂器，然度之長短，容之多少，未嘗詳言之也。冬官考工既出於漢，而鳧氏爲鍾但言其廣長圓徑深厚，而纍黍之法無聞焉。肇請令芳依周禮造樂器，未知其何所依也。魏收曰：太和中，詔中書監高閭脩正音律，久未能定。閭表太樂祭酒公孫崇參知律呂鐘磬之事。景明四年，并州獲古銅權，詔付崇以爲鍾律之準。永平中，崇更造新尺，以一黍之長纍爲寸法。尋太常卿劉芳受詔脩樂，以秬黍中者一黍之廣卽爲一分，而中尉元匡以一黍之廣度黍二縫以取一分，三家紛競，久不能決。太和十九年，高祖詔以一黍之廣用成分體，九十黍之長以定銅尺。有司奏從前詔，而芳尺同高祖所制，故遂典脩金石。

更，工衡翻。傳，直戀翻。詰，去吉翻。

9 冬，十月，癸丑，魏以司空廣陽王嘉爲司徒。

10 十一月，己丑，魏主於式乾殿爲諸僧及朝臣講維摩詰經。爲，于僞翻。朝，直遥翻。時魏主專尚釋氏，不事經籍，中書侍郎河東裴延儁上疏，以爲「漢光武、魏武帝，雖在戎馬之間，未嘗廢書，先帝遷都行師，手不釋卷，良以學問多益，不可暫輟故也。陛下升法座，親講大覺，凡在瞻聽，塵蔽俱開。然五經治世之模楷，應務之所先，治，直之翻。伏願經書互覽，孔、釋兼存，則内外俱周，眞俗斯暢矣。」

時佛教盛於洛陽，沙【章：十二行本「沙」上有「中國」二字；乙十一行本同；孔本同。】門之外，自西域來者三千餘人，魏主別爲之立永明寺千餘間以處之。處士南陽馮亮有巧思，爲，于僞翻。處，昌呂翻。思，相吏翻。魏主使與河南尹甄琛、沙門統僧暹擇嵩山形勝之地立閒居寺，極巖壑土木之美。由是遠近承風，無不事佛，比及延昌，甄，之人翻。琛，丑林翻。比，必利翻。州郡共有一萬三千餘寺。

11 是歲，魏宗正卿元樹來奔，賜爵鄴王。樹，翼之弟也。時翼爲青、冀二州刺史，鎭郁洲，水經註，朐山東北海中有大洲，謂之郁洲。久之，翼謀舉州降魏，事泄而死。元翼來降見上卷五年。降，戶江翻。

九年（庚寅、五一〇）

1 春，正月，乙亥，以尚書令沈約爲左光祿大夫，右光祿大夫王瑩爲尚書令。約文學高一時，而貪冒榮利，用事十餘年，政之得失，唯唯而已。冒，莫北翻；下同。唯，于癸翻。自以久居端揆，有志台司，論者亦以爲宜，而上終不用；及求外出，又不許。徐勉爲之請三司之儀，梁官制有開府同三司之儀，在開府儀同三司下。爲，于僞翻。上不許。

2 庚寅，新作緣淮塘，北岸起石頭迄東冶，南岸起後渚籬門迄三橋。

3 三月，丙戌，魏皇子詡生。【章：十二行本「生」下有「大赦」二字；乙十一行本同；孔本同；張校同。】詡母胡充華，臨涇人，充華，晉武帝制。宋明帝時以婕妤、充華等五職位亞九嬪，蕭齊之世，位列九嬪。臨涇縣，自漢以來屬安定郡。詡，況羽翻。父國珍，襲武始伯。隋志，金城郡狄道縣，後魏置武始郡。充華初選入掖庭，同列以故事祝之：【章：十二行本「之」下有「曰」字；乙十一行本同；孔本同。】「願生諸王、公主，勿生太子。」充華曰：「妾之志異於諸人，柰何畏一身之死而使國家無嗣乎！」及有娠，同列勸去之，娠，音身。去，羌呂翻。充華不可，私自誓曰：「若幸而生男，次第當長，長，丁丈翻，今知兩翻；下漸長同。男生身死，所不憾也。」既而生詡。

先是，魏主頻喪皇子，先，悉薦翻。喪，直浪翻。年漸長，深加慎護，擇良家宜子者以爲乳保，乳母、保母也。養於別宮，皇后、充華皆不得近。近，其靳翻。

4 己丑，上幸國子學，親臨講肄。乙未，詔皇太子以下及王侯之子年可從師者皆入學。

5 舊制：尚書五都令史皆用寒流。夏，四月，丁巳，詔曰：「尚書五都，職參政要，非但總領衆局，亦乃方軌二丞；方軌，謂並駕也。二丞，謂左右丞。可革用士流，秉此羣目。」於是以都令史視奉朝請，朝，直遙翻。用太學博士劉納兼殿中都，司空法曹參軍劉顯兼吏部都，太學博士孔虔孫兼金部都，司空法曹參軍蕭軌兼左右戶都，宣毅墨曹參軍王顒兼中兵都，宣毅將軍府之墨曹參軍。顒，魚容翻。並以才地兼美，首膺其選。

6 六月，宣城郡吏吳承伯挾妖術聚衆，妖，於驕翻。癸丑，攻郡殺太守朱僧勇，轉屠旁縣。閏月，己丑，承伯踰山，奄至吳興。東土人素不習兵，吏民恇擾奔散，或勸太守蔡撙避之，撙不可，恇，去王翻。撙，慈損翻。募勇敢閉門拒守。承伯盡銳攻之，撙帥衆出戰，大破之，臨陳，斬承伯。帥，讀曰率。陳，讀曰陣。撙，興宗之子也。蔡興宗仕宋大明、泰始之間，以方正自將。承伯餘黨入新安，攻陷黟、歙諸縣，黟，音伊。歙，書涉翻。太守謝覽遣兵拒之，不勝，逃奔會稽，臺軍討賊，平之。覽，瀹之子也。謝瀹仕宋、齊之間，位要近，有清望。會，工外翻。

7 冬，十月，魏中山獻武王英卒。

8 上即位之三年，詔定新曆，員外散騎侍郎祖暅奏其父沖之考古法爲正，曆不可改。散，悉亶翻。騎，奇寄翻。暅，古鄧翻，又況晚翻。至八年，詔太史課新舊二曆，新曆密，舊曆疏，是歲，始行沖之大明曆。舊曆，何承天曆也。新曆，祖沖之曆也。沖之上曆見一百二十九卷宋孝武帝大明六年。

9 魏劉芳奏「所造樂器及教文・武二舞、登歌、鼓吹曲等已成，吹，昌瑞翻。乞如前敕集公卿羣儒議定，與舊樂參呈。若臣等所造，形制合古，擊拊會節，請於來年元會用之」。詔：「舞可用新，餘且仍舊。」

十年（辛卯、五一一）

1 春，正月，辛丑，上祀南郊，大赦。

2 尚書左僕射張稷，自謂功大賞薄，稷以殺齊東昏侯爲功。嘗侍宴樂壽殿，樂，音洛。酒酣，怨望形於辭色。上曰：「卿兄殺郡守，稷兄瓌殺劉遐，事見一百三十四卷宋順帝昇明元年。守，式又翻。弟殺其君，有何名稱！」稱，尺證翻。稷曰：「臣乃無名稱，至於陛下，不得言無勳。東昏暴虐，義師亦來伐之，豈在臣而已！」上捋其須捋，盧括翻。須，古鬚字通。曰：「張公可畏人！」稷既懼且恨，乃求出外，癸卯，以稷爲青、冀二州刺史。

王珍國亦怨望，王珍國與稷同殺東昏侯，其怨望之心與稷同。罷梁、秦二州刺史還，還，從宣翻，又音如字。考異曰：梁書，珍國未嘗爲梁、秦刺史，今從南史。酒後於坐啓云：坐，徂臥翻。「臣近入梁山便哭。」上大驚曰：「卿若哭東昏，則已晚；若哭我，我復未死！」珍國起拜謝，竟不答，坐卽散，復，扶又翻。坐，徂臥翻。因此疏退，久之，除都官尚書。

3 丁巳，魏汾州山胡劉龍駒聚衆反，侵擾夏州，詔諫議大夫薛和發東秦、汾、華、夏四州之衆以討之。魏高祖太和十一年，分秦州置華州，治華陰，領華山、登城、白水郡。又置夏州治統萬，領化政、闡熙、金明、代名郡。夏，戶雅翻。華，戶化翻。

4 辛酉，上祀明堂。

5 三月，琅邪民王萬壽殺東莞、琅邪二郡太守劉晣，邪，音耶。莞，音管。晣，之舌翻。考異曰：梁帝紀云「三月辛丑」，按長曆是月丁酉朔，而盧昶傳云「三月二十四夜，萬壽等攻掩朐城」。蓋辛酉也。今不日以闕疑。又梁馬仙琕傳及魏帝紀、盧昶傳皆云「劉晣」，而梁帝紀云「鄧晣」，蓋字誤也。據朐山，召魏軍。朐，音劬。

6 壬戌，魏廣陽懿烈王嘉卒。

7 魏徐州刺史盧昶遣郯城戍副張天惠、秦置郯郡，漢改爲東海郡，魏復置郯郡，屬東徐州。郯，音談。琅邪戍主傅文驥相繼赴朐山，青、冀二州刺史張稷遣兵拒之，不勝。梁青、冀二州治鬱洲。夏，四月，文驥等據朐山，詔振遠將軍馬仙琕擊之。琕，部田翻。魏又遣假安南將軍蕭寶寅、假平東將軍天水趙遐將兵據朐山，受盧昶節度。將，卽亮翻。

8 甲戌，魏薛和破劉龍駒，悉平其黨，表置東夏州。東夏州領偏城、朔方、定陽、上郡。唐之延州，魏之東夏州也。夏，戶雅翻。

9 五月，丙辰，魏禁天文學。

10 以國子祭酒張充爲尚書左僕射。充，緒之子也。張緒，岱之兄子，善談名理。

11 馬仙琕圍朐山，張稷權頓六里以督饋運，上數發兵助之。數，所角翻。秋，魏盧昶上表請益兵六千，米十萬石，魏主以兵四千給之。冬，十一月，己亥，魏主詔揚州刺史李崇等治兵壽陽，以分朐山之勢。治，直之翻。盧昶本儒生，不習軍旅。朐山城中糧樵俱竭，傅文驥以城降；降，戶江翻。十二月，庚辰，昶引兵先遁，諸軍相繼皆潰，會大雪，軍士凍死及墮手足者三分之二，仙琕追擊，大破之。二百里間，僵尸相屬，魏兵免者什一二，收其糧畜器械，不可勝數。屬，之欲翻。勝，音升。考異曰：魏帝紀，盧昶敗在十一月。今從梁帝紀。梁紀云「斬馘十餘萬」，按盧昶表云：「此兵九千，賊衆四萬，求益兵六千，」魏主以四千給之。安得十餘萬衆！蓋梁史爲夸大耳。昶單騎而走，棄其節傳、儀衞俱盡；傳，張戀翻。至郯城，借趙遐節以爲軍威。魏主命黃門侍郎甄琛馳馹鎖昶，窮其敗狀，甄，之人翻。琛，丑林翻。馹，人質翻，驛傳也。及趙遐皆免官。唯蕭寶寅全軍而歸。

盧昶之在朐山也，御史中尉游肇言於魏主曰：「朐山蕞爾，僻在海濱，卑濕難居，蕞，祖外翻。於我非急，於賊爲利。爲利，故必致死以爭之；非急，故不得已而戰；以不得已之衆擊必死之師，恐稽延歲月，所費甚大。假令得朐山，徒致交爭，終難全守，所謂無用之田也。左傳吳將伐齊，子胥諫曰：「得志於齊，猶獲石田也，無所用之。」聞賊屢以宿豫求易朐山，若必如此，持此無用之地，復彼舊有之疆，兵役時解，其利爲大。」魏主將從之，會昶敗，遷肇侍中。肇，明根之子也。游明根事魏太武及孝文，以耆宿見重。

馬仙琕爲將，能與士卒同勞逸，所衣不過布帛，所居無幃幕衾屏，飲食與廝養最下者同。將，即亮翻。衣，於既翻。廝，息移翻。養，養馬者，音余亮翻。韋昭曰：析薪爲廝，炊烹爲養。其在邊境，常單身潛入敵境，伺知壁壘村落險要處，伺，相吏翻。所攻戰多捷，士卒亦樂爲之用。樂，音洛。爲，于僞翻。

12 魏以甄琛爲河南尹，琛表曰：「國家居代，患多盜竊，世祖發憤，廣置主司、里宰，皆以下代令長及五等散男有經略者乃得爲之。長，知兩翻。五等散男，謂爵爲五等男而居散官者。魏書曰：魏公、侯、伯、子、男，有開國，有散，凡散各降開國一品。非以其居散官而謂之散男也。散，悉亶翻。又多置吏士爲其羽翼，崇而重之，始得禁止。今遷都已來，天下轉廣，四遠赴會，事過代都，五方雜沓，寇盜公行，里正職輕任碎，多是下材，人懷苟且，不能督察。請取武官八品將軍已下幹用貞濟者，貞濟，謂堅貞而濟事也。以本官俸恤領里尉之任，高者領六部尉，中者領經途尉，下者領里正。魏官既給俸，又給恤親之祿，故謂之俸恤。魏分洛陽城中爲六部，置六部尉。因張平子東京賦「經途九軌」，置經途尉。經途，城中之大途也。其餘處各置里正。不爾，請少高里尉之品，少，詩沼翻。選下品中應遷者進而爲之，督責有所，輦轂可清。」自漢以來，京師謂之輦轂下。詔曰：「里正可進至勳品，勳品，勳官初品也。經途從九品，六部尉正九品，洛陽六部尉並置於東漢之時，曹操爲洛陽北部尉，此其證也。從，才用翻。諸職中簡取，不必武人。」琛又奏以羽林爲游軍，於諸坊巷司察盜賊，於是洛城清靜，後常踵焉。

13是歲，梁之境內有州二十三，此據五代史志。按蕭子顯齊志，齊有揚、南徐、豫、兗、南兗、北徐、青、冀、江、廣、交、越、荆、巴、郢、司、雍、梁、秦、益、寧、湘、南豫二十三州。時已廢巴州，當以王茂所立宛州足之。郡三百五十，縣千二十二。是後州名浸多，廢置離合，不可勝記。勝，音升。魏朝亦然。朝，直遥翻；下同。

14上敦睦九族，優借朝士，有犯罪者，皆屈法申之。百姓有罪，則案之如法，其緣坐則老幼不免，一人逃亡，舉家質作，質，音致，又如字。質作，質其家屬而罰作之。民既窮窘，姦宄益深。

嘗因郊祀，有秣陵老人江南以建康、秣陵爲赤縣；隋廢秣陵、建康併爲江寧縣。窘，渠隕翻。宄，音軌。遮車駕言曰：「陛下爲法，急於庶民，緩於權貴，非長久之道。誠能反是，天下幸甚。」上於是思有以寬之。

十一年（壬辰、五一二）

1春，正月，壬辰，詔：「自今逋讁之家及罪應質作，若年有老小，可停將送。」所謂寬庶民者，如此而已。而不能繩權貴以法，君子是以知梁政之亂也。

2以臨川王宏爲太尉，驃騎將軍王茂爲司空、尚書令。驃，匹妙翻。騎，奇寄翻；下同。

3 丙辰，魏以車騎大將軍、尚書令高肇爲司徒，清河王懌爲司空，廣平王懷進號驃騎大將軍，加儀同三司。肇雖登三司，猶自以去要任，怏怏形於言色，要任，謂尚書令。怏，於兩翻。見者嗤之。嗤，丑之翻。尚書右丞高綽、國子博士封軌，素以方直自業，業，事也。以方直爲事，所謂強作之也，作之不已，乃成君子。及肇爲司徒，綽送迎往來，軌竟不詣肇。綽顧不見軌，乃遽歸，歎曰：「吾平生自謂不失規矩，今日舉措，不如封生遠矣。」綽，允之孫；軌，懿之族孫也。高允事魏世祖以下四朝。封懿去燕歸魏，以疏慢見黜。

清河王懌有才學聞望，懲彭城之禍，謂彭城王勰無罪見殺也。聞，音問。因侍宴，謂肇曰：「天子兄弟詎有幾人，而翦之幾盡！謂又殺京兆王愉也。之幾，居依翻。昔王莽頭禿，藉渭陽之資，遂篡漢室。事見漢紀。今君身曲，亦恐終成亂階。」會大旱，肇擅錄囚徒，欲以收衆心。懌言於魏主曰：「昔季氏旅於泰山，孔子疾之。朱元晦曰：旅，祭名也。禮，諸侯祭封內山川。季氏祭之，僭也。誠以君臣之分，分，扶問翻。宜防微杜漸，不可瀆也。減膳錄囚，乃陛下之事；今司徒行之，豈人臣之義乎！明君失之於上，姦臣竊之於下，禍亂之基，於此在矣。」帝笑而不應。

4 夏，四月，魏詔尚書與羣司鞫理獄訟，令飢民就穀燕、恆二州及六鎮。燕，因肩翻。恆，戶登翻。

5 乙酉，魏大赦，改元延昌。

6冬，十月，乙亥，魏立皇子詡爲太子，始不殺其母。爲後胡后亂魏張本。以尚書右僕射郭祚領太子少師。祚嘗從魏主幸東宮，懷黄瓠以奉太子；瓠，扶田翻。博雅，白瓠，瓜屬。此黄瓠，又一種也。時應詔左右趙桃弓深爲帝所信任，祚私事之，時人謂之「桃弓僕射」、「黄瓠少師」。

7十一月，乙未，以吴郡太守袁昂兼尚書右僕射。

8初，齊太子步兵校尉平昌伏曼容表求制一代禮樂，世祖詔選學士十人脩五禮，五禮：吉、凶、軍、賓、嘉。丹楊尹王儉總之。儉卒，卒，子恤翻。以事付國子祭酒何胤。胤還東山，胤隱會稽東山。齊明帝敕尚書令徐孝嗣掌之。孝嗣誅，率多散逸，詔驃騎將軍何佟之掌之。佟，徒冬翻。經齊末兵火，僅有在者。帝卽位，佟之啓審省置之宜，啓之於上，審禮局之宜省、宜置也。敕使外詳。使外詳議以聞也。時尚書以爲庶務權輿，毛萇曰：權輿，始也。此言王業創始也。宜俟隆平，欲且省禮局，併還尚書儀曹，詔曰：「禮壞樂缺，實宜以時脩定。但頃之脩撰不得其人，所以歷年不就，有名無實。此既經國所先，可卽撰次。」左傳曰：禮，經國家，定社稷，序人民，利後嗣者也。撰，具也，述也。於是尚書僕射沈約等奏：「請五禮各置舊學士十人共脩五禮，今請分五禮，各置學士。舊學士一人，令自舉學古一人相助抄撰，抄，楚交翻，錄也。其中疑者，依石渠、白虎故事，請制旨斷決。」石渠事見二十七卷漢宣帝甘露三年。白虎事見四十六卷章帝建初四年。斷，丁亂翻。乃以右軍記室【章：十二行本「室」下有「參軍」二字；乙十一行本同。】明山賓等分掌五禮，佟之總其事。佟之卒，以鎮北諮議參軍伏暅代之。暅，曼容之子也。暅，古鄧翻。至是，五禮成，列上之，合八千一十九條，詔有司遵行。

9 己酉，臨川王宏以公事左遷驃騎大將軍。

10 是歲，魏以桓叔興爲南荊州刺史，治安昌，漢南陽郡有安昌侯國。晉泰始中，割南陽東鄙之安昌、平林、平氏、義陽四縣，置義陽郡，治安昌城。後義陽移治石城山上，因梁希侵逼，徙治仁順城，而安昌則俗謂之白茅城。隸東荊州。

十二年（癸巳、五一三）

1 春，正月，辛卯，上祀南郊，大赦。

2 二月，辛酉，以兼尚書右僕射袁昂爲右僕射。

3 己卯，魏高陽王雍進位太保。

4 鬱洲迫近魏境，近，其靳翻。其民多私與魏人交市，朐山之亂，或陰與魏通，朐山平，心不自安。青、冀二州刺史張稷不得志，政令寬弛，僚吏頗多侵漁。庚辰，鬱洲民徐道角等夜襲州城，殺稷，送其首降魏，朐，音劬。降，戶江翻。考異曰：魏帝紀作「郁州人徐玄明」，今從梁康絢傳。又絢傳，稷死在朐山叛之明年。今從魏帝紀。按鬱洲卽郁洲。魏遣前南兗州刺史樊魯將兵赴之。將，卽亮翻。於是魏饑，民餓死者數萬，侍中游肇諫，以爲「朐山濱海，卑濕難居，鬱洲又在海中，得之尤爲無用。其地於賊要近，要，謂海道之要；近，謂南近江、淮。去此閒遠，魏圖東南，其用兵必於淮、漢之間；鬱洲介在海中，又非兵衝，故曰閒遠。以閒遠之兵攻要近之衆，不可敵也。方今年饑民困，唯宜安靜，而復勞以軍旅，費以饋運，臣見其損，未見其益。」魏主不從，復遣平西將軍奚康生將兵逆之。復，扶又翻。未發，北兗州刺史康絢遣司馬霍奉伯討平之。梁北兗州當治淮陰。絢，許縣翻。

5 辛巳，新作太極殿。

6 上嘗與侍中、太子少傅建昌侯沈約各疏栗事，約少上三事，出，謂人曰：「此公護前，不則羞死！」帝每集文學之士策經史事，羣臣多引短推長，帝乃悅，故約退有是言。護前者，自護其所短，不使人在己前。忌前者，忌人在己前也。約少，詩沼翻。不，讀曰否。上聞之怒，欲治其罪，徐勉固諫而止。治，直之翻。上有憾於張稷，以其怨望，故憾之。從容與約語及之，從，千容翻。約曰：「左僕射出作邊州，謂爲青、冀二州刺史。已往之事，何足復論！」復，扶又翻。上以【章：十二行本「以」下有「爲」字；乙十一行本同。】約與稷昏家相爲，爲，于僞翻。怒曰：「卿言如此，是忠臣邪！」乃輦歸內殿。約懼，不覺上起，猶坐如初；及還，未至牀而憑空，頓於戶下，踣而首先至地爲頓。因病。夢齊和帝以劍斷其舌，斷，丁管翻。乃呼道士奏赤章於天，稱「禪代之事，不由己出。」上遣主書黃穆之視疾，夕還，增損不卽啓聞，懼罪，乃白赤章事。上大怒，中使譴責者數四。帝本信釋氏報應之說，謂天可欺也，故因赤章之事而怒責約。古人不肯移腹心之疾而置諸股肱，雅異於是。使，疏吏翻。約益懼，閏月，乙丑，卒。卒，子恤翻。有司謚曰「文」，上曰：「情懷不盡曰隱。」改謚隱侯。

7 夏，五月，壽陽久雨，大水入城，廬舍皆沒。魏揚州刺史李崇勒兵泊於城上，水增未已，乃乘船附於女牆，城上短牆曰女牆，所謂陴也，今人謂之女頭。城不沒者二板。將佐勸崇棄壽陽保北山，壽陽北山卽八公山。崇曰：「吾忝守藩岳，德薄致災，淮南萬里，繫于吾身，一旦動足，百姓瓦解，揚州之地，恐非國物，吾豈愛一身，取愧王尊！漢王尊爲東郡太守，河水盛溢，泛浸瓠子金隄，老弱奔走。尊止宿隄上，吏民爭叩頭救止，尊不肯去。及水盛隄壞，吏民皆奔走，唯一主簿泣在尊旁立不動，而水波稍卻回還，吏民咸壯尊之勇節。但憐此士民無辜同死，可結筏隨高，人規自脫，規，圖也。筏，音伐。吾必與此城俱沒，幸諸君勿言！」

揚州治中裴絢帥城南民數千家汎舟南走，避水高原，絢，許縣翻。帥，讀曰率。謂崇還北，因自稱豫州刺史，自宋以來，置豫州於壽陽。絢乘水聚民，自稱豫州刺史，以求梁應援。與別駕鄭祖起等送任子來請降。馬仙琕遣兵赴之。

崇聞絢叛，未測虛實，遣國侍郎韓方興單舸召之。崇爵陳留公，故有國侍郎。降，戶江翻。琕，部田翻。舸，古我翻。絢聞崇在，悵然驚恨，報曰：「比因大水顛狽，爲衆所推。比，毗至翻。今大計已爾，勢不可追，恐民非公民，吏非公吏，願公早行，無犯將士。」崇遣從弟寧朔將軍神等將水軍討之，將，即亮翻。從，才用翻。絢戰敗，神追拔其營。絢走，爲村民所執，還，至尉升湖，曰：「吾何面見李公乎！」乃投水死。絢，叔業之兄孫也。裴叔業降魏見一百四十三卷，齊東昏侯之永元二年。鄭祖起等皆伏誅。崇上表以水災求解州任，魏主不許。

崇沈深寬厚，沈，持林翻。有方略，得士衆心，在壽春十年，天監六年魏主命李崇鎮壽春，至是年才七年耳，至十五年乃徵拜尚書左僕射，適十年，史終言之。常養壯士數千人，寇來無不摧破，鄰敵謂之「臥虎」。上屢設反間以疑之，間，古莧翻。又授崇車騎大將軍、開府儀同三司、萬戶郡公，諸子皆爲縣侯；而魏主素知其忠篤，委信不疑。

8 六月，癸巳，新作太廟。

9 秋，八月，戊午，以臨川王宏爲司空。

10 魏恆、肆二州地震、山鳴，魏世祖眞君七年置肆州，領新興、秀容、鴈門郡，治九原。恆，戶登翻。踰年不已，民覆壓死傷甚衆。是後破六韓拔陵等作亂，恆、肆以北悉爲盜區，此其祥歟！

11 魏主幸東宮，以中書監崔光爲太子少傅，命太子拜之；光辭不敢當，帝不許。太子南面再拜，詹事王顯啓請從太子拜，於是宮臣皆拜；光北面立，不敢答，唯西面拜謝而出。

十三年（甲午、五一四）

1 春，二月，丁亥，上耕藉田，大赦。宋、齊藉田皆用正月，至是始用二月，及致齋祀先農。

漢儀，正月始耕，耕日以太牢祀先農。臣瓚註曰：先農，卽神農炎帝也。

2 魏東豫州刺史田益宗衰老，與諸子孫聚斂無厭，斂，力贍翻。厭，於鹽翻。部內苦之，咸言欲叛。魏主遣中書舍人劉桃符慰勞益宗，勞，力到翻。桃符還，啓益宗侵擾之狀。魏主賜詔曰：「桃符聞卿息魯生在淮南貪暴，此淮南大概謂淮水之南。爲爾不已，損卿誠效。可令魯生赴闕，當加任使。」魯生久未至，詔徙益宗爲鎮東將軍、濟州刺史；又慮其不受代，遣後將軍李世哲與桃符帥衆襲之，奄入廣陵。此新息之廣陵也。濟，子禮翻。帥，讀曰率。魯生與其弟魯賢、超秀皆奔關南，招引梁兵，攻取光城已南諸戍。宋文帝元嘉十五年，以豫部蠻民立光城等七縣；明帝大明中，立光城左郡。五代志：弋陽郡光山縣舊置光城郡。上以魯生爲北司州刺史，魯賢爲北豫州刺史，超秀爲定州刺史。北司、北豫，因各人所統之地而授以刺史。魏收志，定州治蒙籠城，領弋陽、汝陰、安定、新蔡、北建寧郡，皆蠻郡也。水經註：舉水出龜頭山西北流，逕蒙籠戍南，梁定州治。三月，魏李世哲擊魯生等，破之，復置郡戍。復，扶又翻。以益宗還洛陽，授征南將軍、金紫光祿大夫。益宗上表稱爲桃符所讒，及言「魯生等爲桃符逼逐使叛，乞攝桃符與臣對辯虛實。」詔不許，曰：「既經大宥，謂已宥其謀叛之罪。不容方更爲獄。」

3 秋，七月，乙亥，立皇子綸爲邵陵王，繹爲湘東王，紀爲武陵王。

4 冬，十月，庚辰，魏主遣驍騎將軍馬義舒慰諭柔然。驍，堅堯翻。騎，奇寄翻；下同。

5 魏王足之入寇也，事見一百四十六卷五年。上命寧州刺史涪人李略禦之，涪，音浮。許事平用爲益州。足退，上不用，略怨望，有異謀，上殺之。其兄子苗奔魏，步兵校尉泰山淳于誕嘗爲益州主簿，自漢中入魏，二人共說魏主以取蜀之策，說，式芮翻。魏主信之。辛亥，以司徒高肇爲大將軍、平蜀大都督，將步騎十五萬寇益州；命益州刺史傅豎眼出巴北，巴北，巴郡以北也。巴西郡，梁置。北巴州閬中縣，梁置北巴郡。將，卽亮翻。豎，而涪翻。梁州刺史羊祉出庾城，安西將軍奚康生出綿竹，撫軍將軍甄琛出劍閣；甄，之人翻。琛，丑林翻。乙卯，以中護軍元遙爲征南將軍，都督鎭遏梁、楚。此梁、楚，謂古梁、楚大界汴、汝之間也。游肇諫，以爲「今頻年水旱，百姓不宜勞役。往昔開拓，皆因城主歸款，故有征無戰。不因薛安都、常珍奇、沈文秀，魏不得淮、汝、靑、徐；不因裴叔業，魏不得壽陽。游肇之言，可謂深知當時疆事者。今之陳計者眞僞難分，或有怨於彼，不可全信。蜀地險隘，鎭戍無隙，豈得虛承浮說而動大軍！舉不愼始，悔將何及！」不從，以淳于誕爲驍騎將軍，假李苗龍驤將軍，皆領鄉導統軍。以統軍鄉導，因以名官。驍，堅堯翻。騎，奇寄翻。驤，思將翻。鄉，讀曰嚮。

6 魏降人王足陳計，王足來奔見上卷六年。降，下江翻。求堰淮水以灌壽陽。上以爲然，使水工陳承伯、材官將軍祖暅視地形，暅，居鄧翻。咸謂「淮內沙土漂輕不堅實，功不可就。」上弗聽，發徐、揚民率二十戶取五丁以築之，假太子右衞率康絢都督淮上諸軍事，并護堰作於鍾離。康絢護堰作而置司於鍾離。率，所律翻。絢，許縣翻。役人及戰士合二十萬，南起浮山，北抵巉石，水經註，淮水自鍾離縣又東逕浮山，山北對巉石山。巉，助銜翻。杜佑曰：浮山堰在濠州城西一百一十二里。依岸築土，合脊於中流。

7魏以前定州刺史楊津爲華州刺史，華，戶化翻。津，椿之弟也。先是，官受調絹，尺度特長，任事因緣，共相進退，先，悉薦翻。調，徒弔翻；下同。任事，謂任調絹之事者也。任，音壬。因緣，謂因緣爲姦。進退，謂有賂者則進而爲長，無賂者則退而爲短。百姓苦之。津令悉依公尺，其輸物尤善者，賜以杯酒；所輸少劣，亦爲受之，少，詩沼翻。爲，于僞翻。但無酒以示恥。於是人競相勸，官調更勝舊日。

8魏太子尚幼，每出入東宮，左右乳母而已，宮臣皆不知之。詹事楊昱上言：「乞自今召太子必降手敕，令臣等翼從。」從，才用翻。魏主從之，命宮臣在直者從至萬歲門。萬歲門蓋洛陽宮城之東門。

9魏御史中尉王顯謂治書侍御史陽固曰：治，直之翻。「吾作太府卿，府庫充實，卿以爲何如？」固曰：「公收百官之祿四分之一，州郡贓贖，悉輸京師，以此充府，未足爲多。且『有聚斂之臣，寧有盜臣，』記大學之言。斂，力贍翻。可不戒哉！」顯不悅，因事奏免固官。

張政烺標點王崇武聶崇岐覆校

資治通鑑卷第一百四十八

端明殿學士兼翰林侍讀學士朝散大夫右諫議大夫充集賢殿修撰提舉西京嵩山崇福宮上柱國河內郡開國侯食邑一千八百戶食實封六百戶賜紫金魚袋臣司馬光　奉敕編集

後學天台胡三省　音註

梁紀四

起旃蒙協洽（乙未），盡著雍閹茂（戊戌），凡四年。

高祖武皇帝四

天監十四年（乙未、五一五）

1春，正月，乙巳朔，上冠太子於太極殿，古者冠於廟。冠，古玩翻。大赦。

2辛亥，上祀南郊。

3甲寅，魏主有疾；丁巳，殂于式乾殿。年三十三，謚宣武皇帝，廟號世宗。侍中·中書監·太子少傅崔光、侍中·領軍將軍于忠、詹事王顯、中庶子代人侯剛迎太子詡於東宮，至顯陽殿。王顯欲須明行卽位禮，須，待也。崔光曰：「天位不可暫曠，何待至明！」顯曰：「須奏中宮。」光曰：「帝崩，太子立，國之常典，何須中宮令也！」於是，光等請太子止哭，立於東序；于忠與黄門郎元昭扶太子西面哭十餘聲止。光攝太尉，奉策進璽綬，璽，斯氏翻。綬，音受。太子跪受，服袞冕之服，御太極殿，即皇帝位。帝諱詡，宣武皇帝之第三子。光等與夜直羣官立庭中，北面稽首稱萬歲。蒼猝不暇集百官，備高氏也。稽，音啓。昭，遵之曾孫也。魏略陽公遵見一百八卷晉孝武太元一〔二〕十年。

高后欲殺胡貴嬪，中給事譙郡劉騰以告侯剛，中給事，宦官也。北齊之制，中侍中省有中侍中、中常侍、中給事中，蓋因魏制。剛以告于忠。忠問計於崔光，光使置貴嬪於別所，嚴加守衞，由是貴嬪深德四人。爲劉騰等亂政，崔光尊寵而不能矯正張本。戊午，魏大赦。己未，悉召西伐、東防兵。西伐，謂伐蜀之兵；東防，謂防淮之兵。

驃騎大將軍廣平王懷扶疾入臨，驃，匹妙翻。騎，奇寄翻。臨，力鴆翻。徑至太極西廡，哀慟，呼侍中、領軍、黄門、二衞，二衞始於晉初，左、右衞將軍統之。此二衞即謂左、右衞將軍。廡，音武。云「身欲上殿哭大行，又須入見主上。」衆皆愕然相視，無敢對者。崔光攘衰振杖，見，賢遍翻。衰，叱雷翻。振，舉也。引漢光武崩趙熹扶諸王下殿故事，事見四十四卷光武中元二年。聲色甚厲，聞者莫不稱善。懷聲淚俱止，曰：「侍中以古義裁我，我敢不服！」遂還，仍頻遣左右致謝。

先是高肇擅權，尤忌宗室有時望者，太子太傅任城王澄數爲肇所譖，懼不自全，懲彭城王勰之禍也。先，悉薦翻。任，音壬。數，所角翻。乃終日酣飲，酣，戶甘翻。所爲如狂，朝廷機要無所闕豫。及世宗殂，肇擁兵於外，謂高肇方擁伐蜀之兵也。朝野不安。于忠與門下議，門下省，侍中等官居之。朝，直遙翻。以肅宗幼，未能親政，宜使太保高陽王雍入居西柏堂省決庶政，省，悉景翻。以任城王澄爲尚書令，總攝百揆，奏皇后請卽敕授。請卽以手敕授二王，倉猝不及下詔，慮有沮閣者也。王顯素有寵於世宗，恃勢使威，爲衆所疾，恐不爲澄等所容，與中常侍孫伏連等密謀寢門下之奏，矯皇后令，以高肇錄尚書事，以顯與勃海公高猛同爲侍中。于忠等聞之，託以侍療無效，執顯於禁中，觀此則侍御師王顯、詹事王顯又似一人。下詔削爵任。顯臨執呼冤，直閤以刀鐶撞其掖下，撞，直江翻。掖，與腋同。送右衞府，一宿而死。庚申，下詔如門下所奏，百官總己聽於二王，中外悅服。

二月，庚辰，尊皇后爲皇太后。

魏主稱名爲書告哀於高肇，且召之還。肇承變憂懼，承告哀之變也。朝夕哭泣，至於羸悴，羸，倫爲翻。悴，秦醉翻。歸至瀍澗，書：我乃卜澗水東，瀍水西。水經：瀍水出河南穀城縣北山，東與千金渠合，又東過洛陽縣南，又東過偃師縣，又東入于洛。澗水出新安縣南白石山，東南入于洛。此瀍澗直謂瀍水，非如書及水經之瀍、澗爲二水也。瀍，直連翻。家人迎之，不與相見；辛巳，至闕下，衰服號哭，衰，七回翻。號，戶刀翻。升太極殿盡哀。高陽王雍與于忠密謀，伏直寢邢豹等十餘人於舍人省下，舍人省，卽中書省，通事舍人宿直之所。肇哭畢，引入西廡，廡，音武。清河諸王皆竊言目之。肇入省，豹等搤殺之，搤，於革翻。下詔暴其罪惡，稱肇自盡，自餘親黨悉無所問，削除職爵，葬以士禮；逮昏，於廁門出尸歸其家。

4 魏之伐蜀也，軍至晉壽，蜀人震恐。傅豎眼將步兵三萬擊巴北，上遣寧州刺史任太洪自陰平間道入其州，傅豎眼以益州刺史鎮晉壽。此陰平非鄧艾所由之陰平，今利州之陰平縣是也。間，古莧翻。豎，而庾翻。將，即亮翻。任，音壬。招誘氐、蜀，絕魏運路。氐、蜀，氐人及蜀人也。誘，音酉。會魏大軍北還，太洪襲破魏東洛、除口二戍，唐利州景谷縣，舊白水縣也，置東洛郡，後周省郡入平興郡，隋又廢平興爲景谷縣。水經，漢水過大、小黃金南，東合蘧蒢口。註云：蘧蒢水出就谷南，歷蘧蒢溪，又南流，注于漢，謂之蒢口。聲言梁兵繼至，氐、蜀翕然從之。太洪進圍關城，豎眼遣統軍姜喜等擊太洪，大破之，太洪棄關城走還。關城即白水關城。

5 癸未，魏以高陽王雍爲太傅、領太尉，清河王懌爲司徒，廣平王懷爲司空。

6 甲午，魏葬宣武皇帝于景陵，廟號世宗。己亥，尊胡貴嬪爲皇太妃。三月，甲辰朔，以高太后爲尼，徙居金墉瑤光寺，子無廢母之義，魏之亂亡宜矣。按魏廢后率居瑤光寺，馮后、高后是也。非大節慶，不得入宮。

7 魏左僕射郭祚表稱：「蕭衍狂悖，謀斷川瀆，謂築浮山堰也。悖，蒲妹翻。斷，丁管翻。役苦民勞，危亡已兆；宜命將出師，長驅撲討。」將，即亮翻。撲，普木翻。魏詔平南將軍楊大眼督諸軍鎭荆山。水經，淮水過塗山北而後至荆山。今塗山在鍾離縣西九十五里，荆山在鍾離縣西八十三里。

8 魏于忠既居門下，又總宿衛，門下，謂爲侍中。宿衛，謂爲領軍。遂專朝政，權傾一時。朝，直遙翻。初，太和中，軍國多事，高祖以用度不足，百官之祿四分減一，忠悉命歸所減之祿。舊制：民稅絹一匹別輸綿八兩，布一匹別輸麻十五斤，忠悉罷之。乙丑，詔文武羣官各進位一級。史言于忠擅魏，欲收衆心。

9 夏，四月，浮山堰成而復潰，或言蛟龍能乘風雨破堰，其性惡鐵，復，扶又翻。惡，烏路翻。乃運東、西冶鐵器數千萬斤沈之，建康有東、西二冶，各置冶令以掌之。沈，持林翻。亦不能合。乃伐樹爲井幹，井幹，井欄也。言疊木爲井幹之形。幹，揚子註及西都賦註音寒，莊子音如字。塡以巨石，加土其上；緣淮百里內木石無巨細皆盡，負擔者肩上皆穿，夏日疾疫，死者相枕，擔，都濫翻。枕，職任翻。蠅蟲晝夜聲合。

10 魏梁州刺史薛懷吉破叛氐於沮水。水經：沔水出武都沮縣東狼谷中，又東南流，逕沮水戍。註云：沔水一名沮水。闞駰曰：以其初出沮洳然，故曰沮水。師古曰：沮，子余翻。懷吉，眞度之子也。薛眞度見一百四十卷齊明帝建武二年。五月，甲寅，南秦州刺史崔暹又破叛氐，解武興之圍。魏南秦州治駱谷城，領天水、漢陽、武都、武階、脩武、仇池郡。此時蓋叛氐圍武興也。

11 六月，魏冀州沙門法慶以妖幻惑衆，妖，於驕翻。幻，戶辦翻。與勃海人李歸伯作亂，推法慶爲主。法慶以尼惠暉爲妻，以歸伯爲十住菩薩、平魔軍司、定漢王，魏書，法慶以殺一人者爲一住菩薩，殺十人者爲十住菩薩。菩，薄乎翻。薩，桑葛翻。自號大乘。又合狂藥，合，音閤。令人服之，父子兄弟不復相識，復，扶又翻。唯以殺害爲事。刺史蕭寶寅遣兼長史崔伯驎擊之，伯驎敗死。驎，力珍翻。賊衆益盛，所在毀寺舍，斬僧尼，燒經像，云「新佛出世，除去衆魔」。去，羌呂翻。秋，七月，丁未，詔假右光祿大夫元遙征北大將軍以討之。假者，未正以征北大將軍授之。

12 魏尚書裴植，自謂人門不後王肅，植，裴叔業之兄子也。後，戶遘翻。以朝廷處之不高，處，昌呂翻。意常怏怏，怏，於兩翻。表請解官隱嵩山，世宗不許，深怪之。及爲尚書，志氣驕滿，每謂人曰：「非我須尚書，尚書亦須我。」每入參議論，好面譏毀羣官，好，呼到翻。又表征南將軍田益宗，言：「華、夷異類，不應在百世衣冠之上。」于忠、元昭見之切齒。忠、昭皆北人，故深諱此言。

尚書左僕射郭祚，冒進不已，自以東宮師傅，【章：十二行本「傅」下有「列辭尚書」四字；乙十一行本同；孔本同；張校同；退齋校同。】望封侯、儀同，天監十年，魏以祚領太子少師。詔以祚爲都督雍·岐·華三州諸軍事、征西將軍、雍州刺史。魏太和十一年置岐州，治雍城鎮，領平秦、武都、武功三郡。雍，於用翻。華，戶化翻。

祚與植皆惡于忠專橫，密勸高陽王雍使出之；忠聞之，大怒，令有司誣奏其罪。尚書奏：「羊祉告植姑子皇甫仲達云『受植旨，詐稱被詔，惡，烏路翻。橫，戶孟翻。被，皮義翻。帥合部曲欲圖于忠。』帥，讀曰率；下同。臣等窮治，辭不伏引；伏引，猶引伏也。治，直之翻。然衆證明昞，昞，音丙。準律當死。衆證雖不見植，皆言『仲達爲植所使，植召仲達責問而不告列』。推論情狀，不同之理不可分明，不得同之常獄，有所降減，計同仲達處植死刑。處，昌呂翻；下裁處同。植親帥城衆，附從王化，謂齊東昏侯永元二年，植以壽陽降魏。依律上議，謂依八議之律也。上，時掌翻。乞賜裁處。」處，昌呂翻。忠矯詔曰：「凶謀既爾，罪不當恕；雖有歸化之誠，無容上議，亦不須待秋分。」魏舊制，秋分然後決死刑。八月，己【張：「己」作「乙」。】亥，植與郭祚及都水使者杜陵韋儁皆賜死。儁，祚之婚家也。忠又欲殺高陽王雍，崔光固執不從，乃免雍官，以王還第。朝野冤憤，莫不切齒。使，疏吏翻。朝，直遙翻。

13 丙子，魏尊胡太妃爲皇太后，居崇訓宮。于忠領崇訓衞尉，劉騰爲崇訓太僕，加侍中，侯剛爲侍中撫軍將軍。三人者，胡后所深德者也。又以太后父國珍爲光祿大夫。

14 庚辰，定州刺史田超秀帥衆三千降魏。超秀叛魏見上卷上年。帥，讀曰率。降，戶江翻。

15 戊子，魏大赦。

16 己丑，魏清河王懌進位太傅，領太尉，廣平王懷爲太保，領司徒，任城王澄爲司空。庚寅，魏以車騎大將軍于忠爲尚書令，特進崔光爲車騎大將軍，並加開府儀同三司。任，音壬。

騎，奇寄翻；下同。

17 魏江陽王繼，熙之曾孫也，熙，道武之子。先爲青州刺史，坐以良人爲婢奪爵。繼子叉娶胡太后妹，壬辰，詔復繼本封，以叉爲通直散騎侍郎，叉妻爲新平郡君，仍拜女侍中。爲元叉囚靈太后張本。散，悉亶翻。

羣臣奏請太后臨朝稱制，九月，乙未，靈太后始臨朝聽政，胡太后謚曰靈。猶稱令以行事，羣臣上書稱殿下。太后聰悟，頗好讀書屬文，射能中針孔，好，呼到翻。屬，之欲翻。中，竹仲翻。政事皆手筆自決。加胡國珍侍中，封安定公。

自郭祚等死，詔令生殺皆出于忠，王公畏之，重足脅息。重，直龍翻。脅息者，屏氣鼻不敢息，唯兩脅潛動以舒氣息耳。太后既親政，乃解忠侍中、領軍、崇訓衛尉，止爲儀同三司、尚書令。後旬餘，太后引門下侍官於崇訓宮，門下侍官，自侍中至散騎常侍、侍郎。崇訓宮，蓋太后所居宮也。問曰：「忠在端揆，聲望何如？」咸曰：「不稱厥任。」稱，尺證翻。乃出忠爲都督冀·定·瀛三州諸軍事、征北大將軍、冀州刺史；以司空澄領尚書令。澄奏：「安定公宜出入禁中，參諮大務，」詔從之。人之老也，戒之在得，任城王澄血氣衰矣。

18 甲寅，魏元遙破大乘賊，擒法慶并渠帥百餘人，帥，所類翻。傳首洛陽。

19 左遊擊將軍趙祖悅襲魏西硤石，水經：淮水東過壽春縣北，又北逕山峽中，謂之峽石。對岸山上結二城以防津要，在淮水西岸者謂之西硤石。杜佑曰：潁州下蔡縣有硤石山，梁築城以拒魏，今縣城也。據之以逼壽陽；更築外城，徙緣淮之民以實城內。將軍田道龍等散攻諸戍，魏揚州刺史李崇分遣諸將拒之。將，卽亮翻。癸亥，魏遣假鎮南將軍崔亮攻西硤石，又遣鎮東將軍蕭寶寅決淮堰。

20 冬，十月，乙酉，魏以胡國珍爲中書監、儀同三司，侍中如故。

21 甲午，弘化太守杜桂舉郡降魏。弘化地闕，蓋亦緣邊蠻郡也。降，戶江翻。

22 初，魏于忠用事，自言世宗許其優轉；太傅雍等皆不敢違，加忠車騎大將軍。忠又自謂新故之際有定社稷之功，諷百僚令加己賞；雍等議封忠常山郡公。忠又難於獨受，乃諷朝廷，同在門下者皆加封邑，雍等不得已復封崔光爲博平縣公，而尚書元昭等上訴不已。魏主之立也，元昭亦同在門下，故上訴不已。復，扶又翻。上，時掌翻。太后敕公卿再議，太傅懌等上言：「先帝升遐，記曲禮曰：告喪曰天王登假。註云：登，上也；遐，已也；上已者，若仙去云耳。登，卽升也。假，讀與遐同。奉迎乘輿，侍衞省闥，乃臣子常職，乘，繩證翻。不容以此爲功。臣等前議授忠茅土，正以畏其威權，苟免暴戾故也。若以功過相除，悉不應賞，請皆追奪。」崔光亦奉送章綬茅土，表十餘上，太后從之。

高陽王雍上表自劾，稱「臣初入柏堂，見詔旨之行一由門下，臣出君行，深知其不可而不能禁；謂殺生予奪皆出於于忠之意，而以詔旨行之。上，時掌翻。劾，戶概翻，又戶得翻。于忠專權，生殺自恣，而臣不能違。忠規欲殺臣，賴在事執拒；在事，謂在位任事之臣，此指言崔光。執拒，謂執不可而拒忠。臣欲出忠於外，在心未行，返爲忠廢。忝官尸祿，孤負恩私，請返私門，伏聽司敗。」司敗，卽司寇也。太后以忠有保護之功，不問其罪。十二月，辛丑，以忠【嚴：「忠」改「雍」。】爲太師，領司州牧，尋復錄尚書事，與太傅懌、太保懷、侍中胡國珍入居門下，同釐庶政。復，扶又翻。釐，力之翻，治也。

23 己酉，魏崔亮至硤石，趙祖悅逆戰而敗，閉城自守，亮進圍之。

24 丁卯，魏主及太后謁景陵。

25 是冬，寒甚，淮、泗盡凍，浮山堰士卒死者什七八。

26 魏益州刺史傅豎眼，性清素，民、獠懷之。龍驤將軍元法僧代豎眼爲益州刺史，此魏之東益州也。豎，而庾翻。獠，魯皓翻。驤，思將翻。素無治幹，加以貪殘；治，直吏翻。王、賈諸姓，本州士族，法僧皆召爲兵。葭萌民任令宗因衆心之患魏也，殺魏晉壽太守，以城來降，民、獠多應之；葭，音家。任，音壬。守，式又翻。降，戶江翻。獠，魯皓翻。益州刺史鄱陽王恢遣巴西、梓潼二郡太守張齊將兵三萬迎之。將，卽亮翻。法僧，熙之曾孫也。

27 魏岐州刺史趙王謐，幹之子也，趙郡王幹見一百四十卷齊明帝建武二年，此於「王謐」之上逸「郡」字。爲政暴虐。一旦，閉城門大索，執人而掠之，索，山客翻。掠，音亮。楚毒備至，又無故斬六人，闔城兇懼；衆遂大呼，屯門，兇，許拱翻。呼，火故翻。謐登樓毁梯以自固。胡太后遣游擊將軍王靖馳馹諭城人，城人開門謝罪，奉送管籥，乃罷謐刺史。謐妃，太后從女也。至洛除大司農卿。史言魏母后擅朝，城狐社鼠有所依憑。馹，音日。從，才用翻。

太后以魏主尚幼，未能親祭，欲代行祭事，禮官博議以爲不可。太后以問侍中崔光，光引漢和熹鄧太后祭宗廟故事，太后大悅，遂攝行祭事。史言崔光逢女主之惡。

28 魏南荆州刺史桓叔興表請不隸東荆州，許之。南荆隸東荆見上卷十一年。

十五年（丙申、五一六）

1 春，正月，戊辰朔，魏大赦，改元熙平。

2 魏崔亮攻硤石未下，與李崇約水陸俱進，崇屢違期不至。李崇時鎮壽陽。胡太后以諸將不壹，乃以吏部尚書李平爲使持節、鎮軍大將軍兼尚書右僕射，將步騎二千赴壽陽，别爲行臺，節度諸軍，將，卽亮翻。使，疏吏翻。騎，奇寄翻。如有乖異，以軍法從事。蕭寶寅遣輕車將軍劉智文等渡淮，攻破三壘；二月，乙巳，又敗將軍垣孟孫等於淮北。敗，補邁翻。李平至硤石，督李崇、崔亮等水【章：十二行本「水」上有「刻日」二字；乙十一行本同。】陸進攻，無敢乖互，乖，異也。互，差也。戰屢有功。

上使左衞將軍昌義之將兵救浮山，未至，康絢已擊魏兵，卻之。絢，許縣翻。考異曰：

絢傳：「十二月魏遣李曇定督衆軍來戰。」按魏帝紀此年正月乃遣李平節度諸軍，絢傳誤也。曇定，卽平字也。上使義之與直閤王神念泝淮救硤石。泝，蘇故翻。考異曰：李崇傳：「衍遣趙祖悅襲據西硤石，又遣義之、神念帥水軍泝淮而上，規取壽春。」按義之傳，絢破魏軍，義之乃救硤石，今從之。崔亮遣將軍博陵崔延伯守下蔡，下蔡縣，漢屬沛郡，梁置下蔡郡，屬豫州。水經註：淮水自峽石北逕下蔡故城東，本州來之城也。吳季札始邑延陵，後邑州來，故曰延州來季子。春秋，襄二年，蔡成公自新蔡遷于州來，謂之下蔡。淮之東岸又有一城，下蔡新城也。二城對據，翼帶淮濆。按蔡有三：蔡州上蔡縣，蔡仲始封之邑也；又有新蔡，蔡平侯自上蔡遷都于此；又有下蔡縣，蔡成公所遷也。延伯與別將伊甕生夾淮爲營。延伯取車輪去輞，削銳其輻，兩兩接對，揉竹爲絚，將，卽亮翻。去，羌呂翻。輞，扶紡翻，車之牙，車輮也。輻，方目翻，輪轑也。揉，人九翻。絚，古恆翻，大索也。貫連相屬，並十餘道，横水爲橋，兩頭施大鹿盧，鹿盧，圓轉之木。屬，之欲翻。出沒隨意，不可燒斫。既斷趙祖悅走路，又令戰艦不通，義之、神念屯梁城不得進。嗚呼，吾國之失襄陽，亦以水陸援斷而諸將不進也！斷，丁管翻。艦，戶黯翻。李平部分水陸攻硤石，分，扶問翻。克其外城；乙丑，祖悅出降，斬之，盡俘其衆。降，戶江翻。

胡太后賜崔亮書，使乘勝深入。平部分諸將，水陸並進，攻浮山堰；亮違平節度，以疾請還，隨表輒發。平奏處亮死刑，處，昌呂翻。太后令曰：「亮去留自擅，違我經略，雖有小捷，豈免大咎！但吾攝御萬機，庶幾惡殺，幾，居依翻。惡，烏故翻。亮，崔光之族弟也，故平奏不行。

可聽特以功補過。」魏師遂還。還，從宣翻，又如字。

3 魏中尉元匡奏彈于忠「幸國大災，專擅朝命，裴、郭受冤，謂裴植、郭祚。彈，徒丹翻。朝，直遙翻。辛輔黜辱。謂高陽王雍被黜，後又以授忠茅土，乞自貶退也。又自矯旨爲儀同三司、尚書令，領崇訓衛尉，原其此意，欲以無上自處。處，昌呂翻；下尉處同。既事在恩後，恩後，謂赦恩之後也。宜加顯戮，請遣御史一人就州行決。于忠時爲冀州刺史，欲就州戮之。自去歲世宗晏駕以後，皇太后未親覽，以前諸不由階級，或發門下詔書，或由中書宣敕，擅相拜授者，已經恩宥，正可免罪，並宜追奪。」太后令曰：「忠已蒙特原，無宜追罪；餘如奏。」

匡又彈侍中侯剛掠殺羽林。掠，音亮；下同。剛本以善烹調爲尚食典御，嘗食典御，魏官也，掌調和御食，溫涼寒熱，以時供進則嘗之。或曰：「嘗」當作「尚」，平、去二字通用。凡三十年，以有德於太后，事見上年。頗專恣用事，王公皆畏附之。廷尉處剛大辟，辟，毗亦翻。太后曰：「剛因公事掠人，邂逅致死，於律不坐。」少卿陳郡袁翻曰：「『邂逅』，謂情狀已露，隱避不引，不引，謂不引伏也。邂，戶介翻。逅，戶遘翻。考訊以理者也。今此羽林，問則具首，首，式又翻。剛口唱打殺，撾築非理，安得謂之『邂逅』！」撾，則瓜翻。太后乃削剛戶三百，解嘗【嚴：「嘗」改「尚」。】食典御。

4 三月，戊戌朔，日有食之。

5 魏論西硤石之功，辛未，以李崇爲驃騎將軍，加儀同三司，驃，匹妙翻。騎，奇寄翻。李平爲尚書右僕射，崔亮進號鎮北將軍。亮與平爭功於禁中，太后以亮爲殿中尚書。

6魏蕭寶寅在淮堰，上爲手書誘之，使襲彭城，許送其國廟及室家諸從還北，諸從，猶羣從也。從，才用翻。寶寅表上其書於魏朝。上，時掌翻。朝，直遙翻。

7夏，四月，淮堰成，長九里，下廣一百四十丈，上廣四十五丈，高二十丈，樹以杞柳，長，直亮翻。廣，古曠翻。高，居號翻。杞柳，柜柳也。軍壘列居其上。

或謂康絢曰：「四瀆，天所以節宣其氣，不可久塞，國語，周太子晉曰：「古之長民者，不墮山，不崇藪，不防川，不竇澤。夫山，土之聚也；藪，物之歸也；川，氣之導也；澤，水之鍾也。天地成而聚於高，歸物於下，疏爲川谷以導其氣，陂塘汚庳以鍾其美。」塞，悉則翻。若鑿湬東注，則游波寬緩，堰得不壞。」絢乃開湬東注。又縱反間於魏曰：「梁人所懼開湬，不畏野戰。」蕭寶寅信之，鑿山深五丈，開湬北注，水日夜分流猶不減，丁度集韻：湬，與湫同，將由翻。間，古莧翻。深，式浸翻。魏軍竟罷歸。水之所及，夾淮方數百里。李崇作浮橋於硤石戍間，又築魏昌城於八公山東南，以備壽陽城壞，居民散就岡隴，山脊爲岡，高丘爲隴。其水清徹，俯視廬舍冢墓，了然在下。

初，堰起於徐州境內，浮山在鍾離郡界，梁置徐州於鍾離。刺史張豹子宣言，謂己必掌其事；既而康絢以他官來監作，監，古銜翻。豹子甚慚。俄而敕豹子受絢節度，豹子遂譖絢與魏交通，上雖不納，猶以事畢徵絢還。絢還則堰壞矣。

8 魏胡太后追思于忠之功，曰：「豈宜以一謬棄其餘勳！」胡后以于忠擁護爲功；若忠之專橫，其謬固非一也。復封忠爲靈壽縣公，復，扶又翻。亦封崔光爲平恩縣侯。

9 魏元法僧遣其子景隆將兵拒張齊，將，卽亮翻；下同。齊與戰於葭萌，大破之，屠十餘城，遂圍武興。法僧嬰城自守，境內皆叛，法僧遣使間道告急於魏。使，疏吏翻。間，古莧翻。魏驛召鎮南軍司傅豎眼於淮南，以爲益州刺史、西征都督，將步騎三千以赴之。豎，而庾翻。騎，奇寄翻。豎眼入境，轉戰三日，行二百餘里，九遇皆捷。五月，豎眼擊殺梁州刺史任太洪。民、獠聞豎眼至，皆喜，迎拜於路者相繼。民、獠惡法僧而懷豎眼，故迎之者屬路。任，音壬。獠，魯皓翻。張齊退保白水，豎眼入州，入武興也。白水以東民皆安業。

魏梓潼太守苟金龍領關城戍主，梁兵至，金龍疾病，不堪部分，分，扶問翻。其妻劉氏帥厲城民，乘城拒戰，帥，讀曰率。百有餘日，士卒死傷過半。戍副高景謀叛，劉氏斬景及其黨與數千人，數千，當作數十。自餘將士，分衣減食，勞逸必同，莫不畏而懷之。井在城外，爲梁兵所據，會天大雨，劉氏命出公私布絹及衣服懸之，絞而取水，城中所有雜物悉儲之。雜物，謂瓶、罌、甕、盎之屬。豎眼至，梁兵乃退，魏人封其子爲平昌縣子。

10 六月，庚子，以尚書令王瑩爲左光祿大夫、開府儀同三司，尚書右僕射袁昂爲左僕射，吏部尚書王暕爲右僕射。暕，儉之子也。暕，古限翻。王儉，齊初佐命。

11 張齊數出白水，侵魏葭萌，傅豎眼遣虎威將軍強虯攻信義將軍楊興起，殺之，復取白水。數，所角翻。強，其兩翻，又如字。復，扶又翻；下州復、不復同。寧朔將軍王光昭又敗於陰平，張齊親帥驍勇二萬餘人與傅豎眼戰，驍，堅堯翻。秋，七月，齊軍大敗，走還，小劍、大劍諸戍皆棄城走，今劍州劍門縣有大劍山，又有小劍山在其西北三十里，又有小劍故城在益昌縣西南五十里。大劍雖號天險，有阨塞可守，崇墉之間，徑路頗夷。小劍則鑿石架閣，有不容越，李白所謂「一夫當關，萬夫莫開」者是也。東益州復入于魏。

12 八月，乙巳，魏以胡國珍爲驃騎大將軍、開府儀同三司、雍州刺史。驃，匹妙翻。騎，奇寄翻。雍，於用翻。國珍年老，太后實不欲令出，止欲示以方面之榮；竟不行。

13 康絢既還，張豹子不復脩淮堰。九月，丁丑，淮水暴漲，堰壞，其聲如雷，聞三百里，聞，音問。緣淮城戍村落十餘萬口皆漂入海。初，魏人患淮堰，以任城王澄爲大將軍、大都督南討諸軍事，勒衆十萬，將出徐州來攻堰，尚書右僕射李平以爲「不假兵力，終當自壞。」及聞破，太后大喜，賞平甚厚，澄遂不行。

14 壬辰，大赦。

15 魏胡太后數幸宗戚勳貴之家，數，所角翻。侍中崔光表諫曰：「禮，諸侯非問疾弔喪而入諸臣之家，謂之君臣爲謔。記禮運之辭也。註云：無故而相之，是戲謔也，陳靈公與孔寧、儀行父數如夏氏，以取弒焉。不言王后夫人，明無適臣家之義。夫人，父母在有歸寧，沒則使卿寧。左傳莊二十七年冬，杞伯姬來，歸寧也。杜預註曰：寧，問父母安否。襄十二年，楚司馬子庚聘于秦，爲夫人寧，禮也。註曰：諸侯夫人，父母既沒，歸寧使卿，故曰禮。漢上官皇后將廢昌邑，霍光，外祖也，親爲宰輔，后猶御武帳以接羣臣，事見二十四卷漢昭帝元平元年。示男女之別也。別，彼列翻。今帝族方衍，勳貴增遷，祇請遂多，將成彝式。方衍，謂生子也。增遷，謂增秩遷官也。祇，敬也。謂宗戚勳貴之家，凡有吉慶，皆請太后臨幸。願陛下簡息遊幸，則率土屬賴，含生仰悅矣。」屬，之欲翻；下請屬同。

任城王澄以北邊鎮將選舉彌輕，將，即亮翻。恐賊虜闚邊，山陵危迫，魏自顯祖以上，山陵皆在雲中。奏求重鎮將之選，脩警備之嚴，詔公卿議之。廷尉少卿袁翻議，秦、漢以來九卿各一卿，魏太和十五年九卿各置少卿，蓋倣周官六卿有小宰、小司徒、小宗伯、小司馬、小司寇、小司空之遺制也。以爲「比緣邊州郡，官不擇人，唯論資級。或值貪污之人，廣開戍邏，多置帥領，或用其左右姻親，或受人貨財請屬，皆無防寇之心，唯有聚斂之意。比，毗至翻。邏，郎佐翻。帥，所類翻。屬，之欲翻。斂，力贍翻。其勇力之兵，驅令抄掠，若遇強敵，即爲奴虜，如有執獲，奪爲己富。其羸弱老小之輩，微解金鐵之工，少閑草木之作，抄，楚交翻。羸，倫爲翻。解，戶買翻，曉也。閑，習也。無不搜營窮壘，苦役百端。自餘或伐木深山，或芸草平陸，販貿往還，相望道路。此等祿既不多，貲亦有限，皆收其實絹，給其虛粟，窮其力，薄其衣，用其功，節其食，綿冬歷夏，加之疾苦，死於溝瀆者什常七八。自古至今，守邊之兵皆病於此。貿，音茂。是以鄰敵伺間，擾我疆埸，皆由邊任不得其人故也。愚謂自今已後，南北邊諸藩及所統郡縣府佐、統軍至于戍主，皆令朝臣王公已下各舉所知，必選其才，不拘階級；若稱職及敗官，幷所舉之人隨事賞罰。」太后不能用。間，古莧翻。埸，音亦。朝，直遙翻。稱，尺證翻。敗，補邁翻。及正光之末，北邊盜賊羣起，遂逼舊都，犯山陵，如澄所慮。正光四年，破六韓拔陵、衞可孤等反，孝昌初年，雲中沒矣。

16 冬，十一月，交州刺史李畟斬交州反者阮宗孝，傳首建康。畟，察色翻。

17 初，魏世宗作瑤光寺，未就，是歲，胡太后又作永寧寺，水經註：穀渠南流，出太尉、司徒兩坊間，水西有永寧寺。皆在宮側；又作石窟寺於伊闕口，皆極土木之美。而永寧尤盛，有金像高丈八者一，如中人者十，玉像二。爲九層浮圖，掘地築基，下及黃泉；杜預曰：地中之泉，故曰黃泉。浮圖高九十丈，上刹復高十丈，高，居報翻。刹，所轄翻。刹，柱也，浮圖上柱；今謂之相輪。復，扶又翻。每夜靜，鈴鐸聲聞十里。聞，音問。佛殿如太極殿，南門如端門。僧房千間，珠玉錦繡，駭人心目。自佛法入中國，塔廟之盛，未之有也。漢永明〔平〕中，佛法入中國，佛弟子收奉舍利，建宮宇，號爲塔，亦胡言，猶宗廟也，故世稱塔廟。揚州刺史李崇上表，以爲「高祖遷都垂三十年，遷都見一百三十八卷齊世宗永明十一年。明堂未修，太學荒廢，城闕府寺頗亦頹壞，非所以追隆堂構，書大誥曰：若考作室既底法，厥子乃弗肯堂，矧肯構！儀刑萬國者也。今國子雖有學官之名，而無教授之實，何異兔絲、燕麥，南箕、北斗！爾雅曰：唐、蒙、女蘿，兔絲。釋名曰：唐也，蒙也，女蘿也，兔絲也，一物四名。毛氏詩傳曰：女蘿，兔絲；兔絲，松蘿也。陸璣草木疏曰：兔絲，蔓連草上生，黃赤如金，合藥兔絲子是也。松蘿，自蔓松上生，枝正青，與兔絲殊異。本草曰：兔絲生川澤田野，蔓延草木之上。瞿麥，名燕麥，又名雀麥，其苗與麥同，但穗細長而疏。言兔絲有絲之名而不可以織，燕麥有麥之名而不可以食。古歌曰：田中兔絲，如何可絡！道邊燕麥，何嘗可穫！詩云：維南有箕，不可以簸揚。維北有斗，不可以挹酒漿。皆謂有名無實也。事不兩興，須有進退，宜罷尚方雕靡之作，省永寧土木之功，減瑤光材瓦之力，分石窟鐫琢之勞，及諸事役非急者，於三時農隙脩此數條，使國容嚴顯，禮化興行，不亦休哉！」太后優令答之，而不用其言。

太后好事佛，民多絕戶爲沙門，家有一子，出爲沙門，其戶絕矣。好，呼到翻。高陽王友李瑒上言，「三千之罪莫大於不孝，不孝之大無過於絕祀，孔子曰：「五刑之屬三千，其罪莫大於不孝。」孟子曰：「不孝有三，無後爲大。」瑒，杖梗翻，又音暢。豈得輕縱背禮之情，肆其向法之意，一身親老，棄家絕養，缺當世之禮而求將來之益！佛法以今世修種爲來生因果。背，蒲妹翻。養，余亮翻。孔子云：『未知生，焉知死？』論語載孔子答子路之言。焉，於虔翻。安有棄堂堂之政而從鬼教乎！又，今南服未靜，衆役仍煩，百姓之情，實多避役，若復聽之，恐捐棄孝慈，比屋皆爲沙門矣。」復，扶又翻。比，毗必翻，又毗至翻。都統僧暹等忿瑒謂之「鬼教」，以爲謗佛，魏有沙門統，謂之都統，猶今都僧錄。泣訴於太后。太后責之，瑒曰：「天曰神，地曰祇，人曰鬼。傳曰：『明則有禮樂，幽則有鬼神。』然則明者爲堂堂，幽者爲鬼教。佛本出於人，名之爲鬼，愚謂非謗。」太后雖知瑒言爲允，難違暹等之意，罰瑒金一兩。

18魏征南大將軍田益宗求爲東豫州刺史，以招二子，太后不許，竟卒於洛陽。田益宗二子叛，見上卷十三年。卒，子恤翻。

19柔然伏跋可汗，壯健善用兵，可，從刊入聲。汗，音寒。是歲，西擊高車，大破之，執其王彌俄突，繫其足於駑馬，頓曳殺之，漆其頭爲飲器。彌俄突殺柔然佗汗見上卷七年。鄰國先羈屬柔然後叛去者，伏跋皆擊滅之，其國復強。復，扶又翻；下賊復同。

十六年（丁酉、五一七）

1春，正月，辛未，上祀南郊。

2魏大乘餘賊復相聚，沙門法慶之餘黨也。突入瀛州，刺史宇文福之子員外散騎侍郎延帥奴客拒之。散，悉亶翻。騎，奇寄翻。帥，讀曰率。賊燒齋閤，延突火抱福出外，肌髮皆焦，勒衆苦戰，賊遂散走，追討，平之。

3甲戌，魏大赦。

4魏初，民間皆不用錢，高祖太和十九年，始鑄太和五銖錢，遣錢工在所鼓鑄；民有欲鑄錢者，聽就官鑪，銅必精練，無得殽雜。世宗永平三年，又鑄五銖錢，禁天下用錢不依準式者。既而洛陽及諸州鎮所用錢各不同，商貨不通。尚書令任城王澄上言，以爲：「不行之錢，律有明式，指謂雞眼、鐶鑿，雞眼者，謂錢薄小，其眼如雞眼也。鐶鑿云者，謂鑿好以取銅，僅存其肉也。鐶，戶關翻。更無餘禁。計河南諸州今所行悉非制限，昔來繩禁，愚竊惑焉。又河北既無新錢，復禁舊者，專以單絲之縑、疏縷之布，狹幅促度，不中常式，復，扶又翻。中，竹仲翻。裂匹爲尺，以濟有無，徒成杼軸之勞，杼，直呂翻；說文，機之持緯者。不免飢寒之苦，殆非所以救恤凍餒，子育黎元之意也。錢之爲用，貫繈相屬，繈，居兩翻，亦錢貫也。屬，之欲翻。不假度量，平均簡易，濟世之宜，謂爲深允乞並下諸方州鎮，易，以豉翻。下，遐稼翻。其太和與新鑄五銖及古諸錢方俗所便用者，但內外全好，雖有大小之異，並得通行，貴賤之差，自依鄉價。庶貨環海內，公私無壅。其雞眼、鐶鑿及盜鑄、毀大爲小、生新巧僞不如法者，據律罪之。」詔從之。然河北少錢，少，詩沼翻。民猶用物交易，錢不入市。

5 魏人多竊冒軍功，尚書左丞盧同閱吏部勳書，因加檢覈，覈，戶革翻。得竊階者三百餘人，乃奏：「乞集吏部、中兵二局勳簿，對句奏案，句，古侯翻，考也，稽也。更造兩通，更，工衡翻。一關吏部，一留兵局。又，在軍斬首成一階以上者，即令行臺軍司給券，當中豎裂，一支付勳人，一支送門下，此韓愈寄崔立之詩所謂「當如合分支」者也，今人亦謂析產文契爲分支帳。豎，而庾翻。以防僞巧。」太后從之。同，玄之族孫也。盧玄見一百二十二卷宋文帝元嘉八年。中尉元匡奏取景明元年已來，內外考簿、吏部除書、中兵勳案、幷諸殿最，殿，丁練翻。欲以案校竊階盜官之人，太后許之。尚書令任城王澄表以爲：「法忌煩苛，治貴清約。治，直吏翻。御史之體，風聞是司，若聞有冒勳妄階，止應攝其一簿，研檢虛實，繩以典刑。豈有移一省之案，取尚書省之案赴御史臺，所謂移也。尋兩紀之事，自景明元年至是年凡十八年。今言兩紀之事，蓋景明初所敍階勳，皆太和末淮、漢用兵所上勳人名籍也。如此求過，誰堪其罪！斯實聖朝所宜重愼也。」太后乃止。又以匡所言數不從，慮其辭解，朝，直遙翻。數，所角翻。辭解者，辭職解官也。欲奬安之，乃加鎭東將軍。二月，丁未，立匡爲東平王。爲匡治棺攻澄張本。

6 三月，丙子，敕織官，文錦不得爲仙人鳥獸之形，織官，猶漢之織室令、丞也。爲其裁翦，有乖仁恕。爲，于僞翻。

7 丁亥，魏廣平文穆王懷卒。

8 夏，四月，戊申，魏以中書監胡國珍爲司徒。

9 詔以宗廟用牲，有累冥道，冥，幽也。幽則有鬼神；冥道，鬼神之道也。累，力瑞翻。宜皆以麪爲之。考異曰：梁帝紀，此詔在四月甲子。南史云在二月，云「祈告天地宗廟，以去殺之理欲被之含識，郊廟牲牷皆代以麪，其山川諸祀則否。」按長曆是月辛卯朔，無甲子。隋志但云四月，亦不云郊祀去牲，今從之。於是朝野諠諱，以爲宗廟去牲，乃是不復血食，去，羌呂翻。復，扶又翻。帝竟不從。八坐乃議以大脯代一元大武。記曲禮：牛曰一元大武。鄭玄曰：元，頭也。武，迹也。坐，徂臥翻。

10 秋，八月，丁未，詔魏太師高陽王雍入居門下，參決尚書奏事。「魏」字當在「詔」字之上。

11 冬，十月，詔以宗廟猶用脯脩，鄭玄曰：脯，乾肉也。脩，鍛脩也。薄析曰脯，棰之而施薑桂曰鍛脩。更議代之，於是以大餅代大脯，其餘盡用蔬果。又起至敬殿、景陽臺，置七廟座，每月中再設淨饌。饌，雛戀翻，又雛晥翻。

12 乙卯，魏詔，北京士民未遷者，悉聽留居爲永業。魏以代都爲北京。

13 十一月，甲子，巴州刺史牟漢寵叛，降魏。五代志：巴西郡，梁置南梁州、北巴州。降，戶江翻。

14 十二月，柔然伏跋可汗遣俟斤尉比建等請和於魏，俟斤，柔然大臣之號。俟，渠希翻。尉，紆勿翻。用敵國之禮。

15 是歲，以右衞將軍馮道根爲豫州刺史。道根謹厚木訥，行軍能檢敕士卒；諸將爭功，道根獨默然。爲政清簡，吏民懷之。上嘗歎曰：「道根所在，令朝廷不復憶有一州。」復，扶又翻。

16 魏尚書崔亮奏請於王屋等山採銅鑄錢，從之。五代志：河內郡王屋縣有王屋山。是後民多私鑄，錢稍薄小，用之益輕。是時錢輕，南北皆然，豈天時邪！

十七年（戊戌、五一八）

1春，正月，甲子，魏以氐酋楊定爲陰平王。酋，慈由翻。

2魏秦州羌反。

3二月，癸巳，安成康王秀卒。卒，子恤翻。秀雖與上布衣昆弟，及爲君臣，小心畏敬過於疏賤，上益以此賢之。秀與弟始興王憺尤相友愛，憺久爲荆州，常【章：十二行本「常」上有「刺史」二字；乙十一行本同；張校同。】中分其祿以給秀，秀、憺皆吳太妃之子。齊和帝中興元年，憺督雍州，天監元年，進督荆州，五年，徵至都。荆州總西夏之寄，俸入優厚。憺，徒敢翻，又徒覽翻。秀稱心受之，稱，尺證翻。亦不辭多也。

4甲辰，大赦。

5己酉，魏大赦，改元神龜。

6魏東益州氐反。

7魏主引見柔然使者，見，賢遍翻。使，疏吏翻。讓之以藩禮不備，議依漢待匈奴故事，遣使報之。漢宣帝待呼韓邪位在諸侯王上，蓋稱臣也。按張倫表諫與爲昆弟，蓋用漢文、景故事。司農少卿張倫上表，以爲：「太祖經啓帝圖，日有不暇，遂令豎子遊魂一方，謂道武南略，社崙得以雄跨漠北。亦由中國多虞，急諸華而緩夷狄也。高祖方事南轅，未遑北伐。謂孝文南都洛陽，用兵淮、漢，未暇伐柔然也。世宗遵述遺志，虜使之來，受而弗答。見百四十六卷六年。以爲大明臨御，國富兵強，抗敵之禮，何憚而爲之，何求而行之！今虜雖慕德而來，亦欲觀我強弱；若使王人銜命虜庭，與爲昆弟，恐非祖宗之意也。苟事不獲已，應爲制詔，示以上下之儀，命宰臣致書，諭以歸順之道，觀其從違，徐以恩威進退之，則王者之體正矣。豈可以戎狄兼并，謂伏跋新破高車及滅鄰國之叛者也。而遽虧典禮乎！」不從。倫，白澤之子也。張白澤見一百三十四卷宋順帝昇明元年。

8 三月，辛未，魏靈壽武敬公于忠卒。

9 魏南秦州氐反，遣龍驤將軍崔襲持節諭之。驤，思將翻。

10 夏，四月，丁酉，魏秦文宣公胡國珍卒，贈假黃鉞、相國、都督中外諸軍事、太師，號曰太上秦公，【章：十二行本「公」下有「加九錫」三字；乙十一行本同；孔本同；退齋校同。】葬以殊禮，贈襚儀衛，事極優厚。又迎太后母皇甫氏之柩與國珍合葬，謂之太上秦孝穆君。柩，音舊。諫議大夫常山張普惠以爲前世后父無稱「太上」者，「太上」之名不可施於人臣，詣闕上疏陳之，左右莫敢爲通。爲，于僞翻。會胡氏穿壙，下有磐石，乃密表，以爲：「天無二日，土無二王，『太上』者因『上』而生名也，皇太后稱『令』以繫『敕』下，蓋取三從之道，遠同文母列於十亂，武王曰：「予有亂臣十人。」孔子曰：「才難，有婦人焉，九人而已。」先儒以爲十亂，太公望、周公旦、召公奭、畢公高、榮公、太顛、閎夭、散宜生、南宮括及文母。今司徒爲『太上』，恐乖繫敕之意。孔子稱『必也正名乎！』論語載孔子答子路之言。比克吉定兆，比，毗至翻。而以淺改卜，亦或天地神靈所以垂至戒、啓聖情也。伏願停逼上之號，以邀謙光之福。」太后乃親至國珍宅，召集五品以上博議。王公皆希太后意，爭詰難普惠；詰，去吉翻。難，乃旦翻。普惠應機辯析，無能屈者。太后使元乂宣令於普惠曰：「朕之所行，孝子之志。卿之所陳，忠臣之道。羣公已有成議，卿不得苦奪朕懷。後有所見，勿難言也。」

太后爲太上君造寺，壯麗埒於永寧。

尚書奏復徵民綿麻之稅，爲，于僞翻。埒，力輟翻。復，扶又翻；下浸復、復欲、無復、欲復、復見同。張普惠上疏，以爲：「高祖廢大斗，去長尺，改重稱，去，羌呂翻；下去天下同。稱，尺證翻；下稱尺同。事見一百四十卷齊明帝建武二年。以愛民薄賦。知軍國須綿麻之用，故於絹增稅綿八兩，於布增稅麻十五斤，民以稱尺所減，不啻綿麻，故鼓舞供調。調，徒釣翻。自茲以降，所稅絹布，浸復長闊，百姓嗟怨，聞於朝野。聞，音問。朝，直遙翻。宰輔不尋其本在於幅廣度長，遽罷綿麻。于忠罷綿麻，見上十四年。既而尚書以國用不足，復欲徵斂。去天下之大信，棄已行之成詔，斂，力贍翻。去，羌呂翻。追前之非，遂後之失。不思庫中大有綿麻，而羣臣共竊之也。何則？所輸之物，或斤羨百銖，羨，延面翻，餘也。未聞有司依律以罪州郡；或小有濫惡，則坐戶主，連及三長。戶主者，一家之長，則爲一戶之主。三長見一百三十六卷齊世祖永明四年。是以在庫絹布，踰制者多，羣臣受俸，人求長闊厚重，無復準極，未聞以端幅有餘還求輸官者也。布帛六丈爲端。爾雅：倍丈謂之端，倍端謂之兩，倍兩謂之匹。杜預曰：二丈爲端，二端爲兩，所謂疋也。說文：幅，布帛廣也。俸，扶用翻。今欲復調綿麻，當先正稱、尺，明立嚴禁，無得放溢，使天下知二聖之心愛民惜法如此，則太和之政復見於神龜矣。」

普惠又以魏主好遊騁苑囿，好，呼到翻。不親視朝，朝，直遙翻。過崇佛法，郊廟之事多委有司，上疏切諫，以爲：「殖不思之冥業，損巨費於生民，減祿削力，近供無事之僧，崇飾雲殿，遠邀未然之報，昧爽之臣稽首於外，謂羣臣入朝者也。孔安國曰：昧，冥。爽，明，早旦。稽，音啓。玄寂之衆遨遊於內，愆禮忤時，忤，五故翻。人靈未穆。愚謂脩朝夕之因，求祇劫之果，祇，巨支翻。釋氏之言祇劫，猶云無數劫也。未若收萬國之懽心以事其親，使天下和平，災害不生也。用孝經文意。伏願淑愼威儀，淑，善也。爲萬邦作式，躬致郊廟之虔，親紆朔望之禮，紆，縈也，屈也。釋奠成均，五帝之學曰成均。鄭玄曰：釋菜、奠幣，禮先師也。又曰：釋奠者，設薦饌酌奠而已。孔穎達曰：釋奠有牲牢，有幣帛；釋菜則惟釋蘋藻而已。竭心千畝，千畝，謂藉田也。量撤僧寺不急之華，還復百官久折之秩，量，音良。折，而設翻。已造者務令簡約速成，未造者一切不復更爲，則孝弟可以通神明，弟，讀曰悌。德教可以光四海，節用愛人，法俗俱賴矣。」尋敕外議釋奠之禮，又自是每月一陛見羣臣，皆用普惠之言也。

普惠復表論時政得失，太后與帝引普惠於宣光殿，隨事詰難。復，扶又翻。見，賢遍翻。難，乃旦翻。

11 臨川王宏妾弟吳法壽殺人而匿於宏府中，上敕宏出之，卽日伏辜。南司奏免宏官，御史臺曰南臺，亦曰南司。上注曰：「愛宏者兄弟私親，免宏者王者正法；所奏可。」五月，戊寅，司徒、驃騎大將軍、揚州刺史臨川王宏免。驃，匹妙翻。騎，奇寄翻。

宏自洛口之敗，事見一百四十六卷五年。常懷愧憤，都下每有竊發，輒以宏爲名，屢爲有司所奏，上每赦之。上幸光宅寺，帝以三橋舊宅爲光宅寺，三橋在秣陵縣同夏里。有盜伏於驃騎航，宏府面秦淮，於府前爲浮橋；謂之驃騎航，以宏官名航也。待上夜出；上將行，心動，乃於朱雀航過。事發，稱爲宏所使，上泣謂宏曰：「我人才勝汝百倍，當此猶恐不堪，汝何爲者？我非不能爲漢文帝，謂誅淮南厲王長也。念汝愚耳！」宏頓首稱無之，故因匿法壽免宏官。

宏奢僭過度，殖貨無厭。厭，於鹽翻。庫屋垂百間，垂，幾及也。在內堂之後，關籥甚嚴，籥，與鑰同，關牡也。有疑是鎧仗者，密以聞。鎧，可亥翻。上於友愛甚厚，殊不悅。他日，送盛饌與宏愛妾江氏曰：「當來就汝懽宴。」饌，雛戀翻，又雛晥翻。獨攜故人射聲校尉丘佗卿往，與宏及江大飲，半醉後，謂曰：「我今欲履行汝後房。」行，下孟翻。卽呼輿徑往堂後，宏恐上見其貨賄，顏色怖懼。賄，呼罪翻。怖，普布翻。上意益疑之，於是屋屋檢視，每錢百萬爲一聚，黃榜標之，千萬爲一庫，懸一紫標，如此三十餘間。上與佗卿屈指計，見錢三億餘萬，見，賢遍翻。餘屋貯布絹絲綿漆蜜紵蠟等雜貨，但見滿庫，不知多少。貯，丁呂翻。紵，直呂翻。紵，麻屬而細於麻。少，詩沼翻。上始知非仗，大悅，謂曰：「阿六，汝生計大可！」宏於諸弟次第六。阿，從安入聲。乃更劇飲至夜，舉燭而還。還，從宣翻，又如字。兄弟方更敦睦。

宏都下有數十邸，出懸錢立券，每以田宅邸店懸上文契，上，時掌翻。期訖，便驅券主奪其宅，都下、東土百姓，失業非一。上後知之，制懸券不得復驅奪，自此始。復，扶又翻。

侍中、領軍將軍吳平侯昺，雅有風力，爲上所重，軍國大事皆與議決，以爲安右將軍，監揚州。安右將軍，帝所置百號將軍之一也。昺，音丙。監，工銜翻。昺自以越親居揚州，昺，帝從父弟，揚州京邑，昺自以爲越同氣之親而居之，故懇讓。涕泣懇讓，上不許。在州尤稱明斷，斷，丁亂翻。符教嚴整。

辛巳，以宏爲中軍將軍、中書監，六月，乙酉，又以本號行司徒。本號，中軍將軍號也。

臣光曰：宏爲將則覆三軍，將，卽亮翻。爲臣則涉大逆，高祖貸其死罪可矣。數旬之間，還爲三公，於兄弟之恩誠厚矣，王者之法果安在哉！

12 初，洛陽有漢所立三字石經，石經事見四十七卷漢靈帝熹平四年。酈道元曰：蔡邕正定五經文字，刻石立於太學門外。魏正始中又立古、篆、隸三字石經。雖屢經喪亂而初無損失。喪，息浪翻。及魏，馮熙、常伯夫相繼爲洛州刺史，魏都平城，以洛陽爲洛州，旣遷洛，始改爲司州。毁取以建浮圖精舍，遂大致頽落，所存者委於榛莽，道俗隨意取之。侍中領國子祭酒崔光請遣官守視，命國子博士李郁等補其殘缺，胡太后許之。會元乂、劉騰作亂，事遂寢。乂、騰作亂，事見下卷普通二年。

13 秋，七月，魏河州羌卻鐵忽【章：十二行本「忽」作「怱」；乙十一行本同；下同；孔本均同。】反，自稱水池王；河州治枹罕，領金城、武始、洪和、臨洮郡。水池縣，魏眞君四年置郡，後改爲縣，屬洪和郡，隋併洪和郡爲當夷縣，其地在唐洮州臨潭縣界。詔以主客郎源子恭爲行臺以討之。曹魏置尚書主客郎。子恭至河州，嚴勒州郡及諸軍，毋得犯民一物，亦不得輕與賊戰，然後示以威恩，使知悔懼。八月，鐵忽等相帥詣子恭降，首尾不及二旬。言自子恭至河州及于賊降，首尾不及二旬也。帥，讀曰率。降，戶江翻。子恭，懷之子也。源懷，源賀之子，歷事文成、獻文、孝文、宣武。

14 魏宦者劉騰，手不解書，解，戶買翻。而多姦謀，善揣人意；揣，初委翻。胡太后以其保護之功，事見上十四年。累遷至侍中、右光祿大夫，遂干預政事，納賂爲人求官，無不效者。爲，于僞翻。河間王琛，簡之子也。齊郡王簡見一百三十七卷齊武帝永明九年。琛，丑林翻。爲定州刺史，以貪縱著名，及罷州還，太后詔曰：「琛在定州，唯不將中山宮來，後燕都中山，建宮室，魏克中山，因以爲中山宮。自餘無所不致，何可更復敍用！」復，扶又翻。遂廢于家。琛乃求爲騰養息，養息，即養子也。賂騰金寶鉅萬計。騰爲之言於太后，爲，于僞翻。得兼都官尚書，出爲秦州刺史。會騰疾篤，太后欲及其生而貴之，九月，癸未朔，以騰爲衞將軍，加儀同三司。

15 魏胡太后以天文有變，欲以崇憲高太后當之。戊申夜，高太后暴卒；冬，十月，丁卯，以尼禮葬於北邙，尼，女夷翻；下同。謚曰順皇后。百官單衣邪巾古者二十成人，士冠，庶人巾。邪巾者，邪厭於首。捨衰絰喪冠而單衣邪巾，示不成喪也。送至墓所，事訖而除。

16 乙亥，以臨川王宏爲司徒。

17 魏胡太后遣使者宋雲與比丘惠生如西域求佛經。比丘，僧也。比，毗至翻；下連比同。司空任城王澄奏：「昔高祖遷都，制城內唯聽置僧尼寺各一，餘皆置於城外；蓋以道俗殊歸，欲其淨居塵外故也。正始三年，沙門統惠深，始違前禁，自是卷詔不行，卷，讀曰捲。私謁彌衆，都城之中，寺踰五百，占奪民居，三分且一，屠沽塵穢，連比雜居。占，之贍翻。比，毗至翻。往者代北有法秀之謀，事見一百三十五卷齊太祖建元三年。冀州有大乘之變。太和、景明之制，非徒使緇素殊途，蓋亦以防微杜漸。昔如來闡教，多依山林，如來，佛也。今此僧徒，戀著城邑，著，直略翻。正以誘於利欲，不能自已，誘，音酉。此乃釋氏之糟糠，法王之社鼠，法王，謂佛。內戒所不容，釋氏有五戒。國典所共棄也。臣謂都城內寺未成可徙者，宜悉徙於郭外，僧不滿五十者，併小從大；外州亦準此。」【章：十二行本「此」下有「詔從之」三字；乙十一行本同；孔本同；張校同；退齋校同。】然卒不能行。卒，子恤翻。

18是歲，魏太師雍等奏：「鹽池天藏，藏，徂浪翻。資育羣生，先朝爲之禁限，朝，直遙翻。亦非苟與細民爭利。但利起天池，取用無法，或豪貴封護，或近民吝守，貧弱遠來，邈然絕望。因置主司，令其裁察，強弱相兼，務令得所。什一之稅，自古有之，所務者遠近齊平，公私兩宜耳。及甄琛啓求禁集，【章：十二行本作「罷禁」；乙十一行本同；孔本同；退齋校同。】事見一百四十六卷五年。甄，之人翻。琛，丑林翻。乃爲繞池之民尉保光等擅自固護；語其障禁，倍於官司，取與自由，貴賤任口。言鹽價賤貴，任其口之所出也。請依先朝禁之爲便。」詔從之。

張政烺標點王崇武聶崇岐覆校

資治通鑑卷第一百四十九

端明殿學士兼翰林侍讀學士朝散大夫右諫議大夫充集賢殿修撰提舉嵩山崇福宮上柱國河内郡開國侯食邑一千八百户食實封六百户賜紫金魚袋臣　司馬光　奉敕編集
後　學　天　台　胡三省　音註

梁紀五

起屠維大淵獻（己亥），盡昭陽單閼（癸卯），凡五年。

高祖武皇帝五

天監十八年（己亥、五一九）

1 春，正月，甲申，以尚書左僕射袁昂爲尚令，【章：十二行本「令」上有「書」字；乙十一行本同；孔本同；退齋校同。】右僕射王暕爲左僕射，暕，古限翻。太子詹事徐勉爲右僕射。

2 丁亥，魏主下詔，稱「太后臨朝踐極，歲將半紀，胡后臨朝見上卷十四年。宜稱『詔』以令宇内。」

3 辛卯，上祀南郊。

4 魏征西將軍【章：十二行本「軍」下有「平陸文侯」四字；乙十二行本同；孔本同；張校同；退齋校同。】張彝之子仲瑀上封事，求銓削選格，瑀，音禹。上，時掌翻。銓，量也。選，須絹翻；下入選、應選同。排抑武人，不使豫清品。於是喧謗盈路，立榜大巷，克期會集，屠害其家；彝父子晏然，不以爲意。方羽林、虎賁立榜克期之初，魏朝既不爲之嚴加禁遏，縱彝父子欲以爲意，柰之何哉！二月，庚午，羽林、虎賁近千人，賁，音奔。近，其靳翻。相帥至尚書省詬罵，帥，讀曰率。詬，戶遘翻，又古侯翻。求仲瑀兄左民郎中始均不獲，尚書左民郎，晉武帝置。以瓦石擊省門；上下慴懼，莫敢禁討。【張：「討」作「訶」。】慴，之涉翻。遂持火掠道中薪蒿，以杖石爲兵器，直造其第，曳彝堂下，捶辱極意，【章：十二行本「意」下有「唱呼動地」四字；乙十一行本同；孔本同；張校同；退齋校同。】焚其第舍。始均踰垣走，復還拜賊，造，七到翻。捶，止蘂翻。復，扶又翻；下不復、誰復同。請其父命，賊就毆擊，生投之火中。仲瑀重傷走免，彝僅有餘息，言氣息奄奄，僅未絕耳。再宿而死。遠近震駭。胡太后收掩羽林、虎賁凶強者八人斬之，其餘不復窮治。治，直之翻。乙亥，大赦以安之，因令武官得依資入選。識者知魏之將亂矣。

時官員既少，少，詩沼翻。應選者多，吏部尚書李韶銓注不行，大致怨嗟；更以殿中尚書崔亮爲吏部尚書。亮奏爲格制，不問士之賢愚，專以停解月日爲斷，斷，丁亂翻。沈滯者皆稱其能。沈，持林翻。亮甥司空諮議劉景安與亮書曰：「殷、周以鄉塾貢士，王制：命鄉論秀士，升之司徒，曰選士；司徒論秀士而升之學，曰俊士。兩漢由州郡薦才，謂賢良、文學、孝廉之舉也。事見漢紀。魏、晉因循，又置中正，事見六十九卷魏文帝黃初元年。雖未盡美，應什收六七。而朝廷貢才，止求其文，不取其理，察孝廉唯論章句，不及治道，治，直吏翻。立中正不考才行，空辯氏姓，取士之途不博，沙汰之理未精。舅屬當銓衡，宜改張易調，行，下孟翻。屬，之欲翻。董仲舒曰：譬如琴瑟不調，必改而更張之。不調，謂不和也。易調之調，徒釣翻，音調也。如何反爲停年格以限之，天下士子誰復脩厲名行哉！」行，下孟翻。亮復書曰：「汝所言乃有深致。吾昨爲此格，有由而然。古今不同，時宜須異。昔子產鑄刑書以救弊，叔向譏之以正法，復，扶又翻。左傳昭六年，鄭人鑄刑書，叔向詒子產書曰：「先王議事以制，不爲刑辟。閑之以義，糾之以政，行之以禮，守之以信，制爲祿位以勸其從，嚴斷刑罰以威其淫。懼其未也，故誨之以忠，聳之以行，教之以務，使之以和，臨之以敬，涖之以強，斷之以剛，猶求聖哲之士，明察之官，忠信之長，慈惠之師，民於是可任使也，而不生禍亂。民知有辟，則不忌其上，並有爭心，以徵於書，而徼幸以成之，弗可爲矣。亂獄滋豐，賄賂並行，終子之世，鄭其敗乎！」復書曰：「僑不才，不能及子孫，吾以救世也。」何異汝以古禮難權宜哉！」難，乃旦翻。洛陽令代人薛琡魏書官氏志：西方叱干氏後改爲薛氏。琡，之六翻，又音俶。上書言：「黎元之命，繫於長吏，若以選曹唯取年勞，不簡能否，義均行鴈，次若貫魚，行鴈、貫魚，皆以諭資次先後以序而進也。上，時掌翻。長，知兩翻。選，須絹翻。行，音戶剛翻。執簿呼名，一吏足矣，數人而用，何謂銓衡！」書奏，不報。後因請見，復奏「乞令王公貴臣薦賢以補郡縣」，見，賢遍翻。復，扶又翻。詔公卿議之，事亦寢。其後甄琛等繼亮爲吏部尚書，甄，之人翻。琛，丑林翻。利其便己，踵而行之，魏之選舉失人，自亮始也。

初，燕燕郡太守高湖奔魏，事見一百一十一卷晉安帝隆安三年。燕，因肩翻。其子謐爲侍御史，考異曰：李百藥北齊書作「謚」。北史作「謐」，今從之。坐法徙懷朔鎭，世居北邊，遂習鮮卑之俗。謐孫歡，沈深有大志，沈，持林翻。家貧，執役在平城，富人婁氏女見而奇之，遂嫁焉。始有馬，得給鎭爲函使，凡書表皆函封，函使者，使奉函詣京師也。使，疏吏翻。至洛陽，見張彝之死，還家，傾貲以結客。或問其故，歡曰：「宿衞相帥焚大臣之第，帥，讀曰率。考異曰：北齊書云「領軍張彝」。按彝未嘗爲領軍，故但云大臣。朝廷懼其亂而不問，爲政如此，事可知矣，財物豈可常守邪！」歡與懷朔省事雲中司馬子如、省事，鎭吏也。省，悉景翻。秀容劉貴、魏太宗永興二年，置秀容郡及秀容縣；世祖眞君七年置肆州，秀容郡屬焉。中山賈顯智、戶曹史咸陽孫騰、外兵史懷朔侯景、史，亦吏職也。獄掾善無尉景、善無縣，前漢屬鴈門郡，後漢屬定襄郡。拓跋氏置善無郡，屬恆州。李延壽曰：秦、漢置尉候官，景之先有居此職者，因氏焉。廣寧蔡儁、廣寧郡，魏收志屬朔州，隋幷入朔州善陽縣。特相友善，並以任俠雄於鄉里。高歡事始此。

5 夏，四月，丁巳，大赦。

6 五月，戊戌，魏以任城王澄爲司徒，京兆王繼爲司空。

7 魏累世強盛，東夷、西域貢獻不絕，又立互市以致南貨，至是府庫盈溢。胡太后嘗幸絹藏，藏，徂浪翻。命王公嬪主從行者百餘人各自負絹，稱力取之，稱，尺證翻。少者不減百餘匹。少，詩沼翻；下同。尚書令・儀同三司李崇、章武王融，負絹過重，顛仆於地，崇傷腰，融損足，太后奪其絹，使空出，時人笑之。融，太洛之子也。章武王太洛見一百三十二卷宋明帝泰始四年。侍中崔光止取兩匹，太后怪其少，對曰：「臣兩手唯堪兩匹。」衆皆愧之。

時魏宗室權倖之臣，競爲豪侈，高陽王雍，富貴冠一國，宮室園圃，侔於禁苑，僮僕六千，伎女五百，出則儀衛塞道路，冠，古玩翻。塞，悉則翻。歸則歌吹連日夜，一食直錢數萬。李崇富埒於雍而性儉嗇，嘗謂人曰：「高陽一食，敵我千日。」埒，力輟翻。

河間王琛，每欲與雍爭富，駿馬十餘匹，皆以銀爲槽，窗戶之上，玉鳳銜鈴，金龍吐旆。嘗會諸王宴飲，酒器有水精鋒，後漢書：大秦國出水精，以爲宮室柱及食器。一本「鋒」作「鍾」。馬腦椀，本草衍義曰：馬腦，非石非玉，自是一類，有紅、白、黑色三種，亦有紋如纏絲者，生西國玉石間。赤玉巵，王逸論或問玉符，曰：「赤如雞冠，黃如蒸栗，白如脂肪，黑如點漆，玉之符也。」制作精巧，皆中國所無。又陳女樂、名馬及諸奇寶，復引諸王歷觀府庫，金錢，繒布，不可勝計，復，扶又翻。勝，音升。顧謂章武王融曰：「不恨我不見石崇，恨石崇不見我。」石崇事見八十一卷晉武帝太康三年。融素以富自負，歸而惋歎三【章：十二行本「三」上有「臥疾」二字；乙十一行本同；孔本同；張校同；退齋校同。】日。惋，烏貫翻。京兆王繼聞而省之，省，悉景翻。謂曰：「卿之貨財計不減於彼，何爲愧羨乃爾？」融曰：「始謂富於我者獨高陽耳，不意復有河間！」繼曰：「卿似袁術在淮南，不知世間復有劉備耳。」融乃笑而起。物盛而衰，固其理也。史言魏君臣驕侈，乃其衰亂之漸。復，扶又翻；下無復、司復同。

太后好佛，營建諸寺，無復窮已，令諸州各建五級浮圖，民力疲弊。諸王、貴人、宦官、羽林各建寺於洛陽，相高以壯麗。太后數設齋會，施僧物動以萬計，好，呼到翻。數，所角翻。施，式豉翻。賞賜左右無節，所費不貲，而未嘗施惠及民。府庫漸虛，乃減削百官祿力。祿，在官所受之祿。力，在官所用白直也。任城王澄上表，以爲「蕭衍常蓄窺覦之志，覦，音俞。宜及國家強盛，將士旅力，早圖混壹之功。比年以來，比，毗至翻。公私貧困，宜節省浮費以周急務。」太后雖不能用，常優禮之。

魏自永平以來，天監七年，魏改元永平。營明堂、辟雍，役者多不過千人，有司復借以脩寺及供他役，十餘年竟不能成。起部郎源子恭上書，以爲「廢經國之務，資不急之費，宜徹減諸役，早圖就功，使祖宗有嚴配之期，孝經，孔子曰：「孝莫大於嚴父，嚴父莫大於配天，昔者周公郊祀后稷以配天，宗祀文王於明堂以配上帝。」蒼生有禮樂之富。」詔從之，然亦不能成也。

8 魏人陳仲儒請依京房立準以調八音。有司詰仲儒：「京房律準，今雖有其器，曉之者鮮，詰，去吉翻。鮮，息淺翻。仲儒所受何師，出何典籍？」仲儒對言：「性頗愛琴，又嘗讀司馬

彪續漢書，見京房準術，成數昞然。司馬彪志曰：京房六十律相生之法，以上生下，皆三生二；以下生上，皆三生四；陽下生陰，陰上生陽，終於中呂，而十二律畢矣。中呂上生執始，執始下生去滅，上下相生，終於南事，而六十律畢矣。夫十二律之變至於六十，猶八卦之變至於六十四也。宓犧作易，紀陽氣之初以爲律法，建日冬至之聲，以黃鍾爲宮，太簇爲商，姑洗爲角，林鍾爲徵，南呂爲羽，應鍾爲變宮，蕤賓爲變徵；此聲氣之元，五音之正也。故各終一日，其餘以次運行。當日者各自爲宮，而商、徵以類從焉。禮運曰：「五聲、六律、十二管還相爲宮。」此之謂也。以六十律分朞之日，黃鍾自冬至始，及冬至而復，陰陽、寒燠、風雨之占生焉。於以檢攝羣音，考其高下，苟非草木之聲則無所不合。虞書曰：「律和聲」，此之謂也。房又曰：「竹聲不可以度調，故作準以定數。準之狀如瑟，長丈而十三弦，隱間九尺以應黃鍾之律九寸，中央一弦下有畫分寸以爲六十律清濁之節。」房言律詳於劉歆所奏，其術施行於史官，候部用之。律術曰：陽以圓爲形，其性動；陰以方爲節，其性靜。動者數三，靜者數二，以陽生陰倍之，以陰生陽四之，皆三而一。陽生陰曰下生，陰生陽曰上生，上生不得過黃鍾之清濁，下生不得及黃鍾之數實，皆參天兩地，圓蓋方覆，六耦承奇之道也。黃鍾，律呂之首，而生十一律者也。其相生也，皆三分而損益之，是故十二律之得十七萬七千一百四十七，是爲黃鍾之實。又以二乘而三約之，是爲下生林鍾之實；又以四乘而三約之，是爲上生太簇之實。推此上下以定六十律之實，以九三之數萬九千六百八十三爲法，律爲寸，於準爲尺，不盈者十之所得爲分，又不盈十之所得爲小分，以其餘正其強弱。以黃鍾十七萬七千一百四十七，下生林鍾；黃鍾爲宮，太蔟商，林鍾徵；一日律九寸，準九尺。色育十七萬六千七百七十六，下生謙待；未知商，謙待徵；六日律八寸九分小分八微強，準八尺九寸萬五千九百七十三。執始十七萬四千七百六十二，下生去滅；執始爲宮，時息商，去滅徵；六日律八寸八分小分七大強，準八尺八寸萬五千五百一十六。丙盛十七萬二千四百一十，下生安度；丙盛爲宮，屈齊商，安度徵；六日律八寸七分小分六微弱，準八尺七寸萬一千六百七十九。分動十七萬八十九，下生歸嘉，分動爲宮，隨期商，歸嘉徵；六日律八寸六分小分四強，準八尺六寸八千一百五十二。質末十六萬七千八百，下生否與；質末爲宮，形晉商，否與徵；六日律八寸五分小分二微強，準八尺五寸四千九百四十五。大呂十六萬五千八百八十八，下生夷則；大呂爲宮，夾鍾商，夷則徵；八日律八寸四分小分三弱，準八尺四寸五千五百八。分否十六萬三千六百五十四，下生解形；分否爲宮，開時商，解形徵；八日律八寸三分小分一強，準八尺三寸二千八百五十一。凌陰十六萬一千四百五十二，下生去南；凌陰爲宮，族嘉商，去南徵；八日律八寸二分小分一弱，準八尺二寸五百一十四。少出十五萬九千二百八十，下生分積；少出爲宮，爭南商，分積徵；六日律八寸小分九強，準八尺萬八千一百六十。太簇十五萬七千四百六十四，下生南呂；太簇爲宮，姑洗商，南呂徵；一日律八寸，準八尺。未知十五萬七千一百三十四，下生白呂；未知爲宮，南授商，白呂徵；六日律七寸九分小分八強，準七尺九寸萬六千三百八十三。時息十五萬五千三百四十四，下生結躬；時息爲宮，變虞商，結躬徵；六日律七寸八分小分九少強，準七尺八寸萬八千一百六十六。屈齊十五萬三千一百五十三，下生歸期；屈齊爲宮，路時商，歸期徵；六日律七寸七分小分九弱，準七尺七寸萬六千九百三十九。隨期十五萬一千一百九十，下生未卯；隨期爲宮，形始商，未卯徵；六日律七寸六分小分八強，準七尺六寸萬五千九百九十二。形晉十四萬九千一百五十五，下生夷汗；形晉爲宮，依行商，夷汗徵；六日律七寸五分小分八弱，準七尺五寸萬五千三百二十五。夾鍾十四萬七千四百五十六，下生無射；夾鍾爲宮，中呂商，無射徵；六日律七寸四分小分九強，準七尺四寸萬八千一十八。開時十四萬五千四百七十，下生閉掩；開時爲宮，中呂商，閉掩徵；八日律七寸三分小分九微弱，準七尺三寸萬七千八百四十一。族嘉十四萬三千五百一十三，下生鄰齊；族嘉爲宮，內負商，鄰齊徵；八日律七寸二分小分九微強，準七尺二寸萬七千九百五十四。

爭南十四萬一千五百八十二，下生期保；爭南爲宮，物應商，期保徵；八日律七寸一分小分九強，準七尺一寸萬八千三百二十七。姑洗十三萬九千九百六十八，下生應鍾；姑洗爲宮，蕤賓商，應鍾徵；一日律七寸一分小分一微強，準七尺一寸二千一百八十七。南授十三萬九千六百七十，下生分烏；南授爲宮，南事商，分烏徵；六日律七寸小分九大強，準七尺萬八千九百三十。變虞十三萬八千八十四，下生遲內；變虞爲宮，盛變商，遲內徵；六日律七寸小分一半強，準七尺三千三十。路時十三萬六千二百二十五，下生未育；路時爲宮，離宮商，未育徵；六日律六寸九分小分二微強，準六尺九寸四千一百二十三。形始十三萬四千三百九十二，下生遲時；形始爲宮，制時商，遲時徵；五日律六寸八分小分三弱，準六尺八寸五千四百七十六。依行十三萬二千五百八十二，上生色育；依行爲宮，謙待商，色育徵；七日律六寸七分小分三大強，準六尺七寸七千五十九。中呂十三萬一千七十二，上生執始；中呂爲宮，去滅商，執始徵；八日律六寸六分小分六弱，準六尺六寸萬一千六百四十二。南中十二萬九千三百八，上生丙盛；南中爲宮，安度商，丙盛徵。七日律六寸五分小分七微弱，準六尺五寸萬三千六百八十五。內負十二萬七千五百六十七，上生分動；內負爲宮，歸嘉商，分動徵；八日律六寸四分小分八強，準六尺四寸萬五千四百五十。物應十二萬五千八百五十，上生質末；物應爲宮，否與商，質末徵；七日律六寸三分小分九強，準六尺三寸萬八千四百八十。蕤賓十二萬四千四百一十六，上生大呂；蕤賓爲宮，夷則商，大呂徵；一日律六寸三分小分二微強，準六尺三寸四千一百三十一。南事十二萬四千一百五十四，下生南事；窮無商徵不爲宮；七日律六寸三分小分一弱，準六尺三寸一千五百三十一。盛變十二萬二千七百四十一，上生分否；盛變爲宮，解形商，分否徵；七日律六寸二分小分三大強，準六尺二寸七千六十四。離宮十二萬一千八百一十九，上生凌陰；離宮爲宮，去南商，凌陰徵；七日律六寸一分小分五微強，準六尺一寸萬二百二十七。制時十一萬九千四百六十，上生少出；制時爲宮，分積商，少出徵；八日律六寸小分七弱，準六尺萬三千六百二十。林鍾十一萬八千九十八，上生太蔟；林鍾爲宮，南呂商，太蔟徵；一日律六寸，準六尺。謙待十一萬七千八百五十一，上生未知，謙待爲宮，白呂商，未知徵；五日律五寸九分小分九弱，準五尺九寸萬七千二百一十三。去滅十一萬六千五百八，上生時息；去滅爲宮，結躬商，時息徵；七日律五寸九分小分二弱，準五尺九寸三千七百八十三。安度十一萬四千九百四十，上生屈齊；安度爲宮，歸期商，屈齊徵；六日律五寸八分小分四弱，準五尺八寸七千七百八十六。歸嘉十一萬三千三百九十三，上生隨期；歸嘉爲宮，未卯商，隨期徵；六日律五寸七分小分六微強，準五尺七寸萬一千九百九十九。否與十一萬一千八百六十七，上生形晉；否與爲宮，夷汗商，形晉徵；五日律五寸六分小分八強，準五尺六寸萬六千四百二十二。夷則十一萬五百九十二，上生夾鍾；夷則爲宮，無射商，夾鍾徵；八日律五寸六分小分二弱，準五尺六寸三千六百七十二。解形十一萬九千一百三，上生開時；解形爲宮，閉掩商，開時徵；八日律五寸五分小分四強，準五尺五寸八千四百六十五。去南十萬七千六百三十五，上生族嘉；去南爲宮，鄰齊商，族嘉徵；八日律五寸四分小分六大強，準五尺四寸萬三千四百六十八，分積十萬六千一百八十八，上生爭南，分積爲宮，期保商，爭南徵；五日律五寸三分小分九半強，準五尺三寸萬八千六百八十一。南呂八萬四千九百七十六，上生姑洗；南呂爲宮，應鍾商，姑洗徵；一日律五寸三分小分三強，準五尺三寸六千五百六十一。白呂十萬四千七百五十六，上生南授；白呂爲宮，分烏商，南授徵；五日律五寸三分小分二強，準五尺三寸四千三百七十一。結躬十萬三千五百六十三，上生變虞；結躬爲宮，遲內商，變虞徵；六日律五寸二分小分六少強，準五尺二寸萬二千一百一十四。歸期十萬二千一百六十九，上生路時；歸期爲宮，未育商，路時徵；六日律五寸一分小分九微強，準五尺一寸萬七千八百五十七。未卯十萬七百九十四，上生形始；未卯爲宮，遲時商，形始徵；六日律五寸一分小分二微強，準五尺一寸四千八百八十七。夷汗九萬九千四百三十七，上生依行；夷汗爲宮，色育商，依行徵；七日律五寸小分五強，準五尺萬二百二十。無射九萬八千三百四，上生中呂；無射爲宮，執始商，中呂徵；八日律四寸九分小分九強，準四尺九寸萬八千五百七十三。閉掩九萬六千九百八十，上生南中；閉掩爲宮，丙盛商，南中徵；八日律四寸九分小分三弱，準四尺九寸五千三百三十三。鄰齊九萬五千六百七十五，上生內負；鄰齊爲宮，分動商，內負徵；七日律四寸八分小分六微強，準四尺八寸萬一千九百六十六。期保九萬四千三百八十八，上生物應；期保爲宮，質末商，物應徵；八日律四寸七分小分九微弱，準四尺七寸萬八千七百七十九。應鍾九萬三千三百一十二，上生蕤賓；應鍾爲宮，大呂商，蕤賓徵；一日律四寸七分小分四微強，準四尺七寸八千十九。分烏九萬三千一百一十七，上生南事；分烏窮次無徵不爲宮；七日律四寸七分小分三微強，準四尺七寸六千五十九。遲內九萬二千九十六，上生盛變；遲內爲宮，分否商，盛變徵；八日律四寸六分小分八弱，準四尺六寸萬五千一百四十二。未育九萬八百一十七，上生離宮；未育爲宮，凌陰商，離宮徵；八日律四寸六分小分一少強，準四尺六寸二千七百五十二。遲時八萬九千五百九十五，上生制時；遲時爲宮，少出商，制時徵；六日律四寸五分小分五強，準四尺五寸萬二百一十五。截管爲律，吹以考聲，列以物氣，道之本也。術家以其聲微而體難知，其分數不明，故作準以代之。準之聲明暢易達，分寸又粗；然弦以緩急清濁，非管無以正也。均其中弦，令與黃鍾相得，按畫以求諸律，無不如數而應者矣。音聲精微，綜之者解。」晉書樂志：宮，中也，中和之道無往而不理。商，強也，謂金性堅強。角，觸也，象諸陽觸物而生。徵，止也，言物盛則止。羽，舒也，陽氣將復，萬物孳育而舒生。宋白曰：合宮通音謂之宮，其音雄雄洪洪然。開口吐聲謂之商，其音鏘鏘倉倉然。張牙涌脣謂之角，其音喔喔確確然。齒合脣開謂之徵，其音倚倚戲戲然。齒開脣聚謂之羽，其音詡酗于吁然。**遂竭愚思，**思，相吏翻。**鑽研甚久，頗有所得。夫準者所以代律，取其分數，調校樂器。竊尋調聲之體，宮、商**

宜濁，徵、羽宜清。徵，陟里翻；下同。若依公孫崇，止以十二律聲，而云還相爲宮，還，音旋。清濁悉足。唯黃鍾管最長，故以黃鍾爲宮，則往往相順。若均之八音，猶須錯采衆音，配成其美。若以應鍾爲宮，蕤賓爲徵，則徵濁而宮清，雖有其韻，不成音曲。若以中呂爲宮，則十二律中全無所取。今依京房書，中呂爲宮，乃以去滅爲商，執始爲徵，然後方韻。而崇乃以中呂爲宮，猶用林鍾爲徵，何由可諧！中呂，陸德明曰：中，音仲，又如字。但音聲精微，史傳簡略，舊志準十三絃，隱間九尺，不言須柱以不。不，讀曰否。今刑統疏議多用「以否」二字，蓋當時常用疑辭也。又，一寸之內有萬九千六百八十三分，微細難明。仲儒私曾考驗，準當施柱，但前卻柱中，以約準分，則相生之韻已自應合。其中絃粗細，粗，讀曰麤。須與琴宮相類，施軫以調聲，令與黃鍾相合。中絃下依數畫六十律清濁之節，其餘十二絃須施柱如箏，卽於中絃按盡一周之聲，度著十二絃上。著，直略翻。然後依相生之法，以次運行，取十二律之商、徵。商、徵既定，又依琴五調調聲之法以均樂器，五調之調，徒釣翻。調聲之調如字。然後錯采衆聲以文飾之，若事有乖此，聲則不和。且燧人不師資而習火，古者未有火化，燧人氏始鑽燧出火，教民熟食。延壽不束脩以變律，延壽，卽京房之師焦延壽也。言無所師承而變十二律爲六十律也。孔子曰：自行束脩以上，吾未嘗無誨焉。朱元晦註曰：脩，脯也，十脡爲束。古者相見必執贄以爲禮，束脩其至薄者也。故云知之者欲教而無從，心達者體知而無師，苟有一毫所得，皆關心抱，豈必要經師受然後爲奇哉！」尚書蕭寶寅奏仲儒學不師受，輕欲制作，不敢【章：十二行本「敢」作「合」；乙十一行本同；孔本同。】依許；事遂寢。

9魏中尉東平王匡以論議數爲任城王澄所奪，憤恚，復治其故棺，匡造棺見一百四十七卷七年。數，所角翻。恚，於避翻。復，扶又翻。治，直之翻。欲奏攻澄。澄因奏匡罪狀三十餘條，廷尉處以死刑。處，昌呂翻。秋，八月，己未，詔免死，削除官爵，以車騎將軍侯剛代領中尉。騎，奇寄翻。三公郎中辛雄奏理匡，曹魏置尚書三公郎。以爲「歷奉三朝，骨鯁之迹，朝野具知，朝，直遙翻。故高祖賜名曰匡。先帝既已容之於前，陛下亦宜寬之於後，若終貶黜，恐杜忠臣之口。」未幾，復除匡平州刺史。幾，居豈翻。復，扶又翻。雄，琛之族孫也。辛琛見一百四十七卷天監六年。琛，丑林翻。

10九月，庚寅朔，【章：十二行本無「朔」字；乙十一行本同；孔本同；張校同，云從無註本。】胡太后遊嵩高；癸巳，還宮。

太后從容謂兼中書舍人楊昱曰：「親姻在外，不稱人心，從，千容翻。稱，尺證翻。卿有聞，慎勿諱隱！」昱奏揚州刺史李崇五車載貨、相州【章：十二行本「相」作「恆」；乙十一行本同；孔本同。】刺史楊鈞造銀食器【章：十二行本「器」下有「十具並」三字；孔本同；張校云，脫「十具」二字。】餉領軍元乂。相，息亮翻。太后召乂夫妻，泣而責之。泣而責之，愛誨之意也。乂由是怨昱。昱叔父舒妻，武昌王和之妹也。和卽乂之從祖。從，才用翻。舒卒，元氏頻請別居，昱父椿泣責不聽，元氏恨之。會瀛州民劉宣明謀反，事覺，逃亡。乂使和及元氏誣告昱藏匿宣明，且云：「昱父定州刺史椿，叔父華州刺史津，並送甲仗三百具，謀爲不逞。」華，戶化翻。乂復構成之。遣御仗五百人夜圍昱宅，收之，一無所獲。太后問其狀，昱具對爲元氏所怨。太后解昱縛，處和及元氏死刑，復，扶又翻。處，昌呂翻。旣而乂營救之，和直免官，元氏竟不坐。史言靈后昵庇元乂以自遺患。

11 冬，十二月，癸丑，魏任城文宣王澄卒。任，音壬。卒，子恤翻。

12 庚申，魏大赦。

13 是歲，高句麗王雲卒，世子安立。句，如字；又音駒。麗，力知翻。

14 魏以郎選不精，大加沙汰，以水淘去沙石，謂之沙汰，故以諭去不肖。唯朱元旭、辛雄、羊深、源子恭及范陽祖瑩等八人以才用見留，餘皆罷遣。深，祉之子也。正始之初，羊祉鎭梁、益。

普通元年（庚子、五二〇）

1 春，正月，乙亥朔，改元大赦。

2 丙子，日有食之。

3 己卯，以臨川王宏爲太尉、揚州刺史，金紫光祿大夫王份爲尙書左僕射。份，奐之弟也。份，彼陳翻。王奐死於齊武帝永明十一年。

4左軍將軍豫寧威伯馮道根卒。五代志：豫章郡建昌縣舊有豫寧縣。宋白曰：漢建安中，分建昌立西安縣，晉太康元年，改爲豫寧縣。是日上春，祠二廟，帝立太廟，祀太祖文皇帝以上爲六親廟，皆同一堂，共庭而別室。又有小廟，太祖太夫人廟也，非嫡，故別立廟。皇帝每祭太廟訖，乃詣小廟，亦以一太牢，如太廟禮。有二廟令，掌廟事。既出宮，有司以聞。上問中書舍人朱异曰：「吉凶同日，今可行乎？」對曰：「昔衞獻公聞柳莊死，不釋祭服而往。記檀弓曰：衞太史柳莊寢疾，公曰：「若疾革，雖當祭必告。」公再拜稽首，請於尸曰：「有臣柳莊也者，非寡人之臣，社稷之臣也。聞之死，請往。」不釋服而往，遂以襚之。道根雖未爲社稷之臣，亦有勞王室，臨之，禮也。」上即幸其宅，哭之甚慟。

5高句麗世子安遣使入貢。二月，癸丑，以安爲寧東將軍、高句麗王，句，音駒。麗，力知翻。使，疏吏翻。遣使者江法盛授安衣冠劍佩。魏光州兵就海中執之，送洛陽。魏皇興四年，分青州置光州，領東萊、長廣、東牟郡，治掖。

6魏太傅、侍中、清河文獻王懌，美風儀，胡太后逼而幸之。然素有才能，輔政多所匡益，好文學，好，呼到翻。禮敬士人，時望甚重。侍中、領軍將軍元义在門下，兼總禁兵，恃寵驕恣，志欲無極，懌每裁之以法，义由是怨之。衞將軍、儀同三司劉騰，權傾內外，吏部希騰意，奏用騰弟爲郡，人資乖越，人非其才爲乖，資非其次爲越。懌抑而不奏，騰亦怨之。龍驤府長史宋維，弁之子也，宋弁見用於魏孝文帝。驤，思將翻。長，之兩翻。懌薦爲通直郎，通直郎，即通直散騎侍郎，隋後遂爲寄祿官。浮薄無行。行，下孟翻。乂許維以富貴，使告司染都尉韓文殊父子謀作亂立懌。周官有染人，漢有平準令，主練染作采色。後魏置司染都尉，後齊太府寺屬官有司染署令、丞。陸德明：染，而豔翻；劉而險翻。懌坐禁止，按驗，無反狀，得釋，維當反坐；反坐，誣告失實者以其所告之罪坐之。乂言於太后曰：「今誅維，後有眞反者，人莫敢告。」乃黜維爲昌平郡守。昌平縣，漢屬上谷郡，後魏置昌平郡，屬燕州，隋復廢郡爲縣，屬幽州。

乂恐懌終爲己害，乃與劉騰密謀，使主食中黃門胡定自列主食，主御食者也。列，陳也。云：「懌貨定使毒魏主，若己得爲帝，許定以富貴。」帝時年十一，信之。秋，七月，丙子，太后在嘉福殿，未御前殿，乂奉帝御顯陽殿，騰閉永巷門，太后不得出。懌入，遇乂於含章殿後，乂厲聲不聽懌入，懌曰：「汝欲反邪！」乂曰：「乂不反，正欲縛反者耳！」命宗士及直齋執懌衣袂，將入含章東省，魏置宗師，宗士其屬也。直齋，直殿內齋閤者也，屬直閤。將，引也，送也。使人防守之。騰稱詔集公卿議，論懌大逆；衆咸畏乂，無敢異者，唯僕射新泰文貞公游肇抗言以爲不可，五代志新泰縣屬琅邪郡。終不下署。不下筆署名也。

乂、騰持公卿議入，俄而得可，魏主可其奏也。夜中殺懌。於是詐爲太后詔，自稱有疾，還政於帝。幽太后於北宮宣光殿，宮門晝夜長閉，內外斷絕，騰自執管鑰，帝亦不得省見，省，悉景翻。見，賢遍翻。裁聽傳食而已。太后服膳俱廢，不免飢寒，乃歎曰：「養虎得噬，我之謂矣。」又使中常侍【章：十二行本「侍」下有「酒泉」二字；乙十一行本同；孔本同。】賈粲侍帝書，密令防察動止。乂遂與太師高陽王雍等同輔政，帝謂乂爲姨父。乂與騰表裏擅權，乂爲外禦，騰爲內防，常直禁省，共裁刑賞，政無巨細，決於二人，威振內外，百僚重跡。重，直龍翻。言懼之甚，不敢妄舉足而行，步步踏陳迹也。

朝野聞懌死，莫不喪氣，喪，息浪翻。胡夷爲之剺面者數百人。爲，于僞翻。剺，里之翻。胡夷臨喪，剺面而哭哀甚。游肇憤邑而卒。

7 己卯，江、淮、海並溢。

8 辛卯，魏主加元服，大赦，改元正光。

9 魏相州刺史中山文莊王熙，英之子也，元英事魏孝文、宣武，數將兵有功。相，息亮翻。與弟給事黃門侍郎略、司徒祭酒纂，自曹魏以來，公府有東、西閤祭酒。皆爲清河王懌所厚，聞懌死，起兵於鄴，上表欲誅元乂、劉騰，纂亡奔鄴。後十日，長史柳元章等帥城人鼓譟而入，帥，讀曰率；下同。殺其左右，執熙、纂幷諸子置於高樓。八月，甲寅，元乂遣尚書左丞盧同就斬熙於鄴街，并其子弟。

熙好文學，有風義，好，呼到翻。名士多與之遊，將死，與故知書曰：「吾與弟俱蒙皇太后知遇，兄據大州，弟則入侍，殷勤言色，恩同慈母。今皇太后見廢北宮，太傅清河王橫受屠酷，橫，戶孟翻。主上幼年，獨在前殿。君親如此，無以自安，故帥兵民欲建大義於天下。但智力淺短，旋見囚執，旋，反也。上慚朝廷，下愧相知。本以名義干心，不得不爾，流腸碎首，復何言哉！凡百君子，各敬爾儀，爲國爲身，善勗名節！」復，扶又翻。爲，于僞翻；下爲知、力爲同。聞者憐之。熙首至洛陽，親故莫敢視，前驍騎將軍刁整獨收其尸而藏之。驍，堅堯翻。騎，奇寄翻。整，雍之孫也。刁雍去晉入魏，著功淮、汝之間。盧同希乂意，窮治熙黨與，治，直之翻。鎖濟陰內史楊昱赴鄴，濟陰郡，漢、晉屬兗州，魏屬西兗州。濟，子禮翻。考訊百日，乃得還任。乂以同爲黃門侍郎。

元略亡抵故人河內司馬始賓，始賓與略縛荻筏夜渡孟津，詣屯留栗法光家，屯留縣自漢、晉以來屬上黨郡。姓譜：栗姓，栗陸氏之後。漢長安富室有栗氏。師古曰：屯，音純。轉依西河太守刁雙，匿之經年。時購略甚急，略懼，求送出境，雙曰：「會有一死，所難遇者爲知己死耳，願不以爲慮。」略固求南奔，雙乃使從子昌送略渡江，從，才用翻。遂來奔，上封略爲中山王。爲略後還魏張本。雙，雍之族孫也。乂誣刁整送略，幷其子弟收繫之，御史王基等力爲辯雪，乃得免。

10 甲子，侍中、車騎將軍永昌嚴侯韋叡卒。五代志：零陵郡零陵縣舊分置永昌縣。謚法：服敵公莊曰嚴；威而不猛曰嚴。騎，奇寄翻。時上方崇釋氏，士民無不從風而靡，獨叡自以位居大臣，不欲與俗俯仰，所行略如平日。史言韋叡於事佛之朝，矯之以正，幾於以道事君者。

11 九月，戊戌，魏以高陽王雍爲丞相，總攝內外，與元乂同決庶務。

12 初，柔然佗汗可汗納伏名敦之妻候呂陵氏，生伏跋可汗及阿那瓌等六子。可，從刊入聲。汗，音寒。瓌，古回翻。伏跋既立，忽亡其幼子祖惠，求募不能得。有巫地萬言祖惠今在天上，我能呼之，乃於大澤中施帳幄，祀天神，祖惠忽在帳中，自云恆在天上。恆，戶登翻。伏跋大喜，號地萬爲聖女，納爲可賀敦。柔然之主曰可汗，其正室曰可賀敦。地萬既挾左道，復有姿色，伏跋敬而愛之，信用其言，干亂國政。如是積歲，祖惠浸長，語其母曰：「我常在地萬家，未嘗上天，上天者地萬教我也。」長，知兩翻。語，牛倨翻。上，時掌翻。其母具以狀告伏跋，伏跋曰：「地萬能前知未然，勿爲讒也。」既而地萬懼，譖祖惠於伏跋而殺之。候呂陵氏遣其大臣具列等絞殺地萬；伏跋怒，欲誅具列等。會阿至羅入寇，阿至羅，虜之別種，居北河之東，世附於魏。一曰：阿至羅，高車種。伏跋擊之，兵敗而還。還，從宣翻，又如字。候呂陵氏與大臣共殺伏跋，立其弟阿那瓌爲可汗。阿那瓌立十日，其族兄示發帥衆數萬擊之，帥，讀曰率。阿那瓌戰敗，與其弟乙居伐輕騎奔魏。騎，奇寄翻。示發殺候呂陵氏及阿那瓌二弟。史言柔然亂。

13 魏清河王懌死，汝南王悅了無恨元乂之意，以桑落酒候之，水經註：河東郡多徙民，民有姓劉名墮者，宿擅工釀，採挹河流，醞成芳酎，懸食同枯枝之年，排於桑落之辰，故酒得其名。香醑之色，清白若滫漿焉，別調氛氳，不與他同，蘭薰麝越，自成馨逸，方土之貢，最爲佳酌。自王公庶友牽拂相招，每云索郎，索郎返語爲桑落也。更爲籍徵之雋句，中書之英談。盡其私佞。乂大喜，冬，十月，乙卯，以悅爲侍中、太尉。悅就懌子亶求懌服玩，不時稱旨，既遷延不以時納，所納者又不稱悅意也。稱，尺證翻。杖亶百下，幾死。幾，居依翻。

14 柔然可汗阿那瓌將至魏，魏主使司空京兆王繼、侍中崔光等相次迎之，賜勞甚厚。魏主引見阿那瓌於顯陽殿，勞，力到翻。見，賢遍翻。因置宴，置阿那瓌位於親王之下。宴將罷，阿那瓌執啓立於座後，詔引至御座前，阿那瓌再拜言曰：「臣以家難，難，乃旦翻。輕來詣闕，本國臣民，皆已逃散。陛下恩隆天地，乞兵送還本國，誅翦叛逆，收集亡散，臣當統帥遺民，奉事陛下。帥，讀曰率。言不能盡，別有啓陳。」仍以啓授中書舍人常景以聞。景，爽之孫也。常爽見一百二十三卷宋文帝元嘉六年。

十一月，己亥，魏立阿那瓌爲朔方公、蠕蠕王，賜以衣服、軺車，蠕，人兖翻。軺，音遙。祿恤儀衛，一如親王。時魏方強盛，於洛水橋南御道東作四館，道西立四里：有自江南來降者處之金陵館，三年之後賜宅於歸正里；自北夷降者處燕然館，賜宅於歸德里；自東夷降者處扶桑館，賜宅於慕化里；自西夷降者處崦嵫館，賜宅於慕義里。四館皆因四方之地爲名：金陵在江南，燕然在漢北，扶桑在東，日所出，崦嵫在西，日所入。山海經曰：大荒之中，暘谷上有扶桑，日所出也。灰野之山有樹，青葉赤華，名曰若木，日所入也；生崐崙西，鳥鼠山西南，曰崦嵫。淮南子曰：經細柳西方之地，崦嵫日所入也。十洲記曰：扶桑在碧海中，長數千丈，一千餘圍，兩榦同根，更相依倚，是以名扶桑。降，戶江翻。處，昌呂翻；下同。燕，因肩翻。崦，依廉翻，又依檢翻。嵫，音兹。及阿那瓌入朝，以燕然館處之。阿那瓌屢求返國，朝議異同不決，朝，直遙翻。阿那瓌以金百斤賂元乂，遂聽北歸。十二月，壬子，魏敕懷朔都督簡鋭騎二千護送阿那瓌達境首，境首，猶言界首也。騎，奇寄翻。觀機招納。若彼迎候，宜賜繒帛車馬禮餞而返；繒，慈陵翻。如不容受，聽還闕庭。其行裝資遣，付尚書量給。量，音良。

15 辛酉，魏以京兆王繼爲司徒。

16 魏遣使者劉善明來聘，始復通好。自齊明帝建元二年盧昶北歸之後，魏不復遣使南聘，至是復通。復，扶又翻。

二年（辛丑、五二一）

1 春，正月，辛巳，上祀南郊。

2 置孤獨園於建康，以收養窮民。古者鰥寡孤獨廢疾者有養。帝非能法古也，祖釋氏須達多長者之爲耳。

3 戊子，大赦。

4 魏南秦州氐反。

5魏發近郡兵萬五千人，近郡，近輔諸郡也。使懷朔鎮將楊鈞將之，將，息亮翻；下同。送柔然可汗阿那瓌返國。尚書左丞張普惠上疏，以爲：「蠕蠕久爲邊患，今茲天降喪亂，喪，息浪翻。荼毒其心，蓋欲使之知有道之可樂，革面稽首以奉大魏也。樂，音洛。稽，音啓。陛下宜安民恭己以悅服其心。阿那瓌束身歸命，撫之可也；乃更先自勞擾，興師郊甸之內，投諸荒裔之外，救累世之勍敵，資天亡之醜虜，臣愚未見其可也。勍，渠京翻。此乃邊將貪竊一時之功，不思兵爲凶器，王者不得已而用之。用老子語意。況今旱暵方甚，聖慈降膳，暵，呼旱翻。乃以萬五千人使楊鈞爲將，欲定蠕蠕，干時而動，其可濟乎！脫有顛覆之變，楊鈞之肉，其足食乎！用左傳楚孫叔敖斥伍參語意。宰輔專好小名，好，呼到翻。不圖安危大計，此微臣所以寒心者也。且阿那瓌之不還，負何信義，臣賤不及議，漢自議郎以上皆得預朝廷大議，尚書二丞，於當時位不爲卑，而以爲賤不及議，蓋自曹魏以後，朝廷大議止及八坐以上。文書所過，文書皆過尚書二丞之手。不敢不陳。」【章：十二行本「陳」下有「弗聽」二字；乙十一行本同；孔本同；張校同。】阿那瓌辭於西堂，詔賜以軍器、衣被、雜采、糧畜，事事優厚，采，與綵同。畜，許救翻。命侍中崔光等勞遣於外郭。勞，力到翻。

阿那瓌之南奔也，其從父兄婆羅門帥衆數萬人討示發，破之，從，才用翻。帥，讀曰率。示發奔地豆干，魏書曰：地豆干國在室韋西千餘里。地豆干殺之，國人推婆羅門爲彌偶可社句可汗。魏收曰：魏言安靜也。楊鈞表稱：「柔然已立君長，長，知兩翻。恐未肯以殺兄之人郊迎其弟。輕往虛返，徒損國威。自非廣加兵衆，無以送其入北。」二月，魏人使舊嘗奉使柔然者牒云具仁牒云，姓；具仁，名。魏書官氏志，內入諸姓有牒云氏。奉使，疏吏翻。往諭婆羅門，使迎阿那瓌。

6 辛丑，上祀明堂。

7 庚戌魏使假撫軍將軍邴虯討南秦叛氏。姓譜：邴，卽丙姓。

8 魏元乂、劉騰之幽胡太后也，右衛將軍奚康生預其謀，乂以康生爲撫軍大將軍、河南尹，仍使之領左右。領仗身左右。康生子難當娶侍中、左衛將軍侯剛女，剛子，乂之妹夫也，乂以康生通姻，深相委託，三人率多俱宿禁中，時或迭出，以難當爲千牛備身。御左右有千牛刀，謂之防身刀。千牛刀者，利刃也，取庖丁解數千牛而芒刃不頓爲義。千牛備身，執千牛刀以侍左右者也。康生性粗武，言氣高下，乂稍憚之，見于顏色，見，賢遍翻。康生亦微懼不安。

甲午，魏主朝太后于西林園，文武侍坐，酒酣迭舞，朝，直遙翻。坐，徂臥翻。康生乃爲力士儛，蓋爲勇士進退坐作之氣勢而舞也。儛，與舞同。及折旋之際，每顧視太后，舉手、蹈足、瞋目、頷首，爲執殺之勢，折，之舌翻。瞋，七人翻。太后解其意而不敢言。解，戶買翻。日暮，太后欲攜帝宿宣光殿，侯剛曰：「至尊已朝訖，嬪御在南，宣光殿在洛陽北宮，元乂等幽胡太后於此，魏主與嬪御居南宮，故侯剛云然。嬪，毗賓翻。何必留宿！」康生曰：「至尊陛下之兒，隨陛下將東西，更復訪誰！」復，扶又翻。羣臣莫敢應。太后自起援帝臂，援，于元翻，引也。下堂而去。康生大呼，唱萬歲！呼，火故翻。帝前入閤，左右競相排，閤不得閉。康生奪難當千牛刀，斫直後元思輔，直後，官名，直閤之屬也。乃得定。帝既升宣光殿，左右侍臣俱立西階下。康生乘酒勢將出處分，處，昌呂翻。分，扶問翻。爲乂所執，鎖於門下。以此知一夫之勇終受制於人也。光祿勳賈粲紿太后曰：「侍官懷恐不安，言其心懷恐懼也。紿，徒亥翻。陛下宜親安慰。」太后信之，適下殿，粲卽扶帝出東序，前御顯陽殿，閉太后於宣光殿。至晚，乂不出，令侍中、黃門、僕射、尚書等十餘人就康生所訊其事，處康生斬刑，難當絞刑。處，昌呂翻。乂與剛並在內，矯詔決之：康生如奏，難當恕死從流。難當哭辭父，康生慷慨不悲，曰：「我不反死，汝何哭也？」時已昏闇，有司驅康生赴市，斬之；尚食典御奚混與康生同執刀入內，亦坐絞。尚食典御，唐爲尚食奉御。進御必辨時禁，先嘗之。難當以侯剛壻，得留百餘日，竟流安州；魏顯祖皇興二年，置安州，治方城，領密雲、廣陽、安樂郡。久之，乂使行臺盧同就殺之。魏太祖既得中山，將北還，慮中原有變，乃於鄴、中山置行臺，後因之。以劉騰爲司空。八坐、九卿常旦造騰宅，坐，徂臥翻。造，七到翻。參其顏色，然後赴省府，亦有終日不得見者。「得」或作「能」，非也。【章：十二行本正作「能」；乙十一行本同；孔本同；張校同。】公私屬請，屬，之欲翻。唯視貨多少，舟車之利，山澤之饒，所在榷固，刻剝六鎮，交通互市，歲入利息以巨萬萬計，巨萬，萬萬也；巨萬萬計者，萬萬萬也。少，詩沼翻。榷，古岳翻。逼奪鄰舍以廣其居，遠近苦之。

京兆王繼自以父子權位太盛，固請以司徒讓車騎大將軍、儀同三司崔光。騎，奇寄翻。夏，四月，庚子，以繼爲太保，侍中如故，繼固辭，不許。壬寅，以崔光爲司徒，侍中、祭酒、著作如故。

9 魏牒云具仁至柔然，婆羅門殊驕慢，無遜避心，責具仁禮敬；具仁不屈，婆羅門乃遣大臣丘升頭等將兵二千隨具仁迎阿那瓌。五月，具仁還鎮，還懷朔鎮也。將，息浪翻；下同。具道其狀，阿那瓌懼，不敢進，上表請還洛陽。

10 辛巳，魏南荊州刺史恆叔興據所部來降。魏置南荊州，見一百四十七卷天監十一年。降，戶江翻；下同。考異曰：梁帝紀，「七月叔興帥衆降」，蓋記奏到之日，今從魏帝紀。

六月，丁卯，義州刺史文僧明、此義州當置於齊安郡木蘭縣界。蕭子顯齊志，木蘭縣屬寧蠻左郡，唐省木蘭縣入黃岡縣。以下文裴邃復義州觀之，恐義州與邊城皆置於安豐界。邊城太守田守德沈約志，宋文帝元嘉十五年，以豫部蠻民立邊城左郡。酈道元曰：安豐縣故城，今邊城郡治也。此時梁境未得至安豐；五代志，黃岡縣界舊有邊城郡，此正田守德所居之地。擁所部降魏，皆蠻酋也。酋，慈由翻。魏以僧明爲西豫州刺史，守德爲義州刺史。

11 癸卯，琬琰殿火，延燒後宮三千間。

12 秋，七月，丁酉，以大匠卿裴邃爲信武將軍，假節，督衆軍討義州，破魏義州刺史封壽於檀公峴，水經註：決水出廬江雩婁縣大別山；註云：俗謂之檀公峴，蓋大別之異名也。又北過安豐縣東，安豐故城，今邊城郡治也。此魏邊城郡。峴，戶典翻。遂圍其城；壽請降，復取義州。復，扶又翻；下聞復同。魏以尚書左丞張普惠爲行臺，將兵救之，不及。考異曰：普惠傳云「棄城走」，今從裴邃傳。

以裴邃爲豫州刺史，鎮合肥。邃欲襲壽陽，陰結壽陽民李瓜花等爲內應。邃已勒兵爲期日，恐魏覺之，先移【章：十二行本「移」下有「魏」字；乙十一行本同；孔本同；退齋校同。】揚州云：「魏始於馬頭置戍，如聞復欲脩白捺故城，馬頭置戍，蓋即沈約志所謂馬頭太守治所而置之。白捺當在馬頭東北或東南。捺，奴葛翻。若爾，便相侵逼，此亦須營歐陽，設交境之備。今板卒已集，板幹所以築城。卒，士卒也。唯聽信還。」揚州刺史長孫稚謀於僚佐，皆曰：「此無脩白捺之意，宜以實報之。」錄事參軍楊侃曰：「白捺小城，本非形勝；邃好狡數，好，呼到翻。今集兵遣移，恐有他意。」稚大寤曰：「錄事可亟作移報之。」侃報移曰：「彼之纂兵，纂，集也。想別有意，何爲妄構白捺！『他人有心，予忖度之，』詩巧言之辭。度，徒洛翻。勿謂秦無人也。」左傳秦大夫繞朝之言。遂得移，以爲魏人已覺，卽散其兵。瓜花等以失期，遂相告發，伏誅者十餘家。稚，觀之子；長孫觀，道生之孫，見一百三十三卷宋鬱林王元徽元年。侃，播之子。楊播見一百四十卷齊明帝建武二年。

13 初，高車王彌俄突死，事見上卷天監十五年。其衆悉歸嚈噠；後數年，嚈噠遣彌俄突弟伊匐帥餘衆還國。伊匐擊柔然可汗婆羅門，大破之，婆羅門帥十部落詣涼州，請降於魏。柔然餘衆數萬相帥迎阿那瓌，阿那瓌表稱：「本國大亂，姓姓別居，迭相抄掠。當今北人鵠望待拯，言鵠立而望魏拯救也。嚈，益涉翻。噠，當割翻，又宅軋翻。帥，讀曰率。降，戶江翻。抄，楚交翻。乞依前恩，給臣精兵一萬，送臣磧北，撫定荒民。」磧，七迹翻。詔付中書門下博議，涼州刺史袁翻以爲：「自國家都洛以來，蠕蠕、高車迭相吞噬，始則蠕蠕授首，謂佗汗也，事見一百四十七卷天監七年。既而高車被擒。謂彌俄突也。今高車自奮於衰微之中，克雪讎恥，誠由種類繁多，種，章勇翻。終不能相滅。自二虜交鬭，邊境無塵，數十年矣，此中國之利也。今蠕蠕兩主相繼歸誠，兩主，謂阿那瓌、婆羅門。雖戎狄禽獸，終無純固之節，然存亡繼絕，帝王本務。若棄而不受，則虧我大德；若納而撫養，則損我資儲；或全徙內地，則非直其情不願，亦恐終爲後患，劉、石是也。謂漢徙胡羯於內地，至於晉世，卒階劉、石之亂。且蠕蠕尚存，則高車猶有內顧之憂，未暇窺窬上國；若其全滅，則高車跋扈之勢，豈易可知！易，以豉翻。今蠕蠕雖亂而部落猶衆，處處棋布，以望舊主，高車雖強，未能盡服也。愚謂蠕蠕二主並宜存之，居阿那瓌於東，處婆羅門於西，分其降民，各有攸屬。阿那瓌所居非所經見，不敢臆度；婆羅門請脩西海故城以處之。處，昌呂翻。度，徒洛翻。西海在酒泉之北，去高車所居金山千餘里，此西海非王莽所置西海郡之西海，但言在酒泉之北，則別有西海故城也。按北史蠕蠕傳，西海郡，卽漢、晉舊鄣。袁翻又曰：直張掖西北千二百里。又按晉志，漢獻帝興平二年，武威太守張雅請置西海郡於居延，蓋此卽漢、晉舊鄣也。金山形如兜鍪，其後突厥居金山之陽，卽此山。實北虜往來之衝要，土地沃衍，大宜耕稼。宜遣一良將，配以兵仗，監護婆羅門。將，卽亮翻。監，工銜翻。因令屯田，以省轉輸之勞。其北則臨大磧，野獸所聚，磧，七迹翻。使蠕蠕射獵，彼此相資，足以自固。外以輔蠕蠕之微弱，內亦防高車之畔援，韓詩云：畔援，武強也。鄭玄云：跋扈也。此安邊保塞之長計也。若婆羅門能收離聚散，復興其國者，復興，扶又翻。漸令北轉，徙度流沙，則是我之外藩，高車勍敵，勍，渠京翻。西北之虞可以無慮。如其姦回反覆，不過爲逋逃之寇，於我何損哉？」朝議是之。朝，直遙翻。

九月，柔然可汗俟匿伐詣懷朔鎮請兵，且迎阿那瓌。俟匿伐，阿那瓌之兄也。冬，十月，錄尚書事高陽王雍等奏：「懷朔鎮北吐若奚泉，原野平沃，請置阿那瓌於吐若奚泉，吐若奚泉在懷朔鎮北無結山下。婆羅門於故西海郡，令各帥部落，收集離散。阿那瓌所居既在境外，宜少優遣，少，詩沼翻。婆羅門不得比之。其婆羅門未降以前蠕蠕歸化者，悉令州鎮部送懷朔鎮以付阿那瓌。」詔從之。爲阿那瓌、婆羅門皆叛去張本。

14 十一月，癸丑，魏侍中、車騎大將軍侯剛加儀同三司。騎，奇寄翻。

15 魏以東益、南秦氐皆反，庚辰，以秦州刺史河間王琛爲行臺以討之。琛恃劉騰之勢，琛求爲劉騰養子，見上卷天監十七年。琛，丑林翻。貪暴無所畏忌，大爲氐所敗。敗，補邁翻。中尉彈奏，彈，徒丹翻。會赦，除名，尋復王爵。

16 魏以安西將軍元洪超兼尚書行臺，詣敦煌安置柔然婆羅門。敦，徒門翻。

三年（壬寅、五二二）

1 春，正月，庚子，以尚書令袁昂爲中書監，吳郡太守王暕爲尚書左僕射。暕，古限翻。

2 辛亥，魏主耕籍田。

3 魏宋雲與惠生自洛陽西行四千里，至赤嶺，乃出魏境，赤嶺在唐鄯州鄯城縣西二百餘里。又西行，再朞，至乾羅國而還。二月，達洛陽，得佛經一百七十部。魏遣宋雲求佛經事，始上卷天監十七年。

4 高車王伊匐遣使入貢于魏。匐，蒲北翻。使，疏吏翻。夏，四月，庚辰，魏以伊匐爲鎮西將軍、西海郡公、高車王。久之，伊匐與柔然戰敗，其弟越居殺伊匐自立。

5 五月，壬辰朔，日有食之，既。

6 癸巳，大赦。

7 冬，十一月，甲午，領軍將軍始興忠武王憺卒。憺，徒敢翻，又徒濫翻。

8 乙巳，魏主祀圜丘。

9 初，魏世祖【章：十二行本「祖」作「宗」；乙十一行本同；孔本同。】以玄始曆浸疏，宋文帝元嘉二十九年魏行玄始曆。命更造新曆。更，工衡翻。至是，著作郎崔光表取盪寇將軍張龍祥【嚴：「龍」改「農」。】等九家所上曆，候驗得失，合爲一曆，以壬子爲元，應魏之水德，壬癸，水也。水旺於子，故以壬子爲元。上，時掌翻。命曰正光曆。丙午，初行正光曆，大赦。考異曰：後魏律曆志云：「曆成，會孝明帝加元服，改元正光，因命曰正光曆。」按帝紀，「正光元年七月辛卯加元服，三年十一月丙午行正光曆」，今從之。

10 十二月，乙酉，魏以車騎大將軍、尚書右僕射元欽爲儀同三司，騎，奇寄翻。太保京兆王繼爲太傅，司徒崔光爲太保。

11 初，太子統之未生也，上養臨川王宏之子正德爲子。正德少粗險，少，詩照翻。上卽位，正德意望東宮。及太子統生，正德還本，賜爵西豐侯。沈約宋志臨川郡有西豐縣。正德怏怏不滿意，常蓄異謀。怏，於兩翻。是歲，正德自黃門侍郎爲輕車將軍，頃之，亡奔魏，自稱廢太子避禍而來。魏尚書左僕射蕭寶寅上表曰：「豈有伯爲天子，父作揚州，元年臨川王宏爲揚州刺史。棄彼密親，遠投他國！不如殺之。」由是魏人待之甚薄，正德乃殺一小兒，稱爲己子，遠營葬地；魏人不疑，明年，復自魏逃歸。復，扶又翻。考異曰：梁書正德傳：「普通六年爲輕車將軍，頊之奔魏。七年自魏逃歸。」魏書蕭衍傳：「正光二年弟子正德來奔。」南史正德傳：「普通三年爲輕車將軍，頊之奔魏，又自魏逃歸。六年，隨豫章王北侵，輒棄軍走。」北史蕭寶寅傳，正光四年表論考課，後乃云表論正德，後乃云莫折大提反。按大提反在正光五年。唯南北史年月前後相近，今從之。上泣而誨之，復其封爵。爲後正德納侯景張本。

12 柔然阿那瓌求粟爲種，種，章勇翻。魏與之萬石。婆羅門帥部落叛魏，亡歸嚈噠。魏以平西府長史代人費穆兼尚書右丞西北道行臺，將兵討之，魏收官氏志：西方費連氏，後改爲費氏。柔然遁去。穆謂諸將曰：「戎狄之性，見敵卽走，乘虛復出，若不使之破膽，終恐疲於奔命。」左傳，巫臣遺子重、子反書曰：「吾必使汝疲於奔命以死。」奔命者，赴急之兵也。復，扶又翻。乃簡練精騎，伏於山谷，以步兵之羸者爲外營，騎，奇寄翻。羸，倫爲翻。柔然果至，奮擊，大破之。婆羅門爲涼州軍所擒，送洛陽。

四年（癸卯、五二三）

1 春，正月，辛卯，上祀南郊，大赦。丙午，祀明堂。二月，乙亥，耕藉田。

2 柔然大饑，阿那瓌帥其衆入魏境，表求賑給。帥，讀曰率。賑，之忍翻。己亥，魏以尚書左丞元孚爲行臺尚書，持節撫諭柔然。孚，譚之孫也。魏孝昌元年，元譚爲幽州都督，後此三年。按魏書，譚，太武之子。蓋魏宗室多有同名者。將行，表陳便宜，以爲：「蠕蠕久來強大，昔在代京，常爲重備。今天祚大魏，使彼自亂亡，稽首請服。蠕，人兗翻。稽，音啓。朝廷鳩其散亡，禮送令返，宜因此時善思遠策。昔漢宣之世，呼韓款塞，漢遣董忠、韓昌領邊郡士馬送出朔方，因留衞助。事見二十七卷漢宣帝甘露三年。又，光武時亦使中郎將段彬置安集掾史，隨單于所在，參察動靜。事見四十四卷漢光武建武二十六年。掾，俞絹翻。單，音蟬。今宜略依舊事，借其閒地，聽其田牧，粗置官屬，示相慰撫。粗，坐五翻。嚴戒邊兵，因令防察，使親不至矯詐，疏不容反叛，最策之得者也。」魏人不從。

柔然俟匿伐入朝于魏。朝，直遥翻。

3 三月，魏司空劉騰卒。宦官爲騰義息重服者四十餘人，衰絰送葬者以百數，朝貴送葬者塞路滿野。衰，倉回翻。塞，悉則翻。

4 夏，四月，魏元孚持白虎幡勞阿那瓌於柔玄、懷荒二鎮之間。懷荒鎮在柔玄鎮之東，禦夷鎮之西。勞，力到翻。阿那瓌衆號三十萬，陰有異志，遂拘留孚，載以轀車。應劭註漢書曰：轒轀，匈奴車。師古曰：轀，於云翻。每集其衆，坐孚東廂，稱爲行臺，甚加禮敬。引兵而南，所過剽掠，剽，匹妙翻。至平城，乃聽孚還。有司奏孚辱命，抵罪。甲申，魏遣尚書令李崇、左僕射元纂帥騎十萬擊柔然。帥，讀曰率。騎，奇寄翻。阿那瓌聞之，驅良民二千、公私馬牛羊數十萬北遁，崇追之三千餘里，不及而還。還，從宣翻，又如字。

纂使鎧曹參軍于謹帥騎二千追柔然，至郁對原，前後十七戰，屢破之。鎧，可亥翻。謹，忠之從曾孫也，于忠以保護胡太后，恃功專恣。從，才用翻。性深沈，有識量，涉獵經史。少時，屏居田里，不求仕進，沈，持林翻。少，詩照翻。屏，必郢翻。或勸之仕，謹曰：「州郡之職，昔人所鄙；後漢梁竦曰：州郡之職，徒勞人耳。台鼎之位，須待時來。」纂聞其名而辟之。後帥輕騎出塞覘候，屬鐵勒數千騎奄至，覘，丑廉翻，又丑豔翻。屬，之欲翻。高車部，或曰敕勒，訛爲鐵勒。謹以衆寡不敵，退必不免，乃散其衆騎，使匿叢薄之間，又遣人升山指麾，若部分軍衆者。分，扶問翻。鐵勒望見，雖疑有伏兵，自恃其衆，進軍逼謹。謹以常乘駿馬，一紫一騧，騧，古花翻。鐵勒所識，乃使二人各乘一馬突陣而出，鐵勒以爲謹也，爭逐之；謹帥餘軍擊其追騎，鐵勒遂走，謹因得入塞。

李崇長史鉅鹿魏蘭根說崇曰：「昔緣邊初置諸鎮，地廣人稀，或徵發中原強宗子弟，或國之肺腑，寄以爪牙。中年以來，有司號爲『府戶』，役同廝養，說，式芮翻。廝，音斯。養，余亮翻。官婚班齒，致失清流，而本來族類，各居榮顯，顧瞻彼此，理當憤怨。宜改鎮立州，分置郡縣，凡是府戶，悉免爲民，入仕次敘，一準其舊，文武兼用，威恩並施。此計若行，國家庶無北顧之慮矣。」崇爲之奏聞，事寢，不報。爲後改鎮爲州無及於事張本。爲，于僞翻。

初，元乂既幽胡太后，常入直於魏主所居殿側，曲盡佞媚，帝由是寵信之。乂出入禁中，恆令勇士持兵以自先後。恆，戶登翻。先，悉薦翻。後，胡茂翻。時出休於千秋門外，施木欄楯，欄，檻也。楯，食尹翻。使腹心防守以備竊發，士民求見者，遙對之而已。其始執政之時，矯情自飾，以謙勤接物，時事得失，頗以關懷。既得志，遂自驕慢，嗜酒好色，貪吝寶賄，與奪任情，紀綱壞亂。父京兆王繼尤貪縱，與其妻子各受賂遺，請屬有司，好，呼到翻。遺，于季翻。屬，之欲翻。莫敢違者。乃至郡縣小吏亦不得公選，牧、守、令、長率皆貪汙之人。守，式又翻。令，郎定翻。長，知兩翻。由是百姓困窮，人人思亂。

武衞將軍于景，忠之弟也，謀廢叉，叉黜爲懷荒鎮將。將，卽亮翻。宋白曰：後魏懷荒、禦夷二鎮皆在蔚州界。及柔然入寇，鎮民請糧，景不肯給，鎮民不勝忿，遂反，執景，殺之。未幾，沃野鎮民破六韓拔陵聚衆反，殺鎮將，改元眞王，勝，音升。幾，居豈翻。魏收曰：破六韓，單于之苗裔也。初，呼廚泉入朝于漢，爲魏武所留，遣其叔父右賢王去卑監本國戶。魏氏方興，率部南轉，去卑遣弟右谷蠡王潘六奚帥軍北禦，軍敗，奚及五子俱沒於魏，其子孫遂以潘六奚爲氏，後人訛誤以爲破六韓，又曰破洛汗。考異曰：魏帝紀：「正光五年破落汗拔陵反，詔臨淮王彧討之，五月，彧敗，削官。」按令狐德棻周書賀拔勝傳：「衞可孤圍懷朔經年，勝乃告急於彧。」然則拔陵反當在四年。蓋帝紀因詔彧討拔陵而言之，非拔陵於時始反也。周書作「破六韓」，今從之。諸鎮華、夷之民往往響應，拔陵引兵南侵，遣別帥衞可孤圍武川鎮，考異曰：北史「孤」作「瓌」，今從周書。又攻懷朔鎮。尖山賀拔度拔及其三子允、勝、岳皆有材勇，魏收志，尖山縣屬神武郡。薛居正五代史周密傳，神武川屬應州。令狐德棻曰：賀拔之先，與魏氏同出陰山。魏書官氏志，內入諸姓有賀拔氏。懷朔鎮將楊鈞擢度拔爲統軍，三子爲軍主以拒之。

6 魏景明之初，世宗命宦者白整爲高祖及文昭高后鑿二佛龕於龍門山，龕，口含翻。此龍門山即伊闕山也。爲，于僞翻；下復爲同。皆高百尺。高，居報翻。永平中，劉騰復爲世宗鑿一龕，復，扶又翻。至是二十四年，凡用十八萬二千餘工而未成。

7 秋，七月，辛亥，魏詔：「見在朝官，依令七十合解者，見，賢遍翻。七十而致事，合解所任。可給本官半祿，以終其身。」

8 九月，魏詔侍中、太尉汝南王悅入居門下，與丞相高陽王雍參決尚書奏事。

9 冬，十月，庚午，以中書監、中衛將軍袁昂爲尚書令，即本號開府儀同三司。本號，中衛將軍號。

10 魏平恩文宣公崔光疾篤，魏主親撫視之，拜其子勵爲齊州刺史，爲之撤樂，罷遊眺。丁酉，光卒，帝臨，哭之慟，爲減常膳。以光擁立之功也。爲，于僞翻。光寬和樂善，樂，音洛。終日怡怡，未嘗忿恚。恚，於避翻。于忠、元乂用事，以光舊德，皆尊敬之，事多咨決，而不能救裴、郭、清河之死，裴、郭死見上卷天監十四年。清河王懌死見上元年。時人比之張禹、胡廣。

光且死，薦都官尚書賈思伯爲侍講。帝從思伯受春秋，思伯雖貴，傾身下士。下，遐稼翻。或問思伯曰：「公何以能不驕？」思伯曰：「衰至便驕，何常之有！」當時以爲雅談。

11 十一月，癸未朔，日有食之。

12 甲辰，尚書左僕射王暕卒。暕，古限翻。

13 梁初唯揚、荆、郢、江、湘、梁、益七州用錢，交、廣用金銀，餘州雜以穀帛交易。上乃鑄五銖錢，肉好周郭皆備。韋昭曰：肉，錢形也。好，孔也。杜佑曰：內郭爲肉，外郭爲好。孟康曰：周郭，周市爲郭也。肉，疾僦翻。好，呼到翻。別鑄無肉郭者，謂之「女錢」。民間私用女【章：十二行本「女」作「古」；乙十一行本同；孔本同。】錢交易，禁之不能止，乃議盡罷銅錢。十二月，戊午，始鑄鐵錢。

14 魏以汝南王悅爲太保。

張政烺標點王崇武聶崇岐覆校

資治通鑑卷第一百五十

端明殿學士兼翰林侍讀學士朝散大夫右諫議大夫充集賢殿修撰提舉西京嵩山崇福宮上柱國河內郡開國侯食邑一千八百戶食實封六百戶賜紫金魚袋臣司馬光　奉敕編集
後　學　天　台　胡三省　音　註

梁紀六

起閼逢執徐（甲辰），盡旃蒙大荒落（乙巳），凡二年。

高祖武皇帝六

普通五年（甲辰、五二四）

1 春，正月，辛丑，魏主祀南郊。

2 三月，魏以臨淮王彧都督北討諸軍事，討破六韓拔陵。拔陵反見上卷上年。

夏，四月，高平鎮民赫連恩等反，推敕勒酋長胡琛爲高平王，酋，慈秋翻。長，知兩翻。攻高平鎮以應拔陵。魏將盧祖遷擊破之，琛北走。將，卽亮翻。

衞可孤攻懷朔鎮經年，外援不至，楊鈞使賀拔勝詣臨淮王彧告急。勝募敢死少年十餘騎，夜伺隙潰圍出，賊騎追及之，勝曰：「我賀拔破胡也，」少，詩照翻。騎，奇寄翻。伺，相吏翻。賀拔勝，字破胡。賊不敢逼。勝見彧於雲中，考異曰：勝傳云：「至朔州見彧。」按後魏地理志，雲中，舊名朔州；及改懷朔鎮爲朔州，不容更以雲中爲朔州；今但云雲中。按魏氏初都平城，北邊列置諸鎮，孝昌以後改鎮爲州，尋卽荒廢，其地漫不可考。杜佑以爲魏都平城，於郡北三百餘里置懷朔鎮；又云：遷洛之後，於郡北三百餘里置朔州；又云：後魏初，雲中在郡北三百餘里，定襄故城北。夫其曰皆在郡北三百餘里，將是一處邪，將是三處邪？宋白曰：朔州馬邑郡，東北至故雲中二百六十里，後魏爲畿內之地，亦曾爲懷朔鎮；孝文遷洛之後，於州北三百八十里定襄故城置朔州。又曰：後魏初，雲中定襄故城是。則是朔州與後魏初雲中共一處。通鑑此後書改懷朔鎮爲朔州，更命朔州爲雲州，此卽魏志所謂雲中舊名朔州之證也。是則懷朔鎮與雲中是兩處矣。是後，李崇自崔暹白道之敗，引還雲中，後又自雲中引還平城，其退師道里先後可見，而唐之雲中郡乃魏之平城。詳而考之，歷代建置州郡，其名淆雜，難指一處爲定也。說之曰：「懷朔被圍，旦夕淪陷，大王今頓兵不進；懷朔若陷，則武川亦危，賊之銳氣百倍，雖有良、平，不能爲大王計矣。」彧許爲出師。勝還，復突圍而入。鈞復遣勝出覘武川，說，式芮翻。許爲，于僞翻。復，扶又翻；下聊復同。覘，丑廉翻，又丑豔翻。武川已陷。勝馳還，懷朔亦潰，勝父子俱爲可孤所虜。

五月，臨淮王彧與破六韓拔陵戰於五原，五原，卽漢五原郡地。魏收志，朔州治五原。杜佑曰：魏置朔州於懷朔鎮，在唐朔州馬邑郡北三百餘里；今榆林九原卽漢之五原郡地。蓋漢之五原，壤地甚廣，唐之豐、勝、朔三州，皆漢之五原郡地。魏收志，朔州附化郡有五原縣；彧與拔陵當戰于此。兵敗，彧坐削除官爵。安北將軍隴西李叔仁又敗於白道，武川鎮北有白道谷，谷口有白道城，自城北出有高阪，謂之白道嶺。賊勢日盛。

魏主引丞相、令、僕、尚書、侍中、黄門於顯陽殿，問之曰：「今寇連恆、朔，逼近金陵，魏未遷洛以前，諸帝皆葬雲中之金陵。恆，戶登翻。近，其靳翻。計將安出？」吏部尚書元脩義請遣重臣督軍鎮恆、朔以捍寇，帝曰：「去歲阿那瓌叛亂，遣李崇北征，崇上表求改鎮爲州，朕以舊章難革，不從其請。尋崇此表，開鎮戶非冀之心，致有今日之患；但既往難追，聊復略論耳。然崇貴戚重望，李崇，文成皇后兄誕之子，歷方面，有時望。器識英敏，意欲遣崇行，何如？」僕射蕭寶寅等皆曰：「如此，實合羣望。」崇曰：「臣以六鎮遐僻，密邇寇戎，杜佑曰：六鎮並在今馬邑、雲中、單于界。欲以慰悅彼心，豈敢導之爲亂！臣罪當就死，陛下赦之；今更遣臣北行，正是報恩改過之秋。但臣年七十，加之疲病，不堪軍旅，願更擇賢材。」帝不許。脩義，天賜之子也。天賜見一百三十三卷宋明帝泰始七年。

臣光曰：李崇之表，乃所以銷禍於未萌，制勝於無形。魏肅宗既不能用，及亂生之後，曾無愧謝之言，乃更以爲崇罪，彼不明之君，烏可與謀哉！詩云：「聽言則對，誦言如醉，匪用其良，覆俾我悖，」詩桑柔之辭也。註云：見道聽之言則應答之，見誦詩、書之言則冥臥如醉，不能用善，反使我爲悖逆之行。其是之謂矣。

3 壬申，加崇使持節、開府儀同三司、北討大都督，使，疏吏翻。命撫軍將軍崔暹、鎮軍將軍廣陽王深皆受崇節度。深，嘉之子也。按魏收魏書作「廣陽王淵」，李延壽北史作「廣陽王深」，蓋避唐諱，通鑑承用之。廣陽王嘉見一百四十三卷齊東昏侯永元元年。考異曰：魏帝紀「深」作「淵」，今從列傳及北史。

4 六月，以豫州刺史裴邃督征討諸軍事以伐魏。

5 魏自破六韓拔陵之反，二夏、豳、涼，寇盜蜂起。二夏，夏州及東夏州也。魏收地形志，夏州治統萬，領化政、闡熙、金明、代名郡。東夏州領偏城、朔方、定陽、上郡。宋白曰：魏改統萬鎮爲東夏州，後改延州。按魏克統萬以爲鎮，太和十一年改夏州。延昌二年，置東夏州，治廣武，唐始改爲延州，治膚施。後魏太和元年，置廣武縣，後周改豐林縣，隋分豐林、金明置膚施縣，唐延州治焉。則魏東夏州治廣武，非統萬也。然魏收地形志以廣武爲太原鴈門之廣武，亦誤。皇興二年，置華州於北地，太和十一年，改爲班州，十四年爲豳州，領北地、趙興、襄樂郡。涼州領武安、臨松、建昌、番和、泉城、武興、武威、昌松、東涇、涼寧郡。夏，戶雅翻。秦州刺史李彥，政刑殘虐，在下皆怨，是月，城內薛珍等聚黨突入州門，擒彥，殺之，推其黨莫折大提爲帥，莫折，虜複姓。帥，所類翻。大提自稱秦王。魏遣雍州刺史元志討之。雍，於用翻。

初，南秦州豪右楊松柏兄弟，數爲寇盜，數，所角翻。刺史博陵崔遊誘之使降，引爲主簿，接以辭色，使說下羣氐，誘，音酉。說，式芮翻。既而因宴會盡收斬之，由是所部莫不猜懼。遊聞李彥死，自知不安，欲逃去，未果；城民張長命、韓祖香、孫掩等攻遊，殺之，以城應大提。大提遣其黨卜胡襲高平，克之，殺鎮將赫連略，行臺高元榮。大提尋卒，卒，子恤翻。子念生自稱天子，置百官，改元天建。

6 丁酉，魏大赦。

7 秋，七月，甲寅，魏遣吏部尚書元脩義兼尚書僕射，爲西道行臺，帥諸將討莫折念生。帥，讀曰率。

8 崔暹違李崇節度，與破六韓拔陵戰于白道，大敗，單騎走還。騎，奇寄翻。拔陵并力攻崇，崇力戰，不能禦，引還雲中，與之相持。

廣陽王深上言：「先朝都平城，上，時掌翻。朝，直遙翻。以北邊爲重，盛簡親賢，擁麾作鎭，謂鎭將也。配以高門子弟，以死防遏，非唯不廢仕宦，乃更獨得復除，高門子弟，謂其先世與魏同起於代北者，所謂大姓九十九。復，方目翻。當時人物，忻慕爲之。太和中，僕射李沖用事，涼州土人悉免廝役，李寶自敦煌入朝于魏，至子沖親貴，厚其鄉人，故涼土之人悉免廝役。帝鄉舊門，仍防邊戍，自非得罪當世，莫肯與之爲伍。本鎭驅使，但爲虞候、白直，杜佑曰：白直無月給。一生推遷，不過軍主；然其同族留京師者得上品通官，在鎭者卽爲清途所隔，或多逃逸。乃峻邊兵之格，鎭人不聽浮遊在外，於是少年不得從師，長者不得遊宦，少，詩照翻。長，知兩翻。獨爲匪人，言之流涕！自定鼎伊、洛，邊任益輕，唯底滯凡才，乃出爲鎭將，轉相模習，專事聚斂。或諸方姦吏，犯罪配邊，爲之指蹤，政以賄立，邊人無不切齒。及阿那瓌背恩縱掠，斂，力贍翻。背，蒲妹翻。發奔命追之，十五萬衆度沙漠，不日而還。事見上卷上年。還，從宣翻，又如字。

邊人見此援師，遂自意輕中國。師速而疾，邊人見其不能盡敵而反，意遂輕之。尙書令臣崇求改鎭爲州，抑亦先覺，朝廷未許。而高闕戍主御下失和，酈道元曰：趙武靈王既襲胡服，自代並陰山下至高闕爲塞。山下有長城，長城之際，連山刺天。其山中斷，兩岸雙闕雲舉，望若闕焉，故有高闕之名。自闕北出荒中，闕口有城，跨山結局，謂之高闕戍。拔陵殺之，遂相帥爲亂，帥，讀曰率。攻城掠地，所過夷滅，王師屢北，賊黨日盛。此段之舉，指望銷平；而崔暹隻輪不返，臣崇與臣逡巡復路，復路者，還即舊路也。相與還次雲中，將士之情莫不解體。今日所慮，非止西北，將恐諸鎭尋亦如此，天下之事，何易可量！」書奏，不省。爲魏主思崇，深之言張本。易，以豉翻。量，音良。省，悉景翻。

詔徵崔暹繫廷尉；暹以女妓、田園賂元乂，卒得不坐。妓，渠綺翻。卒，子恤翻；下卒無同。

9 丁丑，莫折念生遣其都督楊伯年攻仇鳩、河池二戍，河池即今鳳州河池縣，有河池水。仇鳩亦當與河池相近。東益州刺史魏子建遣將軍伊祥等擊破之，斬首千餘級。東益州本氏王楊紹先之國，天監五年魏克武興，滅楊紹先之國，置東益州。將佐皆以城民勁勇，二秦反者皆其族類，請先收其器械，子建曰：「城民數經行陣，數，所角翻。行，戶剛翻。撫之足以爲用，急之則腹背爲患。」乃悉召城民，慰諭之，既而漸分其父兄子弟外戍諸郡，內外相顧，卒無叛者。卒，子恤翻。子建，蘭根之族兄也。

10 魏涼州幢帥于菩提等執刺史宋穎，據州反。幢，傳江翻。帥，所類翻。菩，薄乎翻。

11 八月，庚寅，徐州刺史成景儁拔魏童城。童城，卽下邳僮縣城也。

12 魏員外散騎侍郎李苗上書曰：「凡食少兵精，利於速戰；散，悉亶翻。騎，奇寄翻。上，時掌翻。少，詩沼翻。糧多卒衆，事宜持久。今隴賊猖狂，非有素蓄，雖據兩城，兩城，謂天水及高平。本無德義，其勢在於疾攻，日有降納，降，戶江翻。遲則人情離沮，坐待崩潰。夫飈至風舉，逆者求萬一之功；高壁深壘，王師有全制之策。但天下久泰，人不曉兵，奔利不相待，逃難不相顧，難，乃旦翻。將無法令，士非教習，不思長久之計，各有輕敵之心。如令隴東不守，汧軍敗散，汧軍，謂元志之軍也。汧在隴阪之東。將，卽亮翻。汧，口堅翻。則兩秦遂強，兩秦，謂莫折念生及張長命等。三輔危弱，國之右臂於斯廢矣。宜敕大將堅壁勿戰，別命偏裨帥精兵數千出麥積崖以襲其後，麥積崖，在今秦州天水縣東百里，狀如麥積，故名。裨，賓彌翻。帥，讀曰率。則汧、隴之下，羣妖自散。」妖，於驕翻。

魏以苗爲統軍，與別將淳于誕俱出梁、益，【章：十二行本「益」下有「隸魏子建」四字；乙十一行本同；孔本同；張校同；退齋校同。】未至，莫折念生遣其弟高陽王天生將兵下隴。甲午，都督元志與戰於隴口，隴口，隴坻之口也。志兵敗，棄衆東保岐州。魏岐州治雍城。

13 東西部敕勒皆叛魏，附於破六韓拔陵，魏主始思李崇及廣陽王深之言。丙申，下詔：「諸州鎮軍貫，貫，籍也。非有罪配隸者，皆免爲民。」改鎮爲州，以懷朔鎮爲朔州，更命朔州曰雲州。魏先置朔州於雲中之盛樂，以漢五原郡地爲懷朔鎭；今以懷朔爲朔州，改舊朔州爲雲州，因雲中郡而得名也。按後廣陽王深自五原拔軍向朔州，則懷朔鎭雖置於漢五原郡地，與五原別爲兩城。宋白曰：漢五原故城，在唐勝州榆林縣界，後魏孝文於唐朔州北三百八十里定襄故城置朔州。更，工衡翻。遣兼黃門侍郎酈道元爲大使，撫慰六鎭。使，疏吏翻。時六鎭已盡叛，道元不果行。

先是，代人遷洛者，多爲選部所抑，不得仕進。先，悉薦翻。選，須絹翻。及六鎭叛，元乂乃用代來人【章：十二行本「人」上有「寒」字；乙十一行本同；孔本同；張校同；退齋校同。】爲傳詔以慰悅之。廷尉評代人山偉奏記，稱乂德美，乂擢偉爲尚書二千石郎。廷尉評，卽漢之廷尉平，魏、晉以來，「平」旁加「言」，今大理評事卽其職也。後漢尚書有二千石曹，魏置二千石郎。魏收官氏志：內入諸姓，土難氏後改爲山氏。

14 秀容人乞伏莫于聚衆攻郡，殺太守；水經註：魏立秀容護軍以統胡人，其治所去汾水六十里。地形志：永興二年置秀容郡，屬肆州。丁酉，南秀容牧子萬于乞眞【章：十二行本「眞」下有「反」字；乙十一行本同；孔本同；張校同；退齋校同。】殺太僕卿陸延，秀容酋長爾朱榮討平之。榮，羽健之玄孫也。羽健見一百一十卷晉安帝隆安二年。酋，慈秋翻。長，知兩翻。其祖代勤，嘗出獵，部民射虎，誤中其髀，代勤拔箭，不復推問，射，而亦翻。中，竹仲翻。復，扶又翻。所部莫不感悅。官至肆州刺史，賜爵梁郡公，年九十餘而卒；卒，子恤翻。子新興立。新興時，畜牧尤蕃息，蕃，扶元翻。牛羊駝馬，色別爲羣，彌漫川谷，不可勝數。勝，音升。魏每出師，新興輒獻馬及資糧以助軍，高祖嘉之。新興老，請傳爵於子榮，魏朝許之。朝，直遥翻。榮神機明決，御衆嚴整。時四方兵起，榮陰有大志，散其畜牧資財，招合驍勇，結納豪桀，爾朱榮事始此。驍，堅堯翻。於是侯景、司馬子如、賈顯度及五原段榮、太安竇泰時魏於懷朔鎮置朔州，并置太安郡。皆往依之。顯度，顯智之兄也。

15 戊戌，莫折念生遣都督竇雙攻魏盤頭郡，盤頭郡屬東益州。五代志，興州長舉縣，魏置盤頭郡。東益州刺史魏子建遣將軍竇念祖擊破之。

16 九月，戊申，成景儁拔魏睢陵。戊午，北兗州刺史趙景悅圍荆山。梁北兗州治淮陰。水經註曰：地理志，平阿縣有當塗山，淮出於荆山之左，當塗之右。魏收志，梁北徐州沛郡已吾縣有當塗山、荆山。今之懷遠軍正據荆山，以沈約志言之，皆屬馬頭郡界。五代志：鍾離郡塗山縣，古當塗也，後齊置荆山郡。裴邃帥騎三千襲壽陽，帥，讀曰率。騎，奇寄翻。壬戌夜，斬關而入，克其外郭。魏揚州刺史長孫稚禦之，一日九戰，後軍蔡秀成失道不至，邃引兵還。別將擊魏淮陽，此梁所遣別將也，非裴邃所部。將，即亮翻；下同。魏使行臺酈道元、都督河間王琛救壽陽，琛，丑林翻。安樂王鑒救淮陽。鑒，詮之子也。樂，音洛。詮，丑緣翻。安樂王詮事見一百四十六卷天監五年。

17 魏西道行臺元脩義得風疾，不能治軍。治，直之翻。壬申，魏以尚書左僕射齊王蕭寶寅爲西道行臺大都督，帥諸將討莫折念生。爲蕭寶寅以關中叛魏張本。宋穎密求救於吐谷渾王伏連籌，吐，從暾入聲。谷，音浴。伏連籌自將救涼州，于菩提棄城走，追斬之。城民趙天安等復推宋穎爲刺史。復，扶又翻。

18 河間王琛軍至西硤石，解渦陽圍，復荆山戍。青、冀二州刺史王神念與戰，爲琛所敗。敗，補邁翻。冬，十月，戊寅，裴邃、元樹攻魏建陵城，克之；辛巳，拔曲木；「曲木」，當作「曲沭」。水經註：沭水過建陵縣故城東，又南逕陵山西，魏立大堰遏水西流，兩瀆之會，置城防之，曰曲沭戍。沭，食聿翻。掃虜將軍彭寶孫拔琅邪。

19 魏營州城民劉安定、就德興魏書官氏志：菀賴氏改爲就氏，西方諸姓也。執刺史李仲遵，據城反。城民王惡兒斬安定以降；德興東走，自稱燕王。降，戶江翻。燕，因肩翻。

20 胡琛遣其將宿勤明達寇豳、夏、北華三州。魏高祖太和十五年，置東秦州於杏城，後改爲北華州，領中部、敷城，凡二郡。宿勤，虜複姓。夏，戶雅翻。華，戶化翻。魏【章：十二行本「魏」上有「壬午」二字；乙十一行本同；孔本同；張校同。】遣都督北海王顥帥諸將討之。顥，詳之子也。詳得罪見一百四十五卷天監三年。帥，讀曰率。

21 甲申，彭寶孫拔檀丘。辛卯，裴邃拔狄城；水經註：肥水自荻丘過漢九江成德縣故城西，王莽更曰平阿；又北入芍陂。丙申，又拔甓城，進屯黎漿。壬寅，魏東海太守韋敬欣以司吾城降。漢東海郡司吾縣之故城也。定遠將軍曹世宗拔曲陽；甲辰，又拔秦墟，魏守將多棄城走。水經註：洛水逕漢淮南郡曲陽故城東。應劭曰：縣在淮曲之陽。洛水又北歷秦墟，下注淮，謂之洛口。魏收志：曲陽縣屬霍州北沛郡。五代志，曲陽縣後廢入鍾離定遠縣。

22 魏使黃門侍郎盧同持節詣營州慰勞，就德興降而復反。詔以同爲幽州刺史兼尚書行臺，同屢爲德興所敗而還。勞，力到翻。復，扶又翻。敗，補邁翻。還，從宣翻，又如字。

23 魏朔方胡反，圍夏州刺史源子雍，夏，戶雅翻。夏州治統萬城。城中食盡，煮馬皮而食之，衆無貳心。子雍欲自出求糧，留其子延伯守統萬，將佐皆曰：「今四方離叛，糧盡援絕，不若父子俱去。」子雍泣曰：「吾世荷國恩，當畢命此城；但無食可守，故欲往東州荷，下可翻。東州，謂東夏州也。爲諸君營數月之食，爲，于僞翻。若幸而得之，保全必矣。」乃帥羸弱詣東夏州運糧，帥，讀曰率。羸，倫爲翻。延伯與將佐哭而送之。子雍行數日，胡帥曹阿各拔邀擊，擒之。帥，所類翻。子雍潛遣人齎書，敕城中努力固守。闔城憂懼，延伯諭之曰：「吾父吉凶未可知，方寸焦爛。但奉命守城，所爲者重，爲，于僞翻；下爲陳同。不敢以私害公。諸君幸得此心。」於是衆感其義，莫不奮勵。子雍雖被擒，胡人常以民禮事之，子雍爲陳禍福，勸阿各拔降。會阿各拔卒，其弟桑生竟帥其衆隨子雍降。降，戶江翻。子雍見行臺北海王顥，具陳諸賊可滅之狀，顥給子雍兵，令其先驅。時東夏州闔境皆反，所在屯結，子雍轉鬭而前，九旬之中，凡數十戰，遂平東夏州，徵稅粟以饋統萬，二夏由是獲全。子雍，懷之子也。史言源氏諸子皆有才具，而天降喪亂，終無救魏氏之衰也。

24 魏廣陽王深上言：「今六鎮盡叛，高車二部亦與之同，高車自阿伏至羅與窮奇分爲二部，所謂東、西部敕勒也。以此疲兵擊之，必無勝理。不若選練精兵守恆州諸要，諸要，謂要衝之地。恆，戶登翻。更爲後圖。」遂與李崇引兵還平城。崇謂諸將曰：「雲中者，白道之衝，以此觀之，則魏之雲中，漢之盛樂縣，唐之振武軍節度使治所，皆雲山之陽。賊之咽喉，咽，音煙。若此地不全，則幷、肆危矣。當留一人鎮之，誰可者？」衆舉費穆，崇乃請穆爲朔州刺史。請，奏請也。時雲中已改爲雲州。「朔」當作「雲」。

25 賀拔度拔父子及武川宇文肱糾合鄉里豪傑，共襲衛可孤，殺之；度拔尋與鐵勒戰死。肱，逸豆歸之玄孫也。肱，宇文泰之父也。逸豆歸，晉康帝建元二年爲慕容皝所滅。

李崇引國子博士祖瑩爲長史；廣陽王深奏瑩詐增首級，盜沒軍資，瑩坐除名，崇亦免官削爵徵還。深專總軍政。爲深內困於讒、外困於賊張本。

26 莫折天生進攻魏岐州，十一月，戊申，陷之，執都督元志及刺史裴芬之，送莫折念生殺之。念生又使卜胡等寇涇州，敗光祿大夫薛巒於平涼東。魏置平涼郡，治鶉陰縣，有平涼城。敗，補邁翻。巒，安都之孫也。宋泰始初，薛安都降魏。

27 丙辰，彭寶孫拔魏東莞。莞，音官。壬戌，裴邃攻壽陽之安城，魏收志，梁置新興郡，治安城縣。丙寅，馬頭、安城皆降。

28 高平人攻殺卜胡，共迎胡琛。

29 魏以黃門侍郎楊昱兼侍中，持節監北海王顥軍，以救豳州，豳州圍解。監，工銜翻。蜀賊張映龍、姜神達攻雍州，蜀賊者，蜀人之徙關中者也，乘魏亂起而爲盜，因謂之蜀賊。後爾朱天光西討，蜀賊斷路，皆其黨也。雍，於用翻。雍州刺史元脩義請援，一日一夜，書移九通。都督李叔仁遲疑不赴，昱曰：「長安，關中基本，若長安不守，大軍自然瓦散，留此何益？」遂與叔仁進擊之，斬神達，餘黨散走。

30 十二月，戊寅，魏荆山降。

31 壬辰，魏以京兆王繼爲太師、大將軍，都督西道諸軍以討莫折念生。

32 乙巳，武勇將軍李國興攻魏平靖關，辛丑，信威長史楊乾攻武陽關，壬寅，攻峴關，此義陽之三關也。峴，戶典翻。皆克之。國興進圍郢州，魏郢州刺史裴詢與蠻酋西郢州刺史田朴特相表裏以拒之。魏郢州治義陽，西郢州又當在義陽之西，蠻中也。酋，慈秋翻。圍城近百日，近，其靳翻。魏援軍至，國興引還。詢，駿之孫也。裴駿見一百二十四卷宋文帝元嘉二十二年。

33 魏汾州諸胡反；魏孝文帝太和十二年置汾州，治蒲子，領西河、吐京、五城、定陽，凡四郡。以章武王融爲大都督，將兵討之。將，即亮翻。

34魏魏子建招諭南秦諸氐，稍稍降附，遂復六郡十二戍，斬【章：十二行本「斬」下有「賊帥」二字；乙十一行本同；孔本同。】韓祖香。魏以子建兼尚書，爲行臺，刺史如故，刺史，謂子建本爲東益州刺史。梁、巴、二益、二秦諸州皆受節度。魏置梁州於南鄭，置巴州於漢巴西郡，置益州於晉壽郡，東益州於武興郡，秦州於上邽，南秦州於仇池。

35莫折念生遣兵攻涼州，城民趙天安復執刺史以應之。復，扶又翻。

36是歲，侍中、太子詹事周捨坐事免，散騎常侍錢唐朱异代掌機密，軍旅謀議，方鎮改易，朝儀詔敕皆典之。异好文義，多藝能，精力敏贍，上以是任之。爲朱异亂梁張本。散，悉亶翻。騎，奇寄翻。异，羊吏翻。好，呼到翻。朝，直遙翻。

六年（乙巳、五二五）

1春，正月，丙午，雍州刺史晉安王綱遣安北長史柳渾破魏南鄉郡；司馬董當門破魏晉城，庚戌，又破馬圈、彫陽二城。雍，於用翻。圈，求遠翻。

2辛亥，上祀南郊，大赦。

3魏徐州刺史元法僧，素附元乂，見乂驕恣，恐禍及己，遂謀反。魏遣中書舍人張文伯至彭城，法僧謂曰：「吾欲與汝去危就安，能從我乎？」文伯曰：「我寧死見文陵松柏，文陵，謂孝文帝陵。安能去忠義而從叛逆乎！」法僧殺之。庚申，法僧殺行臺高諒，稱帝，考異曰：法僧傳作「高謨」。今從魏帝紀。又魏紀云「自稱宋王」，法僧傳及北史皆云「稱尊號」，梁書法僧傳云「稱帝」。按法僧立諸子爲王，必稱帝也，今從梁書。改元天啓，立諸子爲王。魏發兵擊之，法僧乃遣其子景仲來降。降，戶江翻。考異曰：法僧傳云：「魏室大亂，法僧據鎭，議欲匡復。既而魏亂稍定，將討法僧，法僧懼，歸款。」按時魏亂未定。今從北史。

安東長史元顯和，麗之子也，元麗見一百四十六卷天監五年。舉兵與法僧戰；法僧擒之，執其手，命使共坐，顯和不肯，曰：「與翁皆出皇家，元法僧，陽平王熙之曾孫；熙，道武子也。元麗，小新成之孫；小新成，景穆之子。顯和，麗之子也。以族屬長幼之次，呼法僧爲翁。一朝以地外叛，獨不畏良史乎！」法僧猶欲慰諭之，顯和曰：「我寧死爲忠鬼，不能生爲叛臣。」乃殺之。

上使散騎常侍朱异使於法僧，以宣城太守元略爲大都督，元略來奔見上卷四年。使，疏吏翻。與將軍義興陳慶之、胡龍牙、成景儁等將兵應接。將，即亮翻。

4 莫折天生軍於黑水，水經註：就水出南山就谷，北流與黑水合。黑水上合三泉於就水之右。三泉奇發，言歸一瀆，北流會于就水。就水又北流注于渭。兵勢甚盛。魏以岐州刺史崔延伯爲征西將軍、西道都督，帥衆五萬討之。延伯與行臺蕭寶寅軍于馬嵬。延伯素驍勇，寶寅趣之使戰，帥，讀曰率。嵬，五回翻。驍，堅堯翻。趣，讀曰促。延伯曰：「明晨爲公參賊勇怯。」乃選精兵數千西渡黑水，整陳向天生營；爲，于僞翻。陳，讀曰陣。寶寅軍于水東，遥爲繼援。延伯直抵天生營下，揚威脅之，徐引兵還。天生見延伯衆少，少，詩沼翻。爭開營逐之，其衆多於延伯十倍，蹙延伯於水次，寶寅望之失色。延伯自爲後殿，殿，丁練翻。不與之戰，使其衆先渡，部伍嚴整，天生兵不敢擊。須臾，渡畢，延伯徐渡，天生之衆亦引還。寶寅喜曰：「崔君之勇，關、張不如。」關、張，謂關羽、張飛也。延伯曰：「此賊非老奴敵也，明公但安坐，觀老奴破之。」癸亥，延伯勒兵出，寶寅舉軍繼其後。天生悉衆逆戰，延伯身先士卒，先，悉薦翻。陷其前鋒，將士盡銳競進，大破之，俘斬十餘萬，追奔至小隴，隴山有大隴山、小隴山。大隴山在清水縣東北，小隴山在岐州武都郡南田縣西北。五代志：「南田」作「南由」，南由，唐隴州之吳山縣即其地。岐、雍及隴東皆平。將士稽留採掠，天生遂塞隴道，塞，悉則翻。由是諸軍不能進。

寶寅破宛川，五代志：扶風郡陳倉縣，後魏曰宛川。俘其民以爲奴婢，以美女十人賞岐州刺史魏蘭根，蘭根辭曰：「此縣介於強寇，不能自立，故附從以救死。官軍之至，宜矜而撫之，柰何助賊爲虐，翦以爲賤役乎！」悉求其父兄而歸之。

5 乙【章：十二行本「乙」作「己」；乙十一行本同；張校同。】巳，裴邃拔魏新蔡郡，魏收志：新蔡郡治石母臺。隋廢爲縣，唐以後屬蔡州。詔侍中、領軍將軍西昌侯淵藻將衆前驅，南兗州刺史豫章王綜與諸將繼進。將，卽亮翻。癸酉，裴邃拔鄭城，水經註：潁水過慎縣故城南而東，南流逕蜩蟟郭東，俗謂之鄭城，又東南入淮。汝、潁之間，所在響應。魏河間王琛等憚邃威名，軍於城父，城父縣，漢屬沛郡，魏、晉以來屬譙郡。宋併城父爲浚儀縣，屬陳留郡，郡寄治譙郡長垣縣界。魏收志陳留郡浚儀縣註有城父城。父，音甫。累月不進，魏朝遣廷尉少卿崔孝芬持節、齎齋庫刀以趣之。齋庫刀，千牛刀也。齎刀以趣其進，言若復逗留，將斬之也。朝，直遙翻。孝芬，挺之子也。琛至壽陽，欲出兵決戰。長孫稚以爲久雨未可出，琛不聽，引兵五萬出城擊邃。邃爲四甄以待之，使直閤將軍李祖憐先挑戰而僞退；甄，稽延翻。挑，徒了翻。稚、琛悉衆追之，四甄競發，魏師大敗，斬首萬餘級。琛走入城，稚勒兵而殿，遂閉門自固，不敢復出。殿，丁練翻。復，扶又翻。

魏安樂王鑒將兵討元法僧，擊元略於彭城南，略大敗，樂，音洛。考異曰：魏帝紀敍元略等事便在庚申法僧叛下，不應如此之速，今移於月末。與數十騎走入城。鑒不設備，法僧出擊，大破之，鑒單騎奔歸。騎，奇寄翻。將軍王希聃拔魏南陽平，宋僑置陽平郡於沛郡南界，後入于魏，爲南陽平郡，以別相州之古陽平郡也，後又徙郡，寄治彭城。聃，他甘翻。執太守薛曇尚。曇尚，虎子之子也。薛虎子事魏孝文帝，歷州鎮，有聲績。曇，徒含翻。甲戌，以法僧爲司空，封始安郡公。

魏以安豐王延明爲東道行臺，臨淮王彧爲都督，以擊彭城。

6 魏以京兆王繼爲太尉。

二月，乙未，趙景悅拔魏龍亢。龍亢縣，漢屬沛郡，晉屬譙國。魏太和十九年，置下蔡郡，龍亢屬焉。五代志：潁州潁上縣，舊置下蔡郡。晉灼曰：亢，音剛。

7 初，魏劉騰既卒，騰卒見上卷四年。胡太后及魏主左右防衛微緩。元乂亦自寬，時出遊於外，留連不返，其所親諫，乂不納；太后察知之。去秋，太后對帝謂羣臣曰：「今隔絕我母子，不聽往來，復何用我爲！復，扶又翻；下無復同。我當出家，脩道於嵩山閒居寺耳。」魏作閒居寺，見一百四十七卷天監八年。因自欲下髮；帝及羣臣叩頭泣涕，殷勤苦請，太后聲色愈厲。帝乃宿於嘉福殿，積數日，遂與太后密謀黜乂。然帝深匿形迹，太后有忿恚，欲得往來顯陽之言，皆以告乂；魏主常居顯陽殿，故太后欲往來。恚，於避翻。又對乂流涕，敍太后欲出家，憂怖之心日有數四。怖，普布翻。乂殊不以爲疑，乃勸帝從太后所欲。於是太后數御顯陽殿，二宮無復禁礙。乂舉元法僧爲徐州，法僧反，太后數以爲言，數，所角翻。乂深愧悔。

丞相高陽王雍，雖位居乂上，而深畏憚之。會太后與帝遊洛水，雍邀二宮幸其第。日晏，帝與太后至雍內室，從官皆不得入，從，才用翻。遂相與定圖乂之計。於是太后謂乂曰：「元郎若忠於朝廷，無反心，何故不去領軍，以餘官輔政！」去，羌呂翻。乂甚懼，免冠求解領軍。乃以乂爲驃騎大將軍、開府儀同三司、尚書令、侍中、領左右。驃，匹妙翻。騎，奇寄翻。

8 戊戌，魏大赦。

9 壬辰，莫折念生遣都督楊鮓等攻仇池郡，以上戊戌、下三月己酉推之，「壬辰」當作「壬寅」。魏收志：仇池郡屬東益州。五代志，漢陽郡上祿縣，魏置仇池郡。行臺魏子建擊破之。

10 三月，己酉，上幸白下城，履行六軍頓所。行，下孟翻。乙丑，命豫章王綜權頓彭城，總督衆軍，并攝徐州府事。己巳，以元法僧之子景隆爲衡州刺史，吳孫亮太平二年，分長沙西部都尉立衡陽郡，梁置衡州。按五代志：梁置衡州於南海含涯縣。景仲爲廣州刺史。上召法僧及元略還建康，法僧驅彭城吏民萬餘人南渡。考異曰：南史云：「武官戍彭城者三千餘人，法僧皆印額爲奴，逼將南渡。」魏書梁書皆無此事。法僧至建康，上寵待甚厚；元略惡其爲人，惡，烏路翻。與之言，未嘗笑。

11 魏詔京兆王繼班師。去年，魏使繼西討，今將誅其子叉，故詔使班師。

12 北涼州刺史錫休儒等自魏興侵魏梁州，攻直城。梁置北梁州於魏興。「涼」當作「梁」。魏收志：東梁州金城郡領直城縣。五代志：金州安康縣，蕭詧改直州。蓋因直城以名州。魏以其地出金，故郡曰金城，州曰金州。錫，姓也，漢有錫光。魏梁州刺史傅豎眼遣其子敬紹擊之，豎，而庾翻。休儒等敗還。

13 柔然王阿那瓌爲魏討破六韓拔陵，魏遣牒云具仁齎雜物勞賜之。爲，于僞翻。勞，力到翻；下同。阿那瓌勒衆十萬，自武川西向沃野，屢破拔陵兵。稽古錄是年書蠕蠕殺破六韓拔陵，在誅元叉之下。夏，四月，魏主復遣中書舍人馮儁勞賜阿那瓌。復，扶又翻。阿那瓌部落浸強，自稱敕連頭兵豆伐可汗。魏收曰：魏言總攬也。

14魏元乂雖解兵權，猶總任內外，殊不自意有廢黜之理。胡太后意猶豫未決，侍中穆紹勸太后速去之。紹，亮之子也。穆氏從魏起於代北，崇、壽、亮奕世貴顯。去，羌呂翻。潘嬪有寵於魏主，嬪，毗賓翻。宦官張景嵩說之云，說，式芮翻。「乂欲害嬪。」嬪泣訴於帝曰：「乂非獨欲害妾，將不利於陛下。」帝信之，因乂出宿，解乂侍中。明旦，乂將入宮，門者不納。辛卯，太后復臨朝攝政，下詔追削劉騰官爵，除乂名爲民。

清河國郎中令韓子熙上書爲清河王懌訟冤，懌死見上卷元年。復，扶又翻。書爲，于僞翻。乞誅元乂等曰：「昔趙高柄秦，令關東鼎沸；事見秦紀。今元乂專魏，使四方雲擾。開逆之端，起於宋維，成禍之末，良由劉騰，宜梟首洿宮，斬骸沈族，以明其罪。」梟，堅堯翻。洿，哀都翻。沈，持林翻。太后命發劉騰之墓，露散其骨，籍沒家貲，盡殺其養子。以子熙爲中書舍人。子熙，麒麟之孫也。韓麒麟見一百三十五卷齊武帝永明元年。

初，宋維父弁常曰：「維性疏險，必敗吾家。」李崇、郭祚、游肇亦曰：「伯緒凶疏，宋維，字伯緒。敗，補邁翻。終傾宋氏，若得殺身，幸矣。」維阿附元乂，超遷至洛州刺史，魏初，置洛州於洛陽，荆州於上洛。太和遷洛，以洛州爲司州，又置荆州於穰城，以上洛之荆州爲洛州，領上洛、上庸、魏興、始平、萇和郡。至是除名，尋賜死。

乂之解領軍也，太后以乂黨與尙強，未可猝制，乃以侯剛代乂爲領軍以安其意。尋出剛爲冀州刺史，加儀同三司，未至州，黜爲征虜將軍，卒於家。卒，子恤翻。太后欲殺賈粲，以乂黨多，恐驚動內外，乃出粲爲濟州刺史，濟，子禮翻。尋追殺之，籍沒其家。唯乂以妹夫，未忍行誅。

先是給事黃門侍郎元順以剛直忤乂意，先，悉薦翻。忤，五故翻。出爲齊州刺史；太后徵還，爲侍中。侍坐於太后，坐，徂臥翻。乂妻在太后側，順指之曰：「陛下柰何以一妹之故，不正元乂之罪，使天下不得伸其冤憤！」太后嘿然。順，澄之子也。任城王雲及澄，魏宗室之賢王也。他日，太后從容謂侍臣曰：從，千容翻。「劉騰、元乂昔嘗邀朕求鐵券，冀得不死，朕賴不與。」韓子熙曰：「事關生殺，豈繫鐵券！且陛下昔雖不與，何解今日不殺！」太后憮然。憮，罔甫翻。朱元晦曰：憮然，猶悵然。未幾，有告「乂及弟瓜謀誘六鎮降戶反於定州，又招魯陽諸蠻侵擾伊闕，伊闕在河南新城縣界，隋開皇初，改新城縣爲伊闕縣。幾，居豈翻。降，戶江翻。欲爲內應。」得其手書，太后猶未忍殺之。羣臣固執不已，魏主亦以爲言，太后乃從之，賜乂及弟瓜死於家，猶贈乂驃騎大將軍、儀同三司、尚書令。驃，匹妙翻。騎，奇寄翻。江陽王繼廢於家，病卒。前幽州刺史盧同坐乂黨除名。去年，同爲幽州刺史。

太后頗事粧飾，數出遊幸，元順面諫曰：「禮，婦人夫沒自稱未亡人，首去珠玉，數，所角翻。去，羌呂翻。衣不文采。陛下母臨天下，年垂不惑，四十而不惑。脩飾過甚，何以儀刑後世！」太后慚而還宮，召順，責之曰：「千里相徵，豈欲衆中見辱邪！」順曰：「陛下不畏天下之笑，而恥臣之一言乎！」

順與穆紹同直，順因醉入其寢所，紹擁被而起，正色讓順曰：「身二十年侍中，與卿先君亟連職事，亟，去吏翻，數數也。縱卿方進用，何宜相排突也！」遂謝事還家，詔諭久之，乃起。

初，鄭羲之兄孫儼爲司徒胡國珍行參軍，私得幸於太后，人未之知。蕭寶寅之西討，以儼爲開府屬。開府有掾有屬。太后再攝政，儼請奉使還朝，使，疏吏翻。朝，直遙翻。太后留之，拜諫議大夫、中書舍人，領嘗【張：「嘗」作「尚」。】食典御，晝夜禁中；每休沐，太后常遣宦者隨之，儼見其妻，唯得言家事而已。中書舍人樂安徐紇，粗有文學，粗，坐五翻。先以諂事趙脩，坐徙枹罕。趙脩得罪見一百四十五卷天監二年。枹，音膚。後還，復除中書舍人，又諂事清河王懌；懌死，出爲鴈門太守。還洛，復諂事元乂。乂敗，太后以紇爲懌所厚，復召爲中書舍人，復，扶又翻。紇又諂事鄭儼。儼以紇有智數，仗爲謀主；仗，直兩翻，憑也。紇以儼有內寵，傾身承接，共相表裏，勢傾內外，號爲徐、鄭。

儼累遷至中書令、車騎將軍；騎，奇寄翻。紇累遷至給事黃門侍郎，仍領舍人，總攝中書、門下之事，軍國詔令莫不由之。紇有機辯強力，終日治事，略無休息，不以爲勞。治，直之翻。時有急詔，令數吏執筆，或行或臥，人別占之，占，口占也。造次俱成，造，七到翻。不失事理。人必小有才也，然後能迎世取寵以竊一時之權，朱异、徐紇是也。然無經國大體，專好小數，見人矯爲恭謹，遠近輻湊附之。爲爾朱榮討徐、鄭張本。好，呼到翻。

給事黄門侍郎袁翻、李神軌皆領中書舍人，爲太后所信任，時人云神軌亦得幸於太后，衆莫能明也。神軌求婚於散騎常侍盧義僖，義僖不許。黄門侍郎王誦謂義僖曰：「昔人不以一女易衆男，引樂廣事，事見八十五卷晉惠帝太安二年。卿豈易之邪！」義僖曰：「所以不從者，正爲此耳。爲，于僞翻。從之，恐禍大而速。」誦乃堅握義僖手曰：「我聞有命，不敢以告人。」詩唐國風揚之水之辭也。女遂適他族。臨婚之夕，太后遣中使宣敕停之，內外惶怖，義僖夷然自若。使，疏吏翻。怖，普布翻。神軌，崇之子；義僖，度世之孫也。盧度世見宋紀。

胡琛據高平，遣其大將萬俟醜奴、宿勤明達等寇魏涇州，琛，丑林翻。將，即亮翻。「萬」，當作「万」，音莫北翻。【章：十二行本正作「万」；孔本同；張校同。】俟，渠之翻。万俟，虜複姓。北史曰：万俟，其先匈奴之别也。將軍盧祖遷、伊甕生討之，不克。蕭寶寅、崔延伯既破莫折天生，引兵會祖遷等於安定，甲卒十二萬，鐵馬八千，軍威甚盛。醜奴軍於安定西北七里，時以輕騎挑戰，騎，奇寄翻。挑，徒了翻。大兵未交，輒委走。延伯恃其勇，且新有功，遂唱議爲先驅擊之。別造大盾，內爲鎖柱，使壯士負以趨，謂之排城，置輜重於中，戰士在外，自安定北緣原北上。盾，食尹翻。重，直用翻。上，時掌翻。將戰，有賊數百騎詐持文書，云是降簿，言是降人之名籍也。降，戶江翻；下同。且乞緩師。寶寅、延伯未及閱視，宿勤明達引兵自東北至，降賊自西競下，覆背擊之，「覆」，或作「腹」。延伯上馬奮擊，逐北徑抵其營。賊皆輕騎，延伯軍雜步卒，戰久疲乏，賊乘間得入排城；延伯遂大敗，死傷近二萬人。間，古莧翻。近，其靳翻。寶寅收衆，退保安定。延伯自恥其敗，乃繕甲兵，募驍勇，驍，堅堯翻；下同。復自安定西進，去賊七里結營。時賊屯安定西彭阬。復，扶又翻；下復還、復失同。壬辰，不告寶寅，獨出襲賊，大破之，俄頃，平其數栅。賊見軍士採掠散亂，復還擊之，魏兵大敗，延伯中流矢卒，士卒死者萬餘人。時大寇未平，復失驍將，朝野爲之憂恐。中，竹仲翻。卒，子恤翻。將，即亮翻。朝，直遙翻。爲，于僞翻。於是賊勢愈盛，而羣臣自外來者，太后問之，皆言賊弱，以求悅媚，由是將帥求益兵者往往不與。帥，所類翻。

16 五月，夷陵烈侯裴邃卒。時邃卒于軍中。謚法：有功安民曰烈；秉德尊業曰烈。邃深沈有思略，沈，持林翻。思，相吏翻。爲政寬明，將吏愛而憚之。壬子，以中護軍夏侯亶督壽陽諸軍事，馳驛代邃。

17 益州刺史臨汝侯淵猷遣其將樊文熾、蕭世澄等將兵圍魏益州長史和安於小劍，魏益州刺史邴虯遣統軍河南胡小虎、崔珍寶將兵救之。文熾襲破其栅，皆擒之，使小虎於城下說和安令早降，將，即亮翻。說，式芮翻。降，戶江翻。小虎遙謂安曰：「我栅失備，爲賊所擒，觀其兵力，殊不足言。努力堅守，魏行臺、傅梁州援兵已至。」魏行臺，子建。傅梁州，豎眼。語未終，軍士以刀毆殺之。毆，烏口翻。西南道軍司淳于誕引兵救小劍，文熾置柵於龍鬚山上以防歸路。戊辰，誕密募壯士夜登山燒其柵，梁軍望見歸路絕，皆恟懼，恟，許拱翻。誕乘而擊之，文熾大敗，僅以身免，虜世澄等將吏十一人，斬獲萬計。魏子建以世澄購胡小虎之尸，得而葬之。

18魏魏昌武康伯李崇卒。魏收地形志，魏昌縣屬中山郡。謚法：克定禍亂曰武；溫柔好樂曰康。考異曰：魏帝紀在五月戊子。按長曆，是月乙亥朔，無戊子。今不書日。

19初，帝納東昏侯寵姬吳淑媛，魏文帝置淑媛；宋明帝以淑媛爲九嬪之首，齊、梁因之。媛，于眷翻。七月而生豫章王綜，宮中多疑之。及淑媛寵衰怨望，密謂綜曰：「汝七月生兒，安得比諸皇子！然汝太子次弟，幸保富貴，勿泄也！」與綜相抱而泣。綜由是自疑，晝則談謔如常，謔，迄卻翻。夜則於靜室閉戶，披髮席藁，私於別室祭齊氏七廟。又微服至曲阿拜齊太宗陵，齊無太宗，當是高宗。聞俗說割血瀝骨，滲則爲父子，滲，所蔭翻。遂潛發東昏侯冢，幷自殺一男試之，皆驗，由是常懷異志，專伺時變。伺，相吏翻。綜有勇力，能手制奔馬；輕財好士，唯留附身故衣，餘皆分施，好，呼到翻。施，式豉翻。恆致罄乏。屢上便宜，求爲邊任，恆，戶登翻。上，時掌翻。上未之許。常於內齋布沙於地，終日跣行，足下生胝，胝，丁尼翻，皮厚也。日能行三百里。王、侯、妃、主及外人皆知其志，而上性嚴重，人莫敢言。又使通問於蕭寶寅，謂之叔父。爲南兗州刺史，不見賓客，辭訟隔簾聽之，出則垂帷於輿，惡人識其面。惡，烏路翻。

及在彭城，魏安豐王延明、臨淮王彧將兵二萬逼彭城，將，即亮翻。考異曰：南史陳慶之傳云「衆十萬」，今從梁書。勝負久未決。上慮綜敗沒，敕綜引軍還。綜恐南歸不復得至北邊，復，扶又翻；下路復、復取同。乃密遣人送降款於彧；魏人皆不之信，彧募人入綜軍驗其虛實，無敢行者。殿中侍御史濟陰鹿悆爲彧監軍，鹿，姓也。風俗通，漢有巴郡太守鹿旗。濟，子禮翻。悆，羊茹翻。請行，曰：「若綜有誠心，與之盟約；如其詐也，何惜一夫！」時兩敵相對，內外嚴固，悆單騎間出，騎，奇寄翻。間，古莧翻。徑趣彭城，趣，七喻翻。爲綜軍所執，問其來狀，悆曰：「臨淮王使我來，欲有交易耳。」時元略已南還，綜聞之，謂成景儁等曰：「我常疑元略規欲反城，規，圖也。反，孚袁翻。將驗其虛實，故遣左右爲略使，使，疏吏翻；下同。入魏軍中，呼彼一人。今其人果來，可遣人詐爲略有疾在深室，呼至戶外，令人傳言謝之。」綜又遣腹心安定梁話迎悆，密以意狀語之。意者，傳綜欲降之意。狀者，告以詭與成景儁設謀之狀。語，牛倨翻。悆薄暮入城，先引見胡龍牙，龍牙曰：「元中山甚欲相見，元略之南奔也，梁封爲中山王，故稱之。故遣呼卿。」又曰：「安豐、臨淮，將少弱卒，將，即亮翻。少，詩沼翻。規復此城，容可得乎！」悆曰：「彭城，魏之東鄙，勢在必爭，得否在天，非人所測。」龍牙曰：「當如卿言。」又引見成景儁，景儁與坐，謂曰：「卿不爲刺客邪？」悆曰：「今者奉使，欲返命本朝，朝，直遙翻。相刺之事，更卜後圖。」景儁爲設飲食，爲，于僞翻。乃引至一所，詐令一人自室中出，爲元略致意曰：「我昔有以南向，有以，言有所爲也。且遣相呼，欲聞鄉事；晚來疾作，不獲相見。」悆曰：「早奉音旨，冒險祇赴，不得瞻見，內懷反側。」遂辭退。諸將競問魏士馬多少，悆盛陳有勁兵數十萬，諸將相謂曰：「此華辭耳！」史記商君曰：貌言華也。將，即亮翻。少，詩沼翻。悆曰：「崇朝可驗，何華之有！」鄭玄曰：崇，終朝也。乃遣悆還。成景儁送之戲馬臺，蘇軾曰：彭城三面阻水，樓堞之下，以沂、泗爲池，獨其南可通軍馬，而戲馬臺在焉，其廣百步，其高十仞。北望城塹，塹，七豔翻。謂曰：「險固如此，豈魏所能取！」悆曰：「攻守在人，何論險固！」悆還，於路復與梁話申固盟約。鹿悆既得綜之誠款，知彭城之必可取，與梁將語，率多大言。蓋其中心喜躍，不能自揜於言語之間，使梁將有如臾駢、絺疵之流，必能察知其情矣。

六月，庚辰，綜與梁話及淮陰苗文寵夜出，步投魏【章：十二行本「魏」作「彧」；乙十一行本同；孔本同；退齋校同。】軍。考異曰：南史綜傳：「綜夜潛與梁話、苗寵三騎開北門，涉汴河，遂奔蕭城，自稱隊主，見延明而拜。延明坐之，問其名氏，不答，曰『殿下問人有見識者。』延明召使視之，曰：『豫章王也』。延明喜，下地執其手，答其拜，送于洛陽。」按魏書及北史鹿悆傳皆豫有盟約，魏豈得不知！又魏書蕭贊傳作「濟陰芮文寵」，北史作「濟陰苗文寵」。今從南史。及旦，齋內諸閤猶閉不開，衆莫知所以，唯見城外魏軍呼曰：呼，火故翻。「汝豫章王昨夜已來，在我軍中，汝尚何爲！」城中求王不獲，軍遂大潰。

魏人入彭城，乘勝追擊，【章：十二行本「擊」下有「梁兵」二字；乙十一行本同；孔本同；張校同。】復取諸城，至宿預而還，還，從宣翻，又如字；下同。將佐士卒死沒者什七八，唯陳慶之帥所部得還。史言陳慶之臨亂能整，異於諸將。帥，讀曰率。

上聞之，驚駭，有司奏削綜爵土，絕屬籍，更其子直姓悖氏。更，工衡翻；下更名同。未旬日，詔復屬籍，封直爲永新侯。吳立永新縣，宋屬安成郡。

西豐侯正德自魏還，事見上卷四年。志行無悛，行，下孟翻。悛，丑緣翻。多聚亡命，夜剽掠【章：十二行本「掠」下有「殺人」二字；乙十一行本同；孔本同。】於道，剽，匹妙翻。以輕車將軍從綜北伐，弃軍輒還。上積其前後罪惡，免官削爵，徙臨海；未至，追赦之。

綜至洛陽，見魏主，還就館，爲齊東昏侯舉哀，服斬衰三年。見，賢遍翻。爲，于僞翻。衰，倉雷翻。太后以下並就館弔之，賞賜禮遇甚厚，拜司空，封高平郡公、丹楊王，更名贊。考異曰：梁書、南史皆云改名纘。今從魏書、北史。以苗文寵、梁話皆爲光祿大夫；封鹿悆爲定陶縣子，除員外散騎常侍。

綜長史濟陽江革、司馬范陽祖暅之皆爲魏所虜，散，悉亶翻。騎，奇寄翻。濟，子禮翻。暅，居鄧翻。安豐王延明聞其才名，厚遇之。革稱足疾不拜。延明使暅之作欹器漏刻銘，革唾罵暅之曰：「卿荷國厚恩，乃爲虜立銘，荷，下可翻。爲，于僞翻；下不爲同。孤負朝廷！」延明聞之，令革作大小寺碑、考異曰：南史作「丈八寺碑」。今從梁書。祭彭祖文，彭城，大彭氏之墟也，故祭之。革辭不爲。延明將箠之，箠，止蘂翻。革厲色曰：「江革行年六十，今日得死爲幸，誓不爲人執筆！」延明知不可屈，乃止；日給脫粟飯三升，僅全其生而已。

上密召夏侯亶還，使休兵合肥，俟淮堰成復進。夏，戶雅翻。復，扶又翻。

20 癸未，魏大赦，改元孝昌。

21 破六韓拔陵圍魏廣陽王深於五原，軍主賀拔勝募二百人開東門出戰，斬首百餘級，賊稍退。深拔軍向朔州，勝常爲殿。殿，丁練翻。

雲州刺史費穆，招撫離散，四面拒敵。時北境州鎮皆沒，唯雲中一城獨存。去年，李崇使費穆守雲中。道【章：十二行本「道」上有「久之」二字；乙十一行本同；孔本同；張校同；退齋校同。】路阻絕，援軍不至，糧仗俱盡，穆棄城南奔爾朱榮於秀容，既而詣闕請罪，詔原之。

長流參軍于謹長流參軍，主禁防。從公府置長流參軍；小府無長流，置禁防參軍。言於廣陽王深曰「今寇盜蠭起，未易專用武力勝也。謹請奉大王之威命，諭以禍福，庶幾稍可離也。」易，以豉翻。幾，居依翻。深許之。謹兼通諸國語，乃單騎詣叛胡營，見其酋長，開示恩信，於是西部鐵勒酋長乜列河等將三萬餘戶南詣深降。騎，奇寄翻。酋，慈秋翻。長，知兩翻。乜，母野翻，虜姓也。將，即亮翻。降，戶江翻。深欲引兵至折敷嶺迎之，通典作「折敦嶺」。謹曰：「破六韓拔陵兵勢甚盛，聞乜列河等來降，必引兵邀之，若先據險要，未易敵也。不若以乜列河餌之，而伏兵以待之，必可破也。」深從之，拔陵果引兵邀擊乜列河，盡俘其衆；伏兵發，拔陵大敗，復得乜列河之衆而還。復，扶又翻；下輩復同。

柔然頭兵可汗大破破六韓拔陵，可，從刊入聲。汗，音寒。斬其將孔雀等。拔陵避柔然，南徙渡河。此河謂北河也。將軍李叔仁以拔陵稍逼，求援於廣陽王深，深帥衆赴之。帥，讀曰率。賊前後降附者二十萬人，深與行臺元纂表「乞於恆州北別立郡縣，安置降戶，隨宜賑貸，息其亂心。」魏朝不從，朝，直遙翻。詔黃門侍郎楊昱分處之冀、定、瀛三州就食。處，昌呂翻。深謂纂曰：「此輩復爲乞活矣。」乞活事見八十六卷晉惠帝光熙元年。按繫年圖書是年蠕蠕殺破六韓拔陵，通鑑明年書拔陵遣費律誘斬胡琛。

22 秋，七月，壬戌，大赦。

23 八月，魏柔玄鎮民杜洛周聚衆反於上谷，改元眞王，攻沒郡縣，高歡、蔡儁、尉景及段榮、安定彭樂皆從之。洛周圍魏燕州刺史博陵崔秉，燕，因肩翻。九月，丙辰，魏以幽州刺史常景兼尚書爲行臺，與幽州都督元譚討之。景，爽之孫也。魏之儒風振於常爽。自盧龍塞至軍都關，皆置兵守險，譚屯居庸關。盧龍關在遼西肥如縣，唐改肥如爲盧龍縣。杜佑曰：盧龍塞在平州盧龍縣城西北二百里。軍都關在燕郡軍都縣。唐志曰：幽州昌平縣北十五里有軍都陘，西北三十五里有納款關，即居庸故關，亦謂之軍都關。考之漢志，上谷郡有軍都、居庸兩縣，蓋各縣有關。凡此屯守，皆以防杜洛周。水經註，居庸關在上谷沮陽城東南六十里，軍都關在居庸山南。

24 冬，十月，吐谷渾遣兵擊趙天安，天安降，涼州復爲魏。去年，趙天安以涼州應莫折念生。復，扶又翻。降，戶江翻。

平西將軍高徽奉使嚈噠，還，至枹罕。嚈，益涉翻。噠，當割翻，又宅軋翻。枹，音膚。會河州刺史元祚卒，卒，子恤翻。前刺史梁釗之子景進引莫折念生兵圍其城。長史元永等推徽行州事，勒兵固守；景進亦自行州事。徽請兵於吐谷渾，吐谷渾救之，吐，從暾入聲。谷，音浴。景進敗走。徽，湖之孫也。史述高徽與高歡同其所自出。

25 魏方有事於西北，二荆、西郢羣蠻皆反，斷三鵶路，西荆治上洛，北荆治襄城，西郢治汝南眞陽縣。杜佑曰：北荆州今卽伊陽縣。三鵶鎭在今汝州魯陽縣西南十九里，名高平城，古遶角城在縣東南。又云：百里山在鄧州向城縣北，是三鵶之第一鵶；又北分嶺山北，卽三鵶之第二鵶；其第三鵶入汝州魯山縣界。斷，丁管翻。殺都督，寇掠北至襄城。汝水有冉氏、向氏、田氏，種落最盛，三姓蓋皆居汝源。種，章勇翻。其餘大者萬家，小者千室，各稱王侯，屯據險要，道路不通。十二月，壬午，魏主下詔曰：「朕將親御六師，掃蕩逋穢，今先討荆蠻，疆理南服。」時羣蠻引梁將曹義宗等圍魏荆州，此荆州治穰城。將，卽亮翻。魏都督崔暹將兵數萬救之，至魯陽，不敢進。魏更以臨淮王彧爲征南大將軍，將兵討魯陽蠻，更，工衡翻。司空長史辛雄爲行臺左丞，東趣葉城。葉城時爲襄州治所，此卽漢南陽郡之葉縣城也。趣，七喻翻。葉，式涉翻。別遣征虜將軍裴衍、恆農太守京兆王羆恆，戶登翻。考異曰：周書羆傳，羆未嘗爲恆農太守。今從魏書。將兵一萬，自武關出通三鵶路，以救荆州。

衍等未至，或軍已屯汝上，汝上，汝水之上也。州郡被蠻寇者爭來請救，或以處分道別，不欲應之，被，皮義翻。處，昌呂翻。分，扶問翻。辛雄曰：「今裴衍未至，王士衆已集，蠻左唐突，自宋以來，豫部諸蠻率謂之蠻左，所置蠻郡謂之左郡。撓亂近畿，撓，呼高翻，擾也。王秉麾閫外，見可而進，何論別道！」或恐後有得失之責，邀雄符下。符，尚書行臺符也。下，遐稼翻。雄以羣蠻聞魏主將自出，心必震動，可乘勢破也，遂符或軍，令速赴擊。羣蠻聞之，果散走。

魏主欲自出討賊，中書令袁翻諫而止。辛雄自軍中上疏曰：「凡人所以臨陳忘身，觸白刃而不憚者，一求榮名，二貪重賞，三畏刑罰，四避禍難，陳，讀曰陣。難，乃旦翻。非此數者，雖聖王不能使其臣，慈父不能厲其子矣。明主深知其情，故賞必行，罰必信，使親疏貴賤勇怯賢愚，聞鍾鼓之聲，見旌旗之列，莫不奮激，競赴敵場，豈厭久生而樂速死哉？厭，與厭同。樂，音洛。利害懸於前，欲罷不能耳。自秦、隴逆節，蠻左亂常，已歷數載，載，子亥翻。三【章：十二行本「三」上有「凡在戎役數十萬人，扞禦」十字；乙十一行本同；孔本同；張校同。】方之師，【章：十二行本無「之師」二字；乙十一行本同；孔本同；張校同。】敗多勝少，跡其所由，不明賞罰之故也。三方之師，謂西討秦、隴，北禦邊鎮，南擊蠻左也。陛下雖降明詔，賞不移時，然將士之勳，歷稔不決，歷稔，猶言歷年，一年五穀一稔，故以年爲稔。亡軍之卒，晏然在家，是使節士無所勸慕，庸人無所畏懾；懾，之涉翻。進而擊賊，死交而賞賒，賒，遠也。退而逃散，身全而無罪，此其所以望敵奔沮，不肯盡力者也。陛下誠能號令必信，賞罰必行，則軍威必張，盜賊必息矣。」疏奏，不省。省，悉景翻。

曹義宗等取順陽、馬圈，圈，求遠翻。與裴衍等戰於淅陽，漢弘農郡有析縣，晉分屬順陽郡，元魏置淅陽郡，以其地在淅水之陽也。即隋、唐南鄉、內鄉二縣之地。義宗等敗退。衍等復取順陽，進圍馬圈。洛州刺史董紹以馬圈城堅，衍等糧少，上書言其必敗。未幾，義宗擊衍等，破之，復取順陽。復，扶又翻。少，詩沼翻。上，時掌翻。幾，居豈翻。魏以王羆爲荊州刺史。

26 邵陵王綸攝南徐州事，在州喜怒不恆，肆行非法。遨遊市里，問賣䱇者曰：「刺史何如？」對言：「躁虐。」綸怒，令吞䱇而死。䱇，與鱓同，音市演翻。鱓魚似蛇，今江東溝港皆有之。躁，則到翻。百姓惶駭，道路以目。道路相逢者但以目相視，而不敢言。嘗逢喪車，奪孝子服而著之，著，則略翻。匍匐號叫。號，戶刀翻；下悲號同。籤帥懼罪，密以聞。上始嚴責綸，而不能改，於是遣代。綸悖慢逾甚，帥，所類翻。悖，蒲內翻，又蒲沒翻。乃取一老翁短瘦類上者，加以袞冕，置之高坐，朝以爲君，自陳無罪；使就坐剝褫，坐，徂臥翻。朝，直遙翻。褫，敕豸翻。捶之於庭。又作新棺，貯司馬崔會意，以輀車挽歌爲送葬之法，揰，止蘂翻。貯，丁呂翻。輀，音而，喪車也。莊子曰：紼謳所生，必於斥苦。紼謳，挽歌也。左傳，公孫夏使其徒歌虞殯。杜預註曰：虞殯，送葬歌曲。田橫之死，其徒有蒿里、薤露之歌。搜神記曰：挽歌，喪家之樂，執紼者相和之聲。使嫗乘車悲號。嫗，威遇翻。會意不能堪，輕騎還都以聞。上恐其奔逸，以禁兵取之，將於獄賜盡，太子統流涕固諫，得免，戊子，免綸官，削爵土。

27 魏山胡劉蠡升反，自稱天子，置百官。山胡，卽汾州之稽胡。

28 初，敕勒酋長斛律金事懷朔鎭將楊鈞爲軍主，行兵用匈奴法，望塵知馬步多少，嗅地知軍遠近。酋，慈秋翻。長，知兩翻。將，卽亮翻。少，詩沼翻。嗅，許救翻。及破六韓拔陵反，金擁衆歸之，拔陵署金爲王。既而知拔陵終無所成，乃詣雲州降，仍稍引其衆南出黃瓜堆，水經註：桑乾水與武周水合而東南流，屈逕黃瓜堆南，又東南流逕桑乾郡北。爲杜洛周所破，脫身歸爾朱榮，榮以爲別將。

張政烺標點王崇武聶崇岐覆校

資治通鑑卷第一百五十一

端明殿學士兼翰林侍讀學士朝散大夫右諫議大夫充集賢殿修撰提舉西京嵩山崇福宫上柱國河内郡開國侯食邑一千八百户食實封六百户賜紫金魚袋臣　司馬光　奉敕編集
後　學　天　台　胡三省　音　註

梁紀七

起柔兆敦牂（丙午），盡強圉協洽（丁未），凡二年。

高祖武皇帝七

普通七年（丙午、五二六）

1 春，正月，辛丑朔，大赦。

2 壬子，魏以汝南王悦領太尉。

3 魏安州石離、穴城、斛鹽三戍兵反，應杜洛周，衆合二萬，洛周自松岍赴之。水經註：大榆河出禦夷鎮北塞中，南流逕密雲戍西，又南流逕孔山西，又歷密雲戍東，右合孟廣㴲水。㴲水西逕孔山南，上有洞穴開明，故謂之孔山。大榆河又東南流，白楊泉水注之。水北發白楊溪望離石。大榆河又東南流出峽，逕安州舊漁陽郡之滑鹽縣南，世謂之斛鹽城，西北去禦夷鎮二百里。岍，輕煙翻，或曰：岍，㴲字之誤也，讀作「陘」。唐志：營州西北百里曰松陘嶺。行臺常景使別將崔仲哲屯軍都關以邀之，將，卽亮翻。仲哲戰沒，元譚軍夜潰，元譚軍於居庸關，見上卷上年。魏以別將李琚代譚爲都督。仲哲，秉之子也。崔秉時爲燕州刺史。

4 初，魏廣陽王深通於城陽王徽之妃。徽爲尚書令，爲胡太后所信任；會恆州人請深爲刺史，徽言深心不可測。及杜洛周反，五原降戶在恆州者謀奉深爲主，深懼，上書求還洛陽。時深軍于朔州。恆，戶登翻。降，戶江翻。上，時掌翻。魏以左衞將軍楊津代深爲北道大都督，詔深爲吏部尚書。徽，長壽之子也。長壽，景穆子也。

五原降戶鮮于脩禮等帥北鎮流民反於定州之左城，按楊津傳，左城當在博陵界。又水經註，中山唐縣有左人城。帥，讀曰率。改元魯興，引兵向州城，州兵禦之不利。楊津至靈丘，靈丘縣，漢屬代郡，唐爲蔚州。聞定州危迫，引兵救之，入據州城。脩禮至，津欲出擊之，長史許被不聽，津手劍擊之，手，首又翻。此以記檀弓「子手弓」釋文爲據。被走得免。津開門出戰，斬首數百，賊退，人心少安。少，詩沼翻。詔尋以津爲定州刺史兼北道行臺。魏以揚州刺史長孫稚爲大都督北討諸軍事，與河間王琛共討脩禮。長，知兩翻。琛，丑林翻。

5 二月，甲戌，北伐衆軍解嚴。

6 魏西部敕勒斛律洛陽反於桑乾西，乾，音干。與費也頭牧子相連結。三月，甲寅，游擊將軍爾朱榮擊破洛陽於深井，牧子於河西。北河之西。

7 夏，四月，乙酉，臨川靖惠王宏卒。

8 魏大赦。

9 癸巳，魏以侍中、車騎大將軍城陽王徽爲儀同三司。騎，奇寄翻。徽與給事黄門侍郎徐紇共毁侍中元順於太后，出爲護軍將軍、太常卿。順奉辭於西遊園，紇侍側，順指之謂太后曰：「此魏之宰嚭，宰嚭，吳太宰嚭也，好讒，吳王夫差信而任之，以至亡國。嚭，匹鄙翻。魏國不亡，此終不死！」紇脅肩而出，朱元晦曰：脅肩，竦體也，小人側媚之態。順抗聲叱之曰：「爾刀筆小才，止堪供几案之用，豈應汙辱門下，斁我彝倫！」汙，烏故翻。斁，多路翻，敗也。因振衣而起。太后默然。

10 魏朔州城民鮮于阿胡等據城反。阿，從安入聲。

11 杜洛周南出，鈔掠薊城，魏常景遣統軍梁仲禮擊破之。丁未，都督李琚與洛周戰于薊城之北，敗没。常景帥衆拒之，洛周引還上谷。鈔，楚交翻。薊，音計。帥，讀曰率。

12 長孫稚行至鄴，詔解大都督，以河間王琛代之。稚上言：「曏與琛同在淮南，琛敗臣全，謂爲裴邃所敗，事見上卷上年。遂成私隙，今難以受其節度。」魏朝不聽。朝，直遥翻。前至呼沱，稚未欲戰，琛不從。鮮于脩禮邀擊稚於五鹿，杜預曰：陽平元城縣東有五鹿，即沙鹿也。按呼沱不至元城界，此别有五鹿，非左氏所謂五鹿也。沱，徒河翻。琛不赴救，稚軍大敗，稚、琛並坐除名。

13 五月，丁未，魏主下詔將北討，内外戒嚴，既而不行。

14 衡州刺史元略，自至江南，晨夕哭泣，常如居喪。及魏元叉死，叉死見上卷上年。喪，息郎翻。胡太后欲召之，知略因刁雙獲免，事見一百四十九卷普通元年。徵雙爲光祿大夫，遣江革、祖暅之南還以求略。江革、祖暅之沒魏見上卷上年。暅，古鄧翻。上備禮遣之，寵贈甚厚。略始濟淮，魏拜略爲侍中，賜爵義陽王；以司馬始賓爲給事中，栗法光爲本縣令，刁昌爲東平太守，刁雙爲西兗州刺史。凡略所過，一餐一宿皆賞之。略來奔見一百四十九卷元年。栗法光，屯留人。魏孝昌十年置西兗州於定陶，領沛、濟陰二郡。是年則孝昌二年也。

15 魏以丞相高陽王雍爲大司馬。復以廣陽王深爲大都督，討鮮于脩禮；復，扶又翻。章武王融爲左都督，裴衍爲右都督，並受深節度。

深以其子自隨，城陽王徽言於太后曰：「廣陽王攜其愛子，握兵在外，將有異志。」乃敕融、衍潛爲之備。疑則勿任，任則勿疑。既以深爲大督，而又使小督備之，何以責其殄寇乎！融、衍以敕示深，深懼，事無大小，不敢自決；太后使問其故，對曰：「徽銜臣次骨，李奇曰：次骨者，言深刻至骨。臣疏遠在外，徽之構臣，無所不爲。自徽執政以來，臣所表請，多不從允。徽非但害臣而已，從臣將士，有勳勞者皆見排抑，不得比他軍，仍深被憎嫉，或因其有罪，加以深文，至於殊死，以是從臣行者，莫不悚懼。有言臣善者，視之如仇讎，言臣惡者，待之如親戚。徽居中用事，朝夕欲陷臣於不測之誅，臣何以自安！陛下若使徽出臨外州，臣無内顧之憂，庶可以畢命賊庭，展其忠力。」太后不聽。爲深死於盜手張本。徽與中書舍人鄭儼等更相阿黨，更，工衡翻。外似柔謹，内實忌克，賞罰任情，魏政由是愈亂。

16戊申，魏燕州刺史崔秉帥衆棄城奔定州。燕州自去年八月爲杜洛周所圍。燕，因肩翻。

17乙丑，魏以安西將軍宗正珍孫爲都督，宗正，複姓，漢楚元王交之子郢客孫德，世爲宗正，子孫因以爲氏。討汾州反胡。討劉蠡升也。

18六月，魏絳蜀陳雙熾聚衆反，蜀人徙居絳郡者，謂之絳蜀。絳縣，漢、晉屬河東郡，元魏分置絳郡；魏收志，郡屬東雍州。自號始建王。魏以假鎭西將軍長孫稚爲討蜀都督。考異曰：費穆傳：「穆爲都督，平絳蜀。」不應有兩都督。今從帝紀。別將河東薛脩義輕騎詣雙熾壘下，曉以利害，雙熾卽降。詔以脩義爲龍門鎭將。此龍門在河東北屈縣西。魏世祖神䴥元年，禽赫連昌，改北屈爲禽昌縣。將，卽亮翻。降，戶江翻。

19丙子，魏徙義陽王略爲東平王，頃之，遷大將軍、尙書令，爲胡太后所委任，與城陽王徽相埒，埒，力輟翻。然徐、鄭用事，略亦不敢違也。魏當時宗室，略其巨擘也。史言其居淫昏之朝，不能矯正。

20 杜洛周遣都督王曹紇真等將兵掠薊南，時杜洛周、葛榮等作亂，其軍中將領無不加以王爵，曹紇真以都督加王號，故曰都督王。秋，七月，丙午，行臺常景遣都督于榮等擊之於栗園，栗園當在范陽固安縣界。固安之栗，天下稱之。大破之，斬曹紇真及將卒三千餘級。洛周帥衆南趣范陽，范陽縣，前漢屬涿郡，後漢章帝改涿郡爲范陽郡。帥，讀曰率。趣，七喻翻。景與榮等又破之。

21 魏僕射元纂以行臺鎮恆州。鮮于阿胡擁朔州流民寇恆州，戊申，陷平城，纂奔冀州。恆州治平城。平城，魏之故都，亦陷於賊，其不競甚矣。恆，戶登翻。

22 上聞淮堰水盛，壽陽城幾沒，觀此，蓋淮堰復成也。復遣郢州刺史元樹等自北道攻黎漿，豫州刺史夏侯亶等自南道攻壽陽。復，扶又翻；下榮復同。

23 八月，癸巳，賊帥元洪業斬鮮于脩禮，請降于魏；帥，所類翻。降，戶江翻。賊黨葛榮復殺洪業自立。考異曰：北史廣陽王深傳云：「深以兵士頻經退散，人無鬭情，連營轉柵，日行十里，行達交津，隔水而陳。賊脩禮常與葛榮謀，後稍信朔州人毛普賢，榮常銜之。普賢昔爲深統軍，及在交津，深使人諭之，普賢乃有降意。又使錄事參軍元晏說賊程殺鬼，果相猜貳。榮遂殺普賢、脩禮而自立。」與魏帝紀全殊，又其語雜亂難曉。今從帝紀。

24 魏安北將軍、都督恆・朔討虜諸軍事爾朱榮過肆州，肆州刺史尉慶賓忌之，據城不出。尉，紆勿翻。榮怒，舉兵襲肆州，執慶賓，還秀容，署其從叔羽生爲刺史，魏朝不能制。此時爾朱榮已有無魏之心矣。從，才用翻。朝，直遙翻。

初，賀拔允及弟勝、岳從元纂在恆州，平城之陷也，允兄弟相失；岳奔爾朱榮，勝奔肆州。榮克肆州，得勝，大喜曰：「得卿兄弟，天下不足平也！」以爲別將，將，卽亮翻。軍中大事多與之謀。

25 九月，己酉，鄱陽忠烈王恢卒。

26 葛榮既得杜洛周之衆，魏主武泰元年葛榮方幷杜洛周；此得鮮于脩禮之衆也。北趣瀛州，趣，七喻翻。魏廣陽忠武王深自交津引兵躡之。水經註：漳水過武安縣東，清水自涉縣東南來注之，世謂決入之所爲交漳口。辛亥，榮至白牛邏，據魏紀，白牛邏，在高陽博野縣。邏，郎佐翻。輕騎掩擊章武莊武王融，殺之。榮自稱天子，國號齊，改元廣安。深聞融敗，停軍不進。侍中元晏密言於太后曰：「廣陽王盤桓不進，坐圖非望。有于謹者，智略過人，爲其謀主，風塵之際，恐非陛下之純臣也。」太后深然之，詔牓尚書省門，募能獲謹者有重賞。謹聞之，謂深曰：「今女主臨朝，朝，直遙翻。信用讒佞，苟不明白殿下素心，恐禍至無日。謹請束身詣闕，歸罪有司。」遂徑詣牓下，自稱于謹，有司以聞。太后引見，大怒。見，賢遍翻。謹備論深忠款，兼陳停軍之狀，太后意解，遂捨之。

深引軍還，趣定州，趣，七喻翻。定州刺史楊津亦疑深有異志；深聞之，止於州南佛寺。

經二日，深召都督毛謐等數人，交臂爲約，危難之際，期相拯恤。謐，神至翻。難，乃旦翻。謐愈疑之，密告津云，深謀不軌。津遣謐討深，深走出，謐呼噪逐深。深與左右間行至博陵界，間，古莧翻。漢桓帝置博陵郡，元魏屬定州。逢葛榮遊騎，劫之詣榮。騎，奇寄翻。賊徒見深，頗有喜者，榮新立，惡之，恐其徒有欲奉深爲主者，故惡之。惡，烏路翻。遂殺深。城陽王徽誣深降賊，錄其妻子。降，戶江翻。深府佐宋遊道爲之訴理，乃得釋。遊道，繇之玄孫也。宋繇事西涼李氏；李滅，事沮渠氏；沮渠滅，入魏。爲，于僞翻。

27 甲申，魏行臺常景破杜洛周，斬其武川王賀拔文興等，捕虜四百人。

28 就德興陷魏平州，殺刺史王買奴。魏平州治肥如，卽唐平州盧龍縣地。

29 天水民呂伯度，本莫折念生之黨也，後更據顯親以拒念生；漢光武置顯親侯國以封竇友，以其兄融以河西歸附，且以顯其孝文竇后之親也；屬漢陽郡。後魏屬天水郡；至唐時秦州成紀縣治顯親川。已而不勝，亡歸胡琛，琛，丑林翻。琛以爲大都督、秦王，資以士馬，使擊念生。伯度屢破念生軍，復據顯親，復，扶又翻；下生復同。乃叛琛，東引魏軍。念生窘迫，乞降於蕭寶寅，窘，渠隕翻。寶寅使行臺左丞崔士和據秦州。魏以伯度爲涇州刺史，封平秦郡公。魏太延二年，置平秦郡於雍縣，屬岐州。大都督元脩義停軍隴口，久不進，隴口，隴坻之口。念生復反，執士和送胡琛，於道殺之。久之，伯度爲万俟醜奴所殺，万，莫北翻。俟，渠之翻。賊勢益盛，寶寅不能制。胡琛與莫折念生交通，事破六韓拔陵浸慢，琛應拔陵見上卷五年。拔陵遣其臣費律至高平，誘琛，斬之，誘，音酉。醜奴盡并其衆。

30 冬，十一月，庚辰，大赦。

31 丁貴嬪卒，太子水漿不入口，太子統，丁貴嬪所生也。卒，子恤翻。上使謂之曰：「毀不滅性，引孝經孔子之言。況我在邪！」乃進粥數合。合，古沓翻。漢志曰：十龠爲合。合者，合龠之量也。太子體素肥壯，腰帶十圍，至是減削過半。過，工禾翻。

32 夏侯亶等軍入魏境，所向皆下。辛巳，魏揚州刺史李憲以壽陽降，降，戶江翻；下同。宣猛將軍陳慶之入據其城，凡降城五十二，獲男女七萬五千口。丁亥，縱李憲還魏，復以壽陽爲豫州，自宋以來，以壽陽爲豫州。裴叔業叛齊降魏，魏以壽陽爲揚州，復漢、魏之舊也。今復以壽陽爲豫州，復宋、齊之舊也。復以，扶又翻，又如字。改合肥爲南豫州，天監五年徙豫州治合肥。以夏侯亶爲豫、南豫二州刺史。壽陽久罹兵革，民多離散，亶輕刑薄賦，務農省役，頃之，民戶充復。

33 杜洛周圍范陽，戊戌，民執魏幽州刺史王延年、行臺常景送洛周，開門納之。常景擊杜洛周，數戰數勝，而終於爲虜者，民樂於從亂而疾視其上也。

34 魏齊州平原民劉樹等反，宋武帝僑置平原郡於梁鄒，屬冀州；後入於魏，改冀州爲齊州，平原爲東平原郡。攻陷郡縣，頻敗州軍，刺史元欣以平原房士達爲將，討平之。敗，補邁翻。將，卽亮翻。

35曹義宗據穰城以逼新野，穰，人羊翻。魏遣都督魏承祖及尚書左丞、南道行臺辛纂救之。考異曰：梁書，此年冬，新野降；魏書，肅宗崩後，新野猶在；恐梁書誤。蓋梁自前年攻新野，此年魏使魏承祖救之也。又周于謹傳云：「孝昌二年與辛纂討義宗。」今以爲據。義宗戰不利，不敢進。纂，雄之從父兄也。

36魏盜賊日滋，征討不息，國用耗竭，豫徵六年租調，猶不足，調，徒弔翻。乃罷百官所給酒肉，又稅入市者人一錢，及邸店皆有稅，百姓嗟怨。吏部郎中辛雄上疏，以爲：「華夷之民相聚爲亂，豈有餘憾哉？正以守令不得其人，守，式又翻。百姓不堪其命故也。宜及此時早加慰撫。但郡縣選舉，由來共輕，貴遊儁才，莫肯居此。宜改其弊，分郡縣爲三等，清官選補之法，妙盡才望，如不可並，後地先才，不得拘以停年。地，門地也。崔亮制停年格，見一百四十九卷天監十八年。後、先，並去聲。三載黜陟，載，子亥翻。有稱職者，補在京名官；稱，尺證翻。如不歷守令，不得爲內職。則人思自勉，枉屈可申，強暴自息矣。」不聽。

大通元年（丁未、五二七）是年三月方改元大通。

1春，正月，乙丑，以尚書左僕射徐勉爲僕射。時右僕射缺，故左僕射止爲僕射。

2辛未，上祀南郊。

3甲戌，魏以司空皇甫度爲司徒，儀同三司蕭寶寅爲司空。

4魏分定、相二州四郡置殷州，按魏收志，殷州止領趙郡、鉅鹿、南鉅鹿三郡，蓋初置時兼領相州之廣宗郡也。殷州治廣阿。劉昫曰：北齊改爲趙州。隋改廣阿爲大陸，唐武德四年改爲象城，天寶二年改爲昭慶，以有建初、啓運二陵也。宋開寶五年改昭慶爲隆平，熙寧六年省隆平縣爲隆平鎮，入臨城縣。相，息亮翻。以北道行臺博陵崔楷爲刺史。楷表稱：「州今新立，尺刃斗糧，皆所未有，乞資以兵糧。」詔付外量聞，使量計合給兵糧之數以聞也。量，音良。竟無所給。或勸楷留家，單騎之官，騎，奇寄翻。楷曰：「吾聞食人之祿者憂人之憂，若吾獨往，則將士誰肯固志哉！」遂舉家之官。葛榮逼州城，或勸減弱小以避之，楷遣幼子及一女夜出；既而悔之，曰：「人謂吾心不固，虧忠而全愛也。」遂命追還。賊至，強弱相懸，又無守禦之具；楷撫勉將士以拒之，莫不爭奮，皆曰：「崔公尚不惜百口，吾屬何愛一身！」連戰不息，死者相枕，枕，職任翻。終無叛志。辛未，城陷，楷執節不屈，榮殺之，藩翰之任，保境安民，上也，全城卻敵，次也，死於城郭，豈得已哉！崔楷闔家幷命，其志節有可憐矣，上之人實有罪焉。遂圍冀州。

5蕭【章：甲十一行本「蕭」上有「魏」字；乙十一行本同；孔本同；張校同。】寶寅出兵累年，將士疲弊。秦賊擊之，寶寅大敗於涇州，收散兵萬餘人，屯逍遙園，東秦州刺史潘義淵以汧城降賊。秦州既爲賊所據，魏置東秦州於隴東郡，治汧城，卽隋唐之汧源縣也。將，卽亮翻。汧，口堅翻。降，戶江翻。莫折念生進逼岐州，城人執刺史魏蘭根應之。豳州刺史畢祖暉戰沒，行臺辛深棄城走，棄豳州城也。北海王顥軍亦敗。賊帥胡引祖據北華州，「引祖」，恐當作「弘祖」。魏孝文帝太和十五年置東秦州於杏城，後改爲北華州，領中部、敷城郡。帥，所類翻。華，戶化翻。吐干麒麟據豳州以應天生，吐干，虜複姓。關中大擾。雍州刺史楊椿募兵得七千餘人，帥以拒守，雍，於用翻。帥，讀曰率。詔加椿侍中兼尚書右僕射，爲行臺，節度關西諸將。北地功曹毛鴻賓引賊抄掠渭北，抄，楚交翻。雍州錄事參軍楊侃將兵三千掩擊之；鴻賓懼，請討賊自效，遂擒送宿勤烏過仁。烏過仁者，明達之兄子也。莫折天生乘勝寇雍州，考異曰：羊侃傳作「莫遮」，今從魏書。蕭寶寅部將羊侃隱身塹中射之，應弦而斃，塹，七豔翻。射，而亦翻。其衆遂潰。侃，祉之子也。

6 魏右民郎陽平路思令上疏，晉武帝置尚書右民郎。以爲：「師出有功，在於將帥，得其人則六合唾掌可清，人欲舉手有爲，先唾其掌。六合，天、地、東、西、南、北也。唾掌可清，言其易也。唾，湯卧翻，口液也。失其人則三河方爲戰地。此指漢三河之地爲言。魏都洛陽，三河則畿甸也。竊以比年將帥多寵貴子孫，銜杯躍馬，志逸氣浮，軒眉扼【章：甲十一行本「扼」作「攘」；乙十一行本同；孔本同。】腕，以攻戰自許；及臨大敵，憂怖交懷，雄圖銳氣，一朝頓盡。乃令羸弱在前以當寇，強壯居後以衞身，兼復器械不精，進止無節，以當負險之衆，數戰之虜，腕，烏貫翻。怖，普布翻。羸，倫爲翻。比，毗至翻。復，扶又翻；下復疑同。數，所角翻。欲其不敗，豈可得哉！是以兵知必敗，始集而先逃；將帥畏敵，遷延而不進。國家謂官爵未滿，屢加寵命；復疑賞賚之輕，日散金帛。帑藏空竭，民財殫盡，帑，他朗翻。藏，徂浪翻。遂使賊徒益甚，生民彫弊，凡以此也。夫德可感義夫，恩可勸死士。今若黜陟幽明，賞罰善惡，簡練士卒，繕修器械，先遣辯士曉以禍福，如其不悛，以順討逆，悛，丑緣翻。如此，則何異厲蕭斧而伐朝菌，戰國時雍門周有是言。莊子曰：朝菌不知晦朔。音義云：菌，大芝也，天陰生糞上，見日則死。梁簡文云：菌，欻生之芝也。音其隕翻。鼓洪爐而燎毛髮哉！」弗聽。

7 戊子，魏以皇甫度爲太尉。

8 己丑，魏主以四方未平，詔內外戒嚴，將親出討，竟亦不行。

9 譙州刺史湛僧智圍魏東豫州，姓譜：湛，丈減翻，姓也。後漢有大司農湛重。帝置譙州，治新昌城，領新昌、高塘、臨徐、南梁郡。五代志：江都郡清流縣，舊置新昌郡。考異曰：魏帝紀及曹世表傳作「湛僧」。今從梁夏侯夔傳。將軍彭羣、王辯圍琅邪，魏敕青、南青二州救琅邪。魏青州領齊、北海、樂安、勃海、高陽、河間、樂陵郡。南青州當又置於其南。司州刺史夏侯夔帥壯武將軍裴之禮等出義陽道，攻魏平靜、穆陵、陰山三關，皆克之。水經註：木陵關在黃武山東北，晉西陽城西南。帥，讀曰率；下同。夔，亶之弟；之禮，邃之子也。

10 魏東清河郡山賊羣起，詔以齊州長史房景伯爲東清河太守。宋武帝僑置清河郡於盤陽，屬冀州，後入于魏，爲東清河郡，屬齊州。五代志，齊州長山縣，清河、平原二郡併入焉。郡民劉簡虎嘗無禮於景伯，舉家亡去，景伯窮捕，禽之，署其子爲西曹掾，令諭山賊。賊以景伯不念舊惡，皆相帥出降。掾，俞絹翻。降，戶江翻。景伯母崔氏，通經，有明識。貝丘婦人列其子不孝，貝丘僑縣，亦宋武帝置，屬清河郡。五代志，齊州淄川縣，舊曰貝丘，置東清河郡。按前註所謂清河郡置於盤陽者，據魏收地形志，宋郡也。五代志，長山之清河、平原，雙頭郡也。房景伯所守者，貝丘之東清河也。景伯以白其母，母曰：「吾聞聞名不如見面，山民未知禮義，何足深責！」乃召其母，與之對榻共食，使其子侍立堂下，觀景伯供食。未旬日，悔過求還；崔氏曰：「此雖面慚，其心未也，且置之。」凡二十餘日，其子叩頭流血，母涕泣乞還，然後聽之，卒以孝聞。卒，子恤翻。景伯，法壽之族子也。房法壽見一百三十二卷宋明帝泰始三年。

11 二月，秦賊據魏潼關。出蕭寶寅之後。

12 庚申，魏東郡民趙顯德反，殺太守裴烟，自號都督。魏東郡治滑臺城，屬西兗州。「烟」，俗「煙」字。

13 將軍成景儁攻魏彭城，魏以前荊州刺史崔孝芬爲徐州行臺以禦之。先是，孝芬坐元叉黨與盧同等俱除名，盧同除名見上卷普通六年。先，悉薦翻。及將赴徐州，入辭太后，太后謂孝芬曰：「我與卿姻戚，時太后爲魏主納孝芬女爲世婦，故云然。奈何內頭元叉車中，稱『此老嫗會須去之！』」嫗，威遇翻。去，羌呂翻。孝芬曰：「臣蒙國厚恩，實無斯語。假令有之，誰能得聞！若有聞者，此於元叉親密過臣遠矣。」太后意解，悵然有愧色。景儁欲堰泗水以灌彭城，孝芬與都督李叔仁等擊之，景儁遁還。

14 三月，甲子，魏主詔將西討，中外戒嚴。會秦賊西走，復得潼關，復，扶又翻。戊辰，詔回駕北討。其實皆不行。

15 葛榮久圍信都，魏以金紫光祿大夫源子邕爲北討大都督以救之。

16 初，上作同泰寺，又開大通門以對之，取其反語相協，同泰反爲大，大通反爲同，是反語相協也。反，音翻。上晨夕幸寺，皆出入是門。辛未，上幸寺捨身；甲戌，還宮，大赦，改元。改是年爲大通元年。

17 魏齊州廣川民劉鈞聚衆反，宋武帝僑置廣川郡，屬冀州，入魏屬齊州。五代志，齊州長山縣，舊曰武強，置廣川郡。自署大行臺；清河民房項自署大都督，屯據昌國城。魏收志，東清河郡武城縣有昌國城。

18 夏，四月，魏將元斌之討東郡，斬趙顯德。將，卽亮翻。

19 己酉，柔然頭兵可汗遣使入貢於魏，可，從刊入聲。汗，音寒。使，疏吏翻。且請討羣賊。魏人畏其反覆，詔以盛暑，且俟後敕。

20 魏蕭寶寅之敗也，有司處以死刑，詔免爲庶人。雍州刺史楊椿有疾求解，復以寶寅爲都督雍・涇等四州諸軍事、征西將軍、雍州刺史、開府儀同三司、西討大都督，自關以西皆受節度。處，昌呂翻。復，扶又翻。雍，於用翻。椿還鄉里，楊椿世居華陰。其子昱將適洛陽，椿謂之曰：「當今雍州刺史亦無踰於寶寅者，但其上佐，朝廷應遣心膂重臣，何得任其牒用！此乃聖朝百慮之一失也。朝，直遙翻。且寶寅不藉刺史爲榮，吾觀其得州，喜悅特甚，至於賞罰云爲，不依常憲，恐有異心。汝今赴京師，當以吾此意啓二聖，二聖，謂胡太后、魏主。幷白宰輔，更遣長史、司馬、防城都督，欲安關中，正須三人耳。如其不遣，必成深憂。」昱面啓魏主及太后，皆不聽。是後寶寅以關中叛魏，如楊椿所料。

21 五月，丙寅，成景儁攻魏臨潼、竹邑，拔之。魏置臨潼郡，治臨潼城。據水經，城臨潼水，故名。竹邑，卽漢沛郡之竹縣也，魏爲南濟陰郡治所。五代志：下邳郡夏丘縣，舊置臨潼郡。彭城郡符離縣，隋廢竹邑入焉。宋白曰：符離縣朝斛城西南七十里有竹邑城。東宮直閤蘭欽攻魏蕭城、厥固，拔之，東宮亦有直閤將軍。魏收志，魏沛郡治蕭縣黃陽城，又領內相縣有厥城。領內，猶言管內也。欽斬魏將曹龍牙。將，卽亮翻。

22 六月，魏都督李叔仁討劉鈞，平之。

23 秋，七月，魏陳郡民劉獲、鄭辯反於西華，西華縣，漢屬汝南郡，晉屬潁川郡，元魏屬陳郡。改元天授，與湛僧智通謀，湛僧智時圍魏東豫州。魏以行東豫州刺史譙國曹世表爲東南道行臺以討之，源子恭代世表爲東豫州。諸將以賊衆強，官軍弱，且皆敗散之餘，不敢戰，欲保城自固。

世表方病背腫，𦍒出，呼統軍是云寶是云，姓也。魏書官氏志，内入諸姓有是云氏。謂曰：「湛僧智所以敢深入爲寇者，以獲、辯皆州民之望，爲之内應也。𨛬聞獲引兵欲迎僧智，去此八十里；今出其不意，一戰可破，獲破，則僧智自走矣。」乃選士馬付寶，暮出城，比曉而至，比，必利翻，及也。擊獲，大破之，窮討，餘黨悉平。僧智聞之，遁還。鄭辯與子恭親舊，亡匿子恭所，世表集將吏面責子恭，收辯，斬之。

24 魏相州刺史樂安王鑒與北道都督裴衍共救信都。相，息亮翻。「樂安」當作「安樂」；樂，音洛。鑒幸魏多故，陰有異志，遂據鄴叛，降葛榮。降，戶江翻；下同。

25 己丑，魏大赦。

初，侍御史遼東高道穆奉使相州，使，疏吏翻；下同。前刺史李世哲奢縱不法，道穆按之。世哲弟神軌用事，道穆兄謙之家奴訴良，律禁壓良爲賤。謂本是良民，壓爲奴婢。神軌收謙之繫廷尉。赦將出，神軌啓太后先賜謙之死，朝士哀之。朝，直遥翻。

26 彭羣、王辯圍琅邪，自夏【章：甲十一行本「夏」作「春」；乙十一行本同；孔本同；張校同。】及秋，魏青州刺史彭城王劭遣司馬鹿悆，南青州刺史胡平遣長史劉仁之將兵擊羣、辯，破之，羣戰沒。劭，勰之子也。彭城王勰，魏之賢王也，死於高肇之譖。悆，羊茹翻。將，卽亮翻。勰，音協。

27 八月，魏遣都督源子邕、李神軌、裴衍攻鄴。子邕行及湯陰，湯陰縣，漢屬河内郡，晉廢縣，其地在汲郡界。安樂王鑒遣弟斌之夜襲子邕營，不克；子邕乘勝進圍鄴城，丁未，拔之，斬鑒，傳首洛陽，改姓拓跋氏。魏因遣子邕、裴衍討葛榮。

28 九月，秦州城民杜粲殺莫折念生闔門皆盡，粲自行州事。南秦州城民辛琛亦自行州事，遣使詣蕭寶寅請降。琛，丑林翻。魏復以寶寅爲尚書令，還其舊封。寶寅涇州之敗，免爲庶人。舊封者，寶寅自丹楊郡公徙封梁郡公。復，扶又翻。

29 譙州刺史湛僧智圍魏東豫州刺史元慶和於廣陵，此廣陵城在新息縣界。魏將軍元顯伯救之，司州刺史夏侯夔自武陽引兵助僧智。武陽關，義陽三關之一也。冬十月，夔至城下，慶和舉城降。夔以讓僧智，僧智曰：「慶和欲降公，不欲降僧智，今往，必乖其意。且僧智所將應募烏合之人，不可御以法；公持軍素嚴，必無侵暴，受降納附，深得其宜。」夔乃登城，拔魏幟，建梁幟；幟，昌志翻。慶和束兵而出，吏民安堵，獲男女四萬餘口。

臣光曰：湛僧智可謂君子矣！忘其積時攻戰之勞，湛僧智自是年正月攻圍東豫州。以授一朝新至之將，知己之短，不掩人之長，功成不取以濟國事，忠且無私，可謂君子矣！

30 元顯伯宵遁，諸軍追之，斬獲萬計。詔以僧智領東豫州刺史，鎮廣陵。夔引軍屯安陽，魏收志：東豫州汝南郡有安陽縣。五代志：汝南眞陽縣，隋廢魏安陽縣入焉。遣別將屠楚城，魏收志，梁置西楚州於楚城。五代志，汝南郡城陽縣，梁置楚州。由是義陽北道遂與魏絕。

31 領軍曹仲宗、東宮直閣陳慶之攻魏渦陽，渦，古禾翻。詔尋陽太守韋放將兵會之。魏散騎常侍費穆引兵奄至，散，悉亶翻。騎，奇寄翻。放營壘未立，麾下止有二百餘人，放免胄下馬，據胡牀處分，胡牀，卽今之交牀，隋惡胡字，改曰交牀，今之交椅是也。處，昌呂翻。分，扶問翻。士皆殊死戰，莫不一當百，魏兵遂退。放，叡之子也。梁之將帥，韋叡一人而已。

魏又遣將軍元昭等衆五萬救渦陽，前軍至駝澗，去渦陽四十里。今自肥河口泝淮西上得駝澗灘，其灘南對永壽館北至耶河。陳慶之欲逆戰，韋放以魏之前鋒必皆輕銳，不如勿擊，待其來至，慶之曰：「魏兵遠來疲倦，去我旣遠，必不見疑，及其未集，須挫其氣。諸君若疑，「君」或作「軍」。慶之請獨取之。」於是帥麾下二百騎進擊，破之，帥，讀曰率。騎，奇寄翻。魏人驚駭。慶之乃還，與諸將連營而進，背渦陽城與魏軍相持。背，蒲妹翻。自春至冬，數十百戰，將士疲弊。聞魏人欲築壘於軍後，曹仲宗等恐腹背受敵，議引軍還，慶之杖節軍門曰：「共來至此，涉歷一歲，去年慶之入壽陽，至此涉歷一年。糜費極多。今諸君皆無鬬心，唯謀退縮，豈是欲立功名，直聚爲抄暴耳！抄，楚交翻。吾聞置兵死地，乃可求生，兵法，置之死地而後生。須虜大合，然後與戰。審欲班師，慶之別有密敕，今日犯者，當依敕行之！」仲宗等乃止。

魏人作十三城，欲以控制梁軍。慶之銜枚夜出，陷其四城，渦陽城主王緯乞降。緯，于貴翻。考異曰：魏帝紀：「九月辛卯，東豫州刺史元慶和以城叛。」梁帝紀：「十月庚戌，魏東豫州刺史元慶和以渦陽内屬。」夏侯夔傳：「湛僧智圍元慶和於廣陵，慶和請降，詔以僧智爲東豫州，鎮廣陵。」韋放傳：「普通八年，曹仲宗攻渦陽，放會之，城主王偉降。」陳慶之傳：「大通元年，隸曹仲宗伐渦陽，城主王偉降，詔以渦陽置西徐州。」然則廣陵、渦陽，兩處兩事。梁紀「慶和」、「渦陽」之間或更有脱字耳。魏紀九月，據聞慶和始叛之時，梁紀十月，據慶和降款到日。按陳慶之傳云自春至冬。今從梁紀十月爲定。此別一廣陵，非南兗州之廣陵也。「王偉」當作「王緯」，蓋草書之誤也。韋放簡遣降者三十餘人分報魏諸營，陳慶之陳其俘馘，鼓譟隨之，九【章：甲十一行本「九」上有「魏」字；乙十一行本同；孔本同；張校同；退齋校同。】城皆潰，追擊之，俘斬略盡，尸咽渦水，所降城中男女三萬餘口。

32 蕭寶寅之敗於涇州也，或勸之歸罪洛陽，或曰：「不若留關中立功自效。」行臺都令史河間馮景曰：「擁兵不還，此罪將大。」尚書有都令史，故行臺亦置之。寶寅不從，自念出師累年，糜費不貲，一旦覆敗，内不自安；魏朝亦疑之。朝，直遥翻。

中尉酈道元，素名嚴猛，司州牧汝南王悦魏都洛陽，置司州。嬖人丘念，弄權縱恣，道元收念付獄；悦請之於胡太后，太后欲赦之，道元殺之，并以劾悦。嬖，卑義翻，又博計翻。劾，戶概翻，又戶得翻。

時寶寅反狀已露，悦乃奏以道元爲關右大使。使，疏吏翻。寶寅聞之，謂爲取己，甚懼，長安輕薄子弟復勸使舉兵。復，扶又翻；下不復、寅復同。寶寅以問河東柳楷，楷曰：「大王，齊明帝子，天下所屬，屬，之欲翻。今日之舉，實允人望。且謠言『鸞生十子九子毈，一子不毈關中亂。』【章：甲十一行本「亂」下有「亂者治也」四字；乙十一行本同；孔本同；張校同；退齋校同。】齊明帝諱鸞，寶寅之父也。毈，徒玩翻，卵壞也。周、秦以前，以「亂」爲「治」。大王當治關中，何所疑！」道元至陰盤驛，此陰盤縣驛也。魏收地形志曰：陰盤縣本屬安定，晉屬京兆。魏眞君七年併新豐，太和十一年復置陰盤縣，鴻門、戲水正屬縣界。按漢安定郡與京兆相去遼遠，中間爲馮翊所隔，自晉以後所置陰盤縣，非漢安定之陰盤縣地也，魏收不深考耳。宋白曰：京兆昭應縣東十三里有故城，後漢靈帝末，移安定郡陰盤縣寄理於此，今亦謂之陰盤城，後魏太和九年，自此復移陰盤縣城於今昭應縣東三十一里零水西、戲水東，司馬村故城是也。寶寅遣其將郭子恢攻殺之，將，卽亮翻。收殯其尸，表言白賊所害。秦人謂鮮卑爲白虜，自苻秦之亂，鮮卑之種有因而留關中者，是時亦相挺爲盜，因謂之白賊。或曰：白賊，謂白地之寇也。又上表自理，稱爲楊椿父子所譖。

寶寅行臺郎中武功蘇湛，臥病在家，寶寅令湛從母弟開府屬天水姜儉說湛魏以寶寅爲開府，故有掾有屬。從，才用翻。說，式芮翻。曰：「元略受蕭衍旨，欲見勦除，略自梁還魏，大見寵任，故寶寅託以爲言。勦，子小翻。道元之來，事不可測，吾不能坐受死亡，今須爲身計，不復作魏臣矣。死生榮辱，與卿共之。」湛聞之，舉聲大哭。儉遽止之曰：「何得便爾！」湛曰：「我百口今屠滅，云何不哭！」哭數十聲，徐謂儉曰：「爲我白齊王，寶寅歸魏，封爲齊王，故稱之。爲，于僞翻；下口爲同。王本以窮鳥投人，賴朝廷假王羽翼，榮寵至此。屬國步多虞，屬，之欲翻。不能竭忠報德，乃欲乘人間隙，間，古莧翻。信惑行路無識之語，欲以羸敗之兵守關問鼎。守關，謂寶寅欲守潼關之險，割據關中。問鼎，謂欲窺天位。成王定鼎于郟鄏，三代之世寶也，楚莊問鼎之大小輕重，欲以兵威脅取之，故以諭窺天位者。羸，倫爲翻。今魏德雖衰，天命未改。且王之恩義未洽於民，但見其敗，未見有成，蘇湛不能以百口爲王族滅。」寶寅復使謂曰：「我救死不得不爾，所以不先相白者，恐沮吾計耳。」沮，在呂翻。湛曰：「凡謀大事，當得天下奇才與之從事，今但與長安博徒謀之，此有成理不？不，讀曰否。湛恐荆棘必生於齋閤，此亦用伍胥、伍被語意。願賜骸骨歸鄉里，庶得病死，下見先人。」寶寅素重湛，且知其不爲己用，聽還武功。

甲寅，寶寅自稱齊帝，改元隆緒，赦其所部，置百官。都督長史毛遐，寶寅都督雍、涇等四州，又爲西討大都督，以遐爲府長史。鴻賓之兄也，與鴻賓帥氐、羌起兵於馬祇柵以拒寶寅，帥，讀曰率。寶寅遣大將軍盧祖遷擊之，爲遐所殺。寶寅方祀南郊，行卽位禮未畢，聞敗，色變，不暇整部伍，狼狽而歸。以姜儉爲尚書左丞，委以心腹。文安周惠達爲寶寅使，在洛陽，文安縣，前漢屬勃海，後漢屬河間；晉置章武郡，文安屬焉。使，疏吏翻。有司欲收之，惠達逃歸長安。寶寅以惠達爲光祿勳。

丹楊王蕭贊聞寶寅反，懼而出走，趣白馬山，趣，七喻翻。至河橋，爲人所獲，魏主知其不預謀，釋而慰之。行臺郎封偉伯等與關中豪桀謀舉兵誅寶寅，事泄而死。

魏以尚書僕射長孫稚爲行臺以討寶寅。

正平民薛鳳賢反，魏收志，世祖置太平郡於河東聞喜縣，孝文太和十八年，改曰正平郡，屬東雍州，領聞喜、曲沃二縣。宗人薛脩義亦聚衆河東，分據鹽池，攻圍蒲坂，東西連結以應寶寅。詔都督宗正珍孫討之。

33 十一月，丁卯，以護軍蕭淵藻爲北討都督，鎮渦陽。戊辰，以渦陽爲西徐州。渦陽，魏置譙州，梁改爲西徐州，領南譙、汴、龍亢、蘄城、潁川、臨渙、蒙郡。渦，音戈。

34 葛榮圍信【章：甲十一行本「信」上有「魏」字；乙十一行本同；孔本同；退齋校同。】都，自春及冬，冀州刺史元孚帥勵將士，晝夜拒守，帥，讀曰率；下同。糧儲既竭，外無救援，己丑，城陷；榮執孚，逐出居民，凍死者什六七。孚兄祐爲防城都督，榮大集將士，議其生死。孚兄弟各自引咎，爭相爲死，爲，于僞翻。都督潘紹等數百人，皆叩頭請就法以活使君。榮曰：「此皆魏之忠臣義士。」於是同禁者五百人皆得免。

魏以源子邕爲冀州刺史，將兵討榮；將，即亮翻。裴衍表請同行，詔許之。子邕上言：「衍行，臣請留；臣行，請留衍；若逼使同行，敗在旦夕。」不許。十二月，戊申，行至陽平東北漳水曲，榮帥衆十萬擊之，子邕、衍俱敗死。

相州吏民聞冀州已陷，子邕等敗，人不自保。相州刺史恆農李神志氣自若，魏顯祖諱弘，改弘農曰恆農。相，息亮翻。恆，戶登翻。撫勉將士，大小致力，葛榮盡銳攻之，卒不能克。卒，子恤翻。

35 秦州民駱超殺杜粲，請降於魏。杜粲殺莫折念生，駱超又殺杜粲，羣盜互相屠滅以邀一時之利，不足怪也。降，戶江翻。

張政烺標點王崇武聶崇岐覆校

資治通鑑卷第一百五十二

端明殿學士兼翰林侍讀學士朝散大夫右諫議大夫充集賢殿修撰提舉西京嵩山崇福宮上柱國河内郡開國侯食邑一千八百戶食實封六百戶賜紫金魚袋臣　司馬光　奉敕編集
後　學　天　台　胡三省　音　註

梁紀八

著雍涒灘（戊申），一年。

高祖武皇帝八

大通二年（戊申、五二八）

1 春，正月，癸亥，魏以北海王顥爲驃騎大將軍、開府儀同三司、相州刺史。驃，匹妙翻。騎，奇寄翻。相，息亮翻。

2 魏北道行臺楊津守定州城，居鮮于脩禮、杜洛周之間，迭來攻圍；津蓄薪糧，治器械，治，直之翻。隨機拒擊，賊不能克。津潛使人以鐵券說賊黨，賊黨有應津者，遺津書曰：「賊所以圍城，正爲取北人耳。說，式芮翻。遺，于季翻。爲，于僞翻。城中北人，宜盡殺之，不然，必爲患。」津悉收北人内子城中而不殺，衆無不感其仁。

及葛榮代脩禮統衆，榮得脩禮之衆，見上卷普通七年。使人說津，許以爲司徒，津斬其使，固守三年。普通七年春，津守定州，至是三年。說，式芮翻。其使，疏吏翻。杜洛周圍之，魏不能救。津遣其子遁突圍出，詣柔然頭兵可汗求救。遁日夜泣請，頭兵遣其從祖吐豆發帥精騎一萬南出；前鋒至廣昌，賊塞隘口，廣昌縣自漢以來屬代郡。自廣昌東南山南出倒馬關，至中山上曲陽縣，關山險隘，實爲深峭，石磴逶迤，沿塗九曲。可，從刊入聲。汗，音寒。從，才用翻。帥，讀曰率；下同。塞，悉則翻。柔然遂還。乙丑，津長史李裔引賊入，執津，欲烹之，既而捨之。史言城無糧援，雖善守者不能支久。瀛州刺史元寧以城降洛周。降，戶江翻。

3 乙丑，魏潘嬪生女，胡太后詐言皇子；爲後胡后立女張本。嬪，毗賓翻。丙寅，大赦，改元武泰。

4 蕭寶寅圍馮翊，未下；長孫稚軍至恆農，長，知兩翻。恆，戶登翻。行臺左丞楊侃謂稚曰：「昔魏武與韓遂、馬超據潼關相拒，遂、超之才，非魏武敵也，然而勝負久不決者，扼其險要故也。事見六十六卷漢獻帝建安十六年。今賊守禦已固，雖魏武復生，無以施其智勇。復，扶又翻。不如北取蒲反，此用前漢書地理志「蒲反」字。渡河而西，入其腹心，此亦魏武之故智也。置兵死地；則華州之圍不戰自解，五代志：馮翊郡，後魏置華州。華，戶化翻。潼關之守必內顧而走，支節既解，長安可坐取也。若愚計可取，願爲明公前驅。」稚曰：「子之計則善矣；然今薛脩義圍河東，薛鳳賢據安邑，宗正珍孫守虞坂不得進，水經注曰：虞坂，卽左傳所謂顛軨，在傅巖東北十餘里，東西絕澗，於中築以成道，指南北之路，謂之軨橋。橋之東北有虞原，上道東有虞城，其城北對長坂二十餘里，謂之虞坂。戰國策曰：「昔騏驥駕鹽車上虞坂，遷延不能進，」正此處也。坂，音反。如何可往？」侃曰：「珍孫行陳一夫，行，戶剛翻。陳，讀曰陣。因緣爲將，將，卽亮翻。可爲人使，安能使人！河東治在蒲反，治，謂治所也。西逼河漘，漘，船倫翻，水厓也。上平坦而下水深曰漘。封疆多在郡東。脩義驅帥士民西圍郡城，其父母妻子皆留舊村，一旦聞官軍來至，皆有內顧之心，必望風自潰矣。」稚乃使其子子彥與侃帥騎兵自恆農北渡，據石錐壁，五代志，河東郡虞鄉縣有石錐山，於此築壘壁也。侃聲言：「今且停此以待步兵，且觀民情向背。」命送降名者各自還村，「俟臺軍舉三烽，當亦舉烽相應；其無應烽者，乃賊黨也，當進擊屠之，以所獲賞軍。」於是村民轉相告語，背，蒲妹翻。語，牛倨翻。降，戶江翻；下同。雖實未降者亦詐舉烽，一宿之間，火光遍數百里，賊圍城者不測其故，各自散歸；脩義亦逃還，與鳳賢俱請降。丙子，稚克潼關，遂入河東。

會有詔廢鹽池稅，魏朝蓋謂弛鹽利以與民，可以得民也。稚上表以爲：「鹽池天產之貨，密邇京畿，唯應寶而守之，均贍以理。今四方多虞，府藏罄竭，冀、定擾攘，冀、定二州時爲葛榮、杜洛周攻圍。常調之絹不復可收，唯仰府庫，藏，徂浪翻。調，徒弔翻。復，扶又翻。仰，魚向翻。有出無入。略論鹽稅，一年之中，準絹而言，不下三十萬匹，乃是移冀、定二州置於畿甸；今若廢之，事同再失。前此宣武帝用甄琛之言，廢鹽池稅，已爲失計；今又廢之，是爲再失。臣前仰違嚴旨，不先討關賊，徑解河東者，非緩長安而急蒲反，一失鹽池，三軍乏食。天助大魏，茲計不爽。爽，乖也。昔高祖昇平之年，無所乏少，少，詩沼翻。猶創置鹽官而加典護，非與物競利，恐由利而亂俗也。況今國用不足，租徵六年之粟，調折來歲之資，調，徒弔翻。折，之列翻。此皆奪人私財，事不獲已。臣輒符同監將、尉，謂監鹽池之將、尉也。監，工銜翻。將，卽亮翻；下同。還帥所部，依常收稅，帥，讀曰率；下同。更聽後敕。」謂合罷與否，更聽後番敕下也。

蕭寶寅遣其將侯終德擊毛遐。會郭子恢等屢爲魏軍所敗，敗，補邁翻；下穆敗同。終德因其勢挫，還軍襲寶寅；至白門，長安城東出北來第三門曰靑門；意白門卽西出南來第三門也。寶寅始覺，丁丑，與終德戰，敗，攜其妻南陽公主及其少子帥麾下百餘騎自後門出，奔万俟醜奴。少，詩照翻。騎，奇寄翻。万，莫北翻。俟，渠之翻。醜奴以寶寅爲太傅。

二月，魏以長孫稚爲車騎大將軍、開府儀同三司、雍州刺史、尚書僕射、西道行臺。雍，於用翻。

羣盜李洪攻燒鞏西闕口以東，謂鞏縣以西，伊闕口以東也。鞏縣，漢屬河南尹，晉分屬滎陽郡。南結諸蠻；魏都督李神軌、武衛將軍費穆討之。穆敗洪於闕口南，遂平之。

葛榮擊杜洛周，殺之，併其衆。

6魏靈太后再臨朝以來，再臨朝見一百五十卷普通六年。朝，直遙翻。嬖倖用事，嬖，卑義翻，又博計翻。政事縱弛，恩威不立，盜賊蠭起，封疆日蹙。謂秦、隴以西，冀、并以北，皆爲盜區，淮、汝、沂、泗之間，皆爲梁所侵也。魏肅宗年浸長，太后自以所爲不謹，恐左右聞之於帝，凡帝所愛信者，太后輒以事去之，長，知兩翻。去，羌呂翻。務爲壅蔽，不使帝知外事。通直散騎常侍昌黎谷士恢有寵於帝，使領左右；散，悉亶翻。騎，奇寄翻。太后屢諷之，欲用爲州，士恢懷寵，不願出外，太后乃誣以罪而殺之。有蜜多道人，能胡語，帝常置左右，太后使人殺之於城南而【章：甲十一行本「而」下有「詐」字；乙十一行本同；孔本同；張校同；退齋校同。】懸賞購賊。由是母子之間，嫌隙日深。

是時，車騎將軍、儀同三司、并·肆·汾·廣·恆·雲六州討虜大都督爾朱榮「廣」當作「唐」。魏收志，孝昌中置唐州。高歡建義，改唐州曰晉州。按爾朱榮時駐兵於晉陽。兵勢強盛，魏朝憚之。朝，直遙翻。高歡、段榮、尉景、蔡儁先在杜洛周黨中，高歡等歸杜洛周，見一百五十卷普通六年。欲圖洛周不果，逃奔葛榮，又亡歸爾朱榮。劉貴先在爾朱榮所，屢薦歡於榮，榮見其憔悴，未之奇也。憔，昨遙翻。悴，秦醉翻。歡從榮之馬廄，廄有悍馬，榮命歡翦之，髦馬而鬄落之爲翦。悍，侯旰翻。歡不加羈絆而翦之，馬絡首曰羈，繫足曰絆。竟不蹄齧，起，謂榮曰：「御惡人亦猶是矣。」榮奇其言，坐歡於牀下，屏左右，訪以時事，歡曰：「聞公有馬十二谷，榮畜牧蕃庶，以谷量馬。屏，必郢翻。色別爲羣，畜此竟何用也？」畜，吁玉翻。榮曰：「但言爾意！」歡曰：「今天子闇弱，太后淫亂，孽嬖擅命，朝政不行。孽，魚列翻。朝，直遥翻。以明公雄武，乘時奮發，討鄭儼、徐紇之罪以清帝側，霸業可舉鞭而成，此賀六渾之意也。」高歡，字賀六渾。榮大悦，語自日中至夜半乃出，自是每參軍謀。

并州刺史元天穆，孤之五世孫也，孤，拓跋鬱律第四子。與榮善，榮兄事之。榮常與天穆及帳下都督賀拔岳密謀，欲舉兵入洛，内誅嬖倖，外清羣盜，二人皆勸成之。

榮上書以「山東羣盜方熾，熾，尺志翻。冀、定覆没，官軍屢敗，請遣精騎三千東援相州。」騎，奇寄翻。相，息亮翻。太后疑之，報以「念生梟戮，寶寅就擒，醜奴請降，關、隴已定。費穆大破羣蠻，絳蜀漸平。又，北海王顥帥衆二萬出鎮相州，不須出兵。」梟，堅堯翻。降，戶江翻。帥，讀曰率；下同。榮復上書，復，扶又翻；下帝復同。以爲「賊勢雖衰，官軍屢敗，人情危怯，恐實難用。若不更思方略，無以萬全。臣愚以爲蠕蠕主阿那瓌荷國厚恩，蠕蠕之亂，魏援立阿那瓌，事見一百四十九卷普通元年至三年。蠕，人兗翻。荷，下可翻。未應忘報，宜遣發兵東趣下口以躡其背，言阿那瓌荷魏保護之恩，雖叛歸塞北，未應漠然忘報恩之心。下口蓋指飛狐口。趣，七喻翻。北海之軍嚴加警備以當其前。臣麾下雖少，輒盡力命自井陘以北，滏口以西，分據險要，攻其肘腋。少，詩沼翻。陘，音刑。滏，音釜。腋，音亦。葛榮雖并洛周，威恩未著，人類差異，形勢可分。」杜洛周，柔玄鎮民；

葛榮，鮮于脩禮之黨；本非同類，呑幷爲一。及其新合，亟加招討，則形勢可分也。遂勒兵召集義勇，北捍馬邑，東塞井陘。徐紇說太后以鐵券間榮左右，榮聞而恨之。

魏肅宗亦惡儼、紇等，逼於太后，不能去，塞，悉則翻。說，輸芮翻。間，古莧翻。惡，烏路翻。去，羌呂翻。密詔榮舉兵內向，欲以脅太后。榮以高歡爲前鋒，行至上黨，帝復以私詔止之。儼、紇恐禍及己，陰與太后謀酖帝，癸丑，帝暴殂。年十九。甲寅，太后立皇女爲帝，大赦。既而下詔稱：「潘充華本實生女。潘充華，即前所謂潘嬪也，生女見上正月乙丑。故臨洮王寶暉世子釗，體自高祖，臨洮王寶暉，高祖之孫。宜膺大寶。百官文武加二階，宿衛加三階。」乙卯，釗即位。釗始生三歲，太后欲久專政，故貪其幼而立之。

爾朱榮聞之，大怒，謂元天穆曰：「主上晏駕，春秋十九，海內猶謂之幼君；況今奉未言之兒以臨天下，欲求治安，其可得乎！治，直吏翻。吾欲帥鐵騎赴哀山陵，翦除姦佞，更立長君，更，工衡翻。長，知兩翻。何如？」天穆曰：「此伊、霍復見於今矣。」乃抗表稱：「大行皇帝背棄萬方，復，扶又翻。背，蒲妹翻。海內咸稱酖毒致禍。豈有天子不豫，初不召醫，貴戚大臣皆不侍側，安得不使遠近怪愕！又以皇女爲儲兩，太子謂之儲君。易曰：明兩作離，大人以繼明照四方。故稱儲兩。虛行赦宥，上欺天地，下惑朝野。已乃選君於孩提之中，實使姦豎專朝，隳亂綱紀，朝，直遙翻。此何異掩目捕雀，塞耳盜鍾。塞，悉則翻。今羣盜沸騰，鄰敵窺窬，而欲以未言之兒鎮安天下，不亦難乎！　願聽臣赴闕，參預大議，問侍臣帝崩之由，訪侍【章：甲十一行本「侍」作「禁」；乙十一行本同；孔本同；張校同。】衛不知之狀，以徐、鄭之徒付之司敗，雪同天之恥，君父之讎，義不同天。謝遠近之怨，然後更擇宗親以承寶祚。」榮從弟世隆，時爲直閤，更，工衡翻。從，才用翻；下從子之從同。　太后遣詣晉陽慰諭榮；　榮欲留之，世隆曰：「朝廷疑兄，故遣世隆來，今留世隆，使朝廷得預爲之備，非計也。」乃遣之。

7三月，癸未，葛榮陷魏滄州，魏肅宗熙平二年，分瀛、冀二州置滄州，治饒安城，領浮陽、樂陵郡。　執刺史薛慶之，居民死者什八九。

8乙酉，魏葬孝明皇帝于定陵，廟號肅宗。

9爾朱榮與元天穆議，以彭城武宣王有忠勳，彭城王勰，謚武宣。　忠勳，謂侍孝文帝疾，立宣武帝，備極忠勤也。　其子長樂王子攸，素有令望，欲立之。樂，音洛。　又遣從子天光及親信奚毅、倉頭王相入洛，與爾朱世隆密議。　天光見子攸，具論榮心，子攸許之。　天光等還晉陽，榮猶疑之，乃以銅爲顯祖諸【章：甲十一行本「諸」下有「子」字；乙十一行本同；孔本同；張校同；退齋校同。】孫各鑄像，唯長樂王像成。魏人立后，皆鑄像以卜之。慕容氏謂冉閔以金鑄己像不成。胡人鑄像以卜君，其來尚矣，故爾朱榮效之。　榮乃起兵發晉陽，世隆逃出，會榮於上黨。　靈太后聞之，甚懼，悉召王公等入議，宗室大臣皆疾太后所爲，莫肯致言。　徐紇獨曰：「爾朱榮小胡，敢稱兵向闕，文武宿衞足以制之。但守險要以逸待勞，彼懸軍千里，士馬疲弊，破之必矣。」太后以爲然，以黄門侍郎李神軌爲大都督，帥衆拒之，别將鄭季明、鄭先護將兵守河橋，帥，讀曰率。將，即亮翻。武衞將軍費穆屯小平津。先護，儼之從祖兄弟也。

榮至河内，復遣王相密至洛，迎長樂王子攸。復，扶又翻；下榮復同。夏，四月，丙申，子攸與兄彭城王劭、弟霸城公子正潛自高渚渡河，考異曰：楊衒之洛陽伽藍記，「高渚」作「雷波」，今從魏書。丁酉，會榮於河陽，將士咸稱萬歲。戊戌，濟河，子攸卽帝位，帝，彭城王勰之第三子。以劭爲無上王，劭，彭城嫡嗣，且魏主兄也，封爲無上王，言其尊無上也。有君而言無上，君子是以知魏主之不終也。子正爲始平王；以榮爲侍中、都督中外諸軍事、大將軍、尚書令、領軍將軍、領左右，封太原王。領左右，領左右千牛備身也。

鄭先護素與敬宗善，聞帝卽位，與鄭季明開城納之。李神軌至河橋，聞北中不守，晉杜預建河橋於富平津。河北側岸有二城相對，魏高祖置北中郎府，徙諸從隸府戶并羽林虎賁領隊防之。北中不守，可以平行至洛陽矣。宋白曰：北中城，卽今河陽城。卽遁還；費穆棄衆先降於榮。降，戶江翻。徐紇矯詔夜開殿門，取驊騮廄御馬十匹，驊騮，駿馬也，故魏以名御馬廄。東奔兗州，將依羊侃也。爲侃與紇南歸張本。鄭儼亦走還鄉里。鄭儼，滎陽開封人。太后盡召肅宗後宮，皆令出家，太后亦自落髮。

榮召百官迎車駕，己亥，百官奉璽綬，備法駕，迎敬宗於河橋。璽，斯氏翻。綬，音受。考異曰：伽藍記云：「十二日，爾朱榮軍于邙山之北，河陰之野。十三日，召百官迎駕，至者盡誅之。」長曆，是月戊子朔；十二日，己亥也。今從魏書。庚子，榮遣騎執太后及幼主，送至河陰。騎，奇寄翻。太后對榮多所陳說，榮拂衣而起，沈太后及幼主於河。

費穆密說榮曰：「公士馬不出萬人，今長驅向洛，前無橫陳，既無戰勝之威，羣情素不厭服。沈，持林翻。說，式芮翻。陳，讀曰陣。厭，於葉翻。以京師之衆，百官之盛，知公虛實，有輕侮之心。若不大行誅罰，更樹親黨，恐公還北之日，未渡太行而內變作矣。」更，工衡翻。行，戶剛翻。榮心然之，謂所親慕容紹宗曰：「洛中人士繁盛，驕侈成俗，不加芟翦，終難制馭。芟，所銜翻。吾欲因百官出迎，悉誅之，何如？」紹宗曰：「太后荒淫失道，嬖倖弄權，殽亂四海，殽，雜也，錯也。嬖，卑義翻，又博計翻。故明公興義兵以清朝廷。今無故殲夷多士，不分忠佞，殲，息廉翻。恐大失天下之望，非長策也。」榮不聽，乃請帝循河西至淘渚，水經註：孟津，又曰富平津，又謂之陶河；杜畿試樓船於孟津，覆於陶河，即此也。按爾朱榮傳，陶渚在河陰西北三里，南北長堤之西。魏紀「淘」作「陶」。杜佑曰：河南河陽縣西南十三里有古遮馬堤，即其處。引百官於行宮西北，云欲祭天。百官既集，列胡騎圍之，責以天下喪亂，肅宗暴崩，皆由朝臣貪虐，不能匡弼，騎，奇寄翻。喪，息浪翻。朝，直遙翻。因縱兵殺之，自丞相高陽王雍、司空元欽、儀同三司義陽王略以下，死者二千餘人。考異曰：北史云：「榮惑費穆之言，謂天下乘機可取，乃譎朝士共爲盟誓，將向河陰西北三里。至南北長堤，悉命下馬西渡，卽遣胡騎圍之，妄言丞相高陽王反，殺王公以下二千餘人。」榮傳一千三百餘人。今從魏紀。前黃門郎王遵業兄弟居父喪，其母，敬宗之從母也，相帥出迎，俱死。遵業，慧龍之孫也，劉裕得晉權，殺王愉，其孫慧龍奔魏，著功名於南鄙。從，才用翻。帥，讀曰率。儁爽涉學，時人惜其才而譏其躁。躁，則到翻。有朝士百餘人後至，榮復以胡騎圍之，令曰：「有能爲禪文者免死。」侍御史趙元則出應募，遂使爲之。考異曰：北史曰：「時隴西李神儁、頓丘李諧、太原溫子昇並當世辭人，皆在圍中，恥從是命，俯伏不應。」按神儁等不應，何得不死！魏書本傳皆無其事。榮又令其軍士言「元氏旣滅，爾朱氏興，」皆稱萬歲。榮又遣數十人拔刀向行宮，帝與無上王劭、始平王子正俱出帳外。榮先遣并州人郭羅刹、西部高車叱列殺鬼侍帝側，刹，初轄翻。詐言防衞，抱帝入帳，餘人卽殺劭及子正，又遣數十人遷帝於河橋，置之幕下。

帝憂憤無計，使人諭旨於榮曰：「帝王迭興，盛衰無常。今四方瓦解，將軍奮袂而起，所向無前，此乃天意，非人力也。我本相投，志在全生，豈敢妄希天位！希，望也。將軍見逼，以至於此。若天命有歸，將軍宜時正尊號；若推而不居，推，吐雷翻。存魏社稷，亦當更擇親賢而輔之。」更，工衡翻。時都督高歡勸榮稱帝，考異曰：魏爾朱榮傳曰：「於是獻武王與外兵參軍司馬子如等切諫，陳不可之理，榮曰：『愆誤若是，唯當以死謝朝廷。今日安危之機，計將何出？』獻武王等曰：『未若還奉長樂以安天下。』於是還奉莊帝。」北齊書神武紀云：「榮將篡位，神武諫，恐不聽，請鑄像卜之，鑄不成，乃止。」蓋魏收與北齊史官欲爲神武掩此惡，故云爾。今從周書賀拔岳傳。左右多同之，榮疑未決。賀拔岳進曰：「將軍首舉義兵，志除姦逆，大勳未立，遽有此謀，正可速禍，未見其福。」榮乃自鑄金爲像，凡四鑄，不成。功曹參軍燕郡劉靈助善卜筮，漢高祖定天下，燕仍爲國，昭帝改爲廣陽郡；後漢光武併上谷，和帝復爲廣陽郡；晉爲廣陽國，魏爲燕郡。燕，因肩翻。榮信之，靈助言天時人事未可。榮曰：「若我不吉，當迎天穆立之。」靈助曰：「天穆亦不吉，唯長樂王有天命耳。」榮亦精神恍惚，不自支持，久而方寤，史言天位不可以詐力奸。恍，呼廣翻。惚，音忽。深思【章：甲十一行本「思」作「自」；乙十一行本同；孔本同；張校同。】愧悔曰：「過誤若是，唯當以死謝朝廷。」賀拔岳請殺高歡以謝天下，左右曰：「歡雖復愚疏，言不思難，復，扶又翻；下更復同。難，乃旦翻。今四方多事，須藉武將，將，即亮翻。請捨之，收其後效。」榮乃止。夜四更，復迎帝還營，更，工衡翻。榮望馬首叩頭請死。

榮所從胡騎殺朝士既多，不敢入洛城，卽欲向北爲遷都之計。榮狐疑甚久，武衛將軍汎禮固諫。皇甫謐云：汎，本姓凡，遭秦亂避地於汜水，因氏焉。汎，音凡。辛丑，榮奉帝入城。帝御太極殿，下詔大赦，改元建義。從太原王將士，普加五階，在京文官二階，武官三階，百姓復租役三年。復，方目翻，除也。時百官蕩盡，存者皆竄匿不出，唯散騎常侍山偉一人拜赦於闕下。山偉稱頌元叉而得進，其人可知，特乾沒以苟一時之利祿耳。洛中士民草草，詩巷伯曰：勞人草草。註云：草草，勞心也。箋云：草草，憂將妄得罪也。人懷異慮，或云榮欲縱兵大掠，或云欲遷都晉陽；富者棄宅，貧者襁負，率皆逃竄，什不存一二，襁，居兩翻。直衛空虛，官守曠廢。守，手又翻。曠，空也。榮乃上書，稱：「大兵交際，難可齊壹，諸王朝貴，橫死者衆，橫，戶孟翻。臣今粉軀不足塞咎，塞，悉則翻。乞追贈亡者，微申私責。無上王請追尊爲無上皇帝，自餘死於河陰者，王贈三司，三品贈令、僕，五品贈刺史，七品已下白【章：甲十一行本「白」上有「及」字；乙十一行本同；孔本同。】民贈郡鎮；身無官爵，謂之白民，猶言白丁也。郡鎮，郡守、鎮將也。死者無後聽繼，即授封爵。又遣使者循城勞問。」勞，力到翻。詔從之。於是朝士稍出，人心粗安。粗，坐五翻。封無上王之子韶爲彭城王。榮猶執遷都之議，帝亦不能違；都官尚書元諶爭之，以爲不可，漢成帝置三公曹尚書，主斷獄。光武改三公曹主考課，置中都官曹尚書，主水火盜賊事。魏置尚書都官郎，佐督軍事。晉以三公尚書掌刑獄。宋三公、比部主刑法，又置都官尚書，主軍事刑獄。至隋，乃改都官尚書爲刑部尚書。諶，氏壬翻。榮怒曰：「何關君事，而固執也！且河陰之事，君應知之。」諶曰：「天下事當與天下論之，柰何以河陰之酷而恐元諶！諶，國之宗室，位居常伯，尚書，古常伯之任。生既無益，死復何損，復，扶又翻。正使今日碎首流腸，亦無所懼！」榮大怒，欲抵諶罪，爾朱世隆固諫，乃止。見者莫不震悚，諶顏色自若。後數日，帝與榮登高，見宮闕壯麗，列樹成行，行，戶剛翻。乃歎曰：「臣昨愚闇，有北遷之意，今見皇居之盛，熟思元尚書言，深不可奪。」由是罷遷都之議。

諶，謐之兄也。

癸卯，以江陽王繼爲太師，北海王顥爲太傅；光祿大夫李延寔爲太保，賜爵濮陽王；并州刺史元天穆爲太尉，賜爵上黨王；前侍中楊椿爲司徒；車騎大將軍穆紹爲司空，領尚書令，進爵頓丘王；雍州刺史長孫稚爲驃騎大將軍、開府儀同三司，賜爵馮翊王；雍，於用翻。長，知兩翻。驃，匹妙翻。騎，奇寄翻。殿中尚書元諶爲尚書右僕射，賜爵魏郡王；金紫光祿大夫廣陵王恭加儀同三司；其餘起家暴貴者，不可勝數。延寔，沖之子也，李沖柄用於文明、孝文之時。勝，音升。以帝舅故，得超拜。

徐紇弟獻伯爲北海太守，季產爲青州長史，紇使人告之，皆將家屬逃去，與紇俱奔泰山。泰山郡屬兗州，所謂東奔兗州也。鄭儼與從兄滎陽太守仲明謀據郡起兵，從，才用翻。爲部下所殺。

丁未，詔內外解嚴。

魏郢州刺史元顯達請降，降，戶江翻。詔郢州刺史元樹迎之，魏克義陽，以梁之司州爲郢州。梁之郢州治江夏郡。夏侯夔亦自楚城往會之，遂留鎮焉。改魏郢州爲北司州，以夔爲刺史，兼督司州。梁初，義陽陷，僑置司州於關南，今黃州黃陂縣之地。既復義陽，因以爲北司州。夔進攻毛城，逼新蔡；豫州刺史夏侯亶圍南頓，攻陳項；魏行臺源子恭拒之。

11 庚戌，魏賜爾朱榮子义羅爵梁郡王。

12 柔然頭兵可汗數入貢于魏，可，從刊入聲。汗，音寒。數，所角翻。魏詔頭兵贊拜不名，上書不稱臣。

13 魏汝南王悅及東道行臺臨淮王彧聞河陰之亂，皆來奔。先是，魏人降者皆稱魏官爲僞，先，悉薦翻。彧表啓獨稱魏臨淮王；上亦體其雅素，不之責。魏北海王顥將之相州，至汲郡，聞葛榮南侵及爾朱榮縱暴，陰爲自安之計，盤桓不進；以其舅殷州刺史范遵行相州事，代前刺史李神守鄴。行臺甄密知顥有異志，相帥廢遵，甄，之人翻。帥，讀曰率。復推李神攝州事，復，扶又翻。遣兵迎顥，且察其變。顥聞之，帥左右來奔。爲後送顥北還張本。帥，讀曰率。密，琛之從父弟也。甄琛事魏宣武帝。從，才用翻。北青州刺史元世儁、南荆州刺史李志皆舉州來降。魏北青州治東陽，去梁境甚遠。五代志：東海郡，梁置南、北二青州郡，領懷仁縣。又註云：梁置南、北二青州。意者元世儁以懷仁之地來降也。志又曰：春陵郡，後魏置南荆州。降，戶江翻。

14 五月，丁巳朔，魏加爾朱榮北道大行臺。以尚書右僕射元羅爲東道大使，使，疏吏翻。光祿勳元欣副之，巡方黜陟，先行後聞。欣，羽之子也。羽，孝文帝之弟，封廣陵王。

15 爾朱榮入見魏主於明光殿，見，賢遍翻；下朝見同。重謝河橋之事，重，直用翻。誓言無復貳心。帝自起止之，因復爲榮誓，言無疑心。復，扶又翻；下不復同。爲，于僞翻。榮喜，因求酒飲之，熟醉；帝欲誅之，左右苦諫，乃止，即以牀轝向中常侍省。轝，羊茹翻；轝車爲轝。榮夜半方寤，遂達旦不眠，自此不復禁中宿矣。

榮女先爲肅宗嬪，榮欲敬宗立以爲后，帝疑未決，【章：甲十一行本「決」下有「給事」二字；乙十一行本同；孔本同；張校同。】黄門侍郎祖瑩曰：「昔文公在秦，懷嬴入侍；事有反經合義，左傳：晉世子圉質於秦，秦伯以女妻之。子圉逃歸，公子重耳入秦，秦伯納女五人，懷嬴與焉。秦，嬴氏也；圉謚懷公，故曰懷嬴。漢儒以反經合道爲權，祖瑩本此。嬪，毗賓翻。陛下獨何疑焉！」帝遂從之，榮意甚悅。

榮舉止輕脱，喜馳射，喜，許記翻。每入朝見，更無所爲，唯戲上下馬；於西林園宴射，恆請皇后出觀，并召王公、妃主共在一堂。每見天子射中，輒自起舞叫，將相卿士悉皆盤旋，上，時掌翻。恆，戶登翻。中，竹仲翻。將，即亮翻。相，息亮翻。乃至妃主亦不免隨之舉袂。及酒酣耳熱，必自匡坐唱虜歌；匡坐，正坐也。虜歌，胡歌也。日暮罷歸，與左右連手蹋地唱回波樂而出。此所謂蹋歌也。回波樂，曲名。樂，音洛。性甚嚴暴，喜愠無常，刀槊弓矢，不離於手，槊，色角翻。離，力智翻。每有瞋嫌，瞋，昌眞翻。輒行擊射，射，而亦翻。左右恆有死憂。恆，戶登翻。嘗見沙彌重騎一馬，去俗爲僧，受度而未受戒者，謂之沙彌。重騎者，二人共騎也。重，直龍翻。榮即令相觸，力窮不能復動，復，扶又翻。遂使傍人以頭相擊，死而後已。

辛酉，榮還晉陽，帝餞之於邙陰。邙陰，邙山之北也。榮令元天穆入洛陽，加天穆侍中、錄尚書事、京畿大都督兼領軍將軍，以行臺郎中桑乾朱瑞爲黃門侍郎兼中書舍人，朝廷要官，悉用其腹心爲之。

16 丙寅，魏主詔：「孝昌以來，凡有冤抑無訴者，悉集華林東門，當親理之。」時承喪亂之後，喪，息浪翻。倉廩虛竭，始詔「入粟八千石者賜爵散侯，此有官入粟者之賜也。魏制，散侯降開國侯一品。散，悉亶翻。白民輸五百石者賜出身，沙門授本州統及郡縣維那。」維那，各管其郡縣之僧。

爾朱榮之趣洛也，趣，七喻翻。遣其都督樊子鵠取唐州，唐州刺史崔元珍、行臺酈惲拒守不從。乙亥，子鵠拔平陽，斬元珍及惲。惲，於粉翻。元珍，挺之從父弟也。從，才用翻。

17 將軍曹義宗圍魏荊州，堰水灌城，不沒者數板。時魏方多難，不能救，難，乃旦翻。城中糧盡，刺史王羆煑粥與將士均分食之，每出戰，不擐甲冑，仰天大呼曰：擐，音宦。呼，火故翻。「荊州城，孝文皇帝所置，魏孝文太和中置荊州於穰城。天若不祐國家，令箭中王羆額；不爾，王羆必當破賊。」彌歷三年，前後搏戰甚衆，亦不被傷。中，竹仲翻。被，皮義翻。癸未，魏以中軍將軍費穆都督南征諸軍事，將兵救之。將，卽亮翻。

18 魏臨淮王彧聞魏主定位，乃以母老求還，辭情懇至。上惜其才而不能違，六月，丁亥，遣彧還。魏以彧爲侍中、驃騎大將軍，加儀同三司。驃，匹妙翻。騎，奇寄翻。

19 魏員外散騎常侍高乾，祐之從子也，高祐，允之從祖弟。從，才用翻。與弟敖曹、季式皆喜輕俠，喜，許記翻。與魏主有舊。爾朱榮之向洛也，逃奔齊州，聞河陰之亂，遂集流民起兵於河、濟之間，受葛榮官爵，頻破州軍。魏主使元欣諭旨，乾等乃降，濟，子禮翻。降，戶江翻。以乾爲給事黃門侍郎兼武衞將軍，敖曹爲通直散騎侍郎。榮以乾兄弟前爲叛亂，不應復居近要，魏主乃聽解官歸鄉里。敖曹復行抄掠，復，扶又翻。抄，楚交翻。榮誘執之，與薛脩義同拘於晉陽。薛脩義爲龍門鎮將，附蕭寶寅，既降而反側，故亦被拘。誘，音酉。敖曹名昂，以字行。敖曹之父以其子昂藏敖曹，故以爲名字。

20 葛榮軍乏食，遣其僕射任褒將兵南掠至沁水，沁水縣，自漢以來屬河內郡。任，音壬。沁，千浸翻。魏以元天穆爲大都督東北道諸軍事，帥宗正珍孫等討之。帥，讀曰率；下同。

前幽州平北府主簿河間邢杲帥河北流民十萬餘戶反於青州之北海，自稱漢王，改元天統。戊申，魏以征東將軍李叔仁爲車騎大將軍、儀同三司，帥衆討之。

辛亥，魏主詔曰：「朕當親御六戎，戎，兵也。六戎，猶言六軍也。掃靜燕、代。」燕，因肩翻。以大將軍爾朱榮爲左軍，上黨王天穆爲前軍，司徒楊椿爲右軍，司空穆紹爲後軍。葛榮退屯相州之北。相，息亮翻。

21 秋，七月，乙丑，魏加爾朱榮柱國大將軍、錄尚書事。魏初置柱國大將軍，長孫嵩以開國元勳加此號。

22 壬子，魏光州民劉舉聚衆反於濮陽，濮，博木翻。自稱皇武大將軍。

23 是月，万俟醜奴自稱天子，置百官。會波斯國獻師子於魏，波斯國都宿利城，在忸密西，古條支國也；去代都二萬四千二百二十八里。醜奴留之，改元神獸。

24 魏泰山太守羊侃，守，式又翻。以其祖規嘗爲宋高祖祭酒從事，常有南歸之志。徐紇往依之，因勸侃起兵，侃從之。兗州刺史羊敦，侃之從兄也，從，才用翻。密知之，據州拒侃。八月，侃引兵襲敦，弗克，魏兗州刺史治瑕丘，泰山太守治博。築十餘城守之，且遣使來降，使，疏吏翻。降，戶江翻。詔廣晉縣侯泰山羊鴉仁等將兵應接。沈約志：鄱陽郡有廣晉縣，本吳所置廣昌縣；晉武帝太康元年，更名廣晉。魏以侃爲驃騎大將軍、泰山公、兗州刺史，侃斬其使者不受。

將軍王弁侵魏徐州，蕃郡民續靈珍擁衆萬人攻蕃郡以應梁；魏徐州治彭城，領彭城、南陽平、蕃、沛、蘭陵、北濟陰、碭郡。蕃縣，漢、晉屬魯國，魏孝昌三年置蕃郡，治蕃城。五代志：徐州滕縣，舊曰蕃，置蕃郡；隋開皇十六年改曰滕郡，尋廢郡爲縣。蕃，音皮，又音翻。魏徐州刺史楊昱擊靈珍，斬之，弁引還。

25 甲辰，魏大都督宗正珍孫擊劉舉於濮陽，滅之。

26 葛榮引兵圍鄴，衆號百萬，遊兵已過汲郡，汲郡，隋、唐之衞州。所至殘掠，爾朱榮啓求討之。九月，爾朱榮召從子肆州刺史天光留鎮晉陽，曰：「我身不得至處，非汝無以稱我心。」

從，才用翻。稱，尺證翻。自帥精騎七千，馬皆有副，魏收魏書云：帥騎七萬。帥，讀曰率。騎，奇寄翻。倍道兼行，東出滏口，以侯景爲前驅。滏，音釜。葛榮爲盜日久，梁普通七年，葛榮得鮮于脩禮之衆，寇掠河北。橫行河北，爾朱榮衆寡非敵，議者謂無取勝之理。葛榮聞之，喜見於色，見，賢遍翻。令其衆曰：「此易與耳，易，弋豉翻。諸人俱辦長繩，至則縛取。」自鄴以北，列陳數十里，箕張而進。如箕之張也。陳，讀曰陣。爾朱榮潛軍山谷，爲奇兵，分督將已上三人爲一處，處有數百騎，令所在揚塵鼓譟，使賊不測多少。將，卽亮翻。少，詩沼翻。又以人馬逼戰，刀不如棒，勒軍士齎袖棒一枚，置於馬側，至戰時慮廢騰逐，不聽斬級，斬級者，斬首以計功級。以棒棒之而已。棒，蒲項翻。分命壯勇所向衝突，號令嚴明，戰士同奮。爾朱榮身自陷陳，出於賊後，表裏合擊，大破之，於陳擒葛榮，陳，讀曰陣。餘衆悉降。降，戶江翻。以賊徒旣衆，若卽分割，恐其疑懼，或更結聚，乃下令各從所樂，樂，音洛。親屬相隨，任所居止，於是羣情大喜，登卽四散，登者，登時也。數十萬衆一朝散盡。待出百里之外，乃始分道押領，隨便安置，咸得其宜。擢其渠帥，量才授任，新附者咸安，時人服其處分機速。帥，所類翻。量，音良。處，昌呂翻。分，扶問翻。以檻車送葛榮赴洛，冀、定、滄、瀛、殷五州皆平。時上黨王天穆軍於朝歌之南，穆紹、楊椿猶未發，而葛榮已滅，乃皆罷兵。是年夏，魏主將北征，以爾朱榮爲左軍，楊椿爲右軍，穆紹爲後軍。

初，宇文肱從鮮于脩禮攻定州，戰死於唐河。魏收志：定州中山郡唐縣有唐水。水經：唐水導源盧奴縣西北，東流至唐城西北隅，堨而爲湖，其水南入小溝，下注滱水。其子泰在脩禮軍中，脩禮死，從葛榮；葛榮敗，爾朱榮愛泰之才，以爲統軍。宇文泰事始此。

乙亥，魏大赦，改元永安。

辛巳，以爾朱榮爲大丞相、都督河北畿外諸軍事，榮子平昌公文殊、昌樂公文暢並進爵爲王，樂，音洛。以楊椿爲太保，城陽王徽爲司徒。

冬，十月，丁亥，葛榮至洛，魏主御閶闔門洛城西面有廣陽、西明、閶闔三門。又洛陽宮城門曰閶闔，註已見八十四卷晉惠帝太安元年。引見，斬於都市。

27 帝以魏北海王顥爲魏王，遣東宮直閤將軍陳慶之將兵送之還北。將，卽亮翻。考異曰：梁、魏帝紀皆云以顥爲魏主，唯顥傳作「魏王」。按魏封劉昶爲宋王，蕭寶寅爲齊王，蕭詧爲梁王，皆俟得國然後使稱帝耳。若顥在南已稱魏帝，當行卽位之禮，又梁朝應以客禮待之，又顥不應再卽帝位於渙水。蓋由「王」字與「主」字止欠一點，故多致謬誤。今從顥傳。

28 丙申，魏以太原王世子爾朱菩提爲驃騎大將軍、開府儀同三司。菩，薄乎翻。丁酉，以長樂等七郡各萬戶，通前十萬戶，爲太原王榮國，樂，音洛。戊戌，又加榮太師，皆賞擒葛榮之功也。

29 壬子，魏江陽武烈王繼卒。

30 魏使征虜將軍韓子熙招諭邢杲，杲詐降而復反。降，戶江翻。復，扶又翻。李叔仁擊杲於惟水，「惟水」當作「濰水」。【章：乙十一行本正作「濰」；退齋校同。】水經：濰水出琅邪箕縣，東北過東武城縣西，又北過平昌縣東，又北過高密縣西，又北過淳于縣東，又東北過下密縣故城西，又東北過都昌縣東，又東北入于海。五代志：後魏北海郡膠東縣，隋改曰濰水縣，後又改曰下密縣。濰，音惟。失利而還。還，從宣翻，又如字。

31 魏費穆奄至荆州。曹義宗軍敗，爲魏所擒，荆州之圍始解。荆州受圍三年始解。

32 元顥襲魏銍城而據之。銍縣，漢屬沛郡，魏、晉屬譙郡。宋白曰：宿州臨渙縣，漢銍縣地。銍，竹乙翻。

33 魏行臺尚書左僕射于暉等兵數十萬，擊羊侃於瑕丘，劉昫曰：瑕丘，春秋時魯之瑕邑；宋以爲兗州治所，隋始置瑕丘縣。徐紇恐事不濟，說侃請乞師於梁，說，式芮翻。侃信之，紇遂來奔。暉等圍侃十餘重，重，直龍翻。柵中矢盡，南軍不進。十一月，癸亥夜，侃潰圍出，且戰且行，一日一夜乃出魏境，至渣口，水經引郡國志曰：偪陽有柤水，南亂于沂，而注于沭，謂之柤口；春秋諸侯會吳于柤卽此。渣，側加翻。衆尚萬餘人，馬二千匹。士卒皆竟夜悲歌，侃乃謝曰：「卿等懷土，理不能相隨，幸適去留，言或去或留，各從其意也。於此爲別。」各拜辭而去。魏復取泰山。復，扶又翻，又如字。暉，勁之子也。于勁事魏孝文帝。

34 戊寅，魏以上黨王天穆爲大將軍、開府儀同三司，世襲并州刺史。

35 十二月，庚子，魏詔于暉還師討邢杲。

36葛榮餘黨韓樓復據幽州反，爲爾朱榮遣將平韓樓張本。復，扶又翻。北邊被其患。被，皮義翻。爾朱榮以撫軍將軍賀拔勝爲大都督，鎮中山；樓畏勝威名，不敢南出。

張政烺標點　王崇武　聶崇岐覆校

資治通鑑卷第一百五十三

端明殿學士兼翰林侍讀學士朝散大夫右諫議大夫充集賢殿修撰提舉西京嵩山崇福宮上柱國河內郡開國侯食邑一千八百戶食實封六百戶賜紫金魚袋臣司馬光　奉敕編集
後學天台胡三省　音註

梁紀九

屠維作噩（己酉），一年。

高祖武皇帝九

中大通元年（己酉、五二九）是年十月方改元。

1 春，正月，甲寅，魏于暉所部都督彭樂帥二千餘騎叛奔韓樓，暉引還。不敢復進軍討邢杲。帥，讀曰率。騎，奇寄翻。

2 辛酉，上祀南郊，大赦。

3 甲子，魏汝南王悅求還國，許之。悅來奔見上卷上年。

4 辛巳，上祀明堂。

5 二月，甲午，魏主尊彭城武宣王爲文穆皇帝，廟號肅祖；母李妃爲文穆皇后。將遷神主於太廟，以高祖爲伯考，大司馬兼錄尚書臨淮王彧表諫，以爲「漢高祖立太上皇廟於香街，香街，在漢長安故城內，左馮翊府東北。光武祀南頓君於春陵。事見四十三卷建武十九年。元帝之於光武已疏絕服，服至祖免則無服，謂之絕服。猶身奉子道，入繼大宗。漢元帝以大宗則上距景帝五世，以祖孫世數數之則上距景帝七世，光武上接景帝亦七世。五服之次，親盡無服，而光武中興，以赤劉九九之符，繼元帝爲九世，而別爲春陵節侯以下立四親廟於春陵。高祖德洽寰中，道超無外，肅祖雖勳格宇宙，猶北面爲臣。又，二后皆將配饗，乃是君臣並筵，嫂叔同室，竊謂不可。」吏部尚書李神儁亦諫，不聽。彧又請去「帝」著「皇」，請去「帝」著「皇」，亦引漢悼皇、共皇爲據。去，羌呂翻。著，則略翻。亦不聽。

6 詔更定二百四十號將軍爲四十四班。天監七年，定將軍爲二十四班。是年，有司奏移寧遠將軍班中明威將軍進輕車班中，以輕車班中征遠度入寧遠班中。又置安遠將軍代貞武，宣遠代明烈；其戎夷之號亦加附擬。選序則依此承用，遂以定制。轉則進一班，黜則退一班。班卽階也。同班以優劣爲前後，有鎭、衞、驃騎、車騎同班，四中、四征同班，八安同班，四平、四翊同班，忠武、軍師同班，武臣、爪牙、龍騎、雲麾、冠軍同班，鎭兵、翊師、宣毅、宣惠四將軍，東、西、南、北四中郎將同班；智威、仁威、勇威、信威、嚴威同班，智武、仁武、勇武、信武、嚴武同班，謂爲五德將軍；輕車、振朔、武旅、貞毅、明威同班，寧遠、安遠、征遠、振遠、宣遠同班，威雄、威猛、威烈、威振、威信、威勝、威略、威風、威力、威光同班，武猛、武略、武勝、武力、武毅、武健、武烈、武威、武銳、武勇同班，猛毅、猛烈、猛威、猛銳、猛震、猛進、猛智、猛略、猛勝、猛駿同班，壯武、壯勇、壯烈、壯猛、壯銳、壯盛、壯毅、壯志、壯意、壯力同班，驍雄、驍桀、驍猛、驍烈、驍武、驍勇、驍銳、驍名、驍勝、驍迅同班，雄猛、雄威、雄明、雄烈、雄信、雄武、雄勇、雄毅、雄壯、雄健同班，忠勇、忠烈、忠猛、忠銳、忠壯、忠毅、忠捍、忠信、忠義、忠勝同班，明智、明略、明遠、明勇、明烈、明威、明勝、明進、明銳、明毅同班，光烈、光明、光英、光遠、光勝、光銳、光命、光勇、光戎、光野同班，飇勇、飇猛、飇烈、飇銳、飇奇、飇決、飇起、飇略、飇勝、飇出同班，龍驤、虎視、雲旗、風烈、電威、雷音、馳銳、追銳、羽騎、突騎同班，開遠、略遠、貞威、決勝、清野、堅銳、輕銳、拔山、雲勇、振旅同班，超武、鐵騎、樓船、宣猛、樹功、克敵、平虜、稜威、昭威、威戎同班，伏波、雄戟、長劍、衝冠、雕騎、佽飛、勇騎、破敵、克敵、威虜同班，前鋒、武毅、開邊、招遠、全威、破陣、蕩寇、殄虜、横野、馳射同班，牙門、期門同班，候騎、熊渠同班，中堅、典戎同班，執訊、行陣同班，伏武、懷奇同班，偏、裨將軍同班：凡二百四十號，爲四十四班。

7 壬寅，魏詔濟陰王暉業兼行臺尚書，濟，子禮翻。考異曰：梁書作「徽業」。今從魏書。都督丘大千等鎮梁國。暉業，小新成之曾孫也。小新成見一百二十九卷宋孝武帝大明五年。

8 三月，壬戌，魏詔上黨王天穆討邢杲，以費穆爲前鋒大都督。

9 夏，四月，癸未，魏遷肅祖及文穆皇后神主于太廟，又追尊彭城王勰爲孝宣皇帝。臨淮王彧諫曰：「茲事古所未有，言自古未有以皇帝追尊其兄者。今按自唐高宗以後，率多追謚其子弟爲皇帝，作俑者魏敬宗也。陛下作而不法，後世何觀！」用左傳曹劌語意。弗聽。

10 魏元天穆將擊邢杲，以北海王顥方入寇，集文武議之，衆皆曰：「杲衆強盛，宜以爲先。」行臺尚書薛琡曰：琡，昌六翻。「邢杲兵衆雖多，鼠竊狗偷，非有遠志。顥帝室近親，顥，北海王詳之子，於魏主從兄弟也。來稱義舉，其勢難測，宜先去之。」去，羌呂翻。天穆以諸將多欲擊杲，又魏朝亦以顥爲孤弱不足慮，將，卽亮翻。朝，直遙翻。命天穆等先定齊地，還師擊顥，遂引兵東出。

顥與陳慶之乘虛自銍城進拔滎城，遂至梁國；水經註，春秋沙隨之地。杜預註以爲卽梁國寧陵縣北之沙陽亭，俗謂之堂城，「滎」「堂」字相近，意卽此地而字訛也。銍，陟栗翻。魏丘大千有衆七萬，分築九城以拒之。慶之攻之，自旦至申，拔其三壘，大千請降。降，戶江翻；下同。顥登壇燔燎，卽帝位於睢陽城南，改元孝基。睢，音雖。考異曰：魏帝紀，去年十月蕭衍以顥爲魏主，號年孝基，入據銍城。顥傳，「永安二年四月於梁國城南登壇燔燎，年號孝基。」今從之。濟陰王暉業帥羽林兵二萬軍考城，前漢梁國有甾縣，後漢章帝更名考城，屬陳留郡，晉省，宋屬濟陽郡。五代志曰：梁郡考城縣，後魏曰考陽，置北梁郡，隋復爲考城縣，屬宋州。帥，讀曰率。慶之攻拔其城，擒暉業。考異曰：魏書帝紀，克考城在辛丑後，今從梁帝紀。

11 辛丑，魏上黨王天穆及爾朱兆破邢杲於濟南，濟，子禮翻。杲降，送洛陽，斬之。兆，榮之從子也。從，才用翻。

12 五月，丁巳，魏以東南道大都督楊昱鎭滎陽，尚書僕射爾朱世隆鎭虎牢，侍中爾朱世承鎭崿岅。崿，五各翻。岅，與坂同，音反。乙丑，內外戒嚴。

戊辰，北海王顥克梁國。顥以陳慶之爲衛將軍、徐州刺史，引兵而西。引兵而西，直指洛陽。楊昱擁衆七萬，據滎陽，慶之攻之，未拔，顥遣人說昱使降，昱不從。說，式芮翻。天穆與驃騎將軍爾朱吐沒兒將大軍前後繼至，驃，匹妙翻。騎，奇寄翻。將，卽亮翻；下同。梁士卒皆恐，慶之解鞍秣馬，諭將士曰：「吾至此以來，屠城略地，實爲不少；少，詩沼翻。君等殺人父兄、掠人子女，亦無算矣；天穆之衆，皆是仇讎。我輩衆纔七千，虜衆三十餘萬，今日之事，唯有必死乃可得生耳。虜騎多，不可與之野戰，當及其未盡至，急攻取其城而據之。諸君勿或狐疑，自取屠膾。」乃鼓之，使登城，將士卽相帥蟻附而入，帥，讀曰率。癸酉，拔滎陽，執楊昱。楊昱輕慶之兵少，不料其肉薄急攻，故城陷。傳曰：「敵無小，不可輕也。」又曰：「不備不虞，不可以師。」諸將三百餘人伏顥帳前請曰：「陛下渡江三千里，無遺鏃之費，昨滎陽城下一朝殺傷五百餘人，願乞楊昱以快衆意！」顥曰：「我在江東聞梁主言，初舉兵下都，袁昂爲吳郡不降，每稱其忠節。事見一百四十四卷齊和帝中興元年。降，戶江翻。楊昱忠臣，柰何殺之！此外唯卿等所取。」於是斬昱所部統帥三十七人，皆刳其心而食之。帥，所類翻。俄而天穆等引兵圍城，慶之帥騎三千背城力戰，大破之，帥，讀曰率。背，蒲妹翻。天穆、吐沒兒皆走。慶之進擊虎牢，爾朱世隆棄城走，獲魏東中郎將辛纂。魏東中郎府在虎牢。

魏主將出避顥，未知所之，或勸之長安，中書舍人高道穆曰：「關中荒殘，何可復往！

復，扶又翻。顥士衆不多，乘虛深入，由將帥不得其人，故能至此。陛下【章：甲十一行本「下」下有「若」字；乙十一行本同；孔本同；張校同。】親帥宿衛，將，卽亮翻。帥，所類翻。親帥，讀曰率；下同。高募重賞，背城一戰，臣等竭其死力，破顥孤軍必矣。或恐勝負難期，則車駕不若渡河，徵大將軍天穆、大丞相榮各使引兵來會，犄角進討，犄，居蟻翻。旬月之間，必見成功，此萬全之策也。」魏主從之。甲戌，魏主北行，夜，至河內郡北，河內郡治野王。魏主自洛北如河內，當夜至郡城南，不應至郡城北，恐誤。命高道穆於燭下作詔書數十紙，布告遠近，於是四方始知魏主所在。乙亥，魏主入河內。

臨淮王彧、安豐王延明，帥百僚，封府庫，備法駕迎顥。考異曰：彧傳無迎顥事，而梁陳慶之、北齊宋遊道傳有之，蓋魏史爲彧諱也。丙子，顥入洛陽宮，改元建武，大赦。以陳慶之爲侍中、車騎大將軍，增邑萬戶。楊椿在洛陽，椿弟順爲冀州刺史，兄子侃爲北中郎將，從魏主在河北。顥意忌椿，而以其家世顯重，恐失人望，未敢誅也。楊播、楊椿兄弟仕魏，一門貴盛，子姪通顯，累朝榮赫。侃，播之子也。或勸椿出亡，椿曰：「吾內外百口，何所逃匿！正當坐待天命耳。」

顥後軍都督侯暄守睢陽爲後援，睢陽，卽梁國。睢，音雖。魏行臺崔孝芬、大都督刁宣馳往圍暄，晝夜急攻，戊寅，暄突走，擒斬之。

上黨王天穆等帥衆四萬攻拔大梁，大梁，卽陳留浚儀縣。分遣費穆將兵二萬攻虎牢，顥使陳慶之擊之。天穆畏顥，將北渡河，謂行臺郎中濟陰溫子昇曰：「卿欲向洛，爲隨我北渡？」天穆開兩端以問子昇。濟，子禮翻。子昇曰：「主上以虎牢失守，守，式又翻。致此狼狽。元顥新入，人情未安，今往擊之，無不克者。大王平定京邑，奉迎大駕，此桓、文之舉也。捨此北渡，竊爲大王惜之。」爲，于僞翻。天穆善之而不能用，遂引兵渡河。費穆攻虎牢，將拔，聞天穆北渡，自以無後繼，遂降於慶之。降，戶江翻。慶之進擊大梁、梁國，皆下之。睢陽卽梁國。下，遐稼翻。慶之以數千之衆，自發銍縣至洛陽，凡取三十二城，四十七戰，所向皆克。

顥使黃門郎祖瑩作書遺魏主曰：遺，于季翻。「朕泣請梁朝，誓在復恥，正欲問罪於爾朱，出卿於桎梏。朝，直遙翻。桎，之日翻。梏，苦沃翻。卿託命豺狼，委身虎口，假獲民地，本是榮物，固非卿有。顥言爾朱榮擅命，顥所得一民尺地皆爾朱榮之物，非魏主之有。今國家隆替，在卿與我。若天道助順，則皇魏再興；脫或不然，在榮爲福，於卿爲禍。卿宜三復，三，蘇暫翻。復，扶又翻。富貴可保。」

顥旣入洛，自河以南州郡多附之。齊州刺史沛郡王欣集文武議所從，曰：「北海、長樂，俱帝室近親，顥，北海王詳之子；魏主，彭城王勰之子，同出於顯祖。樂，音洛。今宗祏不移，杜預曰：宗祏，今廟中藏主石室也。祏，音石。我欲受赦，諸君意何如？」在坐莫不失色。坐，徂臥翻。軍司崔光韶獨抗言曰：「元顥受制於梁，引寇讎之兵以覆宗國，此魏之亂臣賊子也；豈唯大王家事所宜切齒，下官等皆受朝眷，朝眷，謂朝廷恩眷也。朝，直遥翻。未敢仰從！」長史崔景茂等皆曰：「軍司議是。」欣乃斬顥使。使，疏吏翻；下同。光韶，亮之從父弟也。崔亮貴顯於延昌、熙平之間。從，才用翻。於是襄州刺史賈思同、魏孝昌中置襄州，領襄城、舞陰、南安、期城、宣義、建城等郡，治赭陽。廣州刺史鄭先護、魏主置廣州，治魯陽，領南陽、順陽、定陵、魯陽、汝南、漢廣、襄城郡。南兗州刺史元暹魏正光中置南兗州，治譙城，領陳留、梁郡、下蔡、譙郡、北梁郡、沛郡、馬頭郡。亦不受顥命。思同，思伯之弟也。賈思伯見一百四十九卷普通四年。顥以冀州刺史元孚爲東道行臺、彭城郡王，孚封送其書於魏主。平陽王敬先起兵於河橋以討顥，不克而死。

魏以侍中、車騎將軍、尚書右僕射爾朱世隆爲使持節、行臺僕射、大將軍、相州刺史，鎮鄴城。相，息亮翻。

魏主之出也，單騎而去，侍衞後宮皆按堵如故。顥一旦得之，號令己出，四方人情想其風政。而顥自謂天授，遽有驕怠之志，宿昔賓客近習，咸見寵待，干擾政事，日夜縱酒，不恤軍國，所從南兵，陵暴市里，朝野失望。高道穆兄子儒自洛陽出從魏主，魏主問洛中事，子儒曰：「顥敗在旦夕，不足憂也。」

爾朱榮聞魏主北出，卽時馳傳見魏主於長子，行，且部分。魏主卽日南還，爾朱榮既至，魏主有所倚以攻顥，故卽日南還。傳，張戀翻。分，扶問翻。榮爲前驅。旬日之間，兵衆大集，資糧器仗，相繼而至。六月，壬午，魏大赦。

榮既南下，并、肆不安，乃以爾朱天光爲并、肆等九州行臺，九州，并、肆、恆、朔、雲、蔚、顯、汾、晉也。仍行并州事。天光至晉陽，部分約勒，所部皆安。

己丑，費穆至洛陽，顥引入，責以河陰之事而殺之。費穆勸爾朱榮殺王公，事見上卷。顥使都督宗正珍孫與河内太守元襲據河内；爾朱榮攻之，上黨王天穆引兵會之，壬寅，拔其城，斬珍孫及襲。

13辛亥，魏淮陰太守晉鴻以湖陽來降。五代志，舂陵郡湖陽縣，後魏置西淮安郡及南襄州。「淮陰」當作「淮安」。

14閏月，己未，南康簡王績卒。

15魏北海王顥既得志，密與臨淮王彧、安豐王延明謀叛梁；以事難未平，難，乃旦翻。藉陳慶之兵力，故外同内異，言多猜忌。慶之亦密爲之備，說顥曰：說，式芮翻。「今遠來至此，未服者尚多，彼若知吾虛實，連兵四合，將何以禦之！宜啓天子，天子，謂梁武帝。更請精兵，并勑諸州，有南人沒此者悉須部送。」顥欲從之，延明曰：「慶之兵不出數千，已自難制；今更增其衆，寧肯復爲人用乎！復，扶又翻；下更復、敢復、遽復、顥復、時復、彧復同。大權一去，動息由人，魏之宗廟，於斯墜矣。」顥乃不用慶之言。又慮慶之密啓，慮慶之密啓其事於上。乃表於上曰：「今河北、河南一時克定，唯爾朱榮尚敢跋扈，臣與慶之自能擒討。州郡新服，正須綏撫，不宜更復加兵，搖動百姓。」上乃詔諸軍繼進者皆停於境上。陳慶之非爾朱榮敵也；是時梁之諸將又皆出慶之下。使相與繼進至洛，與元顥互相猜阻，亦必同歸於陷沒。梁兵之不進，梁之幸也。武帝不務自治而務遠略，所以有侯景之禍。

洛中南兵不滿一萬，而羌、胡之衆十倍，軍副馬佛念爲慶之曰：凡一軍有主有副。爲，于僞翻，爲慶之謀而言也。蜀本「爲」作「謂」。「將軍威行河、洛，聲震中原，功高勢重，爲魏所疑，一旦變生不測，可無慮乎！不若乘其無備，殺顥據洛，此千載一時也。」慶之不從。馬佛念有戰國策士之氣。然必有非常之才，然後可以行非常之事，陳慶之烏足以辦此！載，子亥翻。顥先以慶之爲徐州刺史，因固求之鎮，顥心憚之，不遣，曰：「主上以洛陽之地全相任委，忽聞捨此朝寄，朝寄，謂魏朝所寄託也。朝，直遥翻。欲往彭城，謂君遽取富貴，不爲國計，此國計，謂爲梁國計。非徒有損於君，恐僕并受其責。」慶之不敢復言。

爾朱榮與顥相持於河上。慶之守北中城，顥自據南岸；河橋南岸也。慶之三日十一戰，殺傷甚衆。有夏州義士爲顥守河中渚，夏，戶雅翻。水經註曰：河中渚上有河平侯祠，河之南岸有一碑，題曰洛陽北界。意此中渚卽唐時河陽之中潬城也。爲，于僞翻。陰與榮通謀，求破橋立效，榮引兵赴之。及橋破，榮應接不逮，顥悉屠之，榮悵然失望。又以安豐王延明緣河固守，而北軍無船可渡，議欲還北，更圖後舉。黄門郎楊侃曰：「大王發并州之日，已知夏州義士之謀指來應之乎，爲欲廣施經略匡復帝室乎？夫用兵者，何嘗不散而更合，瘡愈更戰；況今未有所損，豈可以一事不諧而衆謀頓廢乎！今四方顒顒，顒顒，仰望也。顒，魚容翻。視公此舉；若未有所成，遽復引歸，民情失望，各懷去就，勝負所在，未可知也。不若徵發民材，多爲桴筏，編竹木以渡水，大者曰桴，小者曰筏。桴，方無翻。筏，音伐。間以舟楫，間，古莧翻；下間行同。緣河布列，數百里中，皆爲渡勢，首尾既遠，使顥不知所防，一旦得渡，必立大功。」高道穆曰：「今乘輿飄蕩，主憂臣辱。乘，繩證翻。大王擁百萬之衆，輔天子而令諸侯，若分兵造筏，所在散渡，指掌可克；柰何捨之北歸，使顥復得完聚，徵兵天下！此所謂養虺成蛇，悔無及矣。」逸書曰：爲虺不摧，爲蛇柰何？以文義觀之，蓋以虺爲小蛇。榮曰：「楊黄門已陳此策，當相與議之。」劉靈助言於榮曰：「不出十日，河南必平。」伏波將軍正平楊檦魏以聞喜、曲沃二縣置正平郡，隋廢郡爲正平縣，今絳州治所。檦，與標同。與其族居馬渚，自言有小船數艘，求爲鄉導。艘，蘇遭翻。鄉，讀曰嚮。戊辰，榮命車騎將軍爾朱兆與大都督賀拔勝縛材爲筏，自馬渚西硤石夜渡，五代志：河南熊耳縣有後魏崤縣，又有硤石山。唐志，陝州硤石縣本崤縣，有硤石塢。襲擊顥子領軍將軍冠受，擒之；安豐王延明之衆聞之，大潰。顥失據，帥麾下數百騎南走，帥，讀曰率。騎，奇寄翻；下同。慶之收步騎數千，結陳東還，陳，讀曰陣。顥所得諸城，一時復降於魏。爾朱榮自追陳慶之，會嵩高水漲，潁水出少室山，五渡水出太室山，入于潁水，嵩高水漲，指此水也。慶之軍士死散略盡，乃削須髮爲沙門，間行出汝陰，還建康，慶之所以得免者，亦由嵩高水漲，追兵不急，於軍士死散之時得以挺身逸去，否則必爲爾朱榮所擒矣。猶以功除右衛將軍，封永興縣侯。句斷。五代志：會稽郡會稽縣舊有永興縣。

中軍大都督兼領軍大將軍楊津入宿殿中，掃灑宮庭，掃，素報翻；灑，所賣翻；又並上聲。封閉府庫，出迎魏主於北邙，流涕謝罪，帝慰勞之。勞，力到翻。庚午，帝入居華林園，大赦。以爾朱兆爲車騎大將軍、儀同三司，賞硤石之功也。北來軍士及隨駕文武諸立義者加五級，河北報事之官及河南立義者加二級。報事，謂報敵情曲折者。壬申，加大丞相榮天柱大將軍，增封通前二十萬戶。天柱，前無此號，魏主以爾朱榮功高，特置以寵之。榮先以平葛榮之功增封至十萬戶，今又增爲二十萬戶以賞之。

北海王顥自轘轅南出至臨潁，臨潁縣，自漢以來屬潁川郡。轘，音環。從騎分散，從，才用翻。騎，奇寄翻。臨潁縣卒江豐斬之，癸酉，傳首洛陽。臨淮王彧復自歸於魏主，安豐王延明攜妻子來奔。

陳慶之之入洛也，蕭贊送啓求還。贊，卽豫章王綜也，奔魏事見一百五十卷普通六年。時吳淑媛尚在，媛，于眷翻。上使以贊幼時衣寄之，信未達而慶之敗。慶之自魏還，特重北人，朱异怪而問之，异，羊至翻。慶之曰：「吾始以爲大江以北皆戎狄之鄉，比至洛陽，比，必利翻，及也。乃知衣冠人物盡在中原，非江東所及也，柰何輕之？」陳慶之特有見於洛陽華靡之俗而爲是言耳。

16 甲戌，魏以上黨王天穆爲太宰，城陽王徽爲大司馬兼太尉。乙亥，魏主宴勞爾朱榮、上黨王天穆及北來督將於都亭，勞，力到翻。將，即亮翻。出宮人三百，繒錦雜綵數萬匹，班賜有差，繒，慈陵翻。凡受元顥爵賞階復者，悉追奪之。復，方目翻，復除賦役也。

秋，七月，辛巳，魏主始入宮。以高道穆爲御史中尉。帝姊壽陽公主行犯清路，赤棒卒呵之，不止，中尉前驅之卒執赤棒，即清路者也。棒，部項翻。呵，虎何翻。道穆令卒擊破其車。公主泣訴於帝，帝曰：「高中尉清直之士，彼所行者公事，豈可以私責之也！」道穆見帝，見，賢遍翻。帝曰：「家姊行路相犯，極以爲愧。」道穆免冠謝，帝曰：「朕以愧卿，卿何謝也。」

於是魏多細錢，米斗幾直一千，幾，巨依翻，又居希翻。高道穆上表，以爲「在市銅價，八十一錢得銅一斤，私造薄錢，斤贏二百。言銅一斤造薄錢二百而贏也。既示之以深利，又隨之以重刑，抵罪雖多，姦鑄彌衆。今錢徒有五銖之名而無二銖之實，置之水上，殆欲不沈。沈，持林翻。此乃因循有漸，科防不切，朝廷失之，彼復何罪！復，扶又翻；下況復同。宜改鑄大錢，文載年號，以記其始，則一斤所成止七十錢，計私鑄所費不能自潤，直置無利，自應息心，況復嚴刑廣設也！」言置私鑄，直使無利，亦自應息心而不爲，況又廣設科禁，有嚴刑之可畏邪！金紫光祿大夫楊侃亦奏乞聽民與官並鑄五銖錢，使民樂爲而弊自改。樂，音洛。魏主從之，始鑄永安五銖錢。

17 辛卯，魏以車騎將軍楊津爲司空。

18 初，魏以梁、益二州境土荒遠，更立巴州以統諸獠，凡二十餘萬戶，獠，魯皓翻。以巴酋嚴始欣爲刺史；又立隆城鎮，宋白曰：取其連岡地勢高隆爲名，後爲隆州。以始欣族子愷爲鎮將。將，即亮翻。始欣貪暴，孝昌初，諸獠反，圍州城，行臺魏子建撫諭之，乃散。始欣恐獲罪，陰來請降，帝遣使以詔書、鐵券、衣冠等賜之，降，戶江翻。使，疏吏翻。爲愷所獲，以送子建。子建奏以隆城鎮爲南梁州，五代志：巴西郡舊置南梁州。西魏典略曰：此州舊有隆城，故又謂之南隆，治古閬中城，今之閬中即其地。用愷爲刺史，囚始欣於南鄭。魏以唐永爲東益州刺史代子建，以梁州刺史傅豎眼爲行臺。豎，而庾翻。子建去東益而氐、蜀尋反，氐、蜀，氐人與蜀人也。唐永棄城走，東益州遂沒。魏置東益州於武興，時爲氐、蜀所攻沒，梁不能有也。

傅豎眼之初至梁州也，州人相賀，事見一百四十八卷天監十五年。既而久病，不能親政事。其子敬紹，奢淫貪暴，州人患之。嚴始欣重賂敬紹，得還巴州，遂舉兵擊嚴愷，滅之，以巴州來降，降，戶江翻。帝遣將軍蕭玩等援【章：甲十一行本「援」上有「將兵」二字；乙十一行本同；孔本同；張校同。】之。傅敬紹見魏室方亂，陰有保據南鄭之志，使其妻兄唐崑崙於外扇誘山民，相與圍城，欲爲內應。崙，盧崐翻。誘，音酉。圍合而謀泄，城中將士共執敬紹，以白暨眼而殺之，暨眼恥恚而卒。恚，於避翻。卒，子恤翻。

19 八月，己未，魏以太傅李延寔爲司徒。甲戌，侍中、太保楊椿致仕。

20 九月，癸巳，上幸同泰寺，設四部無遮大會。上釋御服，持法衣，行清淨大捨，以便省爲房，便省，在同泰寺，上臨幸時居之，故曰便省。素牀瓦器，乘小車，私人執役。甲子，升講堂法座，爲四部大衆開涅槃經題。四部大衆，僧、尼及善男子、善女人也。涅，奴結翻。癸卯，羣臣以錢一億萬祈白三寶，釋書以佛陀耶衆爲佛寶，達摩耶衆爲法寶，僧迦耶衆爲僧寶。奉贖皇帝菩薩，釋典曰：菩，普也。薩，濟也。菩薩，言能普濟衆生。菩，薄胡翻。薩，桑葛翻。僧衆默許。乙巳，百辟詣寺東門，奉表請還臨宸極，唐韻曰：宸，屋宇也，天子所居。毛晃曰：帝居北辰之宮，故從「宀」、從「辰」。三請，乃許。上三答書，前後並稱「頓首」。

21 魏爾朱榮使大都督尖山侯淵按五代志，後魏置神武郡於桑乾水上，領尖山、殊頹二縣。討韓樓於薊，配卒甚少，騎止七百，薊，音計。少，詩沼翻。騎，奇寄翻。或以爲言，榮曰：「侯淵臨機設變，是其所長；若總大衆，未必能用。今以此衆擊此賊，必能取之。」淵遂廣張軍聲，多設供具，親帥數百騎深入樓境。去薊百餘里，值賊帥陳周馬步萬餘，親帥，讀曰率。賊帥，所類翻。淵潛伏以乘其背，大破之，虜其卒五千餘人。尋還其馬仗，縱令入城，左右諫曰：「既獲賊衆，何爲復資遣之？」馬仗，馬及兵仗也。復，扶又翻。淵曰：「我兵既少，不可力戰，須爲奇計以離間之，乃可克也。」淵度其已至，間，古莧翻。度，徒洛翻。遂帥騎夜進，昧旦，叩其城門。韓樓果疑降卒爲淵内應，遂走，追擒之，幽州平。以淵爲平州刺史鎮范陽。魏平州本治肥如，今徙鎮幽州之范陽。

先是，魏使征東將軍劉靈助兼尚書左僕射，慰勞幽州流民於濮陽頓丘，先，悉薦翻。勞，力到翻。因帥流民北還，與侯淵共滅韓樓，仍以靈助行幽州事，加車騎將軍，又爲幽、平、營、安四州行臺。爲劉靈助以營州叛爾朱張本。

22 万俟醜奴攻魏東秦州，拔之，殺刺史高子朗。五代志，上郡，後魏置東秦州，後改爲北秦州；西魏改爲敷州，隋大業二年改爲敷城郡，後改爲上郡；唐爲鄜州洛交縣。万，莫北翻。俟，渠之翻。

23 冬，十月，己酉，上又設四部無遮大會，道、俗五萬餘人。會畢，上御金輅還宮，御太極殿，大赦，改元。改中大通元年。

24 魏以前司空蕭贊爲司徒。

25 十一月，己卯，就德興請降於魏，營州平。就德興反見一百五十卷普通二年。降，戶江翻；下同。

26 丙午，魏以城陽王徽爲太保，丹楊王蕭贊爲太尉，雍州刺史長孫稚爲司徒。雍，於用翻。

27 十二月，辛亥，兗州刺史張景邕、荆州刺史李靈起、雄信將軍蕭進明叛，降魏。三人者皆梁魏境上民豪，以刺史、將軍寵授之耳。

28以陳慶之爲北兗州刺史。此北兗州當治淮陰。有妖賊僧強，自稱天子，土豪蔡伯龍起兵應之，衆至三萬，攻陷北徐州，此北徐州治鍾離。妖，於驕翻。慶之討斬之。

29魏以岐州刺史王羆行南秦州事，羆誘捕州境羣盜，悉誅之。誘，音酉。

張政烺標點　王崇武　聶崇岐覆校

資治通鑑卷第一百五十四

端明殿學士兼翰林侍讀學士朝散大夫右諫議大夫集賢殿修撰提舉西京嵩山崇福宮上柱國河内郡開國侯食邑一千八百户食實封六百户賜紫金魚袋臣司馬光奉敕編集
後學天台胡三省音註

梁紀十 上章閹茂（庚戌），一年。

高祖武皇帝十

中大通二年（庚戌、五三〇）

1 春，正月，己丑，魏益州刺史長孫壽、梁州刺史元儁等遣將擊嚴始欣，斬之，蕭玩等亦敗死，玩援始欣見上卷上年。長，知兩翻。將，即亮翻。失亡萬餘人。

2 辛亥，魏東徐州城民呂文欣等殺刺史元大賓，據城反，魏孝昌元年，置東徐州於下邳。魏遣都官尚書平城樊子鵠討之；二月，甲寅，斬文欣。

3 万俟醜奴侵擾關中，万，莫北翻。俟，渠之翻。魏爾朱榮遣武衛將軍賀拔岳討之。岳私謂其兄勝曰：「醜奴，勍敵也，勍，其京翻。今攻之不勝，固有罪，勝之，讒嫉將生。」勝曰：「然則柰何？」岳曰：「願得爾朱氏一人爲帥而佐之。」帥，所類翻。勝爲之言於榮，爲，于僞翻。榮悅，以爾朱天光爲使持節、都督二雍・二岐諸軍事、驃騎大將軍、雍州刺史，後魏雍州治長安，北雍州治華原縣，東雍州治鄭縣，岐州治扶風雍縣，南岐州治河池故道縣。使，疏吏翻。雍，於用翻。驃，匹妙翻。騎，奇計翻。以岳爲左大都督，又以征西將軍代郡侯莫陳悅爲右大都督，侯莫陳，其先魏之別部也，居庫斛眞水，世爲渠帥，遂以爲氏，其後鎮代郡武川，因家焉。並爲天光之副以討之。

天光初行，唯配軍士千人，發洛陽以西路次民馬以給之。時赤水蜀賊斷路，水經註：赤水在鄭縣北，即山海經之灌水也，北注于渭。蜀賊，本蜀人之遷關中者，乘亂相聚爲賊。斷，丁管翻。詔侍中楊侃先行慰諭，并稅其馬，華陰諸楊仕魏，奕世貴顯，關西所歸重，故使之先行慰諭也。賊持疑不下。軍至潼關，天光不敢進，岳曰：「蜀賊鼠竊，公尚遲疑，若遇大敵，將何以戰！」天光曰：「今日之事，一以相委。」岳遂進擊蜀於渭北，破之，獲馬二千匹，簡其壯健以充軍士，又稅民馬合萬餘匹。以軍士尚少，少，詩沼翻。淹留未進。榮怒，遣騎兵參軍劉貴乘驛至軍中責天光，杖之一百，以軍士二千人益之。

三月，醜奴自將其衆圍岐州，遣其大行臺尉遲菩薩、李延壽曰：其先魏之別號尉遲部，因以爲氏。尉，音鬱。菩，薄胡翻。薩，桑葛翻。僕射万俟仵自武功南渡渭，攻圍趣柵，仵，疑古翻。考異曰：北史作「万俟行醜」。今從周書。天光使賀拔岳將千騎救之。菩薩等已拔柵而還，還，從宣翻，又如字。

岳故殺掠其吏民以挑之，菩薩率步騎二萬至渭北。挑，徒了翻。帥，讀曰率。岳以輕騎數十自渭南與菩薩隔水而語，稱揚國威，菩薩令省事傳語，省事，蓋猶今之通事，兩敵相向，使之往來通傳言語。省，悉井翻。岳怒曰：「我與菩薩語，卿何人也！」射殺之。射，而亦翻。明日，復引百餘騎隔水與賊語，復，扶又翻。稍引而東，至水淺可涉之處，岳即馳馬東出。賊以爲走，乃棄步兵輕騎南渡渭追岳，岳依橫岡設伏兵以待之，賊半渡岡東，岳還兵擊之，賊兵敗走。岳既還兵擊賊，伏兵又發，故敗走。岳下令，賊下馬者勿殺，賊悉投馬，俄獲三千人，馬亦無遺，遂擒菩薩；仍渡渭北，降步卒萬餘，並收其輜重。降，戶江翻。重，直用翻。醜奴聞之，棄岐州，北走安定，走，音奏。置柵於平亭。天光方自雍至岐，與岳合。平亭在涇州北。自雍至岐，自雍州至岐州也。

夏，四月，天光至汧、渭之間，汧水出汧縣西北而入于渭。汧，口堅翻。停軍牧馬，宣言：「天時將熱，未可行師，俟秋涼更圖進止。」獲醜奴覘候者，縱遣之。覘，丑廉翻，又丑豔翻。醜奴信之，散衆耕於細川，據令狐德棻後周書，百里、細川在岐州北。又據元豐九域志，涇州靈臺縣有百里鎮，蓋即細川之地。細川、平亭當亦相近。使其太尉侯伏侯元進將兵五千，據險立柵，侯伏侯，虜三字姓。將，即亮翻。其餘千人以下爲柵者甚衆。天光知其勢分，晡時，密嚴諸軍，相繼俱發，黎明，圍元進大柵，拔之，所得俘囚，一皆縱遣，諸柵聞之皆降。唐末，高仁厚平阡能等亦用此術。降，戶江翻；下同。天光晝夜徑進，抵安定城下，賊涇州刺史侯幾長貴以城降。侯幾，虜複姓。魏書官氏志，內入諸姓有侯幾氏。侯、侯字相近。醜奴棄平亭走，欲趣高平，九域志：鎮戎軍，古高平地也。趣，七喻翻。天光遣賀拔岳輕騎追之，丁卯，及於平涼。賊未成列，直閤代郡侯莫陳崇單騎入賊中，於馬上生擒醜奴，因大呼，衆皆披靡，呼，火故翻。披，普彼翻。無敢當者，後騎益集，賊衆崩潰，遂大破之。天光進逼高平，城中執送蕭寶寅以降。万俟醜奴，胡琛之將也，普通六年，破魏將崔延伯，其衆始盛。蕭寶寅大通元年叛魏，至二年敗，奔醜奴，及是皆平。

4 壬申，以吐谷渾王佛輔爲西秦、河二州刺史。吐，從暾入聲。谷，音浴。

5 甲戌，魏以關中平，大赦。万俟醜奴、蕭寶寅至洛陽，置閶闔門外都街之中，士女聚觀凡三日。丹楊王蕭贊表請寶寅之命，贊以寶寅爲叔父，故請其命。吏部尚書李神儁、黃門侍郎高道穆素與寶寅善，欲左右之，左右，讀曰佐佑。言於魏主曰：「寶寅叛逆，事在前朝。」朝，直遙翻。會應詔王道習自外至，應詔，猶漢之待詔也，帝問道習：「在外何所聞？」對曰：「惟聞李尚書、高黃門與蕭寶寅周款，周，至也，密也。款，愛也。並居得言之地，必能全之。且二人謂寶寅叛逆在前朝，寶寅爲醜奴太傅，豈非陛下時邪？賊臣不翦，法欲安施！」帝乃賜寶寅死於駝牛署，邪，音耶。後魏官有駝牛都尉；署者，其寺舍也。五代志：太僕寺之屬有駝牛署，掌飼駝騾驢牛，有令丞。斬醜奴於都市。

6 六月，丁巳，帝復以魏汝南王悅爲魏王。復，扶又翻。考異曰：梁帝紀：「中大通元年，正月，甲子，魏汝南王悅求還本國，許之。二年，六月，丁巳，遣悅還北，爲魏主。」按魏書悅傳，悅未嘗歸魏復入梁，今刪去元年事。

7 戊寅，魏詔胡氏親屬受爵於朝者皆黜爲民。謂靈后親屬也。朝，直遙翻。

8 庚申，以魏降將范遵爲安北將軍、司州牧，從魏王悅北還。范遵，魏北海王顥之舅，蓋與顥同來奔。降，戶江翻。將，即亮翻。

9 万俟醜奴既敗，自涇、豳以西至靈州，後魏滅赫連，以赫連果城置薄骨律鎮，至孝昌中改鎮爲靈州。杜佑曰：薄骨律鎮，今靈武郡；富平，今迴樂縣。唐靈州治迴樂。括地志云：薄骨律鎮城在河渚之中，隨水上下，未嘗陷沒，故號靈州也。賊黨皆降於魏，唯所署行臺万俟道洛帥衆六千逃入山中，不降。降，戶江翻。帥，讀曰率；下同。時高平大旱，爾朱天光以馬乏草，退屯城東五十里，遣都督長孫邪利帥二百人行原州事以鎮之。魏太延二年，置高平鎮；正光五年，改曰原州，治高平城，領高平、長城二郡。道洛潛與城民通謀，掩襲邪利，并其所部皆殺之。天光帥諸軍赴之，道洛出戰而敗，帥其衆西入牽屯山，班志：幵頭山在安定郡涇陽縣西，涇水所出。師古註曰：幵，音牽。此山在今靈州東南，俗語訛謂之幵屯山。杜佑曰：牽屯山在今原州高平縣。據險自守。爾朱榮以天光失邪利，不獲道洛，復遣使杖之一百，復，扶又翻。使，疏吏翻。以詔書黜天光爲撫軍將軍、雍州刺史，降爵爲侯。天光追擊道洛於牽屯，道洛敗走，入隴，隴，隴山也。歸略陽賊帥王慶雲。晉武帝分天水置略陽郡，隋廢爲隴城縣，屬秦州。考異曰：魏帝紀作「白馬龍涸胡王慶雲」。今從爾朱天光傳。帥，音所類翻。道洛驍果絕倫，驍，堅堯翻。慶雲得之，甚喜，謂大事可濟，遂稱帝於水洛城，水經註：水洛水導源隴山，西逕水洛亭西，南注略陽川。九域志：水洛城在德順軍西南一百里。范仲淹曰：朝那之西，秦亭之東，有水洛城。置百官，以道洛爲大將軍。

秋，七月，天光帥諸軍入隴，至水洛城，慶雲、道洛出戰，天光射道洛中臂，射，而亦翻。中，竹仲翻。失弓還走，拔其東城。賊併兵趣西城，趣，七喻翻。城中無水，衆渴乏，有降者言慶雲、道洛欲突走。天光恐失之，乃遣人招諭慶雲使早降，降，戶江翻。曰：「若未能自決，當聽諸人今夜共議，明晨早報。」慶雲等冀得少緩，因待夜突出，少，詩沼翻。乃報曰：「請俟明日。」天光因使謂曰：「知須水，須者，意所欲也。今相爲小退，爲，于僞翻。任取渭水飲之。」賊衆悅，無復走心。天光密使軍士多作木槍，各長七尺，此卽拒馬槍也。杜佑曰：拒馬槍，以木徑二尺，長短隨事，十字鑿孔，縱橫安檢，長丈，銳其端以塞要路。昏後，繞城布列，要路加厚，又伏人槍中，備其衝突，兼令密縛長梯於城北。其夜，慶雲、道洛果馳馬突出，遇槍，馬各傷倒，伏兵起，卽時擒之。軍士緣梯入城，餘衆皆出城南，遇槍而止，窮窘乞降。降，戶江翻。丙子，天光悉收其仗而阬之，死者萬七千人，分其家口。於是三秦、河、渭、瓜、涼、鄯州皆降。三秦，秦、東秦、南秦也。河州，乞伏之地也。魏太武眞君六年，置枹罕鎮，後改爲河州，領金城、武始、洪和、臨洮郡。渭州領隴西、南安、南安陽、廣寧郡。瓜州，卽古敦煌之地。鄯州，禿髮氏之地，漢金城西部都尉所統也。師古曰：瓜州，卽左傳所云允姓之戎居于瓜州者也。其地今猶出大瓜，長者，狐入瓜中食之，首尾不出。天光頓軍略陽。詔復天光官爵，尋加侍中、儀同三司。以賀拔岳爲涇州刺史，侯莫陳悅爲渭州刺史。秦州城民謀殺刺史駱超，南秦州城民謀殺刺史辛顯，超、顯皆覺之，走歸天光，天光遣兵討平之。

步兵校尉宇文泰從賀拔岳入關，以功遷征西將軍，行原州事。時關、隴彫弊，泰撫以恩信，民皆感悅，曰：「早遇宇文使君，吾輩豈從亂乎！」爲宇文泰得賀拔岳之衆以創大業於關西張本。

10 八月，庚戌，上餞魏王悅於德陽堂，遣兵送至境上。考異曰：悅傳云：「立爲魏主，號年更興。衍遣其將軍王僧辯送至境上，以冀侵逼。」按僧辯傳未嘗送悅，蓋王弁耳。

11 魏爾朱榮雖居外藩，遙制朝政，朝，直遙翻。樹置親黨，布列魏主左右，伺察動靜，大小必知。伺，相吏翻。魏主雖受制於榮，然性勤政事，朝夕不倦，數親覽辭訟，理冤獄，數，所角翻。榮聞之，不悅。史言魏主不能養晦。帝又與吏部尙書李神儁議淸治選部，治，直之翻。選，須絹翻；下同。榮嘗關補曲陽縣令，據榮傳，卽上曲陽縣也，漢、晉屬常山郡，後魏屬中山郡。關補者，先補授而後關吏部。五代志：趙州鼓城縣，舊曰曲陽。劉昫曰：漢上曲陽縣，隋改曰恆陽，唐元和十五年，復曰曲陽。趙州之曲陽，下曲陽也。神儁以階懸，不奏，言階級相去懸絕，其人不應補爲縣令。別更擬人。榮大怒，卽遣所補者往奪其任；神儁懼而辭位，榮使尚書左僕射爾朱世隆攝選。榮啓北人爲河南諸州，帝未之許；太宰天穆入見面論，見，賢遍翻。帝猶不許。天穆曰：「天柱既有大功，爲國宰相，若請普代天下官，恐陛下亦不得違之，如何啓數人爲州，遽不用也！」帝正色曰：「天柱若不爲人臣，朕亦須代；如其猶存臣節，無代天下百官之理。」榮聞之，大恚恨，曰：「天子由誰得立！今乃不用我語！」

爾朱皇后性妬忌，屢致忿恚。帝遣爾朱世隆語以大理，恚，於避翻。語，牛倨翻。大理，謂事理之大致也。后曰：「天子由我家置立，今便如此；我父本卽自作，今亦復決。」決，判也，謂天下事有判決也。復，扶又翻。世隆曰：「止自不爲，「止」當作「正」。若本自爲之，臣今亦封王矣。」

帝既外逼於榮，內逼皇后，恆怏怏不以萬乘爲樂，恆，音常。怏，於兩翻。乘，繩正翻。樂，音洛；下同。唯幸寇盜未息，欲使與榮相持。及關、隴既定，告捷之日，乃不甚喜，謂尚書令臨淮王彧曰：「卽今天下便是無賊。」彧見帝色不悅，曰：「臣恐賊平之後，方勞聖慮。」帝畏餘人怪之，還以他語亂之曰：「然。撫寧荒餘，荒餘，謂兵荒之餘民也。彌成不易。」易，以豉翻。榮見四方無事，奏稱「參軍許周勸臣取九錫，臣惡其言，已斥遣令去。」榮時望得殊禮，故以意諷朝廷，帝實不欲與之，因稱歎其忠。

榮好獵，惡，烏路翻。好，呼報翻。不捨寒暑，列圍而進，令士卒必齊壹，雖遇險阻，不得違避，一鹿逸出，必數人坐死。有一卒見虎而走，榮謂曰：「汝畏死邪！」卽斬之，自是每獵，士卒如登戰場。嘗見虎在窮谷中，榮令十餘人空手搏之，毋得損傷，死者數人，卒擒得之，魏道武帝因搏熊而謝于栗磾，爾朱榮反是，嗜殺人者烏能定天下邪！卒，音子恤翻。以此爲樂，其下甚苦之。太宰天穆從容謂榮曰：樂，音洛。從，千容翻。「大王勳業已盛，四方無事，唯宜脩政養民，順時蒐狩，禮，春蒐、夏田、秋獮、冬狩。杜預曰：蒐，索擇取不孕者。苗，爲苗除害也。獮，殺也；以殺爲名，順秋氣也。狩，圍守也；冬物畢成，獲則取之，無所擇也。何必盛夏驅逐，感傷和氣？」榮攘袂曰：「靈后女主，不能自正，推奉天子，乃人臣常節。葛榮之徒，本皆奴才，乘時作亂，譬如奴走，擒獲卽已。頃來受國大恩，未能混壹海內，何得遽言勳業！如聞朝士猶自寬縱，今秋欲與兄戒勒士馬，校獵嵩高，令貪汙朝貴，入圍搏虎。朝，直遥翻。仍出魯陽，歷三荆，悉擁生蠻，北塡六鎭，杜佑曰：北荆州，今卽伊陽縣；東荆州，後改曰淮州，今淮安郡；荆州，今南陽郡。余按榮言出魯陽，則已越伊陽而南矣。五代志：春陵郡，後魏置南荆州。當以此足三荆之數。生蠻，謂諸蠻戶之未附於魏者。六鎭叛亂，鎭戶荒殘，故欲塡之。回軍之際，掃平汾胡。稽胡皆居汾州界，謂之汾胡。明年，簡練精騎，分出江、淮，蕭衍若降，乞萬戶侯；騎，奇計翻。降，户江翻。乞，丘計翻，與也。如其不降，以數千騎徑渡縛取。然後與兄奉天子，巡四方，乃可稱勳耳。今不頻獵，兵士懈怠，安可復用也！」懈，七隘翻。復，扶又翻。

城陽王徽之妃，帝之舅女；侍中李彧，延寔之子，帝之姊壻也。徽、彧欲得權寵，惡榮爲己害，日毀榮於帝，勸帝除之。帝懲河陰之難，河陰之難，事見一百五十二卷。惡，烏路翻。難，乃旦翻。恐榮終難保，由是密有圖榮之意，侍中楊侃、尚書右僕射元羅亦預其謀。元羅，叉之弟也。會榮請入朝，欲視皇后娩乳，娩，與免同，又音晚。師古曰：免乳，爲產子也。乳，人喻翻。唐韻曰：子母相解曰免。徽等勸帝因其入，刺殺之。刺，七亦翻。唯膠東侯李侃晞、濟陰王暉業言：「榮若來，必當有備，恐不可圖。」濟，子禮翻。又欲殺其黨與，發兵拒之。帝疑未定，而洛陽人懷憂懼，中書侍郎邢子才之徒已避之東出，邢劭，字子才，避魏主兄彭城王劭諱，故以字行。本傳云：少時有避，遂不行名。榮乃遍與朝士書，相任去留。中書舍人溫子昇以書呈帝，帝恆望其不來，恆，戶登翻。及見書，以榮必來，色甚不悅。子才名劭，以字行，巒之族弟也。邢巒事魏宣武帝，屢經將領，有功。考異曰：北史邢巒卷首排目云「族孫臧、劭」，而卷中乃云「巒叔祖祐，祐從子蚪，蚪子臧、劭」。魏書亦云「巒從祖祐」。然則臧、劭乃巒族弟，非族孫也。時人多以字行者，舊史皆因之。

武衞將軍奚毅，建義初往來通命，事見一百五十二卷大通二年。帝每期之甚重，然猶以榮所親信，不敢與之言情。毅曰：「若必有變，臣寧死陛下，不能事契胡。」爾朱氏，契胡種也。契，欺訖翻。帝曰：「朕保天柱無異心，亦不忘卿忠款。」款，誠也。

爾朱世隆疑帝欲爲變，乃爲匿名書自牓其門云：「天子與楊侃、高道穆等爲計，欲殺天柱。」取以呈榮。榮自恃其強，不以爲意，手毀其書，唾地曰：「世隆無膽。誰敢生心！」榮妻北鄉長公主亦勸榮不行，榮妻非元氏也，以榮功封北鄉長公主。考異作「鄉郡長公主」，註曰：北史世隆傳作「北鄉郡公主」，今從魏帝紀。按考異作「鄉郡長公主」是也，通鑑作「北鄉長公主」，傳寫之誤耳。五代志：上黨郡鄉縣，石勒置武鄉郡，後魏去「武」字爲鄉郡。證以魏收志無北鄉郡，則從鄉郡爲是。唾，吐臥翻。長，知兩翻。榮不從。

是月，榮將四五千騎發并州，將，卽亮翻。騎，奇計翻。時人皆言「榮反」，又云「天子必當圖榮。」九月，榮至洛陽，考異曰：魏帝紀曰：「辛卯，榮、天穆自晉陽來朝。」按北史，九月初，榮至京，十五日天穆至。是月甲戌朔，辛卯乃十八日，非也。帝卽欲殺之，以太宰天穆在并州，恐爲後患，故忍未發，并召天穆。有人告榮云：「帝欲圖之。」榮卽具奏，帝曰：「外人亦言王欲害我，豈可信之！」於是榮不自疑，每入謁帝，從人不過數十，從，才用翻。又皆挺身不持兵仗。挺，徒頂翻，直也。帝欲止，城陽王徽曰：「縱不反，亦何可耐，耐，忍也。況不可保邪！」

先是，長星出中台，掃大角；恆州人高榮祖頗知天文，榮問之，對曰：「除舊布新之象也。」三台，中台上星爲諸侯三公。大角者，天王座也。傳曰：彗所以除舊布新。先，悉薦翻。恆，戶登翻。榮甚悅。榮至洛陽，行臺郎中李顯和曰：「天柱至，那無九錫，安須王自索也！李顯和蓋爲并、肆九州行臺郎中，時從榮至洛陽。索，山客翻。亦是天子不見機。」都督郭羅察曰：「今年眞可作禪文，河陰之難，榮已募朝士作禪文，故羅察云然。郭羅察，卽郭羅刹。何但九錫！」參軍褚光曰：「人言并州城上有紫氣，何慮天柱不應之！」榮下人皆陵侮帝左右，無所忌憚，故其事皆上聞。皆上，時掌翻。

奚毅又見帝，求間，求間，卽請間也。帝卽下明光殿與語，知其至誠，乃召城陽王徽及楊侃、李彧告以毅語。榮小女適帝兄子陳留王寬，榮嘗指之曰：「我終得此壻力。」徽以白帝，曰：「榮慮陛下終爲己患，脫有東宮，必貪立孩幼，孩，何開翻。若皇后不生太子，則立陳留耳。」帝夢手持刀自割落十指，惡之，惡，烏路翻。告徽及楊侃，徽曰：「蝮蛇螫手，壯士解腕，螫，音釋。腕，烏貫翻。割指亦是其類，乃吉祥也。」

戊子，天穆至洛陽，帝出迎之。榮與天穆並從入西林園宴射，榮奏曰：「近來侍官皆不習武，陛下宜將五百騎出獵，因省辭訟。」將，卽亮翻。騎，奇計翻。省，悉井翻。先是，奚毅言榮欲因獵挾天子移都，先，悉薦翻。由是帝益疑之。

辛卯，帝召中書舍人溫子昇，告以殺榮狀，并問以殺董卓事，子昇具道本末。帝曰：「王允若卽赦涼州人，必不應至此。」董卓、王允事見六十卷漢獻帝初平三年。良久，語子昇曰：語，牛倨翻。「朕之情理，卿所具知。死猶須爲，況不必死，吾寧爲高貴鄉公死，不爲常道鄉公生！」謂曹魏高貴鄉公欲誅司馬昭，不克而死，常道鄉公禪位于晉而生也。帝謂殺榮、天穆，卽赦其黨，皆應不動。應詔王道習曰：「爾朱世隆、司馬子如、朱元龍特爲榮所委任，具知天下虛實，謂不宜留。」徽及楊侃皆曰：「若世隆不全，仲遠、天光豈有來理！」爾朱仲遠時鎮徐州，天光時鎮關、隴。帝亦以爲然。徽曰：「榮腰間常有刀，或能狼戾傷人，「狼」，當作「很」，孟子樂歲粒米狼戾，猶言狼藉也，非此義。臨事願陛下起避之。」乃伏侃等十餘人於明光殿東。其日，榮與天穆並入，坐食未訖，起出，侃等從東階上殿，上，時掌翻。見榮、天穆已至中庭，事不果。

壬辰，帝忌日；癸巳，榮忌日。親喪之日爲忌日，禮曰：忌日不樂。甲午，榮暫入，卽詣陳留王家飲酒極醉，遂言病動，頻日不入。帝謀頗泄，世隆又以告榮，且勸其速發，榮輕帝，以爲無能爲，曰：「何怱怱！」

預帝謀者皆懼，帝患之。城陽王徽曰：「以生太子爲辭，榮必入朝，因此斃之。」帝曰：「后懷孕始九月，可乎？」朝，直遙翻。孕，以正翻。徽曰：「婦人不及期而產者多矣，彼必不疑。」帝從之。戊戌，帝伏兵於明光殿東序，聲言皇子生，遣徽馳騎至榮第告之。騎，奇計翻。榮方與上黨王天穆博，徽脫榮帽，懽舞盤旋，唐李太白詩云：「脫君帽，爲君笑。」脫帽懽舞，蓋夷禮也。兼殿內文武傳聲趣之，趣，讀曰促。榮遂信之，與天穆俱入朝。帝聞榮來，不覺失色，中書舍人溫子昇曰：「陛下色變。」帝連索酒飲之。酒能變貌，又能張膽，故連索飲之。索，山客翻。帝令子昇作赦文，既成，執以出，遇榮自外入，問：「是何文書？」子昇顏色不變，曰「敕」，榮不取視而入。帝在東序下西向坐，榮、天穆在御榻西北南向坐。徽入，始一拜，榮見光祿少卿魯安、典御李侃晞等抽刀從東戶入，漢九卿惟正卿一人，魏高祖太和十一年始各置少卿一人。典御，嘗食典御也。少，詩沼翻。卽起趨御座，趣，七喻翻。帝先横刀膝下，遂手刃之，安等亂斫，榮與天穆同時俱死。榮子菩提及車騎將軍爾朱陽覩等三十人從榮入宮，亦爲伏兵所殺。菩，薄乎翻。帝得榮手版，上有數牒啓，皆左右去留人名，非其腹心者悉在出限，出，不使在帝左右。帝曰：「豎子若過今日，遂不可制。」於是內外喜譟，聲滿洛陽城。百僚入賀。帝登閶闔門，下詔大赦，遣武衛將軍奚毅、前燕州刺史崔淵將兵鎮北中。燕，因肩翻。將，卽亮翻。是夜，【章：甲十一行本「夜」下有「爾朱世隆奉」五字；乙十一行本同；孔本同；張校同；退齋校同。】北鄉長公主帥榮部曲，焚西陽門，出屯河陰。西陽門，卽洛陽城西明門也。

衛將軍賀拔勝與榮黨田怡等聞榮死，奔赴榮第。時宮殿門猶未加嚴防，怡等議卽攻門，勝止之曰：「天子既行大事，必當有備，吾輩衆少，何可輕爾！」少，詩沼翻。但得出城，更爲他計。」怡乃止。及世隆等走，勝遂不從，考異曰：周書及北史云：「勝復從世隆至河橋，勝以爲臣無讎君之義，遂勒所部還都，莊帝大悅。」今從魏書。帝甚嘉之。朱瑞雖爲榮所委，而善處朝廷之間，朱瑞，本榮之行臺郎中也。榮定魏主於洛陽，以瑞爲黃門侍郎兼中書舍人。處，昌呂翻。帝亦善遇之，故瑞從世隆走而中道逃還。

榮素厚金紫光祿大夫司馬子如，榮死，子如自宮中突出，至榮第，棄家，隨榮妻子走出城。世隆卽欲還北，子如曰：「兵不厭詐，今天下恟恟，唯強是視，恟，許勇翻。當此之際，不可以弱示人，若亟北走，恐變生肘腋。腋，音亦。不如分兵守河橋，還軍向京師，出其不意，或可成功。假使不得所欲，亦足示有餘力，使天下畏我之強，不敢叛散。」世隆從之。己亥，攻河橋，擒奚毅等，殺之，據北中城。魏朝大懼，遣前華陽太守段育慰諭之，魏分漢中之沔陽、西縣置華陽郡，以其地在華山之南也。朝，直遙翻。華，戶化翻。世隆斬首以徇。

魏以雍州刺史爾朱天光爲侍中、儀同三司。雍，於用翻。以司空楊津爲都督幷・肆等九州諸軍事、驃騎大將軍、幷州刺史，兼尚書令、北道行臺，經略河、汾。驃，匹妙翻。騎，奇計翻。

榮之入洛也，以高敖曹自隨，禁於駝牛署；爾朱榮誘拘高敖曹，事見一百五十二卷大通二年。榮死，帝引見，勞勉之。見，賢遍翻。勞，力到翻。兄乾自東冀州馳赴洛陽，魏孝昌末，葛榮作亂，高翼聚衆河、濟間，魏因置東冀州，以翼爲刺史。蓋因劉宋先置冀州於河、濟間，而置東冀州以別河北之冀州也。翼，乾之族也。按後以高翼爲乾之父。帝以乾爲河北大使，使，疏吏翻。敖曹爲直閤將軍，使歸，招集鄉曲爲表裏形援。帝親送之於河橋，敖曹兄弟歸鄉里，路當東出，河橋在洛城北，帝不應送之於此，「河橋」二字，意必有誤。舉酒指水曰：「卿兄弟冀部豪傑，能令士卒致死，京城儻有變，可爲朕河上一揚塵。」乾垂涕受詔，敖曹援劍起舞，誓以必死。爲，于僞翻；下亦爲、吾爲、爲陛下同。援，于元翻。

冬，十月，癸卯朔，世隆遣爾朱拂律歸考異曰：魏書無拂律歸名，伽藍記有之。按爾朱度律時在世隆所，或者拂律歸卽度律也。將胡騎一千，皆白服，來至郭下，索太原王尸。榮迎立敬宗，封太原王。將，卽亮翻。騎，奇計翻。索，山客翻。帝升大夏門望之，洛陽城北有大夏、廣莫二門。夏，戶雅翻。遣主書牛法尚謂之曰：「太原王立功不終，陰圖釁逆，釁，許覲翻。王法無親，言法在必行，雖親無赦也。已正刑書。罪止榮身，餘皆不問。卿等若降，官爵如故。」拂律歸曰：「臣等隨太原王入朝，忽致冤酷，今不忍空歸。願得太原王尸，生死無恨。」因涕泣，哀不自勝，勝，音升。羣胡皆慟哭，聲振城邑。帝亦爲之愴然，遣侍中朱瑞齎鐵券賜世隆。世隆謂瑞曰：「太原王功格天地，赤心奉國，長樂不顧信誓，枉加屠害，魏敬宗本封長樂王。樂，音洛。今日兩行鐵字，何足可信！行，戶剛翻。吾爲太原王報讎，終無降理！」瑞還，白帝，帝卽出庫物置城西門外，募敢死之士以討世隆，一日卽得萬人，與拂律歸等戰於郭外。拂律歸等生長戎旅，長，知兩翻。洛陽之人不習戰鬭，屢戰不克。甲辰，以前車騎大將軍李叔仁爲大都督，帥衆討世隆。

戊申，皇子生，大赦。以中書令魏蘭根兼尚書左僕射，爲河北行臺，定、相、殷三州皆稟蘭根節度。相，悉亮翻。

爾朱氏兵猶在城下，帝集朝臣博議，皆恇懼不知所出。通直散騎常侍李苗奮衣起曰：朝，直遙翻。恇，去王翻。散，悉亶翻。騎，奇寄翻。「今小賊唐突如此，朝廷有不測之憂，正是忠臣烈士效節之日。臣雖不武，請以一旅之衆爲陛下徑斷河橋。」杜預曰：五百人爲一旅。斷，丁管翻。城陽王徽、高道穆皆以爲善，帝許之。乙卯，苗募人從馬渚上流乘船夜下，去橋數里，縱火船焚河橋，倏忽而至。爾朱氏兵在南岸者，望之，爭橋北渡，俄而橋絕，溺死者甚衆。苗將百許人泊於小渚以待南援，溺，奴狄翻。將，卽亮翻；下同。官軍不至，爾朱氏就擊之，左右皆盡，苗赴水死。帝傷惜之，贈車騎大將軍、儀同三司，封河陽侯，謚曰忠烈。世隆亦收兵北遁。丙辰，詔行臺源子恭將步騎一萬出西道，楊昱將募士八千出東道以討之，募士，卽洛城西門外所募者也。子恭仍鎮太行丹谷，築壘以防之。水經註：丹水出上黨高都縣故城東北阜下，東南流注于丹谷。晉書地道記曰：縣有太行關，丹溪爲關之東谷，塗自此去，不復由關矣。行，戶剛翻。考異曰：伽藍記云：「源子恭、楊寬領步騎三萬鎮河內。」今從魏書。世隆至建州，慕容永分上黨置建興郡，魏眞君元年省，和平五年復置郡，永安中，罷郡，置建州，治高都城，領高都、長平、安平、恭寧郡。據五代志：建州卽唐澤州之地。刺史陸希質閉城拒守，世隆攻拔之，殺城中人無遺類，以肆其忿，唯希質走免。詔以前東荆州刺史元顯恭爲晉州刺史，魏孝昌中置唐州，建義元年改曰晉州，治白馬城，領平陽、西河、南絳、北絳、永安、北五城、定陽、西平城（三字衍）、敷城、河西、五城、冀氏、義寧郡。兼尚書左僕射、西道行臺。

12 魏東徐州刺史廣牧斛斯椿廣牧縣，漢朔方東部都尉治所也。魏省朔方，以廣牧縣屬新興郡。魏收志，屬朔州附化郡。考椿傳，椿，廣牧富昌人，則又似廣牧自爲一郡也。斛斯，虜複姓。素依附爾朱榮，榮死，椿懼，聞汝南王悅在境上，乃帥部衆棄州歸悅。帥，讀曰率；下同。悅授椿侍中、大將軍、司空，封靈丘郡公，又爲大行臺前驅都督。

13 汾州刺史爾朱兆聞榮死，自汾州帥騎據晉陽；騎，奇計翻。世隆至長子，考異曰：魏帝紀云，世隆停建興之高都。今從世隆傳。兆來會之。壬申，共推太原太守、行并州事長廣王曄即皇帝位，守，式又翻。大赦，改元建明。曄，英之弟子也。中山王英著功於太和、正始之間。以兆爲大將軍，進爵爲王；世隆爲尚書令，賜爵樂平王，加太傅、司州牧；又以榮從弟度律爲太尉，賜爵常山王；從，才用翻。世隆兄天柱長史彥伯爲侍中；徐州刺史仲遠爲車騎大將軍，兼尚書左僕射、三徐州大行臺。仲遠亦起兵向洛陽。三徐州：徐州治彭城；北徐州治琅邪，永安二年置，領東泰山、琅邪二郡；東徐州治下邳。此皆長廣王所除授。

爾朱天光之克平涼也，宿勤明達請降，宿勤明達與万俟醜奴，皆胡琛將也。降，戶江翻。既而復叛，北走，天光遣賀拔岳討之，明達奔東夏。東夏，唐之延州。夏，戶雅翻。岳聞爾朱榮死，不復窮追，復，扶又翻。還涇州以待天光。天光與侯莫陳悅亦下隴，與岳謀引兵向洛。魏敬宗使朱瑞慰諭天光，天光與岳謀，欲令帝外奔而更立宗室，更，工衡翻。乃頻啓云：「臣實無異心，唯欲仰奉天顏，以申宗門之罪。」又使其下僚屬啓云：「天光密有異圖，願思勝算以防之。」

天光設兩端以疑魏朝。

范陽太守盧文偉誘平州刺史侯淵出獵，閉門拒之。淵本領平州，鎭范陽。范陽，卽涿郡，後漢章帝改焉。誘，音酉。淵屯於郡南，爲榮舉哀，爲，于僞翻。勒兵南向，進，至中山，行臺僕射魏蘭根邀擊之，爲淵所敗。敗，補賣翻。

敬宗以城陽王徽兼大司馬、錄尙書事，總統內外。徽意謂榮旣死，枝葉自應散落，及爾朱世隆等兵四起，黨衆日盛，徽憂怖，不知所出。怖，普布翻。性多嫉忌，不欲人居己前，每獨與帝謀議，羣臣有獻策者，徽輒勸帝不納，且曰：「小賊何慮不平！」又靳惜財貨，賞賜率皆薄少，靳，居焮翻。少，詩沼翻。或多而中減，或與而復追，故徒有糜費而恩不感物。史言徽誤魏主。復，扶又翻。

十一月，癸酉朔，敬宗以車騎將軍鄭先護爲大都督，與行臺楊昱共討爾朱仲遠。

乙亥，以司徒長孫稚爲太尉，臨淮王彧爲司徒。

丙子，進雍州刺史廣宗公爾朱天光爵爲王。自此以上至鄭先護官爵，皆敬宗所授。長廣王亦以天光爲隴西王。

爾朱仲遠攻西兗州，魏太和中置西兗州於滑臺，孝昌中置西兗州於定陶。下云仲遠與賀拔勝戰于滑臺東，則是時猶以滑臺爲西兗州也。丁丑，拔之，擒刺史王衍。衍，肅之兄子也。王肅去齊入魏而貴顯。

癸未，敬宗以右衛將軍賀拔勝爲東征都督；壬辰，又以鄭先護兼尚書左僕射爲行臺，與勝共討仲遠。戊戌，詔罷魏蘭根行臺，以定州刺史薛曇尚兼尚書，爲北道行臺。曇，徒含翻。鄭先護疑賀拔勝，置之營外。庚子，勝與仲遠戰於滑臺東，兵敗，降於仲遠。

初，爾朱榮嘗從容問左右曰：從，千容翻。「一日無我，誰可主軍？」皆稱爾朱兆。榮曰：「兆雖勇於戰鬬，然所將不過三千騎，多則亂矣。堪代我者，唯賀六渾耳。」因戒兆曰：「爾非其匹，終當爲其穿鼻。」譬之以牛，牛鼻旣穿，則爲人所制。乃以高歡爲晉州刺史。及兆引兵向洛，遣使召歡，歡遣長史孫騰詣兆，辭以「山蜀未平，蜀人徙汾晉依山而居者，謂之山蜀。今方攻討，不可委去，致有後憂。定蜀之日，當隔河爲掎角之勢。」掎，居蟻翻。兆不悅，曰：「還白高晉州，吾得吉夢，夢與吾先人登高丘，丘旁之地，耕之已熟，獨餘馬藺，本草：蠡實，馬藺子也，出冀州。圖經曰：馬藺子，生河東川谷，葉似薤而長厚。衍義曰：馬藺葉，牛馬皆不食，爲纔出土葉已硬也。先人命吾拔之，隨手而盡。以此觀之，往無不克。」騰還報，歡曰：「兆狂愚如是，而敢爲悖逆，吾勢不得久事爾朱矣。」爲歡起兵討爾朱張本。悖，蒲內翻，又蒲沒翻。

十二月，壬寅朔，爾朱兆攻丹谷，都督崔伯鳳戰死，都督史仵龍開壁請降，仵，宜古翻。降，戶江翻。源子恭退走。兆輕兵倍道兼行，從河橋西涉渡。考異曰：伽藍記云，從雷波涉渡。今從魏書兆傳。先是，敬宗以大河深廣，謂兆未能猝濟，先，昔薦翻。是日，水不沒馬腹。甲辰，暴風，黃塵漲天，兆騎叩宮門，宿衞乃覺，彎弓欲射，騎，奇計翻；下同。射，而亦翻。矢不得發，一時散走。華山王鷙，斤之玄孫也，斤亂代事見一百四卷晉孝武太元元年。魏以此始，亦以此終，天邪，人邪？素附爾朱氏。帝始聞兆南下，欲自帥諸軍討之，鷙說帝曰：「黃河萬仞，兆安得渡！」帝遂自安。及兆入宮，鷙復約止衞兵不使鬭。帥，音率。說，式芮翻。復，扶又翻。帝步出雲龍門外，遇城陽王徽乘馬走，帝屢呼之，不顧而去。徽預國大謀，敗不即死，去將安之！兆騎執帝，鎖於永寧寺樓上，帝寒甚，就兆求頭巾，頭巾，所謂袹頭也。不與。兆營於尚書省，用天子金鼓，設刻漏於庭；撲殺皇子，皇子，爾朱后所生也。撲，弼角翻。汙辱嬪御妃主，汙，烏故翻。嬪，毗賓翻。縱兵大掠，殺司空臨淮王彧、尚書左僕射范陽王誨、青州刺史李延寔等。

城陽王徽走至山南，山南，伊、潁南山之南也。抵前洛陽令寇祖仁家。考異曰：魏書作「寇彌」。按寇讚諸孫所字皆連「祖」字，或者名彌字祖仁。今從伽藍記。祖仁一門三刺史，皆徽所引拔，以有舊恩，故投之。徽齎金百斤，馬五十匹，祖仁利其財，外雖容納，而私謂子弟曰：「如聞爾朱兆購募城陽王，得之者封千戶侯。今日富貴至矣！」乃怖徽云官捕將至，令其逃於他所，怖，普布翻。使人於路邀殺之，送首於兆；徽背敬宗，而祖仁亦背徽，惡殃之報何速哉！蒼蒼之不可欺也如此。兆亦不加勳賞。兆夢徽謂己曰：「我有金二百斤、馬百匹在祖仁家，卿可取之。」兆既覺，覺，古孝翻。意所夢爲實，卽掩捕祖仁，徵其金、馬。祖仁謂人密告，望風款服，云「實得金百斤、馬五十匹。」款，誠實也，獄囚招承之辭曰款，言得其實也。兆疑其隱匿，依夢徵之，祖仁家舊有金三十斤、馬三十匹，盡以輸兆。兆猶不信，發怒，執祖仁，懸首高樹，大石墜足，捶之至死。捶，止橤翻。

爾朱世隆至洛陽，自長子至洛陽也。兆自以爲己功，責世隆曰：「叔父在朝日久，世隆，榮從弟。兆，榮從子，故呼世隆爲叔父。靈后臨朝之時，世隆已在朝，故曰日久。朝，直遙翻。耳目應廣，如何令天柱受禍！」按劍瞋目，聲色甚厲；瞋，七人翻。世隆遜辭拜謝，然後得已，由是深恨之。爲爾朱兄弟叔姪互相猜疑以致夷滅張本。爾朱仲遠亦自滑臺至洛。

戊申，魏長廣王大赦。

爾朱榮之死也，敬宗詔河西賊帥紇豆陵步蕃使襲秀容。步蕃居北河之西。紇豆陵，虜三字姓。魏書官氏志，次南諸姓有紇豆陵氏。帥，音所類翻。紇，音下沒翻。及兆入洛，步蕃南下，兵勢甚盛，故兆不暇久留，亟還晉陽以禦之，使爾朱世隆、度律、彥伯等留鎮洛陽。甲寅，兆還敬宗於晉陽，兆自於河梁監閱財資。河梁，即河橋。監，工咸翻。高歡聞敬宗向晉陽，帥騎東巡，欲邀之，不及，因與兆書，爲陳禍福，不宜害天子，受惡名；兆怒，不納。爾朱天光輕騎入洛，見世隆等，卽還雍州。帥，讀曰率。騎，奇計翻。爲，于僞翻。雍，於用翻。

初，敬宗恐北軍不利，北軍，謂源子恭鎮丹谷之軍也。欲爲南走之計，託云征蠻，以高道穆爲南道大行臺，未及發而兆入洛。道穆託疾去，世隆殺之。主者請追李苗封贈，世隆曰：「當時衆議，更一二日卽欲縱兵大掠，焚燒郭邑，賴苗之故，京師獲全；天下之善一也，不宜復追。」復，扶又翻。

爾朱榮之死也，世隆等徵兵於大寧太守代人房謨，魏收志：魏孝昌中置泰寧郡，屬建州，其地當在唐澤州沁水縣界。「大」，當作「泰」。謨不應，前後斬其三使，使，疏吏翻。遣弟毓詣洛陽。及兆得志，其黨建州刺史是蘭安定是蘭，姓也；安定，其名。執謨繫州獄，郡中蜀人聞之，皆叛。此謂蜀人之居泰寧者，亦汾蜀、絳蜀之類也。安定給謨弱馬，令軍前慰勞，勞，力到翻。諸賊見謨，莫不遙拜。謨先所乘馬，安定別給將士，將，卽亮翻。戰敗，蜀人得之，謂謨遇害，莫不悲泣，善養其馬，不聽人乘之，兒童婦女競投草粟，皆言此房公馬也。爾朱世隆聞之，捨其罪，以爲其府長史。

北道大行臺楊津，以衆少，留鄴召募，欲自滏口入幷州，會爾朱兆入洛，津乃散衆，輕騎還朝。少，詩沼翻。滏，音釜。騎，奇計翻。朝，直遙翻。

爾朱世隆與兄弟密謀，慮長廣王母衞氏干預朝政，伺其出行，遣數十騎如劫盜者於京巷殺之，直曰街，曲曰巷。京巷，洛京之曲巷也。朝，直遙翻。伺，相吏翻。尋懸牓以千萬錢募賊。

甲子，爾朱兆縊敬宗於晉陽三級佛寺，年二十四。廢帝諡帝曰武懷皇帝。及孝武帝立，以廟諱，改諡曰孝莊皇帝，廟號敬宗。縊，於賜翻，又於計翻。幷殺陳留王寬。

是月，紇豆陵步蕃大破爾朱兆於秀容，南逼晉陽。兆懼，使人召高歡并力。考異曰：北齊慕容紹宗傳：「兆召高祖，紹宗諫曰：『今天下擾攘，人懷覬覦，正是智士用策之秋。高晉州才雄氣猛，英略蓋世，譬如蛟龍，安可借以雲雨？』兆怒曰：『我與晉州推誠相待，何得輒相間阻！』囚紹宗，數日，乃釋之。」北史，紹宗語在神武請帥降戶就食山東下。按兆始召歡以自救，非猜嫌之時。今從北史。僚屬皆勸歡勿應召，歡曰：「兆方急，保無他慮。」遂行。歡所親賀拔焉過兒請緩行以弊之，歡往往逗留，辭以河無橋，不得渡。此河蓋汾河也。步蕃兵日盛，兆屢敗，告急於歡，歡乃往從之。兆時避步蕃南出，步蕃至平樂郡，「平樂郡」，據爾朱兆傳當作「樂平郡」。後漢獻帝分太原置樂平郡，治沾城，唐遼州即其地。歡與兆進兵合擊，大破之，斬步蕃於石鼓山，魏收志：秀容郡秀容縣有石鼓山。其衆退走。兆德歡，相與誓爲兄弟，將數十騎詣歡，通夜宴飲。

初，葛榮部衆流入并、肆者二十餘萬，爲契胡凌暴，契胡，爾朱之種人也。契，欺訖翻。皆不聊生，大小二十六反，誅夷者半，猶謀亂不止。兆患之，問計於歡，歡曰：「六鎭反殘，不可盡殺，自破六韓拔陵、杜洛周之敗，其衆盡歸葛榮，皆六鎭人也。宜選王腹心使統之，有犯者罪其帥，帥，所類翻。則所罪者寡矣。」兆曰：「善！誰可使者？」賀拔允時在坐，坐，徂臥翻。請使歡領之。歡拳毆其口，折一齒，曰：「平生天柱時，奴輩伏處分如鷹犬。毆，烏口翻。歡自謂也，詭爲遜辭，使兆不疑己。折，而設翻。處，昌呂翻。分，扶問翻；下同。今日天下事取捨在王，而阿鞠泥敢僭易妄言，請殺之！」賀拔允，字阿鞠泥。易，以豉翻。兆以歡爲誠，遂以其衆委焉。歡以兆醉，恐醒而悔之，遂出，宣言：「受委統州鎮兵，魏改六鎮爲州，葛榮部衆皆六鎮人，故曰州鎮兵。可集汾東受號令。」乃建牙陽曲川，水經註：汾水自汾陽縣南流，逕陽曲城西。陽曲在秀容之南。地形志：陽曲縣，二漢屬太原郡，後魏永安中，置永安郡，陽曲縣屬焉。宋白曰：唐忻州秀容、定襄二縣，皆漢陽曲縣地。河千里一曲，縣當其陽，故曰陽曲。後漢末，移陽曲縣於幷州太原縣界，於舊陽曲縣置定襄縣，又分置九原縣屬新興郡。後魏以九原縣爲平冠縣，隋爲秀容縣。陳部分。軍士素惡兆而樂屬歡，分，扶問翻。惡，烏故翻。樂，音洛。莫不皆至。

居無何，居無何，言在事未多時也。無何，猶言無幾何時。又使劉貴請兆，以「幷、肆頻歲霜旱，降戶掘田鼠而食之，降，戶江翻。面無穀色，徒汙人境內，幷、肆之地，兆統內也。汙，烏故翻。請令就食山東，幷、肆、冀、定、瀛、相、殷以大行、常山爲限，幷、肆在山西，餘州皆在山東。歡欲引衆就食山東，正欲遠兆，得以從容收衆心，因之以起兵也。待溫飽更受處分。」兆從其議。長史慕容紹宗諫曰：「不可。方今四方紛擾，人懷異望，高公雄才蓋世，復使握大兵於外，復，扶又翻。譬如借蛟龍以雲雨，將不可制矣。」兆曰：「有香火重誓，何慮邪！」重誓，謂與歡誓爲兄弟。紹宗曰：「親兄弟尚不可信，何論香火！」時爾朱兆與其羣從已搆嫌隙，故紹宗以此言諷之。時兆左右已受歡金，因稱紹宗與歡有舊隙，兆怒，囚紹宗，趣歡發。趣，讀曰促。歡自晉陽出滏口，道逢北鄉長公主自洛陽來，有馬三百匹，盡奪而易之。兆聞之，乃釋紹宗而問之，紹宗曰：「此猶是掌握中物也。」兆乃自追歡，至襄垣，襄垣縣，漢屬上黨郡，後魏屬鄉郡，至敬宗建義元年分置襄垣郡。會漳水暴漲，橋壞，水經：漳水自屯留縣東北流，逕襄垣縣故城南。歡隔水拜曰：「所以借公主馬，非有他故，備山東盜耳。王信公主之讒，自來賜追，歡稱兆爲王，因長廣王所封也。今不辭渡水而死，恐此衆便叛。」兆自陳無此意，因輕馬渡水，與歡坐幕下，【章：甲十一行本「下」下有「陳謝」二字；乙十一行本同；孔本同；張校同；退齋校同。】授歡刀，引頸使歡斫之，古之豪雄推赤心置人腹中者，必其威望有以服其心，智力足以制其命，然後行之以安反側，然亦未至如爾朱兆之輕率也。歡大哭曰：「自天柱之薨，賀六渾更何所仰！但願大家千萬歲，以申力用耳。今爲旁人所構間，大家何忍復出此言！」歡之此言，亦謬爲恭敬耳。歡以主事兆，故稱爲大家。間，古莧翻。復，音扶又翻；下同。兆投刀於地，復斬白馬，與歡爲誓，因留宿夜飲。尉景伏壯士欲執兆，尉，紆勿翻。歡齧臂止之，曰：「今殺之，其黨必奔歸聚結，兵飢馬瘦，不可與敵，若英雄乘之而起，則爲害滋甚，不如且置之。兆雖驍勇，凶悍無謀，不足圖也。」不足圖者，謂其易圖也。史言舉大事者必審而後發。驍，堅堯翻。悍，侯旰翻。旦日，兆歸營，復召歡，歡將上馬詣之，上，時掌翻。孫騰牽歡衣，歡乃止。兆隔水肆罵，馳還晉陽。當是時，爾朱兆已知高歡之不可制，而無如之何。兆腹心念賢領降戶家屬別爲營，歡僞與之善，觀其佩刀，因取殺之。按通鑑，念賢後仕於西魏貴顯。此豈別有一念賢邪？又按李百藥北齊書，歡取賢佩刀以殺其從者，從者盡散。則謂所殺者賢之從者，非殺賢也。姓譜有念姓。士衆感悅，益願附從。

14 齊州城民趙洛周聞爾朱兆入洛，逐刺史丹楊王蕭贊，以城歸兆。贊變形爲沙門，逃入長白山，五代志：齊州章丘縣，舊曰高唐，有長白山。杜佑曰：長白山在淄州長山縣。流轉，卒於陽平。陽平縣，漢屬東郡，魏、晉以來，分屬陽平郡，隋、唐魏州之莘縣卽其地。卒，子恤翻。梁人或盜其柩以歸，上猶以子禮葬於陵次。豫章王綜奔魏，改名贊，事見一百五十卷普通六年。贊不以帝爲父，而帝猶以贊爲子，可謂愛其所不當愛矣。柩，音舊。

15 魏荆州刺史李琰之，韶之族弟也。南陽太守趙修延，以琰之敬宗外族，敬宗母，彭城王勰妃李氏也，故云然。誣琰之欲奔梁，發兵襲州城，執琰之，自行州事。

16 魏王悅改元更興，更，工行翻。聞爾朱兆已入洛，自知不及事，遂南還。斛斯椿復棄悅奔魏。爲斛斯椿誅爾朱世隆兄弟搆間高歡以分魏爲東、西張本。復，扶又翻。

17 是歲，詔以陳慶之爲都督南・北司等四州諸軍事、南・北司二州刺史。梁置南司州於安陸，北司州於義陽。慶之引兵圍魏懸瓠，破魏潁州刺史婁起等於溱水，魏孝昌四年置潁州於汝陰，領汝陰・潁〔弋〕陽、北陳留・潁川、財丘・梁興、西恆農・陳南、東郡・汝南、淸河・南陽、新蔡・南陳留、滎陽・北通、汝南・太原等雙郡，東恆農、新興等郡。水經註：溱水出汝南平輿縣浮石嶺東北青衣山，東南逕朗陵縣故城西，東北逕北宜春縣故城北，又東北入于汝。溱，緇詵翻。宋白曰：蔡州城南有溱水。又破行臺孫騰等於楚城。

梁置西楚州於楚城，在汝南郡城陽縣界，其地當在唐申州界。按孫騰此時猶從高歡在并、冀、殷、相之間，慶之破騰必非此年事，史究言之耳。**罷義陽鎮兵，停水陸漕運，江、湖諸州並得休息；**謂瀕江及洞庭、彭蠡間諸州也。**開田六千頃，二年之後，倉廩充實。**

資治通鑑卷第一百五十四　梁紀十　武帝中大通二年（五三〇）

張政烺標點王崇武聶崇岐覆校

資治通鑑卷第一百五十五

端明殿學士兼翰林侍讀學士朝散大夫右諫議大夫充集賢殿修撰提舉西京嵩山崇福宮上柱國河內郡開國侯食邑一千八百戶食實封六百戶賜紫金魚袋臣司馬光奉敕編集
後學天台胡三省音註

梁紀十一

起重光大淵獻（辛亥），盡玄黓困敦（壬子），凡二年。

高祖武皇帝十一

中大通三年（辛亥、五三一）

1 春，正月，辛巳，上祀南郊，大赦。

2 魏尚書右僕射鄭先護聞洛陽不守，士衆逃散，遂來奔。去年，魏敬宗遣鄭先護討東郡。丙申，以先護爲征北大將軍。

3 二月，辛丑，上祀明堂。

4 魏自敬宗被囚，宮室空近百日。被，皮義翻。近，其靳翻。去年十二月壬寅，爾朱兆渡河，囚敬宗；甲寅，遷晉陽；是月己巳，節閔帝卽位，始入宮。爾朱世隆鎭洛陽，商旅流通，盜賊不作。世隆兄弟密議，以長廣王疏遠，又無人望，欲更立近親。更，工衡翻。儀同三司廣陵王恭，羽之子也，廣陵王羽，魏孝文帝之弟。好學有志度，正光中領給事黃門侍郎，以元叉擅權，託瘖病居龍華佛寺，好，呼到翻。瘖，於今翻。華，讀曰花。無所交通。永安末，有白敬宗言王陽瘖，將有異志，考異曰：伽藍記云：「莊帝疑恭姦詐，夜，遣人盜掠衣物，拔刀劍欲殺之，恭張口以手拈舌，竟乃不言。莊帝信其眞，放令歸第。」今從魏書。恭懼，逃於上洛山，上洛山在洛州上洛郡上洛縣界。洛州刺史執送之，魏洛州刺史治上洛。繫治久之，以無狀獲免。無狀者，無反狀也。治，直之翻。關西大行臺郎中薛孝通說爾朱天光曰：「廣陵王，高祖猶子，禮曰：兄弟之子，猶子也。廣陵王羽，高祖之弟，恭則猶子也。高祖，孝文廟號。說，式芮翻。夙有令望，沈晦不言，沈，持林翻。多歷年所，若奉以爲主，必天人允叶。」天光與世隆等謀之，疑其實瘖，使爾朱彥伯潛往敦諭，且脅之，恭乃曰：「天何言哉！」用論語孔子之言。世隆等大喜。孝通，聰之子也。薛聰見一百四十卷齊明帝建武元年。

己巳，長廣王至邙山南，世隆等爲之作禪文，爲，于僞翻。使泰山太守遼西竇瑗執鞭獨入，守，式又翻。瑗，于眷翻。啓長廣王曰：「天人之望，皆在廣陵，願行堯、舜之事。」遂署禪文。廣陵王奉表三讓，然後卽位，帝諱恭，字脩業，廣陵惠王羽之子也。大赦，改元普泰。黃門侍郎邢子才爲赦文，敍敬宗枉殺太原王榮之狀，節閔帝曰：「永安手翦強臣，非爲失德，直以天未厭亂，故逢成濟之禍耳。」成濟弒高貴鄉公事見七十七卷魏元帝景元元年。因顧左右取筆，自作赦文，直言：「門下：魏、晉以來出命皆由門下省，故其發端必曰「敕門下」。朕以寡德，運屬樂推，思與億兆，同茲大慶，肆眚之科，一依常式。」屬，之欲翻。樂，音洛。春秋莊二十二年，肆大眚。杜預註曰：赦有罪也。易稱赦過宥罪，書稱眚災肆赦，傳稱肆眚圍鄭，皆放赦罪人，蕩滌衆故以新其心。帝閉口八年，至是乃言，中外欣然以爲明主，望至太平。「至」，一作「致」。

庚午，詔以「三皇稱『皇』，五帝稱『帝』，三代稱『王』，蓋遞爲沖挹，謂皇降稱帝，帝降稱王，蓋遞爲謙下也。自秦以來，競稱『皇帝』，予今但稱『帝』，亦已褒矣。」加爾朱世隆儀同三司，贈爾朱榮相國、晉王，加九錫。世隆使百官議榮配饗，司直劉季明曰：杜佑通典曰：後魏永安三年，高道穆奏廷尉置司直十人，位在正、監上，不署曹事，唯覆理御史檢劾事。「若配世宗，於時無功；宣武帝廟號世宗。若配孝明，親害其母；謂殺胡后也。若配莊帝，爲臣不終。孝武帝始改謚敬宗曰莊帝，此時當稱爲懷帝。以此論之，無所可配。」世隆怒曰：「汝應死！」季明曰：「下官既爲議首，依禮而言，不合聖心，翦戮唯命！」世隆亦不之罪。以榮配高祖廟廷。又爲榮立廟於首陽山，爲，于僞翻。因周公舊廟而爲之，以爲榮功可比周公。廟成，尋爲火所焚。因周公舊廟而祀爾朱榮，周公豈以奪余饗爲嫌哉？天人之心固不許也。

爾朱兆以不預廢立之謀，大怒，欲攻世隆，世隆使爾朱彥伯往諭之，乃止。

初，敬宗使安東將軍史仵龍、平北將軍陽文義各領兵三千守太行嶺，侍中源子恭鎮河內；及爾朱兆南向，仵龍、文義帥衆先降，由是子恭之軍望風亦潰，兆遂乘勝直入洛陽。事見上卷上年。仵，疑古翻。行，戶剛翻。帥，讀曰率。降，下江翻。至是，爾朱世隆論仵龍、文義之功，各封千戶侯，魏主曰：「仵龍、文義，於王有功，於國無勳。」竟不許。爾朱仲遠鎮滑臺，表用其下都督爲西兗州刺史，魏收志：西兗州領沛、濟陰郡。先用後表，詔答曰：「已能近補，何勞遠聞！」爾朱天光之滅万俟醜奴也，事見上卷上年。万，莫北翻。俟，渠夷翻。始獲波斯所獻師子，送洛陽，波斯獻師子見一百五十二卷大通二年。及節閔帝即位，詔曰：「禽獸囚之則違其性。」命送歸本國。使者以波斯道遠不可達，於路殺之而返，有司劾違旨，帝曰：「豈可以獸而罪人！」遂赦之。史言節閔帝賢明而不終者，制於強臣也。使，疏吏翻。劾，戶概翻，又戶得翻。

5 魏鎮遠將軍清河崔祖螭等聚青州七郡之衆圍東陽，青州領齊、北海、樂安、勃海、高陽、河間、樂陵七郡，治東陽。旬日之間，衆十餘萬。刺史東萊王貴平帥城民固守，帥，音率。使太傅諮議參軍崔光伯出城慰勞，其兄光韶曰：「城民陵縱日久，蓋言東陽之民，挾州家之勢，陵暴屬郡，恣縱之日久矣。勞，力到翻。衆怒甚盛，非慰諭所能解，家弟往，必不全。」貴平強之，強，其兩翻。既出外，人射殺之。射，而亦翻。

6 幽、安、營、并四州行臺劉靈助，自謂方術可以動人，又推算知爾朱氏將衰，乃起兵自稱燕王、開府儀同三司、大行臺，聲言爲敬宗復讎，燕，因肩翻。爲，于僞翻。且妄述圖讖，云「劉氏當王」。讖，七譖翻。由是幽、瀛、滄、冀之民多從之，魏熙平二年分瀛、冀二州置滄州，治饒安城，領浮陽、樂陵、安德三郡。從之者夜舉火爲號，不舉火者諸村共屠之。引兵南至博陵之安國城。魏收志，博陵郡安國縣有安國城，北平蒲陰縣亦有安國城，故稱博陵以別之。爾朱兆遣監軍孫白鷂至冀州，監，工咸翻。鷂，弋照翻。託言調發民馬，調，徒釣翻。欲俟高乾兄弟送馬而收之。乾等知之，與前河內太守封隆之等合謀，潛部勒壯士，襲據信都，殺白鷂，考異曰：北史作「白雞」。今從北齊書。執刺史元嶷。嶷，魚力翻。乾等欲推其父翼行州事，翼曰：「和集鄉里，我不如封皮。」皮，封隆之小字也。乃奉隆之行州事，爲敬宗舉哀，爲，于僞翻。將士皆縞素，將，卽亮翻；下同。縞，古老翻。升壇誓衆，移檄州郡，共討爾朱氏，仍受劉靈助節度。隆之，磨奴之族孫也。封磨奴見一百一十九卷宋高祖永初元年。殷州刺史爾朱羽生將五千人襲信都，高敖曹不暇擐甲，將十餘騎馳擊之，擐，音宦。騎，奇計翻。乾在城中縋下五百人，追救未及，敖曹已交兵，羽生敗走。敖曹馬矟絕世，矟，色角翻。左右無不一當百，時人比之項籍。

高歡屯壺關大王山，魏收地形志：上黨郡屯留縣有鳳凰山，一名大王山。按魏太平眞君九年二月，詔於壺關東北大王山累石爲三封，又斬其北鳳凰山南足以斷之，以其有王氣也。後高歡果屯兵於其地。六旬，乃引兵東出，聲言討信都。信都人皆懼，高乾曰：「吾聞高晉州雄略蓋世，爾朱榮用歡爲晉州刺史，故稱之。其志不居人下。且爾朱無道，弒君虐民，正是英雄立功之會，今日之來，必有深謀，吾當輕馬迎之，密參意旨，參，候也。諸君勿懼也。」乃將十餘騎與封隆之子子繪潛謁歡於滏口，說歡曰：「爾朱酷逆，痛結人神，凡曰有知，孰不思奮！明公威德素著，天下傾心，若兵以義立，則屈強之徒不足爲明公敵矣。屈，與倔同，其勿翻。強，其兩翻。屈強之徒，指爾朱氏之黨也。鄗州雖小，戶口不下十萬，穀秸之稅，足濟軍資，秸，工八翻，藁也。願公熟思其計。」乾辭氣慷慨，歡大悅，與之同帳寢。

初，河南太守趙郡李顯甫，喜豪俠，喜，許既翻。集諸李數千家於殷州西山方五六十里居之。殷州西山，廣阿之西山也。顯甫卒，子元忠繼之。家素富，多出貸求利，元忠悉焚券契，約也，卽古所謂券也。【章：胡註「契，約也。」與正文不應，當是刻誤；甲十一行本正作「契」；乙十一行本同；孔本同。】免責，鄉人甚敬之。免責，不責其償也。時盜賊蠭起，清河有五百人西戍，還，經趙郡，以路梗，共投元忠；梗，塞也。元忠遣奴爲導，曰：「若逢賊，但道李元忠遣。」如言，賊皆舍避。舍，讀曰捨。及葛榮起，元忠帥宗黨作壘以自保，帥，讀曰率。坐大槲樹下，槲，胡谷翻。前後斬違命者凡三百人，賊至，元忠輒擊卻之。葛榮曰：「我自中山至此，連爲趙李所破，李氏，趙郡之大姓，時號爲趙李。何以能成大事！」乃悉衆攻圍，執元忠以隨軍。賊平，就拜南趙郡太守，此言爾朱榮平葛榮時事。魏太和之十一年，分趙郡之平鄉、柏人、中丘，鉅鹿之南䜌、鉅鹿、廣阿爲南鉅鹿郡，後改爲南趙郡，屬殷州。好酒無政績。好，呼到翻。

及爾朱兆弑敬宗，元忠棄官歸，謀舉兵討之。會高歡東出，元忠乘露車，載素箏濁酒以奉迎，歡聞其酒客，未卽見之。元忠下車獨坐，酌酒擘脯食之，謂門者曰：「本言公招延俊傑，今聞國士到門，不吐哺輟洗，其人可知，以周公、漢祖之事責歡也。洗，先典翻。還吾刺，勿通也！」門者以告，歡遽見之，引入，觴再行，元忠車上取箏鼓之，長歌慷慨，歌闋，闋，苦穴翻，歌終也。謂歡曰：「天下形勢可見，明公猶事爾朱邪？」歡曰：「富貴皆因彼所致，安敢不盡節！」元忠曰：「非英雄也！高乾邕兄弟來未？」高乾，字乾邕。時乾已見歡，歡紿之曰：「從叔輩粗，何肯來！」歡與乾兄弟同出於勃海，故稱從叔。紿，待亥翻。從，才用翻。元忠曰：「雖粗，並解事。」解，胡買翻，曉也。歡曰：「趙郡醉矣。」使人扶出。元忠不肯起，孫騰進曰：「此君天遣來，不可違也。」歡乃復留與語，復，扶又翻。元忠慷慨流涕，歡亦悲不自勝。勝，音升。元忠因進策曰：「殷州小，無糧仗，不足以濟大事。若向冀州，高乾邕兄弟必爲明公主人，魏冀州治信都，高乾邕兄弟據之，故云然。殷州便以賜委。冀、殷旣合，滄、瀛、幽、定自然弭服，唯劉誕黠胡或當乖拒，劉誕亦契胡種也，時爲相州刺史，鎮鄴。黠，下八翻。然非明公之敵。」歡急握元忠手而謝焉。

歡至山東，約勒士卒，絲毫之物不聽侵犯，每過麥地，歡輒步牽馬，遠近聞之，皆稱高儀同將兵整肅，益歸心焉。爾朱氏加歡儀同三司，故當時以稱之。史言高歡能收衆心，以傾爾朱。將，卽亮翻。歡求糧於相州刺史劉誕，誕不與；相，息亮翻。有車營租米，「車營」，北齊紀作「軍營」。歡掠取之。進至信都，封隆之、高乾等開門納之。高敖曹時在外略地，聞之，以乾爲婦人，遺以布裙；裙，渠云翻，婦人下裳也。遺，于季翻。歡使世子澄以子孫禮見之，敖曹乃與俱來。敖曹以歡敍羣從子姪之禮乃來，孰謂其粗也。

7 癸酉，魏封長廣王曄爲東海王，以青州刺史魯郡王肅爲太師，淮陽王欣爲太傅，爾朱世隆爲太保，長孫稚爲太尉，趙郡王諶爲司空，諶，氏壬翻。徐州刺史爾朱仲遠、雍州刺史爾朱天光並爲大將軍，并州刺史爾朱兆爲天柱大將軍；賜高歡爵勃海王，徵使入朝。高歡之先本勃海人，爾朱氏爵之爲本郡王，欲以誘致之。朝，直遙翻。長孫稚固辭太尉，世衰難佐，故辭。乃以爲驃騎大將軍、開府儀同三司。驃，匹妙翻。騎，奇計翻。爾朱兆辭天柱，曰：「此叔父所終之官，我何敢受！」固辭，不拜，尋加都督十州諸軍事，十州，南盡汾、晉，北極雲、朔。世襲并州刺史。高歡辭不就徵。爾朱仲遠徙鎭大梁，復加兗州刺史。大梁，兗州統內，故加兗州。復，扶又翻；下無復、不復同。

爾朱世隆之初爲僕射也，大通二年，魏爾朱榮入洛，以世隆爲尚書僕射。畏爾朱榮之威嚴，深自刻厲，留心几案，案亦几屬，應文書皆陳於几案而省覽之。留心几案，謂留心於尚書省文書也。又案，據也，凡官文書留以爲據者，亦謂之案。應接賓客，有開敏之名。及榮死，無所顧憚，爲尚書令，家居視事，坐符臺省，事無大小，不先白世隆，有司不敢行。使尚書郎宋遊道、邢昕在其聽事東西別坐，受納辭訟，稱命施行；稱命者，稱世隆之命也。昕，許斤翻。聽，讀曰廳。公爲貪淫，生殺自恣；又欲收軍士之意，汎加階級，皆爲將軍，無復員限，自是勳賞之官大致猥濫，人不復貴。猥，雜也。是時，天光專制關右，兆奄有并、汾，仲遠擅命徐、兗，世隆居中用事，競爲貪暴。而仲遠尤甚，所部富室大族，多誣以謀反，籍沒其婦女財物入私家，私家，謂仲遠私家也。投其男子於河，如是者不可勝數。勝，音升。自滎陽已東，租稅悉入其軍，不送洛陽。東南州郡自牧守以下至士民，畏仲遠如豺狼。由是四方之人皆惡爾朱氏，而憚其強，莫敢違也。爲爾朱氏敗張本。守，式又翻。惡，烏路翻。

8己丑，魏以涇州刺史賀拔岳爲岐州刺史，渭州刺史侯莫陳悅爲秦州刺史，並加儀同三司。涇、渭荒殘而秦、岐差完，故以內遷爲進律。

9魏使大都督侯淵、驃騎大將軍代人叱列延慶討劉靈助，至固城，叱列，虜複姓。固城，當在中山城東北，安國城西南。淵畏其衆，欲引兵西入，據關拒險以待其變，延慶曰：「靈助庸人，假妖術以惑衆，妖，於驕翻。大兵一臨，彼皆恃其符厭，厭，一協翻。謂劉靈助書爲符敕以厭勝也。豈肯戮力致死，與吾兵爭勝負哉！不如出營城外，詐言西歸，靈助聞之必自寬縱，然後潛軍擊之，往則成擒矣。」淵從之。出頓城西，聲云欲還，丙申，簡精騎一千夜發，直抵靈助壘；靈助戰敗，斬之，傳首洛陽。初，靈助起兵，自占勝負，曰：「三月之末，我必入定州，爾朱氏不久當滅。」及靈助首函入定州，果以是月之末。史言用兵不可徒信占驗而無方略。

10 夏，四月，乙巳，昭明太子統卒。太子自加元服，天監十四年，太子加元服。上卽使省錄朝政，省，悉景翻。朝，直遙翻。百司進事，塡委於前，太子辯析詐謬，秋毫必睹，但令改正，不加按劾，劾，戶概翻，又戶得翻。平斷法獄，多所全宥，寬和容衆，喜慍不形於色。好讀書屬文，斷，丁亂翻。好，呼報翻。屬，之欲翻。引接才俊，賞愛無倦；出宮二十餘年，言自禁中出居東宮也。不畜聲樂。每霖雨積雪，遣左右周行閭巷，視貧者賑之。行，下孟翻。賑，之忍翻。此所謂好行小惠也。天性孝謹，在東宮，雖燕居，坐起恆西向，必西向者，不敢背上臺也。恆，戶登翻。謹，居忍翻。或宿被召當入，隔夜爲宿。被，皮義翻。危坐達旦。及寢疾，恐貽帝憂，敕參問，輒自力手書。言帝出敕候問，太子輒力疾手書，自爲奏答。及卒，朝野惋愕，建康男女，奔走宮門，號泣道路。卒，子恤翻。朝，直遙翻。惋，烏貫翻。愕，五各翻。奔，甫門翻。走，音奏。號，戶刀翻。

11 癸丑，魏以高歡爲大都督、東道大行臺、冀州刺史；東道，謂太行恆山以東也。又以安定王爾朱智虎爲肆州刺史。

12 魏爾朱天光出夏州，遣將討宿勤明達，癸亥，擒明達，送洛陽，斬之。爾朱天光既擒万俟醜奴，又擒宿勤明達，河、隴平矣，不知乃以爲宇文泰之資也。夏，戶雅翻。將，卽亮翻。

13 丙寅，魏以侍中、驃騎大將軍爾朱彥伯爲司徒。

14 魏詔有司不得復稱僞梁。魏不競於梁故也。復，扶又翻；下同。

15 五月，丙子，魏荆州城民斬趙修延，復推李琰之行州事。趙修延執李琰之見上卷上年。

16 魏爾朱仲遠使都督魏僧勗等討崔祖螭於東陽，斬之。考異曰：北齊李渾傳：「普泰中，崔社客反於海岱，攻圍青州。以渾爲征東將軍、都官尚書，行臺赴援，而社客宿將多謀，諸城各自保固，堅壁清野。諸將議有異同，渾曰：『社客賊之根本，若簡練驍勇，銜枚夜襲，徑趨營下，出其不意，咄嗟之間，便可擒殄。如社客就擒，則諸郡可傳檄而定。』諸將遲疑，渾乃速行，未明，達城下，賊徒驚散，擒社客，斬首送洛陽。」按其年時事迹與祖螭略同，未知社客卽祖螭，爲別一人也。今從魏帝紀。

17 初，昭明太子葬其母丁貴嬪，普通七年，丁貴嬪卒。遣人求墓地之吉者。或賂宦者俞三副求賣地，云若得錢三百萬，以百萬與之。三副密啓上，言「太子所得地不如今地於上爲吉。」今地，謂求賣之地也。上年老多忌，卽命市之。葬畢，有道士云：「此地不利長子，若厭之，長，知兩翻。厭，一協翻，又於琰翻；下厭禱同。或可申延。」申，寬也。乃爲蠟鵝及諸物埋於墓側長子位。宮監鮑邈之、魏雅初皆有寵於太子，五代志，梁制，東宮有外監殿局、內監（殿局）。宮監者，卽唐內直局之職也，龍朔二年改監曰內直郎。邈之晚見疏於雅，乃密啓上云：「雅爲太子厭禱。」上遣檢掘，果得鵝物，大驚，將窮其事，徐勉固諫而止，但誅道士。由是太子終身慚憤，不能自明。及卒，上徵其長子南徐州刺史華容公歡至建康，欲立以爲嗣，銜其前事，猶豫久之，卒不立，卒，子恤翻。庚寅，遣還鎮。史因帝不立孫，究言事始。嗚呼！帝於豫章王綜、臨賀王正德，雖犯惡逆，猶容忍之，至於昭明被讒，則終身銜其事，蓋天奪其魄也。爲昭明子詧仇視諸父張本。

臣光曰：君子之於正道，不可少頃離也，少，詩沼翻。離，力智翻。不可跬步失也。跬，窺婢翻。以昭明太子之仁孝，武帝之慈愛，一染嫌疑之迹，身以憂死，罪及後昆，求吉得凶，不可湔滌，可不戒哉！湔，將仙翻。是以詭誕之士，奇邪之術，君子遠之。奇，居宜翻，異也。遠，于願翻。

18 丙申，立太子母弟晉安王綱爲皇太子。朝野多以爲不順，立世適孫爲順。朝，直遙翻。司議侍郎周弘正，按陳書周弘正傳：普通中初置司文義郎，直壽光省，以弘正爲司義侍郎。「議」當作「義」。嘗爲晉安王主簿，乃奏記曰：「謙讓道廢，多歷年所。伏惟明大王殿下，天挺將聖，論語：太宰問於子貢曰：「夫子聖者歟？」子貢曰：「固天縱之將聖。」朱元晦註曰：將，殆也，謙若不敢知之辭。或曰：將，大也。四海歸仁，是以皇上發德音，以大王爲儲副。意者願聞殿下抗目夷上仁之義，左傳：宋桓公疾，太子茲父固請曰：「目夷長且仁，君其立之。」公命子魚。子魚辭曰：「能以國讓，仁孰大焉？臣弗及也。」遂走而退。子魚，目夷字也。執子臧大賢之節，左傳：成十三年，諸侯伐秦，曹宣公卒于師，曹人使公子負芻守，公子欣時逆曹伯之喪；負芻殺太子而自立。既葬，子臧將亡，國人皆將從之。成公乃懼，告罪，且請焉，子臧乃反。諸侯討曹成公，執而歸諸京師。將見子臧于王而立之，辭曰：「聖達節，次守節。爲君，非吾節也，雖不能聖，敢失守乎！」遂逃，奔宋。負芻立，是爲成公。子臧，欣時字也。逃玉【張：「玉」作「王」。】輿而弗乘，「玉輿」當作「王輿」。莊子讓王篇曰：越人三世弑其君，王子搜患之，逃乎丹穴。而越國無君，求王子搜不得，從之丹穴。王子搜不出，越人薰之以艾，乘以王輿，王子搜援綏登車，仰天而呼曰：「君乎君，獨不可以捨我乎！」棄萬乘如脫屣，孟子曰：舜視棄天下，猶棄敝屣也。乘，繩正翻。屣，所是翻。庶改澆競之俗，以大吳國之風。謂太伯以天下讓，逃而君吳也。澆，堅堯翻，薄也。古有其人，今聞其語，能行之者，非殿下而誰！使無爲之化復生於遂古，復，扶又翻。朱元晦曰：遂，往也。讓王之道不墜於來葉，莊子外篇有讓王，述堯、舜以天下讓。來葉，來世也。豈不盛歟！」王不能從。弘正，捨之兄子也。周捨柄用於天監之初。

太子以侍讀東海徐摛爲家令，晉王紹宗遷祕書少監，仍侍皇太子讀書，此侍讀之始也。兼管記，尋帶領直。管記，職同公府記室。梁制，上臺、東宮皆有領直，領直者，領直衛兵也。摛文體輕麗，春坊盡學之，東宮謂之春宮，宮坊謂之春坊。時人謂之宮體。上聞之，怒，召摛，欲加誚責。及見，誚，才笑翻。見，賢遍翻。應對明敏，辭義可觀，意更釋然，因問經史及釋教，摛商較從橫，較，古推翻。從，子容翻。應對如響，上甚加歎異，上崇信釋氏，意謂徐摛業儒，但知經史而已，扣擊之餘，及於釋教，商較從橫，應對如響，遂加歎異。殊不思上有好者下必有甚者焉，釋教盛行，可以媒富貴利達，江東人士孰不從風而靡乎！寵遇日隆。領軍朱异不悅，异，羊至翻。謂所親曰：「徐叟出入兩宮，漸來見逼，我須早爲之所。」遂乘間白上曰：「擿年老，又愛泉石，意在一郡自養。」上謂擿眞欲之，乃召擿，謂曰：「新安大好山水，」遂出爲新安太守。史言朱异固寵忌前。間，古莧翻。

六月，癸丑，立華容公歡爲豫章王，其弟枝江公譽爲河東王，曲阿公詧爲岳陽王。詧，與察同。上以人言不息，謂不順也。故封歡兄弟以大郡，用慰其心。久之，鮑邈之坐誘掠人，誘，音酉。罪不至死，太子綱追思昭明之冤，揮淚誅之。

19 魏高歡將起兵討爾朱氏，鎭南大將軍斛律金、軍主善無庫狄千善無縣，前漢屬鴈門郡，後漢屬定襄郡，魏、晉省，後魏天平二年始以善無爲郡也。與歡妻弟婁昭、妻之姊夫段榮皆勸成之。歡乃詐爲書，稱爾朱兆將以六鎭人配契胡爲部曲，衆皆憂懼。契，欺訖翻。又爲并州符，徵兵討步落稽，爾朱兆擅命并、汾。此亦高歡僞爲兆符也。步落稽，即稽胡。發萬人，將遣之。孫騰與都督尉景爲請留五日，如此者再，孫騰、尉景既爲鎭人請留，必又因其願留之情扇動之於下，此當以意會也。爲，于僞翻。歡親送之郊，雪涕執別，衆皆號慟，聲震原野。歡乃諭之先感動其心，而後諭之。號，戶刀翻。曰：「與爾俱爲失鄉客，義同一家，高歡亦鎭戶，故云然。不意在上徵發乃爾！今直西向，已當死，自信都赴并、汾爲西向。後軍期，又當死，配國人，又當死，爾朱，契胡種也，故謂契胡爲國人。奈何？」衆曰：「唯有反耳！」歡曰：「反乃急計，然當推一人爲主，誰可者？」衆共推歡，歡曰：「爾鄉里難制。不見葛榮乎：雖有百萬之衆，曾無法度，終自敗滅。今以吾爲主，當與前異，毋得陵漢人，犯軍令，生死任吾則可；不然，不能爲天下笑。」高歡先立法制以齊其衆，故能成大事。史言盜亦有道。衆皆頓顙曰：「死生唯命！」歡乃椎牛饗士，庚申，起兵於信都，考異曰：魏書帝紀起兵在庚申，北齊書帝紀在庚子，北史魏紀、齊紀亦然。今從魏書紀。亦未敢顯言叛爾朱氏也。

會李元忠舉兵逼殷州，歡令高乾帥衆救之。高乾預歡密謀，而使之救殷州，此不過使之誘禽爾朱羽生耳。乾輕騎入見【章：甲十一行本「見」下有「刺史」二字；乙十一行本同；張校同；退齋校同。】爾朱羽生，與指畫軍計，騎，其計翻。羽生與乾俱出，因擒斬之，持羽生首謁歡。歡撫膺曰：「今日反決矣！」高歡反謀非一日矣，及爾朱羽生授首，方言反決，蓋其初猶有疑李元忠、高乾邕之心。元忠既舉兵逼殷州，乾邕又斬羽生，歡於是深悉二人之心，而冀、殷之勢已合，於是決反。乃以元忠爲殷州刺史，鎮廣阿。歡於是抗表罪狀爾朱氏，爾朱世隆匿之不通。世隆爲尚書令，故得匿歡表。

20魏楊播及弟椿、津皆有名德。播剛毅，椿、津謙恭，家世孝友，緦服同爨，凡三從之服服緦麻。男女百口，人無間言。間，古莧翻，異也。椿、津皆至三公，一門七郡太守，三十二州刺史。史言楊氏貴盛。敬宗之誅爾朱榮也，播子侃預其謀；事見上卷上年。城陽王徽、李彧，皆其姻戚也。爾朱兆入洛，侃逃歸華陰，華，戶化翻。爾朱天光使侃婦父韋義遠招之，與盟，許貰其罪。貰，貸也，音始制翻。侃曰：「彼雖食言，死者不過一人，猶冀全百口。」乃出應之，天光殺之。

時椿致仕，與其子昱在華陰，椿弟冀州刺史順、司空津、順子東雍州刺史辨、正平太守仲宣皆在洛。雍，於用翻。秋，七月，爾朱世隆誣奏楊氏謀反，請收治之，治，直之翻。魏主不許；世隆苦請，帝不得已，命有司檢按以聞。壬申夜，世隆遣兵圍津第，天光亦遣兵掩椿家於華陰，東西之族無少長皆殺之，世隆、天光先已約同夷楊氏，故東西一時俱發。居華陰者爲西族，居洛者爲東族。少，詩照翻。長，知兩翻。籍沒其家。世隆奏云：「楊氏實反，與收兵相拒，已皆格殺。」帝惋悵久之，不言而已，惋，烏貫翻。悵，丑亮翻。朝野聞之，無不痛憤。津子逸爲光州刺史，爾朱仲遠遣使就殺之。唯津子愔於被收時適出在外，逃匿，獲免，往見高歡於信都，使，疏吏翻。愔，於今翻。被，皮義翻。考異曰：北齊書愔傳云：「愔父津爲并州刺史，愔隨之任。俄而孝莊幽崩，愔時適欲還都，行達邯鄲，過津義從楊寬家，爲寬所執。至相州，見刺史劉誕，以愔名家盛德，甚相哀念，遣隊主鞏榮貴防禁送都。至安陽亭，榮貴遂與俱逃，乃投高昂兄弟，潛竄累載。屬齊神武至信都，遂投刺轅門，即署行臺郎中。」按時齊神武已在信都，言潛竄累載，誤矣。又云孝莊幽崩，而愔欲還都見執，皆非也。泣訴家禍，因爲言討爾朱氏之策，爲，于僞翻。歡甚重之，即署行臺郎中。楊愔門地既高，又有幹用，高歡起兵之初，藉人望以爲重，藉才幹以爲用，所以擢而用之。士無賢不肖，入朝見嫉，田橫島之逃實基於此。

21 乙亥，上臨軒策拜太子，大赦。

22 丙戌，魏司徒爾朱彥伯以旱遜位，戊子，以彥伯爲侍中、開府儀同三司。彥伯於兄弟中差無過惡。爾朱世隆固讓太保，魏主特置儀同三司【章：甲十一行本「司」作「師」；乙十一行本同。】之官，位次上公之下，太師、太傅、太保爲三司，位上公。庚寅，以世隆爲之。斛斯椿譖朱瑞於世隆，世隆殺之。以朱瑞爲敬宗所親遇也。

23 庚寅，詔：「凡宗戚有服屬者，有服屬，諸緦麻以上。並可賜湯沐，食鄉亭侯，婦人賜湯沐邑，男子食鄉侯、亭侯也。隨遠近爲差。」隨服屬之遠近以爲等差。

24 壬辰，以吏部尚書何敬容爲尚書右僕射。敬容，昌寓之子也。何昌寓，尚之之弟子。

25 魏爾朱仲遠、度律等聞高歡起兵，恃其強，不以爲慮，獨爾朱世隆憂之。爾朱兆將步騎二萬出井陘，趣殷州，將，即亮翻。騎，奇計翻。陘，音刑。趣，七喩翻。李元忠棄城奔信都。八月，丙午，爾朱仲遠、度律將兵討高歡。九月，己卯，魏以仲遠爲太宰，庚辰，以爾朱天光爲大司馬。

26 癸巳，魏主追尊父廣陵惠王爲先帝，支子入繼大宗，尊所生父爲皇，自漢哀帝始；尊之爲帝，自吳孫晧始。母王氏爲先太妃，封弟永業爲高密王，子恕爲勃海王。

27 冬，十月，己酉，上幸同泰寺，升法坐，講涅槃經，涅，奴結翻。七日而罷。

28 樂山侯正則，先有罪徙鬱林，五代志，樂山縣屬鬱林郡。鬱林，漢古郡，唐爲鬱林州。招誘亡命，欲攻番禺，誘，音酉。番禺，音潘愚。廣州刺史元仲景討斬之。「仲景」當作「景仲」。正則，正德之弟也。史言臨川王宏諸子皆兇悖。

29 孫騰說高歡曰：「今朝廷隔絕，號令無所稟，說，式芮翻。受命曰稟，音必錦翻。不權有所立，則衆將沮散。」沮，在呂翻。歡疑之，騰再三固請，乃立勃海太守元朗爲帝。朗，融之子也。章武王融爲葛榮所殺。壬寅，朗卽位於信都城西，改元中興。廢帝諱朗，字仲哲，章武王融第三子也。以歡爲侍中、丞相、都督中外諸軍事、大將軍、錄尙書事、大行臺，高乾爲侍中、司空，高敖曹爲驃騎大將軍、儀同三司、冀州刺史，時廢帝除昂爲冀州刺史，終其身。驃，匹妙翻。騎，奇計翻。孫騰爲尙書左僕射，河北行臺魏蘭根爲右僕射。去年，敬宗以魏蘭根爲河北行臺。

己酉，爾朱仲遠、度律與驃騎大將軍斛斯椿、車騎大將軍・儀同三司賀拔勝、車騎大將軍賈顯智軍於陽平。此陽平縣也，漢時屬東郡，魏、晉以來屬陽平郡。唐魏州莘縣，陽平之地也。顯智名智，以字行，顯度之弟也。爾朱兆出井陘，軍于廣阿，衆號十萬。高歡縱反間，云「世隆兄弟謀殺兆」，復云「兆與歡同謀殺仲遠等」，間，古莧翻。復，扶又翻。由是迭相猜貳，徘徊不進。仲遠等屢使斛斯椿、賀拔勝往諭兆，兆帥輕騎三百來就仲遠，帥，讀曰率。同坐幕下，意色不平，手舞馬鞭，長嘯凝望，鄭玄曰：嘯，蹙口而出聲。疑仲遠等有變，遂趨出，馳還。仲遠遣椿、勝等追，曉說之，兆執椿、勝還營，仲遠、度律大懼，引兵南遁。兆數勝罪，將斬之，說，式芮翻。數，所具翻。曰：「爾殺衛可孤，罪一也。事見一百五十卷普通五年。天柱薨，爾不與世隆等俱來，而東征仲遠，罪二也。事見上卷上年。我欲殺爾久矣，今復何言？」復，扶又翻。勝曰：「可孤爲國巨患，勝父子誅之，其功不小，反以爲罪乎？天柱被戮，以君誅臣，被，皮義翻。勝寧負王，不負朝廷。今日之事，生死在王。但寇賊密邇，骨肉構隙，自古及今，未有如是而不亡者。勝不憚死，恐王失策。」兆乃捨之。

高歡將與兆戰，而畏其衆強，以問親信都督段韶，親信都督，魏末諸將擅兵，始置是官，以領親兵。韶曰：「所謂衆者，得衆人之死；言得衆人之死力也。所謂強者，得天下之心。爾朱氏上弒天子，中屠公卿，下暴百姓，王以順討逆，如湯沃雪，何衆強之有！」歡曰：「雖然，吾以小敵大，恐無天命不能濟也。」韶曰：「韶聞『小能敵大，小道大淫。』『皇天無親，惟德是輔。』「小能敵大，小道大淫。」左傳記隨大夫季梁之言也。「皇天無親，唯德是輔。」書蔡仲之命之辭也。段韶父子起於北邊，以騎射爲工，安能作書語！魏收以其於北齊爲勳戚，宗門強盛，從而爲之辭耳。孟子曰：「盡信書，不如無書。」信哉！爾朱氏外亂天下，內失英雄心，智者不爲謀，勇者不爲鬬，爲，于僞翻。人心已去，天意安有不從者哉！」韶，榮之子也。段榮與高歡親善。辛亥，歡大破兆於廣阿，俘其甲卒五千餘人。

30 十一月，乙未，上幸同泰寺，講般若經，七日而罷。般，北末翻。若，人者翻。

31 庚辰，魏高歡引兵攻鄴，相州刺史劉誕嬰城固守。相，息亮翻。

32是歲，魏南兗州城民王乞得劫刺史劉世明，舉州來降。魏正光中置南兗州，治譙城，領陳留、梁、譙、沛、下蔡、北梁、馬頭等郡。降，戶江翻。世明，芳之族子也。劉芳以儒學用於孝文、宣武二帝。上以侍中元樹爲鎮北將軍、都督北討諸軍事，鎮譙城。以世明爲征西大將軍、郢州刺史，加儀同三司。世明不受，固請北歸，上許之。世明至洛陽，奉送所持節，歸鄉里，不仕而卒。「陳力就列，不能者止，」劉世明有焉。劉氏世居彭城。

四年（壬子、五三二）

1春，正月，丙寅，以南平王偉爲大司馬，元法僧爲太尉，袁昂爲司空。

2立西豐侯正德爲臨賀王。正德自結於朱异，上既封昭明諸子，异言正德失職，言帝嘗養正德爲子，既而還本，爵秩不得與諸子齒也。异，音羊至翻。故王之。

3以太子右衞率薛法護爲司州牧，衞送魏王悅入洛。

4庚午，立太子綱之長子大器爲宣城王。長，知兩翻。

5魏高歡攻鄴，爲地道，施柱而焚之，城陷入地。穴城下爲地道而未成，恐其土頹落而不得究功，故施柱。地道既成，乃焚其柱，故城陷入地。壬午，拔鄴，擒劉誕，以楊愔爲行臺右丞。時軍國多事，文檄教令，皆出於愔及開府諮議參軍崔㥄。㥄，逞之五世孫也。㥄，力膺翻。崔逞去燕歸魏，爲道武帝所殺。

6 二月，以太尉元法僧爲東魏王，上既以元悅爲魏王，使自西道入；又使元法僧從東道入，故謂之東魏王。欲遣還北，兗州刺史羊侃爲軍司馬，與法僧偕行。

7 揚州刺史邵陵王綸遣人就市賒買錦綵絲布數百匹，市人皆閉邸店不出；少府丞何智通依事啓聞。綸被責還弟，被，皮義翻。弟，與第同；下於弟同。乃遣防閤戴子高等以槊刺智通於都巷，都巷，猶前言京巷也。槊，色角翻。刺，七亦翻。刃出於背。智通識子高，取其血以指畫車壁爲「邵陵」字，乃絕，由是事覺。庚戌，綸坐免爲庶人，鎖之於弟，經二旬，乃脫鎖，頃之復封爵。

8 辛亥，魏安定王追謚敬宗曰武懷皇帝，朗既禪位，孝武帝封爲安定王。甲子，以高歡爲丞相、柱國大將軍、太師；三月，丙寅，以高澄爲驃騎大將軍。丁丑，安定王帥百官入居於鄴。帥，讀曰率。

爾朱兆與爾朱世隆等互相猜阻，世隆卑辭厚禮諭兆，欲使之赴洛，唯其所欲，又請節閔帝納兆女爲后；兆乃悅，并與天光、度律更立誓約，復相親睦。

斛斯椿陰謂賀拔勝曰：「天下皆怨毒爾朱，而吾等爲之用，亡無日矣，不如圖之。」勝曰：「天光與兆各據一方，欲盡去之甚難，去之不盡，必爲後患，柰何？」椿曰：「此易致耳。」乃說世隆追天光等赴洛，共討高歡。復，扶又翻。去，羌呂翻。說，式芮翻。世隆屢徵天光，天光不至，使椿自往邀之，曰：「高歡作亂，非王不能定，豈可坐視宗族夷滅邪！」天光不得已，將東出，問策於雍州刺史賀拔岳，賀拔岳自岐州遷刺雍州。雍，於用翻。岳曰：「王家跨據三方，兆北據并、汾，天光西奄關、隴，仲遠擅命徐、兗，是跨據三方。士馬殷盛，高歡烏合之衆，豈能爲敵！但能同心戮力，往無不捷。若骨肉相疑，則圖存之不暇，安能制人！如下官所見，莫若且鎮關中以固根本，分遣鋭師與衆軍合勢，進可以克敵，退可以自全。」天光不從。閏月，壬寅，天光自長安，兆自晉陽，度律自洛陽，仲遠自東郡皆會於鄴，衆號二十萬，夾洹水而軍，水經註：洹水逕鄴城南。洹，于元翻。節閔帝以長孫稚爲大行臺，總督之。

高歡令吏部尚書封隆之守鄴，癸丑，出頓紫陌，水經註：漳水東出山過鄴，又北逕祭陌西。戰國之世，俗巫爲河伯娶婦，祭於此陌。田融以爲紫陌。趙建武十一年，造紫陌浮橋於水上。大都督高敖曹將鄉里部曲王桃湯等三千人以從。將，即亮翻；下同。從，才用翻。歡曰：「高都督所將皆漢兵，恐不足集事，欲割鮮卑兵千餘人相雜用之，何如？」敖曹曰：「敖曹所將，練習已久，前後格鬬，不減鮮卑。今若雜之，情不相洽，勝則爭功，退則推罪，推，吐雷翻。不煩更配也。」

庚申，爾朱兆帥輕騎三千夜襲鄴城，叩西門，不克而退。壬戌，歡將戰馬不滿二千，步兵不滿三萬，衆寡不敵，乃於韓陵爲圓陳，五代志：鄴縣有韓陵山。杜佑曰：在相州安陽縣東北。陳，讀曰陣。連繫牛驢以塞歸道，塞，息則翻。於是將士皆有死志。將，即亮翻。兆望見歡，遙責歡以叛己，歡曰：「本所以勠力者，共輔帝室。今天子何在？」兆曰：「永安枉害天柱，我報讎耳。」敬宗年號永安，故以稱之。歡曰：「我昔聞天柱計，汝在戶前立，豈得言不反邪！對兩軍發其陰謀，以正爾朱之罪。且以君殺臣，何報之有！今日義絕矣。」遂戰。歡將中軍，高敖曹將左軍，歡從父弟岳將右軍。將，即亮翻。從，才用翻。歡戰不利，兆等乘之，岳以五百騎衝其前，別將斛律敦收散卒躡其後，敖曹以千騎自栗園出橫擊之，兆等大敗，賀拔勝與徐州刺史杜德於陳降歡。陳，音陣同。兆對慕容紹宗撫膺曰：「不用公言，以至於此！」謂紹宗諫兆使歡統州鎮兵而兆不用也。欲輕騎西走，自鄴西走歸晉陽。紹宗反旗鳴角，徐廣車服儀制曰：角，前代書記所不載，或云本出羌、胡，以驚中國之馬。杜佑曰：大角，卽後魏簸邏迴是也。收散卒成軍而去。兆還晉陽，仲遠奔東郡。秦置東郡，晉改爲濮陽國，後復曰東郡，治滑臺城。爾朱彥伯聞度律等敗，欲自將兵守河橋，將，卽亮翻。世隆不從。

度律、天光將之洛陽，大都督斛斯椿謂都督賈顯度、賈顯智曰：「今不先執爾朱氏，吾屬死無類矣。」乃夜於桑下盟，約倍道先還。世隆使其外兵參軍陽叔淵【章：甲十一行本「淵」下有「單騎」二字；乙十一行本同；孔本同。】馳赴北中，北中，卽北中郎府城，在河橋北岸。簡閱敗卒，以次內之。內，讀曰納。椿至，不得入城，乃詭說叔淵曰：說，式芮翻。「天光部下皆是西人，聞欲大掠洛邑，遷都長安，宜先內我以爲之備。」叔淵信之。夏，四月，甲子朔，椿等入據河橋，盡殺爾朱氏之黨。度律、天光欲攻之，會大雨晝夜不止，士馬疲頓，弓矢不可施，遂西走，至灅陂津，爲人所擒，送於椿所。灃陂津在河橋西，亦曰雷波，卽爾朱兆犯洛帥騎踏淺涉渡之處。灃，力水翻。椿使行臺長孫稚詣洛陽奏狀，別遣賈顯智、張歡帥騎掩襲世隆，執之。帥，讀曰率。騎，奇計翻。彥伯時在禁直，長孫稚於神虎門啓陳：「高歡義功既振，請誅爾朱氏。」節閔帝使舍人郭崇報彥伯，彥伯狼狽走出，爲人所執，與世隆俱斬於閶闔門外，送其首幷度律、天光於高歡。

節閔帝使中書舍人盧辯勞歡於鄴，勞，力到翻。歡使之見安定王，辯抗辭不從，歡不能奪，乃捨之。辯，同之兄子也。盧同始附元叉以進。

辛未，驃騎大將軍、行濟州事侯景降於安定王，以景爲尚書僕射、南道大行臺、濟州刺史。濟，子禮翻。降，下江翻；下同。

爾朱仲遠來奔。仲遠帳下都督喬寧、張子期自滑臺詣歡降。歡責之曰：「汝事仲遠，擅其榮利，盟契百重，許同生死。契，約也。重，直龍翻。前仲遠自徐州爲逆，汝爲戎首；謂前年仲遠舉兵向洛時也。今仲遠南走，汝復叛之。復，扶又翻。事天子則不忠，事仲遠則無信，犬馬尚識飼之者，飼，祥吏翻。汝曾犬馬之不如！」遂斬之。

爾朱天光之東下也，留其弟顯壽鎭長安，召秦州刺史侯莫陳悅欲與之俱東。賀拔岳知天光必敗，欲留悅共圖顯壽以應高歡，計未有所出。宇文泰謂岳曰：「今天光尚近，悅未必有貳心，若以此告之，恐其驚懼。然悅雖爲主將，不能制物，將，卽亮翻。若先說其衆，必人有留心；悦進失爾朱之期，退恐人情變動，乘此說悦，事無不遂。」岳大喜，即令泰入悦軍說之，悦遂與岳俱襲長安。岳爲雍州刺史，本治長安，蓋天光東下，使之出捍西北也。泰帥輕騎爲前驅，顯壽棄城走，追至華陰，擒之。帥，讀曰率。騎，奇計翻。華，戶化翻。歡以岳爲關西大行臺，考異曰：北史：「薛孝通爲中書郎，以『關中險固，秦、漢舊都，須預謀鎭遏以爲後計，縱河北失利，猶足據之。』節閔帝深以爲然，問：『誰可任者？』孝通與賀拔岳同事天光，又與周文帝有舊，二人並先在關右，並推薦之。乃超授岳督岐・華・秦・雍諸軍事、關西大行臺、雍州牧，周文帝爲左丞，孝通爲右丞，齎詔書馳驛入關，授岳等同鎭長安。後天光敗於韓陵，節閔遂不得入關，爲齊神武幽廢。」按天光尚在，節閔安敢除岳鎭關中！今從魏書。岳以泰爲行臺左丞，領府司馬，事無巨細皆委之。

爾朱世隆之拒高歡也，使齊州行臺尚書房謨募兵趣四瀆，四瀆，津名，在臨濟縣。水經註，河水東北流四瀆津，津西側岸臨河有四瀆祠，以其自河入濟、自泗入淮、自淮達江，水徑周流，故有四瀆之名。趣，七喻翻。又使其弟靑州刺史弼趣亂城，揚聲北渡，爲掎角之勢。掎，居蟻翻。及韓陵既敗，弼還東陽，聞世隆等死，欲來奔，數與左右割臂爲盟。帳下都督馮紹隆，素爲弼所信待，說弼曰：「今方同契闊，數，所角翻。說，式芮翻。詩擊鼓曰：死生契闊。毛萇註曰：契闊，勤苦也。契，苦結翻。宜更割心前之血以盟衆。」弼從之，大集部下，披胸令紹隆割之，紹隆因推刃殺之，推，吐雷翻。傳首洛陽。

丙子，安東將軍辛永以建州降於安定王。

辛巳，安定王至邙山。高歡以安定王疏遠，章武王太洛，文成之子，獻文之季弟也。太洛生融，融生安定王，於孝明帝緦麻親也，故以爲疏遠。魏收書，章武王太洛，景穆之子，以彬爲後，彬子融。審爾，則愈疏遠矣。使僕射魏蘭根慰諭洛邑，且觀節閔帝之爲人，欲復奉之。復，扶又翻。蘭根以帝神采高明，恐於後難制，與高乾兄弟及黄門侍郎崔㥄共勸歡廢之。㥄，力膺翻。歡集百官問所宜立，莫有應者，太僕代人綦毋儁盛稱節閔帝賢明，宜主社稷，歡欣然是之。㥄作色曰：「若言賢明，自可待我高王，徐登大位。廣陵既爲逆胡所立，節閔帝本廣陵王。何得猶爲天子！若從儁言，王師何名義舉？」歡遂幽節閔帝於崇訓佛寺。

歡入洛陽，斛斯椿謂賀拔勝曰：「今天下事，在吾與君耳，若不先制人，將爲人所制。高歡初至，圖之不難。」勝曰：「彼有功於時，害之不祥。比數夜與歡同宿，比，毗至翻。且【章：甲十一行本「且」作「具」；乙十一行本同；孔本同。】序往昔之懷，兼荷兄恩意甚多，荷，下可翻，古以儋負爲義，故以受任爲荷，受恩爲荷，而感恩者亦曰荷。何苦憚之！」椿乃止。史言賀拔勝有才武而無遠識，高歡能以姦詐玩弄時輩而悦其心。斛斯椿者小有才，反覆人也，其圖歡之志固在孝武帝未立之前矣。

歡以汝南王悦，高祖之子，召欲立之，聞其狂暴無常，乃止。考異曰：魏書悦傳云：「神武令人示意。悦既至，清狂如故，動爲罪失，不可扶立，乃止。」按悦時猶在梁境，比召至洛，往返幾日。蓋神武聞其所爲而止耳。

時諸王多逃匿，尚書左僕射平陽王脩，懷之子也，廣平王懷，高祖之子；脩於孝明帝從兄弟也。匿於田舍。歡欲立之，使斛斯椿求之。椿見脩所親員外散騎侍郎太原王思政，問王所在，思政曰：「須知問意。」椿曰：「欲立爲天子。」思政乃言之。椿從思政見脩，脩色變，謂思政曰：「得無賣我邪？」曰：「不也。」曰：「敢保之乎？」曰：「變態百端，何可保也！」椿馳報歡。歡遣四百騎迎脩入氈帳，騎，奇計翻。氈帳，胡夷酋帥所居，漢人謂之穹廬。陳誠，泣下霑襟，脩讓以寡德，歡再拜，脩亦拜。歡出備服御，進湯沐，達夜嚴警。嚴爲警備也。昧爽，孔安國曰：昧，冥。爽，明；早旦。馬曰：昧，未旦也。陸德明曰：爽，謂早旦也。文武執鞭以朝，軍中不能備朝服，故執鞭以爲敬。朝，直遙翻。使斛斯椿奉勸進表。椿入帷門，磬折延首而不敢前，張守節曰：磬折，謂曲體揖之，若石磬之形曲折也。磬形皆中屈垂兩頭，言人屈腰則似也。脩令思政取表視之，曰：「便不得不稱朕矣。」書曰：天位艱哉。又曰：毋安，厥位惟危。雖天人樂推，神器歸屬，賢君處此之時，慄慄乎懼其不勝也。平陽王視勸進表而發此言，驕滿之氣溢出於肝鬲之上，君子以是知其不能終。乃爲安定王作詔策而禪位焉。爲，于僞翻。

戊子，孝武帝卽位於東郭之外，帝諱脩，字孝則，廣平武穆王懷之第三子也。東郭，洛城東郭也。用代都舊制，以黑氈蒙七人，歡居其一，帝於氈上西向拜天畢，入御太極殿，魏自孝文帝用夏變夷，宣武、孝明即位皆用漢、魏之制，今復用夷禮。羣臣朝賀，朝，直遙翻；下同。升閶闔門大赦，改元太昌。以高歡爲大丞相、天柱大將軍、太師，世襲定州刺史。庚寅，加高澄侍中、開府儀同三司。

初，歡起兵信都，爾朱世隆知司馬子如與歡有舊，自侍中、驃騎大將軍出爲南岐州刺史。歡入洛，召子如爲大行臺尚書，朝夕左右，參知軍國。廣州刺史廣寧韓賢，魏收志：廣寧郡屬朔州，領石門、中川二縣。五代志，馬邑郡善陽縣，後齊置朔州及廣寧郡。素爲歡所善，歡入洛，凡爾朱氏所除官爵例皆削奪，唯賢如故。

以前御史中尉樊子鵠兼尚書左僕射，爲東南道大行臺，與徐州刺史杜德追爾朱仲遠；仲遠已出境，遂攻元樹於譙。

丞相歡徵賀拔岳爲冀州刺史，岳畏歡，欲單馬入朝。行臺右丞薛孝通說說，式芮翻。岳曰：「高王以數千鮮卑破爾朱百萬之衆，誠亦難敵。然諸將或素居其上，或與之等夷，屈首從之，勢非獲已。今或在京師，或據州鎮，高王除之則失人望，留之則爲腹心之疾。且吐萬人雖復敗走，爾朱兆，字吐萬人。猶在并州，高王方內撫羣雄，外抗勍敵，勍，其京翻。安能去其巢穴，與公爭關中之地乎！今關中豪俊皆屬心於公，屬，之欲翻。願效其智力。公以華山爲城，黃河爲塹，華，戶化翻。塹，七豔翻。進可以兼山東，退可以封函谷，後漢王元說隗囂曰：「元請以一丸泥爲大王東封函谷關。」柰何欲束手受制於人乎！」言未卒，卒，子恤翻。岳執孝通手曰：「君言是也。」乃遜辭爲啓而不就徵。

壬辰，丞相歡還鄴，送爾朱度律、天光於洛陽，斬之。

五月，丙申，魏主酖節閔帝於門下外省，年三十五。西魏謚帝曰節閔。詔百司會喪，葬用殊禮。加九旒、鑾輅、黃屋、左纛、班劍百二十人，蓋其禮特異於諸王之喪耳。以沛郡王欣爲太師，趙郡王諶爲太保，諶，世壬翻。南陽王寶炬爲太尉，長孫稚爲太傅。寶炬，愉之子也。京兆王愉亦孝文帝之子。丞相歡固辭天柱大將軍，戊戌，許之。己酉，清河王亶爲司徒。

侍中河南高隆之，本徐氏養子，丞相歡命以爲弟，恃歡勢驕公卿，南陽王寶炬毆之，曰：「鎮兵何敢爾！」魏還洛陽，北人留居北鎮者率隸尺籍，故詈之曰鎮兵。毆，烏口翻。魏主以歡故，六月，丁卯，黜寶炬爲驃騎大將軍，歸第。

9 魏主避廣平武穆王之諱，改謚武懷皇帝曰孝莊皇帝，謚法：武而不遂曰莊；死於原野曰莊；兵甲亟作曰莊。廟號敬宗。

10 秋，七月，庚子，魏復以南陽王寶炬爲太尉。

11 壬寅，魏丞相歡引兵入滏口，大都督庫狄干入井陘，擊爾朱兆。滏，音父。陘，音刑。庚戌，魏主使驃騎大將軍、儀同三司高隆之帥步騎十萬會丞相歡于太原，因以隆之爲丞相軍司。歡軍於武鄉，晉置武鄉縣，屬上黨郡，石勒分置武鄉郡，唐爲武鄉縣，屬潞州，我朝屬威勝軍。爾朱兆大掠晉陽，北走秀容。并州平。走，音奏。歡以晉陽四塞，太原郡之地，東阻太行、常山，西有蒙山，南有霍太山、高壁嶺，北阨東陘、西陘關，故亦以爲四塞之地。乃建大丞相府而居之。自此至于高齊建國，遂以晉陽爲陪都。

12 魏夏州遷民郭遷據青州反，郭遷自夏州遷青州，必叛黨也。刺史元嶷棄城走；嶷，魚力翻。詔行臺侯景等討之，拔其城。遷來奔。

13 魏東南道大行臺樊子鵠圍元樹於譙城，分兵攻取蒙縣等五城，去年，梁遣元樹鎮譙城。蒙縣，漢、晉屬梁國，魏屬譙郡，隋并入山桑縣，唐改山桑爲蒙城縣，屬亳州。以絕援兵之路。樹請帥衆南歸，以地還魏，帥，讀曰率。子鵠等許之，與之誓約。樹衆半出，子鵠擊之，擒樹及譙州刺史朱文開以歸。羊侃行至官竹，水經註：睢水自睢陽東南流，歷竹圃。水次綠竹蔭渚，菁菁彌望，世人謂之梁王竹園；官收其利，因曰官竹。聞樹敗而還。還，音旋。九月，樹至洛陽，久之，復欲南奔，魏人殺之。復，扶又翻。

14 乙巳，以司空袁昂領尚書令。

15 冬，十一月，丁酉，日南至，夏至之日日北至，冬至之日日南至。杜預曰：冬至之日日南極。班志：日行光道，夏至至於東井，北近極，故晷短。冬至至於牽牛，遠極，故晷長。司馬彪志曰：日道發南，去極彌遠，其景彌長，遠長乃極，冬乃至。日道斂北，去極彌近，其景彌短，近短乃極，夏乃至。魏主祀圜丘。古者因天事天，故祭天於圜丘，其圜象天。

16 甲辰，魏殺安定王朗、東海王曄。二王皆嘗擁立，雖已廢退，居嫌疑之地，故見殺。

17 己酉，以汝南王悅爲侍中、大司馬。

18 魏葬靈太后胡氏。爾朱榮沈靈后於河，今乃克葬。

19 上聞魏室已定，十二月，庚辰，復以太尉元法僧爲郢州刺史。是年春以元法僧爲東魏王。

20 魏主以汝南王悅屬近地尊，悅，魏主之叔父也。丁亥，殺之。

21 魏大赦，改元永興，以與太宗同號，永興，魏太宗卽位之初元也。復改永熙。復，扶又翻。

22 魏主納丞相歡女爲后，命太常卿李元忠納幣於晉陽。歡與之宴，論及舊事，元忠曰：「昔日建義，轟轟大樂，樂，音洛。比來寂寂無人問。」比，毗至翻。歡撫掌笑曰：「此人逼我起兵。」元忠戲曰：「若不與侍中，當更求建義處。」歡曰：「建義不慮無，止畏如此老翁不可遇耳。」元忠曰：「止爲此翁難遇，所以不去。」因捋歡須大笑。爲，于僞翻。捋，盧括翻。歡悉其雅意，深重之。悉，諳究也，知也。雅，素也。

23 爾朱兆既至秀容，分守險隘，出入寇抄。抄，楚交翻。魏丞相歡揚聲討之，師出復止者數四，兆意怠。歡揣其歲首當宴會，復，扶又翻。揣，初委翻。遣都督竇泰以精騎馳之，一日一夜行三百里，歡以大軍繼之。爲明年竇泰破爾朱兆張本。騎，奇計翻。